국경 없는 세계에서 지역의 힘

Die Macht des Lokalen in einer Welt ohne Grenzen
edited by Helmuth Berking

국경 없는 세계에서 지역의 힘
공간과 사회의 결합에 대한 사유 방법

초판 1쇄 인쇄일 2017년 4월 10일 **초판 1쇄 발행일** 2017년 4월 17일

엮은이 헬무트 베르킹 | **옮긴이** 조관연 · 하용삼 · 안영철
펴낸이 박재환 | **편집** 유은재 | **관리** 조영란
펴낸곳 에코리브르 | **주소** 서울시 마포구 동교로 15길 34 3층(04003) | **전화** 702-2530 | **팩스** 702-2532
이메일 ecolivres@hanmail.net | **블로그** http://blog.naver.com/ecolivres
출판등록 2001년 5월 7일 제10-2147호
종이 세종페이퍼 | **인쇄 · 제본** 상지사 P&B

ISBN 978-89-6263-157-9 94300
ISBN 978-89-6263-033-6 (세트)

책값은 뒤표지에 있습니다. 잘못된 책은 구입한 곳에서 바꿔드립니다.

부산대학교 한국민족문화연구소
로컬리티 번역총서 L15

공간과 사회의 결합에 대한 사유 방법 | Die Macht des Lokalen in einer Welt ohne Grenzen

헬무트 베르킹 엮음 | 조관연 · 하용삼 · 안영철 옮김

국경 없는 세계에서 지역의 힘

에코리브르

이 번역 총서는 2007년도 정부(교육과학기술부)의 재원으로 한국연구재단의 지원을 받아 연구되었음(NRF-2007-361-AL0001).

차례

서문: 세계화 담론에서 공간 이론의 역설

"공간이란 오늘날의 사고(thought)가 있는 모든 곳이다.
이것은 이론의 뼈대를 둘러싸는 살이다.
뭔가 불명확할 때마다 적용할 수 있는 만능의 묘책이다."
–마이크 크랭(Mike Crang)/나이절 스리프트(Nigel Thrift)

'세계화'라는 단어보다 우리가 살고 있는 세계에 대한 우리의 관념을 더 강렬하게 바꾸어놓은 것은 없다. 탈연대 사회에 대한 끔찍한 전망이든, 황홀한 미래 사회에 대한 약속이든 중요한 것은 새로운 체계 혹은 새로운 것으로 이미지화한 사회 공간적 체계의 극단적 변화다. 이 질서는 '세계 사회', '지구촌', "단일 공간"(Robertson 1992: 6)으로서 세계로 표현되고 기능한다. 세계화는 "대중문화"(Albrow 2002: 25)이며 보상 없는 지적 과제다. 세계화 개념은 상품 시장, 금융 시장 그리고 문화 시장의 초국성에만 있는 것이 아니라 세계 내적 존재라는 또 다른 극단적 상태에도 있다. 지그문트 바우만(Zygmund Bauman)의 통찰에 따르면 세계화는 늘 그래왔던 어떤 특별한 사건일 수 있다. 즉 유목 사회의 복수이고, 이미 잘 알려진 1만 년의 세월 동안 지배해온 전통의 종말, 거주 사회의 종말이다.

모든 세계화 담론을 주도하는 동기는 근본적으로 변화한 공간 형성의 과정과 연관되어 있는 기본 신념을 인식하는 것이다. 이러한 과정은 사회 질서와 문화적이고 지적인 요소 그리고 일상생활의 검증된 제도적 장치를 구조적으로 쓸모없게 만든다. 세계화에 대해 말하는 사람은 '공간'을 간과하지 말아야 한다. 오히려 사회적 관계의 공간적 조직 형태에 관한 문제를 핵심 사항으로 간주해야 한다. 이러한 관점의 전환은 사회학의 확정된 이론 및 연구 설계를 엄중하게 검증한다. 아울러 좀더 엄밀한 의미에서 공간에 맹목적이지는 않았는지, 그리고 모든 사회화 능력의 심층적 차원을 개념적으로 소홀히 하지 않았는지에 대해서도 마찬가지로 보편적 의혹을 가진다. 지금까지 관찰한 공간과 장소를 사회학의 원리 요소에 포함시키는 다양한 시도는 공간 이론적 성찰의 놀라운 부흥을 이끌어내는 것에 그치지 않았다. 더 나아가 적어도 개요에 있어 하나의 이론 형식을 만들어내기 시작했다. 여기서 세상은 최초의 사회 공간적 사회화로 분석해야만 한다. 범지구적 현존에서 공간의 진부화 혹은 부정화의 시기와 사회과학적 공간 이론에 대한 고조된 관심의 시기 사이의 시간차는 놀랍게도 아주 짧았다. 약 20년 전에 영국 사회학자 피터 선더스(Peter Saunders)는 "사회적 이론이 사회적 행동의 형성 배경으로서 공간을 다루는 것은 당연하다. (……) 공간은 우리가 어떤 의미 있는 감각으로 행하는 것에 속하지 않는다. 왜냐하면 거의 대부분의 공간은 인과 관계의 속성을 가지고 있지 않으며 어떤 것 속에 포함되어 있을 수도 없기 때문이다. 이는 수동적이고, 이것이 맥락이다"라고 단언했다. 요약해서 말하자면 "이론이 공간에 대해 말할 수 있는 것은 아무것도 없다"(Saunders 1989: 231-232)는 확신을 상식으로 분명히 표현했다.

이는 오늘날 마치 아주 오래전부터 불렀던 당연한 노래처럼 들린다.

모든 세계화 이론에서 관찰할 수 있는 구성을 사회 공간적 사회화의 두 가지 형태로 구분하는 것은 낡은 것과 새로운 것을 구분하는 데 상당히 실용적이다. 그 두 가지 사회화 형태는 범지구적 "흐름의 장소"를 어떤 지역의 "장소의 공간"과 구분함으로써(Castells 1996: 378), 세계화 이론에 분석적 틀을 제공한다. 이는 지구의 새로운 현상성을 흐름의 공간으로 표현할 뿐만 아니라 동시에 인간, 문화 그리고 정체성의 속지적 포괄성이라는 지배적 사고 유형에 대해 구조적으로 의문을 제기하는 틀이다(Berking 1988). 이러한 구분을 통해 적극적 반대자들의 견해를 간결하게 정리할 수 있다. 한쪽의 견해로 전통적인 실력파 사회학자들이 있다. 그들에게 있어 민족 국가적 형태, 좀더 일반적으로 '속지성'은 사회관계라는 공간적 유기체의 배타적 패러다임이다. 또 다른 견해로는 비판적 이론 모델이 있다. 이 모델은 국가 분석의 사회 공간적 측정 단위를 지구 전체로 옮겨놓고 속지성 원칙을 탈속지화 이론으로 대체했다. '장소의 공간'에 어떤 미래도 주어져 있지 않다는 의미에서 공간의 사회화에 대한 이분론과 이 논리의 역사적 이해는 '범지구적 유목 생활', '장소 없는 세계', '민족 국가의 종말', 그리고 새로운 '세계 사회'의 은유적 순환에 대한 확고하고 중대한 근거를 제공한다.

더 나아가 사회학의 역사는 속지성의 원칙과 민족 국가적 형태의 상부구조를 형성하는 아주 특수한 공간 이해를 통해 형성되었다는 의견과 일치하는 세계화 이론의 관점에 근거하고 있다. 사회적 관계의 공간적 구성에 대한 질문은 오늘날 다방면으로 비판을 받고 있는 공간의 컨테이너(container) 이론에서 명확한 대답을 찾을 수 있다(Beck 2002; Löw 2001; Massey 1999). 역사적으로 특수한 형태—속지적 민족 국가—는 비역사적인 것으로 묘사되었고, 동시에 자연적 컨테이너가 되었다. 이 안에서 모든 생명체가 (스스로 이론적 반성의 대상이 되지 않은 채) 나타나고 사회학적 이론 형성의 구성 원칙으로 제도화했다. 이제부터 공간은 구역으로서, 구역은 속지화한 국가 단위로서, 그리고 이러한 단위는 공간으로서 이미지화하고 이 공간에서 사회·정치·경제 그리고 문화가 생겨나는 것이 가능하다. 민족은 특권을 부여받은 공간의 측정 단위일 뿐만 아니라 사회 공간의 조직 모델을 보여준다. 그리고 이 모델의 예에 따라서 모든 사회적 관계가 분석된다.

이러한 무반성적 속지성과 문화 및 정체성 같은 단위에 대한 사유의 강제를, 그리고 역사적이고 범지구적인 자본주의의 관철 과정을 자본주의의 민족 국가적 형태 속에 결합되어 있는 허상으로 해명한 것은 세계화, 탈모더니즘, 그리고 탈식민지주의를 둘러싼 오늘날의 담론에 대한 큰 공로라는 데 의심의 여지가 없다(Albrow 1996; Appadurai 1996; Beck 2001; Castells 1996; Crang/Thrift 2000; Harvey 1990; Held 1999; King 2004; Robertson 1992; Urry 2000; Urry 2003). 따라서 "방법론적 민족주의"(Smith 1979)의 사유 결핍에 대한 비판은 타당할 수 있지만, 세계화를 개념적으로 탈속지화로 바꾸기 위해 이 비판을 확대된 이론 형태로 전환하는 것은 정당화될 수 없다. 세계화를 탈속지화로 규정하는 것(Albrow 1996; Appadurai 1996; Beck 2001, 2005; Castells 1996; Robertson 1992; Ohmae 1995)은 세계를 '장소가 없는, 국경이 없는 그리고 울타리가 없는 흐름의 공간으로' 이미지화할 뿐만 아니라 마주하고 있는 모든 다른 사회 공간적 조직 형태를 무시할 만한 규모로 만드는 것이다. 이것은 어떤 목적론적 추론을 계산에 넣었다는 것을 의미한다. 이 추론에 있어 역사적 발전이란 사회 공간적 사회화의 속지화한 형태에서 탈속지적 형태로의 축차적 이동 과정으로 이해할 수 있다. 이런 의미에서 '장소의 공간'은 역사적 출구 모델인 듯하다. 세계화 담론의 첫 번째 논의에서 '민족 국가의 종말'이라는 광범위한 주제는 속지성의 종말이라는 훨씬 더 풍부한 테제에 기초하고 있다.

세계화 이론은 지구가 사회화의 사회 공간적 형태의 분석에 있어 결정적 관계의 규모를 나타낸다는 가정에 근거하고 있다. 아마도 하지 말아야 할 질문, 즉 "그렇다면 '지구'란 무엇인가?"라는 질문에 대한 대답은 오히려 '로컬'의 소멸에 대한 불명확한 증명에 불과할 것이다. "세계인을 하나의 단일 세계 사회, 하나의 지구적 사회에 통합시키는"(Albrow 1996) 모든 과정을 포괄하는 기준 개념은 지역적 맥락화에 대해 어떤 관심도 갖지 않는 발전 역학을 암시한다. 또한 새로운 것을 활동 영역으로 불러내는 이원적 대립—'흐름의 장소' 대 '공간의 장소' 혹은 '주변부' 대 '내부' 그리고 '외적인 것' 대 '내적인 것'—은 전형적인 비대칭적 구조를 가진다. 상상 가능한 그리고 전략적 논리로 의미 있는 '범지구적 대 국지적'이라는 이원주의는 분석적 가치가 있는지는 잘 모르겠지만 명징성은 보장할 수 있다. 왜냐하면 '흐름의 공간'이 제로섬 게임의 방식으로 '장소의 공간'을 축차적으로 대체했기 때문이다. 그러나 장소, 공간, 국지적 문화 그리고 정체성 형성의 의미에 대한 무관심은 세계화 담론 중에서 여론의 영향을 가장 크게 받는 효과 중 하나다. 이 세계화 담론은 사회 공간 단위의 변위가 그것들의 소멸과는 다른 의미를 갖는다는 것에 대해 관찰자들의 눈을 멀게 만든다. 아무리 통과하기 쉬운 경계라도 경계는 경계인 것이다.

동질화의 패러다임과 같은 맥락이고 세계의 맥도널드화와 같은 효과 높은 이미지이면서 또한 글로벌 도시 연구의 범주에도 표현되는 세계화 담론의 기능주의적 이행은 경제적 영역의 세밀한 분석을 외면하고 세계화의 문화적 효과에만 집중한다는 비판을 받는다. 소통 수단의 기술적 혁명(Appadurai 1996) 같은 중개와 이동은 사회화의 사회 공간적 형태를 전면에 내세운다. 이런 형태는 "혼합화"(Hannerz 1996)와 "혼성화"(Hall 1991; Pieterse 1995; Tomlinson 1999; Urry 2000) 같은 구호 아래 범지구적 맥락화와 국지적 맥락화의 쉽지 않은 협력을 요구한다. 그리고 이 범주에서 이질화 가정만이 우위를 차지한 것은 아니다. 오히려 탈식민지 담론의 개입을 통해 지적 요소에 대한 가치 요구의 사회 공간적 제약의 문제로 전환되었고, 이를 통해 사회화의 사회 공간적 제약에 대한 문제는 한층 심각해졌다. "범지구적 근대성"(Featherstone u. a. 1995), "다중 근대성"(Eisenstadt 2000) 혹은 "부당한 근대성"(Randeria 2002)에 대한 열띤 토론은 유럽 중심으로만 분류된 세계상의 보편성 비난을 지리적으로 보호하고 공간적으로 제약했다. '사해동포주의'와 '초국가주의' 같은 새로운 개념은 세계상 구조와 관련해 범지구적인 것과 국지적인 것들을 변증법적으로 결합한다. 이런 변증법은 문화적이고 지적인 요소와 집단적 정체성에 분석적 해명을 제공한다. 권력 효과와 지배 효과의 문화적 혼합 형태에 대한 특별한 강조에도 불구하고 자유롭고 제약 없는, 그리고 탈속지적인 '흐름의 공간'으로서 글로벌의 대표성은 자신의 위상을 확보할 수 있었다.

로컬의 일반화, 지역의 무시와 몰가치화, 그리고 속지적 사회화를 구조적 형태로 유도하는 한 이러한 강력하고 지속적으로 비판받는 글로벌 이미지는 한층 확대되는 결과를 낳는다. 국경 없는 세계에서 로컬의 힘에 대한 질문은 세계화 이론에서 특별히 제기되지 않는다. 아울러 이러한 문제와 관련해 글로벌의 개념 정의에서 발생하는 다음과 같은 비판적 저항은 피할 수 없다.

첫째, 세계화를 탈속지화와 탈국가화 과정으로 다루는 전략 이론을 대함에 있어, 일반적으로 또는 범지구적 의미에서 특별한 속지 국가들에 속지성이 사회 공간적 사회화의 강력한 조직 형태를 남긴다는 사실을 상기하는 것이 중요하다. 현시점에서 '범지구적'이라고 표현하는 것이 언제나 "민족적 영토에 근거"(Sassen 1996: 13)하고 있는 것으로 증명된다면, 이론적 관심은 개별 국가의 공간적 재형상화 과정에 강하게 경도될 것임에 틀림없다. 이런 과정이 직접적으로 탈속지화한 공간을 만들어내지는 못하겠지만 그와 같은 운동 속에서 재속지화 경향을 강력하게 유지할 것이다. '자본주의', '민족 국가' 혹은 '일간신문'이 범지구적 영향력을 획득했다는 경험적 사실이 우리가 〈인디아 투데이(India Today)〉, 〈보스턴 글로브(Boston Globe)〉 그리고 프랑크푸르트 방송(Frankfurter Rundschau)을 구분하지 못한다는 것을 의미하지는 않는다. 스웨덴에서의 가난은 잠비아와 다르게 해석되고, 영국에서의 이주는 사우디아라비아에서와 근본적으로 다른 제도상의 체제 문제다. 간단히 말해서 국지적 문화가 범지구적으로 순환하는 권력과 강제는 주목할 만하며 그런 채로 지속된다.

둘째, 글로벌과 로컬 같은 사회 공간적 단위를 사회적 관계의 사회 공간적 조직 형태로 결합시키는 것은 분석적으로 거의 설득력이 없다. 왜 세계는 배타적으로 탈속지화한 흐름의 공간으로 묘사하는 반면, 로컬은 사회화의 배타적 영지(領地) 형태로 정의해야만 하는가? 이러한 사회 공간적 단위에 대한 잘못된 결론은 탈속지화 이론의 설득적 가치를 구조적으로 제약하는 조직 형태에 있다.

셋째, 글로벌과 로컬을 내적인 반대 개념으로서, 공간과 장소에 대한 유사어로서, 그리고 역으로 사용한다면 언제나 개념적 혼합이 존재한다. "이전의 조건이 궁극적으로 공간을 넘어 기능하는 일련의 힘에 대한 일종의 비판을 말하는 한 로컬로서 글로벌에 반대하는 것은 상당히 직관적이다. 전형적으로 로컬은 세계적 범위 내에 있는 분절적 요인이거나 외적인 세계적 힘에 제약된 단순한 한 측면 혹은 현상이다"(Latham u. a. 2001: 6). 하나의 작은 사유 실험은 딜레마를 명백하게 만든다(Latour 1993: 117f.와 비교). 유라시아의 철도망은 그 자체로 글로벌적이지는 않지만 주목할 만한 지리적 범위를 가진 교통수단이다. 이는 여행자들을 유럽의 쥐드스피체에서 블라디보스토크까지 그리고 베르겐에서 하노이까지 이동시킬 수 있다. 이러한 여행의 각 지점에 사람, 철도 역사(驛舍), 마을, 도시 그리고 역무원이 있다. 그러나 누구도—여행객도 기관사도—절대로 마법의 경계, 즉 로컬과 글로벌을 분리시키는 경계를 넘지 않는다. 하지만 이는 무엇보다도 그들의 새로워진 로컬이 고착하는 순간 그들의 상징화한 잠재력을 발전시키는 인간, 이념 그리고 인공물의 범지구적 흐름에 있어서도 역시 안 되는 것인가? 세계적 금융 시스템, 즉 도린 매시(Doreen Massey)의 적합한 질문이 런던이나 뉴욕 같은 매우 특수한 지역의 국지적 완성 없이 존재할 수 있는가?

글로벌과 로컬을 내적 대립 관계로 묶는 확장된 이론 전략은 착취, 권력 그리고 지배 관계의 공간화를 위한 토대를 다음의 도식에 따라 제공한다. "자본은 글로벌이다. 노동은 로컬이라는 규정과 같다"(Castells 1996: 475). 이러한 이론 전략은 동시에 각각의 가상(假想) 지리학에도 선을 긋는다. 이런 지리학에서 로컬은 전통, 속지성 그리고 지역으로 특징지어지는 반면 글로벌은 자본, 진보, 문명 그리고 자유로운 공간과 결합해 있다—사회 공간적으로 분리된 공동화 형태는 일상적인 의심, 가난, 소수 그리고 여성으로 구성되어 살아간다. 그들은 자신의 국지적 문화에 구속된 채 단 하나를 공동으로 소유한다. 그들 모두는 외적인 힘의 희생자이며 국지적으로 길들여지지 않은 사람이다. 로컬의 평가 절하는 정확히 장소의 평가 절하 논리를 따른다. 이 두 가지는 상황 종속적인 변수다. 공간과 장소의 이론적으로 해명되지 않은 관계를 글로벌과 로컬의 대립쌍 관계로 단순하게 치환함으로써 세계화 이론은 확장된 단계에서도 마찬가지로 공간 이론의 핵심적 딜레마를 반복한다. 로컬을 글로벌의 효과로 이미지화하는 것은 '장소'를 외적인 관계의 산물로 간주하는 것을 말한다. 이러한 화법에서 장소(로컬)는 어떤 상황도 발생시키지 않을 능력을 갖고 있다. 왜냐하면 이야기된 모든 것은 어딘가 다른 곳에서 생겨났기 때문이다. 추상적 공간 대 확고한 장소, 통제함 대 통제받음, 이익 대 손실, 그리고 진보 대 보수의 대립은 이와 같은 일상적 기저 작용에 근거하고 있다. 특수한 장소에 대한 짧은 생각만으로도 이러한 구분의 문제점을 인식하기에 충분하다. 장소는 '순간'이다. 이런 순간을 통해서 글로벌이 만들어지고 지위를 갖는다. 이것이 "세계화의 중개인"(Massey)이다. 뉴욕이나 런던이 세계화의 솔직한 희생자로 특징지어질 것이라고는 아무도 생각하지 못할 것이다(이 책에서 소개한 매시의 글 참조).

글로벌을 로컬의 대립 개념으로 파악하는 것과 마찬가지로 공간을 장소에 대한 대립 개념으로 분석해서 파악하는 것은 가능하다. 공간 생산과 장소 형성은 한 쌍을 이룬다. 이것은 또한 세계화와 국지화, 재속지화와 탈속지화와 마찬가지로 서로 대립하지 않고 동전의 양면과 같은 2개의 측면을 형성한다. '다양성 판매'라는 슬로건을 따르는 베버 인더스트리(Werbe-Industrie)의 마이크로 마케팅(micro-marketing)뿐만 아니라 인권에 대한 세계적 담론이나 전문 의술, 그리고 치료를 담당하는 세계보건기구의 캠페인도 역시 여기에 속한다. 또 다른 측면으로는 범지구적으로 유통하는 생산물의 국지적 생산, 유럽식 속지주의 원칙의 범지구적 관철, 시장 합리적인 행동 표준의 보편화, 그리고 외형적 합리성의 조직 표본이 있다. 그래서 사람들은 이미 악명 높은 대표자, 즉 CNN, 맥도널드, 할리우드 그리고 범지구적 대중문화의 생산자와 다른 로컬로 해석되는 수많은 생산자를 새로운 의미로 곡해하고 국지적 지식 정보에 합병시킨다. 양극단 사이에 다른 극단이 존재한다. 이를테면 공항, 호텔, 정거장 같은 개개의 비(非)장소, 즉 여기를 지나가는 인간들에 의해 광범위하게 해체된 장소가 존재한다. 또한 초(超)로컬적 장소도 있다. 8000명의 외부인과 함께 열 달을 지내는 500명의 주민으로 이뤄진 알프스의 한 마을을 생각해볼 수 있다. 이런 장소에서 전체 세계는 상징적일 뿐만 아니라 물리적으로도 존재하는 공간이다. 우리는 소수자 디아스포라(Diaspora)의 '전환 중에 있는 주거지'를 발견하고 새로운 인위적인 '폐쇄적 공동체'를 갖는다. 이런 공동체는 우후죽순처럼 생겨난다. 오늘날 글로벌의 형상을 자유롭고 경계 없는 '흐름의 공간'으로서 어렴풋하게나마 드러내는 것은 세계의 도시 중심에서 폭력적으로 나타나는 "공간적 인종차별 정책"(Mike Davies)뿐만이 아니다.

30여 년의 세계화 논의를 보면 글로벌의 발견 이후 이론적 주목이 로컬 문제로 극단적으로 이동하는 징후가 훨씬 더 많아졌다(Garhammer 2003 참조). 무엇보다 국지의 거부로부터 생겨나는 글로벌의 개념 규정이 분석의 사각지대에 있던 로컬을 가시화하는 것은 이러한 공간 이론 논쟁의 흥미로운 역설에 속한다. 글로벌중심주의의 우위적 형태와 대립해서 장소와 공간의 의미, 그리고 정체성 정책과 인지 행위의 의미에 대한 질문에 대답하는 것은 현실적으로 중요한 문제다. 이 질문은 언제 어디서나 사회 공간적 배열을 통해서, 그리고 대립을 통해서 해결될 것이다. 언제나 '공간'과 '장소'가 중요하다. 이것은 고인 권력의 문제이며 살아온 공간의 좌표, 즉 공간적 현존을 자신한테 유리하게 바꾸는 것의 문제다. 국경 없는 세계에서 국지의 힘은 숨겨진 암호로서 국지의 개념 파악과 국지성의 세계적 생산에 관심을 갖는 시각 전환을 의미한다. 왜냐하면 세계에서 로컬의 의미, 즉 국지성을 사회적 그룹 속에서 엄격하게 속지적으로 정의하고 사회 공간적으로 결합한, 그리고 문화적으로 동질적인 행위자로 더 이상 상상할 수 없다는 것은 이론적으로 아주 논란이 많고 실증적으로 검증해야만 하는 질문이기 때문이다.

거주의 비유적 논리를 실제로 포기하는 사회 공간적인 사회화 형태는 어디서 어떻게 나타나는가? "장소의 진보적 감각"(Massey)과 같이 '세계적 흐름의 공간'에 대한 부당한 논리를 올바르게 만들 수 있는 것은 무엇인가? 만약 사회적 마찰이, 또한 지적(知的) 상품과 가치에 대한 기대가 그것들의 공간 이론적 함의와 관련 있다면 개념적인 어떤 가능성이 생겨날 수 있는가? 세계화 담론에서 지속적 순환의 형태로 발생하는 로컬의 소멸과 장소의 무의미성에 대한 과도한 증명은 오히려 로컬에 의미를 부여하는 잠재력이 오늘날에도 실제로 생겨날 수 있다는 단순한 추측을 넘어서는 아주 높은 수준의 유효성을 가질 수 있다고 기대하게끔 하는 아주 강력한 의문을 만들어낼 수도 있지 않겠는가?(Berking/Löw 2005 참조) 어쨌든 장소나 공간이 유효성을 잃었다는 상투적인 교훈에 대해서는 어느 누구도 세계에서 평범하게 살 수 없다는 클리포드 기어즈(Clifford Geerz)의 주장을 회상하는 것만으로도 충분하다.

사회적 관계의 사회 공간적 조직, 즉 '공간'과 '사회'의 연관성은 이 책에 수록한 논문들의 주제다. 모든 저자는 자신의 문제 제기와 지적 생산을 공간 이론적으로 공고히 하기 위해 특별한 노력을 기울였다. 그들은 정제되지 못한 공간 컨테이너 이론과 그로부터 강요되는 속지적 포괄의 사고방식을 비판하며, 이러한 사회학의 규범적인 지적 상태에 대한 비판적 활자 운동 속에서 새로운 지식의 소환을 위한 공간을 발견한다. 확증된 사회학적 개념 규정의 범주와 기대 가치뿐만 아니라 우리가 살아가는 세계로부터 우리가 만들어내는 세계도 역시 논의한다.

첫 번째 융합 주제는 '세계화'의 지적인 요구를 다루었다. 글로벌과 로컬의 대립 속에서 실타래처럼 엉켜 있는 난제를 풀기 위해 필요한 이론적 개입에는 어떤 것이 있을까? 속지적 사유 방식이나 경계 없는 탈국경화의 이중화한 위치 이탈 중 어느 하나로부터라도 벗어나기 위해 탈속지화와 재속지화의 과정은 실제 영역에서 어떻게 설명해야 하는가? 그리고 '가능성의 감각'에 대해 어떤 대가 혹은 손해가 세계상 구조에 가장 오랫동안 밀착할 수 있었던 글로벌의 개념 규정과 관련되어 있는가? 도린 매시는 해결 게임을 시작한다. 제목의 법적 비유는 이미 목적 성향을 보인다. 로컬을 글로벌에 대한 승인의 증거 및 저항의 근거로 취급할 수 있다고 믿는 모든 것에서 '로컬에 대한 승인'은 그 어떤 것도 원산지 이론과 장소의 낭만에 대한 격렬한 논쟁이 아니다. 매시는 로컬의 세계화와 글로벌의 국지화에 대해 동시성의 공식이라는 단어를 사용해 분석하고, '공간'과 '장소'의 개념적 대립으로부터 강제적으로 생겨나는 개념적 혼용을 구체적으로 설명한다. 상대적 공간 개념으로부터 공간은 '만남의 장소'로서, 그리고 세계를 구성하는 순간들로 묘사된다. 매시는 현재와 관련 있는 공간적 책임 윤리가 어떤 조건 속에서 풍부한 기회를 가질 수 있는가라는 도덕 이론적 문제 제기를 통해 로컬을 로컬에 부여된 소극성으로부터 해체시키는 이론 전략적인 목적을 검증한다.

공간에 대해 말하는 사람은 국경에 대해 침묵할 수 없다. 슈테판 카우프만(Stefan Kaufmann)은 우리 모두에게 잘 알려진 고전적 민족 국가의 국경을 사용하고 안전성 논쟁을 통해 촉발된, 결과적으로 완전히 새로운 국경 체제로 응축된 다양한 재구성 형태를 묘사한다. 자신의 주제를 과하게 부각시킨 국경 공간은 도처에 있다. 안전과 위험 방지는 국경선을 네트워크가 되도록 했고, 이 네트워크는 국경을 안팎으로 동시에 확장시켰다. 카우프만은 구조적 확대와 안전 및 통제의 생산, 국경 전·후방에서 군사적 장치의 경찰화, 숙박지와 추방소, 감시 장치와 여권 통제라는 기능적 요소의 네트워크화를 통해서 공간 수용을 구체적으로 설명한다. 이런 통제는 이전의 두 국가 사이 국경에서와 같이 오늘날 독일의 조그만 도시 카스트로프라우크셀(Castrop-Rauxel)에서도 당연히 실행할 수 있다.

헬무트 베르킹(Helmuth Berking)은 질서와 사회적 불균등을 통해서 범지구적 구성 원칙을 찾아내기 위해 세계 상황에 대한 미국과 세계은행의 보고서를 이용한다. 모든 세계화의 수사학에도 불구하고 학문으로서, 세계 질서의 근거인 지식으로서 계산 단위, 즉 민족 국가로 조직된 사회가 남아 있다는 사실은 수학적 간결성을 특징으로 하는 지수와 경제 모델이 세계 질서의 상을 만든다는 경험적 관찰에 비하면 그다지 놀랍지 않다. 이러한 세계상에서 비정상적인 경제, 암시장(暗市場), 그리고 불법적 글로벌 네트워크에서 두 번째로 영향력이 큰 사실성은 전혀 고려되지 않는다. 통계적 인식과 숫자 놀음, 그리고 여기에 따르는 추측은 방법론적 민족주의와 상당히 밀접한 관계를 갖는다.

존 어리(John Urry)는 '글로벌'의 구조적 특성을 복잡계 이론의 도움으로 파악하려는 흥미 있는 시도를 한다. 세계화를 비예측성, 불가역성, 비선형성에 의해 특징지어지는 일련의 상호 진화적인, 그리고 자기 규정적인 시스템으로 설명한다. 어리는 범지구적 하이브리드를 두 가지 주요 유형으로 구분하는데, 하나는 범지구적 네트워크, 즉 사람·기술·목적 간의 복잡하고 계산 가능한 결합이며, 다른 하나는 세계의 흐름, 즉 돈·인터넷·디지털 정보·여행자다. 이러한 역설적 구조의 속성이 '탈속지화한 운동'으로서 도처에 있으면서 어디에도 있지 않으며, 그럼에도 불구하고 끝없는 반복을 통해 그들 자신의 위상을 만들어나간다는 것이다. 어리는 범지구적 복잡성이 국가의 역할과 기능의 변화에 대한 작용 및 그 작용 방식을 보여주고, 행위자 중심적 권력 이론과는 상당히 다른 분석적 방법의 장점을 논의

한다.

두 번째 융합 주제는 공간과 정체성의 관계로 구성된다. 그룹이 공간과 공간 정체성을 만든다는 건 진부한 내용인 것처럼 보인다. 하지만 범지구적 '지금'과 이곳(현존)에서 내부와 외부가 안전해지는 방법, 동지와 적을 구분하는 방법, 그리고 연합을 결성하고 타협이 이루어지는 방법에 대한 문제는 새로운 국경 정치를 통해서 입증된다. 이러한 국경 정책이 속지적인 포괄과는 다른 수단을 통해 정체성을 안정화시키는 요구를 다루는 한 이는 새로운 정책이다. 이러한 연구 범주에서 니나 글릭실러(Nina Glick-Schiller), 아이세 카글라어(Ayse Caglar) 그리고 타데우스 C. 굴트브란트젠(Thaddeus C. Guldbrandsen)은 독일의 할레/잘레(Halle/Saale)와 미국 뉴햄프셔 주의 맨체스터에 이주한 이주민들의 국지적 통합 형태에 관한 인종 지역적 연구를 실시한다. 도시 비교 연구는 감각이나 실제를 구성하는 의미, 즉 통합 형태의 교육에 있어 국지적 연관 관계가 갖는 의미를 구체적으로 설명하고 동시에 이주 연구의 이론적 토대에 대해 의문을 제기하는 충분한 근거를 제공한다. 저자들은 이주 담론에 있어 과도하게 사용된 연구 영역인 '인종적 그룹'에 대해 그 설명 가치를 의심하고 문제를 제기한다. 그들이 할레와 맨체스터에서 분석한 이주 인구의 그룹 형성은 인종적이라기보다 오히려 종교적 동기를 갖는다. 이 그룹은 그들이 범지구적 기독교라고 부르는 종교적 통합의 초국적 네트워크 속에 있는 국지적 합류점이다.

인종성과 이주는 푸르니마 만케카르(Purnima Mankekar)의 초국적 저항조직 형성에 대한 분석에서도 아주 중요한 역할을 한다. 그의 보고서는 시크교 소수 민족이 2001년 9월 11일 미국에서 발생한 테러 공격 후 갑자기 노출되었다고 여겨지는 증오 및 폭력 행위를 다룬다. 만케카르는 패권적 민족의 개방성에 대한 적들의 매개적 구조를 묘사하고 반(反)개방성의 성

공적 형성이라는 의미에서 시크교도 연합의 초국적 이동을 분석한다. 이 반개방성에 있어 중개 매체의 역할뿐만 아니라 '공간'의 확장 역시 핵심적 의미를 갖는다. 공간의 초국적 정책 아이디어는 여기서 강력한 외형을 획득한다.

베르너 시파우어(Werner Schiffaur)는 사고하는 것과 생산하는 것 그리고 이미지화한 공간과 실질적 공간의 상호 작용을 다룸에 있어 공간 이론적 반성의 맥락을 수용한다. 그는 이미지화한 공동체의 사회화 과정을 '가능성 공간'의 논리로 환원함으로써 "이미지화한 공동체"(Anderson) 개념의 공간적 차원을 설명한다. 비현실적 조건문 구조는 시파우어가 상상할 수 있는 것으로서 이미지와 생산된 것으로서 실제 사이의 보완을 구상하는 모델이다. 꿈이나 환상과는 다른 이미지가 이미지화한 공간이 가능성의 공간일 수 있도록 하는 아이디어를 통해 초국적이고 디아스포라적인 사회 형성의 분석에 대해 새롭고 훨씬 유망한 전망을 열어놓을 수 있다.

모든 형태, 특히 매춘 영역의 모든 표상, 형상, 이미지는 '가능성의 공간'으로 여겨진다. 마르티나 뢰브(Martina Löw)는 매춘의 '공간과 장소'를 분석한다. 뢰브는 여성 독자들을 프랑크푸르트암마인과 빈에 있는 유곽을 거닐도록 초대한다. 뢰브의 인종학적 관점은 성욕과 여성성의 (지역에 특화된) 연출과 상징적 배치를 아주 상세하게 다룬다. 아울러 성 노동의 공간 이론적 영역을 한편으로는 은폐와 은닉의 수사학 속에서 또한 개방적이고 사적인 차별화 속에서 내적인 구조화로, 또 다른 한편으로는 국가 비교의 맥락으로 이해한다. 프랑크푸르트와 빈의 매춘 연출과 인식의 차이를 구분 짓는 (결과적으로 대단한) 기준을 뢰브는 개별 도시 구조의 속성에서 필수적으로 생겨나는 개별 로컬의 특수한 위상 설정의 표현으로 해석해냈다. 로컬의 수동성에 대한 관습적 소개는 이러한 분석에서 전혀 드러나지 않는다.

마지막으로 세 번째 융합 주제의 기고문은 사회학적 개념 규정에서 연구의 속성이며, 질서 공간의 의미에서가 아니라 공간 및 질서 관념의 관점에서 공간 질서를 목적으로 한다. 생각이 공간적 거리에서, 그리고 그것을 통해 사회학적인 지적 생산의 결정적 처리 방식으로 인식되는 순간, 이론 생산의 공간은 이론을 생산하는 공간 관념으로서 특별한 의미를 획득한다. 향토 사회학자들이 초국적 사회화의 형태를 다루기는 어렵고, 세계화 이론가들은 지역을 생각하는 도시 지역의 규정을 다루지 못한다. 각각의 사회학적 기본 개념은 공간 형상에 기초하고 있으며, 이러한 공간적 사유의 인식론은 세계화 담론을 긴급한 과제로 설정한다. 피터 마르쿠제(Peter Marcuse)는 무엇이 '도시'인가라는 간단한 질문으로 논의를 시작한다. 마르쿠제가 '도시'에 대해—공간의 복합으로서, 통제 가능한 대상과 집단적 행위자로서, 동질성을 가진 전체로서, 사회의 동류로서—수사학적으로 묘사하는 전형적인 대답은 내밀한 방식으로 지적 대상인 '도시'의 개념적 설명에 거의 아무런 기여도 하지 않는 정치 이데올로기적 관심 분야에 부합한다. 이런 조그만 '도시사회학'으로 마르쿠제는 다양한 의미 주장에 대해 다루지만, 이 연구 대상의 어떤 일반화 개념도 갖지 못한 모든 도시사회학적 연구의 깊은 상처를 다시 한 번 건드린다.

나이절 스리프트는 논고 "욕정의 공간 정치에 대해서"에서 핵심적이지만 사회 이론적 의미에서 줄곧 무시해온 문화공학의 문제 영역을 정치적 실천의 새로운 형태로 집중했다. 여기엔 모니터와 화면에 정체해버린 주시의 중심으로 환원된 '조그만 공간들', 즉 표정과 몸짓에 대한 지식이 존재한다. 이 지식은 구체화의 공간을 확대함과 동시에 인위적으로 만들어진 구성물에 자유를 준다. 스리프트는 욕망 이론의 역사를 통해 각인된 이성적 판단에 따라 기술적 생산물과 지식의 다양한 결합을 분석한다. 이 결합은 오늘날 욕망의 각성과 조작을 대체한 것이다. 지각 시스템의 형성은 정치적 실행의 새로운 형태만을 목표로 하는 것이 아니다. 이것은 탈사회적이고 도시적인 세계를 순간적으로 파괴한다. '진보적인' 욕구의 정치에 대한 가능성의 조건과 관련한 질문은 인위적이고 미학적인 실천의 영역을 넘어서 사회학적 논의의 한계에 눈을 뜨게 한다.

이 단행본의 마지막 주제는 또한 일종의 탄원으로 이해할 수 있다. 울리히 벡(Ulrich Beck)은 사회학의 세계시민주의적 재발견을 요구한다. '민족적 시선'의 제약성 분석, '방법적 민족주의'의 해체, 간단히 말해서 '사회학의 탈민족화'는 벡에게 하나의 전망으로서 방법론적 세계주의로의 급진적 인식 전환과 연결되어 있다. 이 전망은 속지화하는 '이것 아니면 저것'의 논리를 '뿐만 아니라'의 논리로 대체하는 전망이다. 개념 구상으로서 세계시민주의는 속지적 문화 및 사회 이해와 연관된 모든 변수와 관계를 끊고 로컬에 어떤 주의도 기울이지 않는 이론의 관점으로 세계화에 비판적 거리를 둔다.

이 책은 공간과 사회의 결합에 대해 사유하는 가장 차별화된 방법을 소개한다. 저자들은 사회학자, 지리학자, 인종학자, 문화학자다. 그래서 또한 사회적 공간의 사회화 형태에 대한 분리된 관심이 분야 특유의 경계를 상호 침투한다. 개별적 상호 개입을 대화론적인 전체에 결합시킬 수 있는지 여부는 독자들이 해결할 문제다.

이 책에 대한 아이디어는 '이주: 국지성의 세계적 구성에 대해서(Passages: On the Global Construction of Locality)'라는 주제로 베를린에 있는 '세계 문화의 집'에서 개최한 회의에서 비롯되었다. '세계 문화의 집'—이름은 징조다(nomen est omen)—은 자체의 초국적 네트워크와 제도적 자원을 지원했을 뿐만 아니라 영어로 번역하는 데도 재정적 도움을 주었다. 이 회의

가 이뤄질 수 있도록 게스트들에게 베풀어준 호의와 지원에 대해 인문학부(Abteilung Literature und Wissenschaft) 학장이신 페터 젤 박사(Dr. Peter Seel)와 그의 동료 자사 크라프트(Sassa Kraft)께 감사드린다. 릴리안아스트리트 게제(Lilian-Astrid Geese)는 영어 텍스트를 독일어로 번역했으며 요헨 슈벵크(Jochen Schwenk)와 하이케 콜로스(Heike Kollross)는 편집과 수정을 맡아주었다. 그들에게도 진정한 감사를 드린다.

참고문헌

Albrow, M. (1996), *The Global Age. State and Society beyond Modernity*, Cambridge (정헌주 옮김, 《지구 시대》, 일신사, 2005).

____ (2002), "The Global Shift and Its Consequences For Sociology," in: N. Genov (Hg.), *Advances in Sociological Knowledge*, Paris, S. 25-45.

Appadurai, A. (1996), *Modernity at Large*, Minneapolis (채호석·차원현·배개화 옮김, 《고삐 풀린 현대성》, 현실문화연구, 2004).

Beck, U. (2001), *Was ist Globalisierung?*, Frankfurt/M. (조만영 옮김, 《지구화의 길》, 거름, 2000).

____ (2002), *Macht und Gegenmacht*, Frankfurt/M.

Berking, H. (1998), "Global Flows and Local Cultures," in: *Berliner Journal für Soziologie*, 3/98, S. 381-392.

Berking, H./Löw, M. (2005), "Wenn New York nicht Wanne Eikel ist… Über Städte als Wissensobjekt der Soziologie," in: Berking/Löw (Hg.), *Die Wirklichkeit der städte,* Sonderband 16, Soziale Welt, Baden-Baden, S. 9-24.

Callaghy, T./Kassimir, R./Latham, R. (Hg.) (2001), *Intervention and Transnationalism in Africa,* Cambridge.

Castells, M. (1996), *The Rise of the Network Society*, Cambridge, Mass (김묵한·박행웅·오은주 옮김, 《네트워크 사회의 도래》, 한울아카데미, 2003).

Crang, M./Thrift, N. (Hg.) (2000), *Thinking space,* London.

Garhammer, M. (2003), "Die dritte Runde der Globalisierungsdebatte: nach der Entdeckung des Globalen die Ethnografie des Lokalen," in: *Soziologische Revue*, 26/1, S. 46-63.

Eisenstadt, S. (2000), "Multiple Modernities," in: *Daedalus* 129, 1, S. 1-29.

Featherstone, M./Lash, S./Robertson, R. (Hg.) (1995), *Global Modernities,* London.

Hall, St. (1990), "Cultural Identity and Diaspora," in: J. Rutherford (Hg.), *Identity: Community, Culture, Difference,* London.

Hannerz, U. (1996), *Transnational Connections, Culture, People, Places,* London/ New York.

Harvey, D. (1990), *The Condition of Postmodernity*, Cambridge (구동회·박영민 옮김, 《포스트모더니티의 조건》, 한울, 1994).

Held, D./McGrew, A./Goldblatt, D./Perraton, J. (1999), *Global Transformations,* Oxford (조효제 옮김, 《전 지구적 변환》, 창작과 비평사, 2002).

King, A. (2004), *Spaces of Global Cutures,* London.

Latour, B. (1993), *We Have Never Been Modern,* Cambridge, Mass (홍철기 옮김, 《우리는 결코 근대인이었던 적이 없다》, 갈무리, 2009).

Löw, M. (2001), *Raumsoziologie*, Frankfurt/M.

Massey, D. (1999), *Power-geometries and the Politics of Time-space. Hettner Lecture II*, University of Heidelberg.

Ohmae, K. (1995), *The End of the Nation-State*, New York (박길부 옮김, 《국가의 종말》, 한언, 1999).

Pieterse, J. (1995), "Globalization as Hybridization," in: M. Featherstone/S. Lash/ R. Robertson (Hg.), *Global Modernities*, London.

Randeria, S. (2002), "Entangled Histories of Uneven Modernities," in: Y. Elkana/I. Krastev/E. Macamo/S. Randeria (Hg.), *Unraveling Ties-From Social Cohesion to New Practices of Connectedness*, Frankfurt/ M., S. 284-311.

Ritzer, G. (1993), *The McDonaldization of Society*, Newbury Park, CA (김종덕 옮김, 《맥도날드 그리고 맥도날드화: 유토피아인가, 디스토피아인가》, 시유시, 2004).

Robertson, R. (1992), *Globalization: social theory and global culture,* London.

Sassen, S. (1996), *Losing Control?*, New York.

Saunders, P. (1989), "Space, urbanism and the created environment," in: D. Held/J. B. Thompson (Hg.), *Social Theory of Modern Societies*, New York.

Smith, A. (1979), *Nationalism in the twentieth century,* Oxford.

Tomlinson, J. (1999), *Globalization and Culture*, Cambridge.

Urry, J. (2000), *Sociology Beyond Societies,* London.

____ (2004), *Global Complexity*, Cambridge.

1부 이미지화한 지형으로서 세계화

로컬의 기각[1]

런던은 탈식민지적인, 진정한 의미의—세계를 포괄하고 강력한 내적 요소의 혼재 속에서 고전적으로 결합된—범지구적 도시다. 베를린은 특수하고 영구적으로 변화하는 정체성을 가진 또 다른 장소, 즉 또 다른 현장이다. 이런 너무나 평범한 경험의 차이는 시간과 장소가 갖고 있는 정체성에 대한 특별한 사유를 시작할 수밖에 없게끔 만든다.

정체성이 상대적이라는 생각은 오늘날 광범위하게 받아들여지고 있다. 우리는 다른 사람과 상호 작용하기 위해 어떤 고정된 정체성을 갖고 존재하지 않는다. 오히려 우리의 정체성은 다른 사람과의 관계 속에서, 그리고 관계를 통해 성립된다. 이러한 사고는 개념적으로는 본질주의에 회의적이지만, 정체성에 대한 의구심 자체는 적어도 확실한 것으로 간주되는 정체성에 대한 '권리'의 요청만큼이나 중요하다고 여겨지는 정치를 비판한다. 이것은 더 나아가 정체성이 성립되는 관계에 대한 비판적 논쟁을 포함한다.

이러한 요구는 자연스럽게 공간의 문제점과 장소의 정체성으로 넘어간다. 오늘날 종종 회자되는 것처럼 공간은 실행 방식과 관계의 산물이다. 공간은 모든 영역에 대한, 그리고 이른바 로컬적인 것이나 글로벌한 영역에 대한 상호 작용을 통해 생겨난다. 덧붙여 '공간적 정체성'—장소, 지방, 국가 그리고 국지 등—도 같은 방법으로 구성된다. 공간적 정체성을 재개념화하는 시도는 동시에, 예를 들면 소속의 외적이고 배타적인 특징에 대한 선호를 통해 만들어진 교구나 민족주의적인 공간적 요구에 대한 저항 같은 정치적 관점과 밀접한 관련이 있다. 무엇보다도 오랫동안 응집된 정체성 수용의 불안정성과 복잡성은 극단적으로 다른 견해를 통해 설명할 수 있다.

내적 관점

내적 다양성, 분산 그리고 정체성의 단편화는 특히 현장에 대한 주목을 통해 과대평가된다. 그 면밀함의 중심에는 무엇보다도 인종의 혼합 형태와 관련 있는 피할 수 없는 장소의 혼합이 있다. 이는 장소 내부의 정치적 입장에서 각 국지의 정체성이 '의도치 않은 집단적 성취'로 간주될 수 있다는 걸 의미한다. 여기서 국지의 정체성은 의식적이든 아니든 지속적으로 변경된다. 이러한 관점에서 장소 혹은 국지는 '만남의 장소'이자 협상의 장소다. 그리고 국지를 교섭하는 이러한 도전이 런던이나 베를린 같은 서양의 대도시보다 더 복잡한 곳은 없어 보인다.

정체성 재정립의 내적 관점은 수년 전부터 지대한 주목을 받고 있다. 동시에 실질적으로 주도권을 장악하고 있는 현재의 수많이 이해관계가 이러한 관점을 통해 윤리와 엮인다. 자신의 집에 있는 외부인을 어떻게 설명해야 하는가? 이런 우리에게 너무나 확고한 윤리적 질문의 형태가 이미지화한 지형을, 간단히 말해서 폐쇄적 도시와 진입할 권리, 즉 긴밀한 사회 공간적 관계의 문제점을 만든다. 자크 데리다(Jacques Derrida)의 《코즈모폴리터니즘과 용서에 대하여(On cosmopolitanism and forgiveness)》(Derrida 2001)는 "열린 도시와 피난 도시의 영원한 문제"에 대해 설명하고, 크리츨리(S. Critchley)와 키어니(R. Kearney)는 자신들의 책 서문에서 환대에 대한 의구심을 제시한다(Critchley/Kearney 2001 참조).

그렇지만 정체성의 상대적 구조는 좀더 광범위한 지형을 포괄한다. 왜냐하면 국지의 정체성은 항상 장소를 넘어서고, 가끔은 전 세계를 포함하는 관계의 산물이기 때문이다. 물론 이것은 또한 국지의 범지구적 구조에 대한 하나의 관점에 불과하다. 이 관점은 아주 상이한 윤리적·정치적 질문을 자유롭게 제기할 수 있도록 한다. 만약 장소가 상대적 관계로 구성된다면 관계의 지형에 대한 의문이 생긴다. 국지의 정체성이 자리를 잡고 인지되는 그 관계의 지형은 어떤 상태에 있는가? 이것은 관계의 지형과 관련한 우리의 사회적·정치적 관계에 대한 의문, 즉 우리의 사회적·정치적 책임과 관련한 잠재적 지형에 대한 의문을 다시 불러일으킨다. 그렇다면 자신의 집 밖에 있는 낯선 이에 대해서는 뭐라고 설명할 것인가?

비록 상대적인 정체성 구조의 개념에 대한 인정과 사회 이론의 공간 이론적 토대를 세우는 것에 대한 집중적 노력에도 불구하고, 사회과학과 정신과학에서 그리고 어쩌면 그것을 넘어서는 예술적 행위에서 이런 의문에 대한 반성이 심각한 방해를 받고 있는 것은 확실하다. 훼방의 전형적 형태 중 하나는 공간과 장소의 영속적 대립이며, 특히 장소가 특권의 원천으로 의미를 갖는 개념에 있어 뚜렷한 대립의 형태를 보인다. 그래서 '장소' 또는 '국지'는 주로 '실제의', '확고한', '일상적인' 그리고 '살고 있는'이라는 개념과 결합된다. 국지적인 장소·지역은 확실한 것으로 여겨지는데 그 이유는 일상생활이 그곳에서 일어난다는 신념이 있기 때문이다. 이러한 담론에서 '장소'는 필연적으로 이에 걸맞게 추상적이고 무의미한 것으로 여겨지는 '공간'과 대치한다. 중요한 영어권 작가 에드워드 캐시(Edward Casey)는 예를 들어 다음과 같이 말한다. "산다는 것은 국지적으로 사는 것이고, 안다는 것은 무엇보다도 누군가가 사는 곳에 대해 아는 것이다"(Casey 1996: 18). 데이비드 하비(David Harvey)의 논문은 대체로 세계화와 관련이 있으며 다음과 같이 요약할 수 있다. "명백한 연대를 향한 운동은 정서적이고 가까이하기 쉬운 공동체로 구성된 사회생활의 패턴으로부터 생기는 추상적 수준의 움직임에서 공간으로 확장할 수 있는 또 다른 추상적 수준에 이르는 더욱 추상적인 개념의 형태로 이해할 수 있다"(Harvey 1996: 33).[2] 탁월하고 면밀한 작가인 아리프 더릭(Arif Dirlik)은 장소에 관한 주제에 대해 이렇게 말한다. "구체적인 장소에 대한 투쟁은 힘에 대한 투쟁이며, 추상에 대한 주도권이다"(Dirlik 2001: 23). 끝으로 카터(E. Carter), 도널드(J. Donald) 그리고 스콰이어스(J. Squires)는 《공간과 장소(Space and Place)》 서문에서 다음과 같이 말한다. "장소는 의미의 근거가 되는 공간이다"(Carter u. a. 1993: xii).

이러한 지형적 상상력은 개념적으로는 일관성이 없고 정치적으로는 위험하다. 만약 세계가 상대적으로 구성되어 있다는 가정을 공유한다면, 즉 만약 오늘날 종종 언급되는 로컬과 글로벌의 대립적 구성에 대한 모든 논쟁이 지속적으로 유효하다면 장소와 공간에 대한 반대 개념은 사상누각과 다름없는 것으로 여겨질 것이다. 사실상 이른바 '우리 일상생활의 현실'은 수많은 상이한 원인과 작용을 가리킨다. '공간'을 '장소'의 외부로 간주하거나 '국지'의 살아 있는 경험으로 보는 것은 타당치 않다. 또한 일상적인 것을 상황에 맞지 않게 지역적인 것과 결합시켜서도 안 된다. 그렇다면 '당신네 일상생활의 기반 현실'에 대한 경계는 도대체 어디에 두어야 하는가?

따라서 이렇게 주장할 수 있다. 요컨대 여기서는 국지(지엽적 장소)가 구체적이지 않고 고정되어 있으며, 현실적이고 일상적이고 끊임없다고 주장하지 않을 것이다. 오히려 이것 또한 공간(범지구적 공간)으로 여겨진다고 간주할 것이다. 만약 공간을 실제로 상대적이라고 생각한다면, 공간은 더 이상 아주 일상적이고 확고한 그리고 전 세계를 넘어 확장할 수 있는 관계·결합·실행의 총합이 아니다. 그러므로 이런 주장의 방향은 '장소에 반대하지' 않는다. '로컬'과 '글로벌'의 정치적이고 지적·학술적인 대립은 개념적 이분법에 기인하며 의문의 여지를 남긴다. 국지와 장소가 범지구적 공간에 대해 '대립하고' 있는 것이 아닌, 그리고 한정된 주어진 단위가 아닌 관계와 실행 속에서 구체적으로 형성된 정체성의 지속적 의미 전달자가 되는 것은 당연하다.

'국지의 범지구적 구조'와 연관된 관계의 구조

전형적 논쟁은 의도한 혹은 의도하지 않은 효과, 즉 국지를 세계화의 희생물로 바라보는 효과에 대해 논쟁하기 위해 국지적 장소를 글로벌 혹은 세계화의 산물로 규정짓는 결과를 가져온다. 이런 시나리오에서 '로컬'은 모든 행동력을 상실하고 범지구적 힘을 기껏해야 지역에 맞춰 형성할 수 있다. 아르투로 에스코바르(Arturo Escobar)는 이러한 '고전 작품'을 생생하게 묘사했다. "로컬은 여자, 소수자, 가난 그리고 〔……〕 지역 문화뿐만 아니라 장소, 노동 그리고 전통과 관련 있는 반면, 글로벌은 공간, 자본, 역사 그리고 매개 수단과 관련이 있다"(Escobar 2001: 155-156). 이런 관점에 반대해 '로컬'을 수동성으로부터 해방시키는 다양한 시도가 이루어지고 있다. 에스코바르, 깁슨그레이엄(J. K. Gibson-Graham) 그리고 아리프 더릭은 국지적 행동력의 중요성을 다양한 형태로 강조한다. 에스코바르는 국지적 문화와 정치적 투쟁의 개념에 대해 논증하고, 깁슨그레이엄은—특히 재개성화라고 일컫는 과정 속에서 국지적 경제와 사회에 있는 비자본주의적 요소의 존재와 잠재력을 인정하는 관점에서—정체성의 재규정에 대해 집중한다. 다르게 표현하면 국지는 단순한 글로벌의 희생물이 아니다. (아울러 그래서도 안 된다.)

이 작업은 굉장히 중요한 의미를 지니기 때문에 나는 다른 변형된 관점을 제안해보고 싶다. 이러한 연구가 진행되는 징후는 장소의 변호다. 말하자면, 글로벌 세계에서는 국지를 주장해야 하고 공간과 공간 사이에서 세계화의 힘에 의해 행동 능력을 갖추어야 한다. 그리고 이것은 체계적으로 논의해야만 하는 지나치게 일반화한 관념이다. 왜냐하면 공간의 변호를 위해 사용된 대부분의 작업에서 '제3세계'(다수의 세계) 또는 몰락하고 있는 제1세계의 산업 지역을 전형적으로 소개하기 때문이다. 이런 관점으로부터 자본주의적 세계화는 실제로 외부에 대해 위협적인 힘으로 드러난다.

그렇지만 런던, 베를린, 뉴욕에서는 어떤가? 자본주의적 세계화의 이동과 조정을 위해 필수불가결한 자원이 집중되어 있는 이러한 국지들은 어떤가? 만약 공간을 상대적으로 규정한다면, 국지는 광범위한 힘의 기하학(power-geometry) 내에 있는 개별적 판단 양식이다. 만약 우리가 로컬과 글로벌이 '대립하고 있다'는, 흔히 읊조리는 문구를 진지하게 받아들인다면 국지적 장소는 단순히 '희생물'도 아니고 글로벌의 산물도 아니다. 반대로 그것들은 글로벌을 구성하는 근거다. 즉 '로컬'의 글로벌 구조뿐만 아니라 '글로벌'의 로컬적 구조 또한 존재한다는 것이다. 내 주장은 다음의 두 가지를 의미한다. 첫째, 로컬의 정치 및 행동은 거대한 글로벌 메커니즘에 반응한다. (이는 세계화 안에 행위가 있다는 것을 의미한다.) 둘째, '글로벌'의 로컬적 구조에 대한 이해는 우리가 가능한 한 모든 장소를 있는 그대로 지켜내려 하지는 않는다는 것을 의미한다.

실제로 다양한 장소는 관계에 있어 아주 상이한 교차점과 세계화의 연관성 속에서 변화하는 위치를 총체적으로 나타낸다. 그러므로 개입의 가능성 또는 영향의 정도는 확고한 범지구적 관계에 대한 책임의 본질과 다르다. 이런 맥락에서 '로컬'을 인정하는 인지 가능한 경향은 혼란스럽다. 이는 '글로벌'의 산물이 언제나 '저쪽 외부에서' 혹은 '저쪽 높은 곳에서' 생기는 것으로, 곧 항상 어딘가 다른 곳에서 생겨나는 것으로 생각하는 데 그 원인이 있다. 이런 입장에 대한 내 주장의 핵심은 이렇다. 곧 '글로벌'은 한 '장소'에서 국지적으로 생산되고, 책임 있는 정치는 이런 상황 속에서 만들어져야만 한다.

논의의 필수적인 지적 실마리는 결코 부족하지 않다. 한 가지 예는 페미니스트 철학자 모이라 게이튼스(Moira Gatens)와 주느비에브 로이드(Genevieve Lloyd)인데, 그들은 저서 《집단 이미지화(Collective Imaginings)》에서 스피노자(B. D. Spinoza)의 원전에 입각해 책임의 개념을 새롭게 정리하고자 시도한다. 그들에게 책임이란 첫째, 상대적이고(즉 책임은 사회적 관계의 구조보다 정체성의 개념에 달려 있다) 둘째, 구체적이지만(실질적 행위에서와 같이 장소는 종종 상상할 수 있다) 셋째, 확장을 포함한다(직접적인 것이나 국지적인 것에 제한되지 않는다). 게이튼스와 로이드는 그들의 관심을 시간의 확장에 집중한다. 그들은 오스트레일리아의 백인이 오늘날 원주민과의 관계에서 갖는 집단적 책임에 대한 의문에 초점을 맞춘다. 그들은 위의 책에서 우리의 과거가 우리의 현재 속에서 계속되는 방식에 대한 이해를 통해 우리가 함께한 과거, 즉 우리의 정체성이 형성되어 있는 그 과거에 대한 책임을 요구한다. 아울러 우리는 우리 각 개인이 한 일 때문이 아니라 우리가 현재에 무엇이기 때문에 과거에 대해 책임을 진다(Gatens/Lloyd 1999: 81).

내 질문은 책임의 시간적 확장이 공간적이고, 현재와 관련한 책임 윤리로 옮겨갈 수 있는가 하는 것이다. 마치 과거가 우리의 현재까지 뻗쳐 있는 것처럼 먼 곳의 현존인 '저곳'이 우리와 가까운 곳인 '이곳'으로 뻗친다. 과거 사건에 대해 사과하는 것은 오늘날 책임이 현재의 지형 속에서 얼마나 확장적일 수 있는지를 명백하게 보여준다. 게이튼스와 로이드는 공간적인 것을 제거한다. 그렇지만 그들은 상대적인 것보다는 오히려 속지적인 것에 머물러 있고 공간적인 인접에 천착하며 먼 곳으로 이탈하지 않는다. 그들은 문화적 차이의 체험이 오늘날 모든 문화에 내재해 있다고 주장하며 "문화의 오래된 개념이 분명히 하고 있는 것처럼, 아니 이곳 그리고 지금 모든 사회에 존재하고 있는 것처럼 [……] 문화적 다양성은 특이한 현상이 아니며 먼 나라의 다른 것들과 비교할 수 없다"(Tully 1995: 11)는 제임스 털리(James Tully)의 말을 인용한다. 관점들이 서로 대립하는 것은 유감이다. 문화적 다양성은 '지금'이며 의심할 여지없이 '이곳'이다. 하지만 먼 나라에 있는 아주 다른 것들은 어쩔 수 없다. 자국에서(at home) 혼종에 대한 실질적 관심이 이러한 확장된 지형을 절대 잊지 않도록 해야 한다.

릴리안아스트리트 게제가 영어를 독일어로 번역했다.

주

1. 이 논문은 2003년 4월 스톡홀름에서 발표하고 같은 해 런던의 시민 센터 컨퍼런스에서 강연한 주제를 정리한 것이다. (그리고 2004년 지리학회 연보에 실렸다.) 이 글은 두 강연회의 토론에서 큰 도움을 받았다. 지리학회 연보는 중요하고 상당히 많은 분량의 원고를 출판한다.
2. 여기서 '공간'과 '보편적인 것', 즉 고착적인 것과 추상적인 것이 대립한다는 전제 조건에 특히 주목해야 한다. 여기서는 '로컬'과 '글로벌'에 관한 논쟁에서 언제나 다시 발견되는 가상의 지형을 재조명한다.

참고문헌

Derrida, J. (2001), *On cosmopolitanism and forgiveness,* London.

Critchley, S./Kearney, R. (2001), "Foreword," in: J. Derrida, *On cosmopolitanism and forgiveness,* London.

Casey, E. (1996), "How to get from space to place in a fairly short stretch of time," in: S. Field/K. Baso (Hg.), *Senses of place,* Santa Fé: School of American Research, S. 14-51.

Harvey, D. (1996), *Justice, nature and the geography of difference,* Oxford.

Dirlik, A., 2001, "Place-based imagination: globalism and the politics of place," in: R. Prazniak/A. Dirlik (Hg.), *Places and politics in an age of globalization,* Lanham, S. 15-52.

Carter, E./Donald, J./Squires, J. (1993), *Space and place: theories of identity and location,* London.

Escobar, A. (2001), "Culture sits in places: reflections on globalism and subaltern strategies of localization," in: *Political Geography*, Vol. 20, S. 139-174.

Gatens, M/Lloyd, G. (1999), *Collective imaginings: Spinoza, past and present,* London.

Tully, J. (1995), *Strange multiplicity: constitutionalism in an age of diversity*, Cambridge.

글로벌 네트워크 시대의 국경 체제

네트워크: 국경의 종말

간략히 표현해서 선형(線形)의 경계선은 현대 국가, 즉 특정 영역에 대한 주권으로 정의할 수 있는 국가의 구성 요소이며, 그 국가를 설정하는 기본 요인이다. 홉스적 국가인 리바이어던(Leviathan)의 지배력 범위는 이렇게 경계선에 의해 명백히 구분되어 있는 영역까지다. 이 경계는 때로는 평화로운 동의나 자의적 계획에 의해 결정되기도 하지만 대부분은 전쟁의 결과로 생겨난다. 경계는 선으로 구획이 나뉘고 국경 경찰이 통제하며 군대가 방어한다. 국경 설정과 국경 보안의 관행이 경계의 내부 및 외부 영역을 구분한다. 이러한 것들이 국가적 공권력의 범위를 확정하고, 이것이 법규 형태와 관할 구역에 차이를 만든다.

역사적으로 속지 국가의 구성 특징, 즉 국가의 공권력 및 조세 독점, 법적 안전 보장 그리고 상호 종속적인 공적 질서의 보장이 발전했다. 권력 집중과 규범 확립의 과정은 군사, 행정, 사법, 치안 부문의 교육 과정에서 구체화했다. 18세기 말 이후 국경 보안에 대한 구조적 공격으로 인해 국가적 경계 설정은 더 이상 군사적 문제로만 취급할 수 없었다. 세관 절차, 경찰 치안 그리고 통관 법에 있어 조세 및 경제적·공법적·시민법적 체계가 국경을 통해 분리되었다. 국경은 전략적으로 통과와 선별의 요충지로 변했다. 이 경계는 허락받은 (또는 원하는) 국경 통과자와 허락받지 못한 (또는 원하지 않는) 국경 통과자를 구분했고 지금도 계속 그러하다. 그들은 어떤 사람과 물품이 한 국가 영역으로 들어올 수 있는지 여부를 정하고 자국민과 외국인을 구분한다. 요컨대 적법한 국경 통과자와 불법 통과자를 구분한다. 또한 재화와 자산의 적법 및 불법 이전을 구분한다. 국경은 전략적으로 중요할 뿐만 아니라 19세기와 20세기의 정치생물학적으로 가장 위험하면서도 가장 생산적인 공간 이미지를 형성했던 민족 국가의 형성과 더불어 극도의 갈등을 초래하는 장소의 상징이 되었다. 아울러 국경은 상이한 영토를 나누는 지리적 분리선일 뿐만 아니라 훨씬 더 넓은 의미에서 한 유기체의 외형으로, 한 집단적 공동체, 즉 민족의 외피로 이해되었다. 국경에 대한 이런 이해로 인해 조국을 위해서 죽을 수 있는 애국적 감성부터 민족 내부의 인종 청소에 이르는 민족주의적 월권행위가 나타났고, 이런 현상은 지금도 여전히 일어나고 있다. 동시에 민족 국가는 국민 교육의 형성과 포괄적 사회 시스템 강화를 통해 자국민의 생산성을 증가시켰다. 민족 국가의 형성은 이와 같이 법정치적 속지 원칙을 문화적 동질성 및 집단 정체성과 결합시켰고, 서구 세계에서 공동체적 조직과 사회적 관계의 틀을 형성했다.[1]

국민, 국가 권력 그리고 국경선을 통해 표시되는 국가 영역과 포괄적 국가 주권의 통일을 견지하는 현대 민족 국가 개념이 전례 없는 위기에 처했다는 언명은 진부한 것이 되어버렸다. 지금 이 시대에는 공동체적 질서와 사회적 관계를 설명하는 관념과 이미지가 변화했다. 현대 사회의 특징을 두드러지게 하는 중요한 개념 중에서 강조하는 것이 공간 구조적 요인, 즉 '네트워크 공동체'다. 이 개념은 마누엘 카스텔(Manuel Castells 2001)이 만들어 널리 퍼졌다. 네트워크는 일종의 선과 매듭 혹은 운하와 교차로의 잘 짜인 망상 조직을 나타내는 조직 형태론적 개념이고, 공동체를 정보·통신 기술적 결합 및 접속 방법을 통해 특징짓는 핵심 개념이다. 사회와 사회화는 홉스의 국가 이미지, 곧 리바이어던으로부터 20세기에 이르기까지 유행한 기계나 유기체로서가 아니라 네트워크의 이미지 속에서 해석되며, 더 이상 국경선을 통해 뚜렷하게 나뉘는 영토의 외형으로 간주되지 않는다. 이러한 조직 형태적 묘사와 달리 네트워크는 어떤 경계를 통해 지정된 공간도 형성하지 않는다. 물질적·비물질적 흐름의 사회 설비 구조적 운하 형성은 네트워크의 메타포를 통해 경계 설정이 아닌 통신 기술상의 결합을 반영한다. 사회적 관계는 무엇보다도 더 이상 근접성에 의해, 즉 영토적 통일 혹은 공동의 장소를 통해 생겨나지 않는다. 오히려 장소의 결합을 통해, 그리고 이동 통로와 접촉 및 밀집 장소를 통해 형성된다. 이런 장소는 유동 인자들의 흐름에 대한 통로를 형성하며, 그 흐름을 규정하고 편성한다. 공간적 구성 같은 사회의 공간 구조는 쉽게 변화하고 진행적이고 유동적인 것으로 여겨진다. 사회적 관계는 조직망의 형성과 재화 및 인간의 교통 형성으로부터, 그리고 자금의 흐름·정보·이데올로기, 이미지의 간섭과 혼합으로부터 생겨난다.[2]

네트워크는 법정치적 국가 구조와 민족적 국경 설정을 사회적으로 각인시키는 힘을 훼손한다. 민족 국가가 무엇보다 행위 규정으로서, 주권으로서, 독자적 행동체로서 혹은 핵심적 기준점으로서 활동했던 곳에서 국제적이고 초국적인 혹은 지역적인 관계 및 제도 그리고 기구의 공적이고 사적인 속성이 지금 생겨나고 있다. 왜냐하면 국경은 이미 오랫동안 어떤 문화적 신성불가침 영역도—과거에는 존재했을 것이다—더 이상 제한하지 않기 때문이다. 국경은 (비록 노동 시장 규정과 환율 체제 등과 관련한 것이 어떤 경우에도 완전히 사라질 수 없다 하더라도) 관세법적 경제적 기능을 거의 대부분 상실했다. 조세 체제, 교육 시스템과 사회 보장 시스템은 국제적인 경쟁에 직면했다. (그럼에도 불구하고 이것들은 전통적인 의미의 국경에서 통제된다.)[3] 19세기 이후 군사적 영토 수호로 이해했던 활동은 대부분의 국경에서 더 이상 어떤 의미도 갖지 못한다. 상당히 많은 국경 주둔지가 퇴출되었고 대부분의 국경 수비와 국경 범죄자 사이의 마찰이 마치 해커에 대한 정보 방어처럼 광범위하게 비영토적 공간 속에서 생겨났다.

더 나아가 국경을 안전하게 하는 힘과 이 힘에 정당성을 부여하는 핵심 요인은 진부해진 것처럼 보인다. 지그문트 바우만은 세인의 주목을 끈 탁월한 분석 방법으로 9·11 테러 공격이 지닌 현실적 결과는 국경을 무력화시킨 것으로 보았다. 중국의 만리장성과 함께 시작되고 마지노선과 지그프리트선(Siegfried Line: 제2차 세계대전 당시 독일군의 서부 방어선—옮긴이)에서 정점을 이루었으며 베를린 장벽으로 마지막 장을 형성했던 '공간의 시대'는 상징적일 뿐만 아니라 실제로도 확실한 종말을 고했다. 9·11과 함께 영내는 더 이상 안전의 수단으로서 역할을 못한다는 게 명백해졌다. "강함과 약함, 위협과 안전은 영내 문제 해결을 빗겨나가는, 국경을 넘어선 이슈가 되었다"(Bauman 2002: 82). 신보수주의적 영역에서(뿐만 아니라 다른 영역에서도 역시) '전쟁' 혹은 '세계적 시민전쟁'으로 이름 붙이고 울리히 벡이 "세계적 위기의 사회"(Ulrich Beck 2002) 개념에 포함시킨 것을 바우만은 "안에서 파괴되는" 국경의 관점에서, 즉 영속적이고 도처에 산재하는 불확실성의 확산이라는 관점에서 받아들였다. 마치 사생활의 경계가 공적인 압류나 국가 차원의 압류 앞에서 무력한 것과 마찬가지로, 지정학적 국경도 동일한 상황에서 효력 없는 상태에 있다. 더 이상 어떤 후방 영역도 없고 어떤 보호 구역도 없다. 카스텔이 '흐름의 공간'이라고 명명한 바로 그것에 근거한, 즉 범지구적 불안에 근거한 일반적 취약점이 상황을 지배한다(Bauman 2002: 82). 국경 안보가 무너지는 곳에서 '전방', 즉 지구적으로 확산되는 경계 지역인 '지구적 전방 지역'이 현저하게 드러난다. 전방 지역은 새로운 이주지와 같은 추방의 영역이며, 소규모 전쟁이 지속되고 상황의 전환이 끝없이 반복되는 영역이며, 위험을 벗어나지 못하는 영역이다(Kaufmann 2002 참조). 바우만에게 전방 지역은 본질적으로 완전히 무법적인 공간이다. 이 공간에서 2개의 핵심 세력, 즉 헤게모니 권력과 테러리스트가 이 공간의 유지·관리에 힘을 쏟고 있다. '세계적 무질서'의 영구화는 테러리스트의 목적에 봉사하며, 마찬가지로 테러리스트와의 전쟁을 수행하는 세력의 세계 지배에도 기여한다(Bauman 2002: 87).

이런 과격한 주장과 아마도 이 같은 도발적 상황 묘사의 취약성은 근원적으로 밀착해 있는 헤게모니 권력의 치안력과 테러리스트의 저항을 완전히 대칭적으로 만든다는 것이다. 확실히 저항과 국가에 기초한 권력 형태는 상호 의존적이다. 패권적 세계 질서에 대한 열망은 초국적 저항을 선동하고, 전 지구적 폭력의 확산은 전 지구적으로 행동하는 치안력을 조직하게끔 한다. 안보라는 명분하에 동원되는 비축 병력은 위험의 측정에 달려 있고, 안보에 대한 약속과 위협의 시나리오는 서로의 힘을 강화시킨다. 바우만의 극단적인 대칭적 사고는 비록 테러와의 전쟁에서 전방 지역에 해당하는 이러한 현대 국가들이 스스로 종교적 근본주의에 고무되어 있다 하더라도 그 규제 프로젝트를 국가 영토 내에 두는 반면, 테러리스트는 비현실적인 신국 체제를 주장한다는 것을 간과한다. 따라서 국가 기관들이 안보 개념을 범지구적으로, 그리고 실질적으로 확산시킨다 하더라도 이 개념은 필연적으로 고유한 영토와 연관이 있다. 국가가 달성하고자 하는 목적은 어쨌든 9·11 이후의 군사적 및 정치적 국경 안보를 연관시키는 것, 국경 안보를 위한 수단을 찾아내는 것, 그리고 국경에 대한 위협을 미연에 방지하는 것이다. 그러나 이러한 노력이 9·11 이후에야 시작된 것은 아니다. 미국-멕시코 국경의 대규모 군비 확장은 이미 20년 전부터 시작되었으며, EU-외곽 경계의 강화는 적어도 1990년대 이후부터 지속된 프로젝트다. (국경의 숨겨진 가치로서) 고전적 의미의 군사적·경제적 기능이 강하게 나타나면 날수록 국경은 홉스적 국가인 리바이어던이 자기 존재 이유를 좀더 강하게 인식하고 자기의 태생적 권한 부여에 대한 근거를 주장하는 장소가 된다. 즉 리바이어던이 권한을 부여받는 존재 근거는 안전을 확보하는 것, 만인 대 만인의 투쟁이 아니라 보장된 권리와 시민적 질서가 지배하는 공간을 구분하는 것 등이다.

지구 전역으로 확장되는 전방 지역과 도처에 퍼져 있는 불확실성 그리고 공간 체계의 종말에 근거하는 대신, 영토의 안보 전략을 무용지물로 만드는 결정적 사건으로 9·11을 파악하는 대신, 지속적으로 시도되고 있는 국경 개념의 설정에 근거해 우리는 다음의 논의 속에서 새로운 가능성을 채택한다. 공간이 안보 문제에서 근본 영역을 형성하는지 여부에 대한 질문은 전략과 운영 절차를 반영한다. 이러한 문제 제기는 공간적인, 그리고 영토의 안보 전략 요인이 안보 정치적인 역할에 어떻게 포함되는지에 대한 다음과 같은 질문으로 연결된다. 안보 개념이 영토와 관련해 어떻게 국경 경비에 대한 담론 및 실제로 옮겨가는가?

현대 사회의 정체성을 네트워크의 은유를 통해 묘사하는 것이 비록 적절하다 하더라도 국경은 절대로 사라지지 않는다. 또한 영토에 대한 동인도 사라지지 않는다. 지역과 영토에 한정된 사회적 구성 형태가 네트워크 형태의 구성과 중복됨으로써 변화하는 것은 당연히 국경 공간에 대한 지형학적 해명이다. 아울러 국경의 제도적 체계이며, 국경 통과의 선택 기준과 이러한 선택을 관철시키는 기능 형태다. 국경 체제의 변형 자체와 사회적·기술적 방향 설정으로서 이 체제를 재구성하는 방법과 방식은 앞에서 제시한 네트워크 형태의 사회 재구성의 일부로 이해할 수 있다. 선형의 국경 설정은 네트워크 형태의 국경 설정으로 재구성된다. 이러한 재구성의 주요 효과는 국경의 중복된 기능을 융합하는 것이다. 국경의 이런 기능은 한편으로는 외부의 적으로부터 국가의 물리적 안전을 보장하는 것이고, 다른 한편으로는 시민 체제를 형성하는 공간에 보호 담장을 둘러싸는 일이다. 외부와 내부의 안전에 대한 차이가 사라지고 군사적 국경 개념과 치안상의 국경 개념이 결합하는 경향이 있다. 이러한 움직임, 즉 국가적 통제 경제의 핵심 견해에 대한 암묵적 변화는 다음의 네 가지 단계로 구분된다. (1) 위협 시나리오의 전환은 견해의 변화에 대한 안보 정책적 전제 조건인데, 이런 위협 시나리오는 더 이상 적대 국가에 국한된 것이 아니라 초국적 행위자에 의한 위협을 목적 대상으로 삼는다. 이렇게 변형된 위협 시나리오는 사진의 원판 영상과 같고, 이 원판 영상에 따라 국경 체제는 그들이 목적하는 형태로 변형된다. 제도적 정착과 기능적 프로그램 편성, 그리고 이렇게 확정된 기술공학적 실현은 세 가지 지형학적 효과를 내포한다. (2) 국경은 외부에 대한 군사적 방어선으로서 외곽으로 이동한다. 아울러 국경은 이동한 군사 지역과 경찰 소재지 그리고 억류소와 수용소를 지닌 국경 지대로 확장된다. (3) 국경선 자체는 준군사 지역으로 압축되고, 국경 수호는 국경 통과에 대한 통제에서 국경선 전체에 대한 지속적인 감시로 바뀐다.

(4) 동시에 국경은 내부로 되돌아온다. 국경 경찰의 통제와 감시 영역은 영토 내에서 전략적으로 나누어 배치되고, 감시 및 보안 기술을 갖춘 경찰 및 사적(私的) 기관의 네트워크와 점점 더 강하게 결합한다.

비대칭적 위협 시나리오와 국경 수비의 역할

위협 시나리오의 변형이, 즉 국경 정책의 변화 속에서 유효한 의미를 발견했던 안보 정책 분야의 개정이 9·11 이후에야 확연해진 것은 아니다. 이미 1980년대 중반 국가적 안보 정책은 새로운 타입의 국경 범죄자를 규정했다. 요컨대 대규모 부적절한 이주민과 국경 너머에서 국제적으로 활동하는 조직범죄자—마약 및 총기 밀매꾼일 수도 있고 여성, 아동, 난민 혹은 이민자를 인신매매하는 조직의 일원일 수도 있다—와 국제적으로 활동하는 테러리스트를 규정한 것이다. 국경 범죄는 외적(外敵)에 의한 고전적 의미의 군사적 위협에도 속하지 않고, 국내에서 발생하는 범죄에도 속하지 않는 초국적 현상이다. 국경 범죄자들은 더 이상 지역적 국경 밀수자의 자질구레한 범죄 생활 속에서 어느 한 지역에 정주하고 있지 않다. 그들은 국제적으로 기능하는 네트워크 속에 자리 잡고 있다. 새로운 형태의 국경 범죄자는 네트워크 사회의 강점에 빌붙어 이러한 사회의 개방성과 기술 및 다중적 결합을 이용한다. 초국적 범죄를 다루면서 새로운 현상을 떠올리는 것만 중요한 것은 아니다. 오히려 이것이 내적 안보의 핵심 주제라는 게 훨씬 더 중요하다(McDonald 1995: 6-10). 범죄가 국경을 벗어난 차원으로 나타남에 따라 범죄 및 범죄와의 전쟁은 많은 국가에서 안보 정책의 핵심 사안이 되었다. 법집행은 "법정치라는 전통적 지위에서 안보라는 높은 지위"

(Andreas 2003: 79)로 나아갔다. 마약 전쟁에 대한 미국의 정책과 관련해 로널드 레이건(Ronald Reagan) 정부는 국가 안보의 위협 상황을 1986년 적어도 형식적으로는 완전하게 마약 거래 탓으로 돌렸다. 1989년 조지 H. W. 부시(George H. W. Bush)는 강제적 마약 방지 구상을 새롭게 시작했다. 적잖은 관찰자들의 진술에 의하면, 이 구상은 미국과 라틴아메리카의 관계에서 반공산주의적 정책을 대체하는 역할을 했다. 마약과의 전쟁은 같은 해 미국의 파나마 개입에 대한 구실을 제공했다. 파나마 국가원수 노리에가(E. Noriega)를 체포하는 데까지 진행된 이 개입은 베를린 장벽 붕괴 이후 미국의 첫 번째 군사적 내정 간섭이었다(ibid.: 86f.). 유럽에서 이는 1980년대에 시작된 "난민 탈출 원조의 악마화"(Schneider 2002: 52)와 1993년 부다페스트 내무장관 회담을 통해 난민 탈출 원조 사업을 조직적 범죄로 단정하는 형태로 나타났다. 이는 강화된 국경 감시와 국제적 협조를 계획의 수준에서 국경 경비의 실질적 수준으로 이행하는 것을 논의하는 회담이었다. 미국과 유사하게 유럽에서도 내적 국경의 붕괴와 더불어 안보 개념이 형성되었다. 이러한 안보 개념은 불법 이민자, 조직범죄 그리고 테러리스트에 의한 초국적 국경 위반 목록을 만든다. 국제적 테러리즘과의 관계는 종국적으로 일상적인 안보 정책 범주에서 범죄 정책으로 옮겨갔다. 2001년 10월 26일 조지 W. 부시(George W. Bush)가 서명한 '애국 헌장'과 국가 안보 관련 부처에서 설계한 정책은 가장 오랫동안 제기된 내적 안보와 외적 안보를 결합시키는 정책을 강화했다. 군사적 및 범죄적 위험에 대한 구분이나 적과 범법자에 대한 구분이 아무리 명백할지라도, 이러한 구분이 안보 정책과 관련한 사유 방식에서 더 이상 명백하지는 않다. 위협은 오히려 연속성을 갖고 있으며, 이 연속성 위에서 중요한 것들이 바뀐다. 즉 "테러리즘과 함께 대량 살상 무기의 확산이 …… 우리의 주요한 생산 기반을 공격하

는 것이 중요한 위협인지, 혹은 국제적 마약 밀매와 더불어 조직범죄와 다양한 초국가적 공격이 중요한 위협인지를 결정한다". '국가 안보' 상황에서 안보 정책을 강조하는 것과 마찬가지로 비전통적인 위협에 대한 전쟁이 안보 정책의 핵심이다(Kelly 2001: 105). 이는 9·11 이후부터 비로소 유효해진 것이 아니다. 이미 1990년대 중반 조언자들은 국가 안보에 대한 패러다임의 전환을 이야기해왔다. "더 이상 국가 안보의 위협을 전적으로 명백하게 군사적으로만 해결할 수는 없다."[4]

국가 안보는 지금까지 — 디디에 비고(Didier Bigo)는 이러한 변화의 핵심 요인에 대해 언급했다 — 안보 개념을 군사적으로 해석하는 것을 의미했다. 국가의 물리적 생존이 위태로울 때 국가 안보가 위험했다. 바꾸어 말해, 국가 안보는 이러한 위험이 존재하지 않는 것을 의미했다. 그러나 국가 안보를 불법 이민자부터 테러 분자에 이르는 연속성과 관련시킬 때 안보에 대해 또 다른 형태의 불확실성이 생긴다. 외부의 적, 정치적 적대 세력만이 국가 안전의 본질적 위협으로 인식되지는 않는다. 이민자부터 테러 분자에 이르기까지 오히려 완전히 상이한 형태의 위협이 목록에 올라온다. 내적 안보의 이질적이고 부분적인 영역이 외적 위협의 상태로 전환된다. 범죄에 대한 보호가 군사적 방어와 국경 경비의 지평 속으로 옮겨가듯 복지 국가의 생물정치학적 질서는 마치 개별 시민의 재산과 생활 보호가 그렇듯 사회적·경제적 보장과 후생 국가적 성과 그리고 노동시장법적 규정 속으로 옮겨간다. 국가 차원의 행위는 새로운 위험에 대한 대칭적 일대일 대응 방법으로 분석할 수 없는 경우가 많고, 흔히 새로운 수술 대상의 치료법으로 이해된다. "안보 특히 내적 안보는 국경과 정체성 그리고 질서 개념의 안전화/비안전화 개념으로 이해해야 한다. 안전화는 이런 의미에서 비안전화에 대한 대응 방안이 아니라 비안전성을 통제하는 능력임과 동시에 비안전성을 만들어내는 도구다"(Bigo 2000: 174).

안보 정책의 활동 영역을 재통합하는 본질적 요인은 국경 통제의 기능과 형태에 대한 새로운 규정을 만든다. 새로운 규정을 만드는 근본적인 전략적 방향성은 군대와 정보 기술적 전쟁 수행에 대한 전문적 조직 이론에 대해 쓴 마틴 리비키(Martin Libicki 2003)의 논문 "국경 통제 이론에 대하여"를 통해 알 수 있다.[5] 첫째, 국경 감시와 시민의 왕래에 대한 통제는 새로운 전략적 의미를 갖는다. 이주자의 범람을 정치적인, 특히 후생 국가로 입법 제정된 국가의 정체성에 대한 근원적인 공격으로 간주하고, 테러 분자가 국가에 대해 대규모 공격을 이끄는 것과 일본의 진주만 공격 및 9·11 공격을 동일 선상에서 생각하는 한 관세법적이고 통관법적인 국경 통제는 방어의 결정적 수단이 된다. 바로 여기서 1980년대 이후의 국경 통제 강화와 9·11 이후의 새로운 강제 수단이 그 존재 근거를 발견한다. 국경에서 나쁜 사람과 위험한 물건을 막는 능력을 통해서도 어떤 피해를 예방할 수 없다면 국가 안보 강화는 무의미한 말이 된다(ibid.: 101). 둘째, 국경 안보는 개념상 전방에 대한 군사적 방어와 다르지 않다. 즉 방어자와 공격자 사이에 존재하는 마찰만 중요한 게 아니라 그들 사이의 비대칭적 대립이 더 큰 문제다. 국경 범죄자들이 최적의 전략과 상황에 잘 작용하는 전략을 발전시키고 그들의 행동을 국경 범죄에 집중할 수 있는 반면, 국경 감시자들은 대체로 제도와 결합해 있고 감시하는 힘 또한 분산된 채 대부분의 기능을 지속해야 하기 때문에 국경 범죄자와 국경 감시자의 관계는 비대칭적이다(ibid.: 103f.). 군사적 논의에서 비대칭성이라는 개념이 1990년대 이전부터 있었던 것은 아니다. 새로운 위협에 대해 조직적으로도 정치·전략적으로도 대비하지 못한 바로 그 지점에서 비대칭 개념은 중복된 결함을 지적한다. 비대칭적 위협은 수단의 전환을 위한 유동화의 개념일 뿐만 아니라 방향 설정의 분석적 개념이다(Sloan 2002: 108-122). 셋째, 국경 방위는 안전의 총체적 개념과 묶여 있다. 국경 방위가 예상치 못한 국경 범죄자에 대해 상대적으로 고립된 방어 행위인 것만은 아니다. 국경 통제는 근원적 약점을 갖는다. 즉 국경 통제는 일회적 행위이며 국경에서 확인된 범죄자에 대해서만 출입을 거부할 수 있다. 오히려 9·11 같은 형태의 공격자는 거의 거부할 수 없다. 이런 약점은 국경선 감시와 좀더 넓은 영역의 감시 사이에서 균형을 찾을 것을 요구한다. 국가가 예의 주시하고 있는 새로운 형태의 국경 범죄와 더불어 힘의 경제적 분할 배치에 대한 질문, 즉 경계 체제의 지형학적 편성에 대한 질문이 새롭게 생겨난다(Libicki 2003: 105-107, 108-115). 넷째, 정보에 대한, 국경에서 적법한 이주자와 불법 이주자를 구분할 수 있는지에 대한, 그리고 무해한 여행자와 범죄자 혹은 테러 분자를 구분할 수 있는 지에 대한, 즉 구분 능력에 대한 질문이다. 한편으로는 허락되지 않은 장소에서 국경을 넘으려는 사람이나 물건을 찾아내는 데 적합한 감시 절차가 필요하고, 다른 한편으로는 국경에 나타나는 사람이 자신을 드러낼 수 있는 사람인지 아닌지 구분해야 한다. 즉 적절한 개인과 관련한 신원 확인 기술이 필요하다. 그리고 궁극적으로 해로운 사람을 찾아내기 위해 국경에 나타나는 사람이 누구인지 알아야 한다. 즉 개인을 허락된 그룹에 포함시킬 것인지 아니면 허락되지 않은 그룹에 포함시킬 것인지에 대한 구별을 가능하게 하는 분별 작업이 필요하다(ibid.: 101f., 107f.).

리비키의 조직 이론에 따른 국경 이론은 의심할 여지없이 국경 통제의 효율성 증대를 지향한다. 왜냐하면 이 이론은 실제로 국경 체제의 재구성을 결정하는 핵심 요인을 정하기 때문이다. 즉 이 이론에 따르면 변형된 국경 지도에서 힘의 이동, 제도적 관할권의 이동, 감시와 정찰 그리고 구분의 기술공학적 (그리고 법적) 배치의 이동이 중요한 역할을 한다. 이러한 모든 변화의 이면에서 무엇보다도 하나의 요인, 즉 좀더 강화된 국경의 안보 정책적 의미가 작용한다. 국경선은 방어를 위한 전략적 요충지일 뿐만 아니라, 심리적으로는 높은 등급이 매겨졌어도 정치적으로는 가볍게 여겨지는 지역이다. 관할 지역의 국경 통제는 생리학적으로 각인된 안팎 구분과 더 나아가 '우리'와 '그들'에 대한 심리적 경계 설정을 통해 유지된다. 말하자면 "국경을 넘나드는 사람들에게 부담을 주는 정책이 내부에 있는 사람들에게 부담을 주는 정책보다 훨씬 덜 우리를 초조하게 만드는 것 같다" (Libicki 2003: 107). 국가의 통제 행위와 한계 설정에 대한 권한을 1800년대 이래로 특히 국경에서 실행했다 하더라도, 국경 통제는 또한 민주주의 체제에서 정당한 국가 행위로 인정받고 있다. 국경을 넘어오려는 자는 언제나 적법한 검증을 받는다. 국경은 의심할 여지없이 정당한 국가 통제의 장소다. 다르게 표현하면 국경은 국가가 모든 것을 동등하게 의심할 수 있는 적법한 장소다. 국경 통제는 그래서 정확히 인접 국가와의 위치 싸움에서 영향력을 획득하기 위한 핵심 수단이다.

국경의 지형학 1: 전방 이동

분위기상 전 지역에 퍼져 있는 불확실성이 국경 지역을 압도한다. 이것이 국가 이전의 상태를 의미하는 것은 아니다. 오히려 지금까지 유지해온 국경선이 충분한 방어막이 되어주지 못한다는 것을 의미한다. 즉 초국적 적대자의 등장으로 국경 전방에 위치한 장소가 안전을 위한 새로운 토대가 되고, 잠재적인 적대자는 국경에 도착하기도 전에 체포된다.

이러한 국경의 지형학적인 새로운 위치 설정은 군사적 방어선의 이동으로 시작된다. 독일연방 국방장관 페터 슈트루크(Peter Struck)는 2002년 12월 독일의 안보는 힌두쿠시 산맥에서부터 방어해야 한다고 주장함으로써 독일 군대의 아프가니스탄 주둔을 정당화했다. 2003년 12월 EU는 냉전이 종결되기까지 유효했던 침입의 위험과는 다른 새로운 위험이 존재한다는 이유로 일차 방어선을 역외에 두어야 한다는 군사 전략을 가결시켰다(Pflüeger 2004: 24에서). EU의 안보 지침은 조지 W. 부시 행정부에서 제정한 테러 및 대량 살상 무기의 확산, 조직범죄와의 싸움을 우선적 전략 목표로 정한 미국의 국가안보전략(National Security Strategy)과 다르지 않다. 이러한 전략 목표 아래서 '악의 국가'에 대한 군사적 행동이나 타국의 내전에 대한 개입을 자국의 안전이라는 명분하에 정당화한다. 군사적 방어선은 이런 목적을 위해 명백하게 전방으로 이동한다. 이 방어선은 추측에 불과한 위험 확산에 근거하고 있으며 범지구적 배척에 초점을 맞춘다. 추측된 위험의 네트워크를 확산시키는 분기점이 통제 가능해진다. 새로운 외교 정책이 상이한 형태로 자리를 잡는다. 이런 형태는 레이건 시대에 저강도 분쟁의 외교 정책에 대한 제도적 확립과 함께 시작되었다. 이 정책은 근원적으로 아프가니스탄 지역의 국민을 통제하기 위한 혁명 진압의 수단으로 이해되었고, 마약 및 테러와의 싸움 과정에서 전투의 수단으로 확장되었다. 범죄가 관할 지역의 경계를 넘어서기 전에 전위에서 군사적으로 방어하는 것이다(Dunn 1996: 19-30 참조). 예방은 범죄 영역에서 광범위하게 확립되고, 또한 군사적 방어의 영역으로 들어온다. 그럼에도 불구하고 안보 개념의 확산과 더불어 억제라는 외교 정책이 '예방적 공격'의 개념에 의거해 완전히 공식적으로 대체된다. 위험이 구체화되는 순간 고유 관할 지역의 보호에 예방적 차원에서 개입한다. 아울러 이를 범지구적으로 전개할 뿐만 아니라 적극적으로 고려한다.

국경 방어는 유럽의 변화가 선례를 보이고 있는 것처럼 더 이상 관할 지역선의 방어가 아니라 오히려 네트워크의 형태로 산포된 안보 진지의 구축으로 이해할 수 있다. 이런 이동 가능한 방어 네트워크는 군사 및 치안 기능을 구분할 수 없도록 만든다. 군대의 '경찰화'를 관찰할 수 있다. 군대가 마치 군대와 유사하게 무장한 적대자와 싸우는 데 방향을 맞춘다면 핵심 문제로 간주되는 다양한 형태의 군사 투입이 극단적으로 확대된다. 즉 전쟁과는 다른 활동에서 낮은 수준의 전투와 대규모 전투 기능에 이르기까지, 교통질서에 대한 원조와 의료를 포함한 여러 가지 다른 원조에서 범죄자 체포와 범죄 조직과의 싸움 및 고전적 의미의 군사 전쟁에 이르기까지 확대된다. 조직 형성에서 군사적 무장 프로그램, 전투력 배치 전략, 자율적 상황 판단에 이르는 모든 영역에서 군대가 전환을 주도한다. 이러한 변화는 네트워크 중심의 전투 행위라는 새로운 주도 모델 위에서 이뤄진다 (Kaufmann 2004b 참조). 군대의 경찰화와 더불어 군대에 의한 통제 경제가 완전히 양면성을 가진 방식으로 바뀐다. 정치적 정당성에서뿐만 아니라 군사력에 대한 구체적 사용 지침 속에서 이러한 변화는 전쟁을 일종의 인간적 다툼으로 이해하고, 명백한 군사적 폭력의 감소와 목적 지향성의 증가로 이해한다. 이러한 변화된 전쟁이라는 의미에서 고전적 의미의 20세기 전쟁을 특징짓는 (특히 베트남 전쟁에서 주로 사용한) 광범위한 십자포화는 더 이상 정당화할 수 없지만, 적의 개념은 동일한 힘을 가진 상대에서 공공의 범죄자로 전환된다. 적이 더 이상 적이 아닌 한 이러한 적은 교전에 의거한 국제적 관습을 따르지 않는다. 적이 국내가 아닌 해외 출신 범죄자인 한 그의 행동은 기존의 내국법이 아니라 지역 국가적인, 그리고 국가 간 계약에 따르는 법적 결합에 의해 처리된다. 탈레반이 전범자도 피소자도 아닌 상태에서 단지 억류자로서 불특정한 시간 동안 관타나모에 구금되어 있던 것이나 아부그라이브(Abu Ghraib: 이라크 최대의 정치범 수용소—옮긴이)에서 고문당했던 것은 아마도 전쟁의 강제적 결과가 아니라 전쟁의 경찰화에 따른 결과일 것이다.

만약 치안상의 국경 안보와 군사상의 국경 안보가 동일한 위험에 처한다면 새로운 안보 개념의 범주에서 군사적 국경 방어와 치안상 국경 통제의 차이는 사라진다. EU위원회 의장 로마노 프로디(Romano Prodi)는 2002년 5월 공동의 유럽 군대를 만들자는 결단을 호소하며 이렇게 말했다. "우리는 테러리즘과 조직화한 범죄 그리고 통제되지 않는 이주에 대해 우리의 국경을 방어하는 것으로 우리 시민을 다시 안전하게 할 수 있다"(Anderas 2003: 102에서). 독일 연방정부는 2003년 5월 자국의 국경 치안에 대해서가 아니라 안보 정책적 기준에서 동일한 적을 겨냥했다. 즉 해결되지 않은 정치적, 도덕적, 종교적, 경제적, 사회적 마찰은 국제적 테러리즘과 국제적으로 활동하는 조직범죄 그리고 증가하는 이주와 직접적으로 결합되어 독일과 유럽의 안전에 영향을 미친다. 이러한 문제는 포괄적 안보 개념을 통해 범지구적 집단 안보 시스템과 결합한다(Kopp 2004: 37에서). 포괄적 안보 개념은 지리적 위치와 연관되어 있을 뿐만 아니라 군대의 경찰화를 초래하고, 군사 활동을 치안 작업으로 전환하며 국제화한다. 1980년대 중반 이후에는 강화된 국경을 초월한 경찰, 국경 경찰 그리고 사법권의 협조가 주요 특징으로 나타난다. 그래서 경찰청과 관세청은 외국의 관청에서부터 수사를 착수하고 지원하기 위해, 외국의 관청과 정보를 교환하기 위해, 그리고 사무 분야에서 상부의 기술적 협조를 얻기 위해 해당 국가로 요원을 파견했다. 미국은 1995년에 이미 1649명의 경찰관을 외국에 파견했다. 특히 국경 통제를 위해 상설한 '이민귀화국'은 2002년 40개 이상의 국가에서 난민 원조 거래와 문서 위조를 막기 위해 활동했다. 하지만 이 부서의 표면적인 존재 근거는 압도적으로 마약 거래와의 싸움이었다(Andreas 2003: 87, 88). 독일연방 범죄청은 1983년 마약과의 전쟁이라는 명분 아래 관료의 해외 파견을 시작했으며, 지금까지 40개 국가에 관료를 진출시켰다. 독일의 국경 경비는 난민 원조의 범죄화가 생겨난 후 국경 치안과 관련한 연락 사무관을 해외에 배치한 반면, EU는 회원 국가들의 국경 치안 연락 사무관을 사용하고 나아가 EU 관료들의 네트워크를 발칸에 설치했다(Holzberger 2003). EU 내부에서 국경을 초월한 이러한 협조 형태는 계속해서 진보했다. 1985년과 1990년에 있었던 솅겐(Schengen) 협약과 1997년의 암스테르담 협약은 국경 해체뿐만 아니라 사법권과 형사 소추를 통일시키고, 국경 치안 기능을 공동의 책임으로 만들어 국경 외곽의 통제를 강화하는 것이 목적이었다. 내부 국경 통제의 해체와 더불어 고전적 의미의 국가 핵심 과제는 EU로 넘어갔다. 망명 절차 등에 대한 협정을 다루는 공동의 비자(visa) 제도를 만들었다. (그러나 곧이어 언제나 그랬듯 다시 실패했다.) 1999년 유럽경찰(Europol)과 더불어 공동의 경찰 단위를 창설했고, 솅겐 정보 체제의 범주에서 데이터 교환을 범죄와의 싸움뿐만 아니라 불법적 이주와의 싸움을 위해서도 제도화했다.[6] 지중해에서는 공동 해안 경비대를 창설했다. 2002년 공동 국경 법인을 설립하기로 했고, 1년 뒤 국경 경비 문제의 방향성과 과제는 위험 분석에서 정찰 수단의 발전을 넘어 불법적 이민의 방지에 대한 협조에까지 이르렀다(EU의 정책에 대해서는 Mathiesen 2000; Holzberger 2001; Marischka 2004 참조).

포괄적 안전장치는 완충 지역을 통한 개별 국경의 강화를 의미한다. 위험에 대한 공간적 완충의 군사 전략적 개념은 일반적인 국경 체제의 평가에 포함된다. 국경 정책에 대한 이웃 국가의 협조를 강제하기 위해 구조적 권력 격차를 사용한다. 미국은 NAFTA 협정에서 멕시코에 마약 정책의 강화를 요구했다. 9·11 이후 캐나다와 멕시코 관료들은 국경 교류가 거의 사라질 정도로 강화된 감시 조치에 대한 미국의 강요에 처음에는 거부 반응을 보였지만 나중에는 국내와 국경에서 강력한 감시 조치(이를테면 이민 통제 강화, 출입국 허가의 엄격한 강화, 혹은 국경 경비의 기술적·인적 강화)를 취하지 않을 수 없었다(Andreas 2003: 95 참조). EU는 인접 국가들을 완충 지역으로 이용하고, 이들 지역을 EU 관할 지역에 대한 경계 확장과 보호의 수단으로 만드는 전략을 구사한다. 잘 만들어진 프로그램인 '유럽 근린 정책'의 범주에서 EU 역내 시장과 EU 프로그램에 대한 참여는 국경 수호, 이민 그리고 테러와의 싸움이라는 영역의 긴밀한 협력과 연계된다. 그래서 2004년 EU 회원 가입국들은 EU의 이주 허가를 사전에 준비해야만 했고 자국의 출입국 허가를 EU의 경직된 정책에 맞추었다. 아울러 EU의 지원을 부분적으로 받아 국경 감시의 정비에 인적·물적으로 투자했다. 마찬가지로 2007년 가입한 회원국들에게도 이러한 조건은 유효했다. 개발 원조의 수령을 난민 소환 협정 체결과 결합하는 게 이 정책의 특징인데, 유고슬라비아와 보스니아헤르체고비나가 자국의—중국인이나 이란인에 대한—자유로운 출입국 정책을 포기하는 것과 알바니아의 관료들이 망명 보트를 통한 탈출을 막기 위해 자국 해안을 통제하는 것이 그 증거다(Marischka 2004 참조).

국경의 지형학에 속하는 것은 또한 수용소다. 이 수용소는 여러 가지 형태를 갖고 있다. 공항의 추방 대기실부터 대도시의 기숙사, 그리고 국경 또는 영내 외곽 지역에 세운 집단 수용소 등이 그것이다. 이 수용소는 급격하게 증가하고 있는 망명자에 대한—비록 극소수만이 서유럽 국가의 국경에 다가설 수 있지만—질서 유지 정책상의 대응이며, 무엇보다도 국경 치안상의 대응이다. 수용소는 항상 비(非)관할 지역의 일부이고 서구 민주주의의 기본권을 제한적으로만 인정받는 영역이다. 수용소의 변화는 난민 정책의 근본적 변화라고 할 수 있다. 즉 안전한 제3국가로의 송환 문제와 더불어 법적이고 원칙적인 검증을 거친 난민의 수용 허가에 대한 질문은 실제적이고 지속적인 탈출 상태에 대한 질문으로 바뀌었다. 아울러 수용 절차는 법적 조치에서 불법 이민자에게나 적용할 수 있는 치안 수단으로 바뀌었다(Horn 2002: 36). 이러한 정책의 변화와 더불어 피난처의 형태도 바뀌었다. 즉 피난처라는 보호 장소에서 감금과 훈육 그리고 강화된 통제의 공간으로 변화했다. 인간이 법적 합의라는 빈틈에 빠져 곤란을 겪는 곳에 권리의 공간을 열어놓고자 하는, 즉 권리를 박탈당한 자에게 보호 공간을 제공하고자 하는 동인은 치안과 행정 기술적 절차에 의해 밀려났다(ibid.: 37). 다르게 표현하면 피난처는 국가 체류에 대한 적법성을 인정받지 못하는 사람들을 다소 밀집한 혹은 다소 투과성 있는 경계로 끌어내는 장소다. 만약 네덜란드처럼 망명 신청자가 (비록 칩 카드와 단말기로 하루에도 몇 번씩) 자신이 체류하고 있는 지역을 보고해야 하는 의무를 지켜야 한다 해도 국가 안에서 자의적으로 머무르며 일도 할 수 있다면 국경은 훨씬 덜 긴장되고 시민의 삶에 더 잘 융합될 것이다. 그러나 적어도 EU에서는 합법적 구치소로 기능하는 수용소가 점점 더 확산하고 있다. 이런 수용소들은 비거주 지역에 위치한다. 즉 부분적으로는 군사 지역이지만 어떤 경우에도 국경, 즉 EU의 외부 국경을 벗어나지 않는다. 그런 장소 중에서 25곳은 확장된 EU의 새로운 동부 국경으로 옮겨왔다. 아울러 헝가리와 폴란드에 체류하던 망명 신청자들도 국가 전역에서 이곳으로 이동했다. 이 장소를 떠나는 사람은 망명 신청자 자격을 상실할 위험이 있기 때문이다. 그리고 국경 지역에 있는 국경 경찰은 사법권의 동의 없이 그들을 안전한 제3국으로 소환할 수 있는 특권을 부여받는다.

수용소 시스템의 지형학에서 중심-주변부 성향이 법적으로 나타난다.

즉 개방적인 삶 및 주의력에서 멀어지면 멀어질수록 수용자는 그만큼 더 권리를 상실하고 (국경) 경찰의 임의적 처분에 맡겨진다(Dietrich 2004 참조). 이런 수용소를 1999년 NATO의 코소보에 대한 대규모 군사 개입 상황에서 알바니아와 마케도니아 난민이 그들의 고국에 좀더 가까이 숙영하도록 설치했던 것처럼, 그리고 영국의 제안에 따라 EU 국경 앞에, 곧 해안선을 따라 혹은 발칸 반도 혹은 북아프리카에 설치했던 것처럼(Marischka 2004; Kopp 2004: 39f. 참조), 그리고 테러리즘과의 전쟁에서 발생한 포로를 수용하기 위해 관타나모에 설치했던 것처럼 권리 상실 경향은 국경 전방에 위치한 수용소에서 한층 강하다. 고유한 주권 영토 앞에 이식된 수용소는 탈공간적 지역으로서 한 지역의 정치적 배격과 전쟁의 결과를 영내로 제한하는 방패 역할을 한다. 이 지역에서 재소자들은 법보다는 "경찰의 양식과 윤리 의식"(Agamben 2002: 184, 185) 같은 임의적 처분에 맡겨진다. 수용소에서의 숙영은 위협 이론의 새로운 형태를 구체화하며, 예방적 체포의 전략적 지지를 형성한다.

국경의 지형학 2: 압축

내적 안보라는 명분 아래 군사력의 경찰화는 그 정확한 상대를 국경 치안 체제의 변형에서 찾는다. 경찰의 국경 경비가 엄청 강화되었다기보다는 오히려 군사적 형태와 기술을 국경 경비 시설로 확산시키는 것이다. 이로써 국경이 압축되고, 검문소 단위의 개별적 국경 통제를 국경 공간의 감시로 대체했다.

위협이 없으면 안보 능력 향상을 위한 재정적 요구도 없다. 반대로 위협에 상응하는 수준의 예산 책정이 있게 마련이다. 냉전의 종말은 군대 예산을 축소시켰지만 국경 수비 예산은 현저히 증가시켰다. 미국에서 이민귀화국의 예산은—1990년대 말 이후 이 부서에는 어떠한 범죄 추적 부서보다도 무기 소지 권한을 가진 요원이 많이 활동한다—1985년 이래로 현격한 상승률을 보여 1995~2001년 국경 감시에 대한 고용과 예산이 거의 3배에 달했다. 국경 경비를 담당하는 국토안보부는 350억 달러의 예산을 사용하는 매우 큰 부서다. 2003년 활동을 시작한 이 부서는 그때까지 해안 경비와 세관 그리고 이민귀화국으로 나뉘어 있던 국경 경비 과제를 통합 관리한다(Dunn 1996: 180f.; Andreas 2003: 88, 92f.; Lutterbeck 2004: 58). EU에서는 새로운 EU 회원국에 국경 시설물을 증축하고 직원의 수를 늘리는 의무를 부여했다. 폴란드는 국경 직원의 수를 2006년까지 2배로 늘려야 한다. EU 회원국들이 국경 경찰을 지원하는 국경수비대를 창설할 수 있도록 EU는 4억 유로의 지원을 승인했다. 또한 EU는 다양한 프로그램으로 국경 시설물의 증축을 보조한다. 이런 목적을 달성하기 위해 기본적으로 1억 4200만 유로를 투입했고 2004년에는 1억 3000만 유로의 추가 예산을 도입해 SIVE(Sistema Intergado de Vigilancia Exterior) 프로젝트를 세웠다. 이로써 북아프리카에 있는 에스파냐령 멜리야(Melilla)를 둘러싼 국경의 담을 이중으로 만들었다. 이 계획과 더불어 에스파냐는 자국의 남부 해안에 대한 감시를 기술적으로 구축하고 현대적인 감시 기술도 갖추었다(Piper 2001).

이러한 설치와 함께 국경 감시를 위한 내외(內外) 공권력 조직에 의한 치안적·군사적 투입 형태가 제도적으로, 프로그램적으로, 기술적으로 융합되었다. 국경에 준군사적 특성을 가진 부대를 강력하게 투입했다. 이 부대는 정규 경찰 조직과 달리 아주 계급적인 군사적 성격을 지녔고 중화기와 각종 장비, 즉 기관총·기갑 차량·중형 헬리콥터·소형 탱크 등을 사용한다. 이처럼 제도적·조직적으로 군대와 경찰 사이에, 종종 국방부와 내무부 사이에 위치한 조직, 즉 프랑스의 '국가헌병대(Gendarmerie nationale)', 이탈리아의 '헌병대(Carabinieri)'와 '재무경찰(Guardia di Finanza)', 에스파냐의 '민간경비대(Guardia Civil)', 오스트리아의 '연방경찰(Bundesgendarmerie)', 독일의 '국경경비대(Bundesgrenzschutz)' 같은 조직은 대체로 현대의 국가 구조에서 이례적인 것으로 여겨진다. 대규모 폭동이나 반란의 진압 혹은 테러리즘과의 싸움 같은 심각한 갈등이 발생했을 때 내부 질서 유지를 위한 세력보다는 위에서 열거한 조직을 오히려 근대화 이론의 관점에서 시대착오로 간주하는 경향이 있다. 새로운 안보 개념과 관련해 물론 이러한 '중간 매체'의 힘은 엄청나게 늘어났다. 비록 '민간경비대'나 '연방경찰' 같은 조직 대부분이 1990년대에 이르기까지 전혀 국경 감시를 수행할 수 없었지만 이들의 역할은 매우 빠른 속도로 증가하고 있다. 독일 '국경경비대'의 고용은 1989~2000년 60퍼센트, 예산은 거의 200퍼센트 증가했다. 게다가 동부 국경에 투입된 고용은 7배나 늘어났다. 오스트리아의 '연방경찰'은 1990년대에 '국경헌병대(Grenzgendarmerie)'를 설립했다. 에스파냐에서는 1990~2000년 15퍼센트의 고용을 늘린 '민간경비대'가 불법 이주 및 마약 밀매에 대응하는 과제를 위임받았으며 남부 국경 감시의 대부분을 책임지고 있다. SIVE 프로젝트는 이러한 조직에 의해 이뤄지고 '민간경비대'는 1990년대 중반 이후 소규모 함대를 거느리고 있다(Lutterbeck 2004: 51-57).

군대에서와 유사하게 국경 수비의 변화에서도 특히 소규모 그룹의 반란과 범죄에 대한 싸움에 맞춰져 있는 저강도 마찰(low intensity conflict) 개념이 적용된다. 저강도 마찰의 원칙에서 발전한 용병술과 기술은 무엇보다 '마약과의 전쟁'을 통해 국경 감시 영역으로 들어왔다. 마약과의 전쟁 및 불법 이주와의 전쟁이라는 명분 아래 해안과 영공 혹은 인구가 적은 국경 지역에 이르는 좀더 확대된 지역의 경비가 국경 정책의 문제로 대두한다(Dunn 1996). 국경 통과에 대한 통제뿐만 아니라 전체 국경선의 감시와 녹·청색 국경 영역의 밀폐를 계획한다. 잘 무장한 소규모 그룹이 폐쇄된 영역에서 활동한다. 이 그룹의 활동은 감시와 추격, 넓은 영역에 대한 정찰, 철조망을 통한 경계, 검출기와 감지기 설치를 통한 기술적 방어 등이다. 이런 활동에 대한 전문성—그리고 기술—은 세관보다 오히려 군대에 있다. 유럽에서 적절하게 교육받은 준군사적 그룹이 국경 경비를 위해 점점 더 많이 소집되는 반면, 미국에서는 1989년 이후 군대를 국경 경비의 특수 목적에 직접 투입했다.[7] 미 육군이 이민귀화국의 감독 아래 있는 '미국 국경순찰대'를 지원하기 위해 기동 부대(Task Force)를 설립한 반면, 이 순찰대는 미 육군의 지원을 받아 자신의 특수 부대를 만들었다. 이 특수 부대는 군사적인 조직 구조, 투입 원칙 및 장비를 갖추었다. 군대의 행동 수칙과 전통적 경찰의 행동 수칙의 차이는 오히려 육군과 국경순찰대 공동 작업의 전(前) 단계에나 존재했다. 이 특수 부대는 자신의 정체성을 다음과 같이 진술한다. "경찰은 사태를 법의 잣대로 생각하지만 우리는 동일한 문제에 대해 그렇지 않다. 우리는 특수하게 기능하는 일종의 군인, 즉 나쁜 놈을 죽이고 인질을 다치지 않게 함으로써 공간을 정리하는 군인이다"(Dunn 1999: 260에서 인용). 범죄 추적과 관련한 국가적 수행의 탈경계는 군대의 경찰화처럼 범죄 추적의 국제화, 국경 경찰의 군대화, 다양한 부서의 협조 증가 등을 초래한다. 국제적 마약 추적 사례에서 볼 수 있듯 집행 기구는 사법부와 행정부에 의한 단일 국가적 통제 수단을 외면하는 경향이 있다. 즉 다양한 국가의 상이한 법정에서 집행 기구는 좀더 높은 수준의 징계가 이루어지는 지역에서 체포를 집행한다. 그래서 마약 밀매업자들이 네덜란드가 아닌 독일에서 체포되는 것이다. 또는 범죄 추적의 해외 확장은 범죄자를 자국 법정에 세우기 위해 납치해서 강제 송환하는 일도 주저하지 않는다. 그 밖에 경찰은 더 많은 물증 확보를 위해 불법 거래자가 달아나도록 하고, 그들이 달아날 때 비밀경찰의 수단을 활용한다(Sheptycki 1996 참조). 불법 네트워크가 전통적인 국가의 통제 업무를 무력화시키는 경향을 가질 때, 국가 (혹은 사적) 안보 기관의 네트워크는 민주적 통제를 외면하는 경향이 있다. 공권력 강제 투입을 고려할 때—아무튼 '재무경찰'과 '민간경비대'에 대한 연구에 따르면—준군사적 부대의 직접적 국경 투입의 경우같이 내적 및 외적 안보 사이의 한 단계가 두드러진다. "전통적으로 이러한 2개 분야에 다리를 걸쳤던 기관처럼 그들은 마약 밀매, 밀입국 그리고 국제 테러 같은 특별히 초국적인 도전에 대응함에 있어 아주 적절한 것으로 여겨졌다"(Lutterbeck 2004: 60).

국경 감시는 국경의 군사화를 목적으로 하는 기술공학적 프로젝트다. 미국 남부의 국경은 베트남 전쟁 시기에 만든 자석 발걸음 감지기를 통해 부분적으로 정비되었고, 캘리포니아에서는 군수 창고에서 조달한 18만 개의 금속 조각으로 만든 방벽을 건설했다. 그리고 미군과 타 국가의 군대를 포함한 국경정찰대는 야간에 국경을 침입하거나 승용차나 화물차에 숨어 들어오는 사람들을 찾아내기 위해 야간투시경, 적외선 및 뢴트겐 장치 그리고 이산화탄소 측정 장치를 갖추었는데, 이러한 장비는 대부분 군대의 재고품이다. 밀입국자 운반책으로 의심되는 자들을 추적하기 위해 국경 뒤쪽에 배치한 이동 무선망에 의한 군사 도청 기술을 국경 감시에 도입하기도 했다(Busch 1998; Häntzschel 2001; Andreas 2003: 90f.). 노후한 군사 장비 일부를 국경에 재활용한 것만은 아니다. 오히려 1990년대 이래로 국경 감시의 기술적 진보 속에서 목적 지향적인 정치적 전략을 표명했다. 한편으로는 민간에서뿐만 아니라 군사적으로도 사용할 수 있는 이중 용도의 기술공학을 강화하고, 다른 한편으로는 새로운 군사 기술의 광범위한 영역을 경찰 투입을 위해 이용 가능하도록 만든 것이다(Haggerty/Ericson 1999 참조). SIVE 체제, 즉 에스파냐 남부 해안의 약 500킬로미터에 방벽을 두르는 것은 성능 뛰어난 레이더를 필요로 한다. 이 레이더는 20킬로미터 반경에서 2~6미터 크기의 보트를 발견할 수 있고 7.5킬로미터 내로 접근할 경우 탑승자 개개인의 표정을 감시 화면을 통해 볼 수 있다(Piper 2001). 미국 남부 국경 일부와 멜리야에 있는 방벽 및 장벽은 또한 상이한 센서 테크닉의 결합, 원격 조종 차량 및 초소형 감시 카메라, 방화를 일으키는 전자 장치와 마치 발사대처럼 오인할 수 있는 (컴퓨터로 통제 가능한) 국경 초소를 통한 위협 수단을 투입함으로써 완전히 실전을 벌일 수 있다(Rötzer 2004).

접경 지역에서 국경은 또한 군사적 전방 같은 관할 지역적 경계다. 이 경계는 일반적 선이 아니라 개개의 위치와 위상을 지닌, 그리고 서로 자신의 관할만을 책임지는 부분으로 이뤄져 있다. 이에 대해 오늘날 국가 공권력은 안보 전략적 의미를 갖는 국경에서 이러한 전방의 불안정하고 침투 가능한 상태를 해결해 군사공학적으로 압축된 전선(前線)으로 바꾸는 작업을 한다. 이것이 과거의 폐쇄 국경, 즉 국경과 연결된 전선이었던 바로 그 폐쇄 국경과 유사한 것은 우연이 아니다.[8]

국경의 지형학 3: 내부화

안보는 공권력의 경제성에 대한 질문이다. 비대칭적 위협 시나리오 및 비전통적 적들과의 싸움이 국가안보부의 존재 근거인 곳에서 국경 압축만으로는 잠재적 국경 범죄자를 물리칠 수 없다. 국경 통제에 대한 계획이 내적인 문제다. 국경을 넘어선 지역에서 군사적 기능의 경찰화를, 그리고 국경에서 국경 경찰의 군사화를 내용으로 하는 제도의 융합은 공적인 생활 영역과 사적인 생활 영역의 이질적 혼합을 통한 국경 통제의 네트워킹 속에서 계속된다. 독일연방 내무부의 보도국장이 말하는 국경 경찰의 전략은 고정된 국경선을 벗어나 국경 경찰의 주안점을 국경 공간에 맞추는 것이다(Maurer 1998: 51에서). 경찰의 무차별적 통제권 확대는 공간적으로 국경선이 국경 공간으로 확산되는 명백한 순간이다. 독일연방에서는 1990년대 이래로 외곽 경계 3킬로미터 내부의 띠에 대한 국경 경찰의 통제 또는 감시가 이뤄졌고, 솅겐 협약의 범주에서 국경 통제의 중지는 주경찰로 하여금 무차별적 통제에 공간을 개방하는 역할을 한다. 솅겐—그리고 EU—외곽 국경의 차단기에서 범죄자를 기다리는 대신, 범죄자가 더 이상 숨지도 방해받지도 않고 간단히 국경을 왕래하게 될 것이라고 바이에른 지방의 내무차관은 1994년 보고했다(ibid. 53에서). 이러한 논리 속에서 국경 감시의 형태는 내재화되었다. 이런 형태는 국경뿐만 아니라 전(全) 교차점, 즉 공항·역·휴게소·항만·고속도로 그리고 또 다른 직통 도로에도 자리한다. 이렇게 감시 형태가 더 이상 어떤 특정한 지역에 고정되어 있지 않고 오히려 국경 위반자의 교통 형태에 맞춰진다. 아울러 통행이 있는 곳은 어디나 감시하고 통제하며 결국은 장악해버리는 경향이 있다. 국경은 제도적인 의혹 집적지로서 네트워크의 형태로 국가 내부로 들어온다.

여기서 국경 경찰의 반복적 또는 임의 추출 방식에 의한 통제를 국내로 확대하는 것 이상의 일이 이루어진다. 순수한 전망 통제에서부터 주민증 통제, 체포 조사, 몸수색, 추방, 경찰 인도 등에 이르는 이러한 통제 스펙트럼은 전통적인 혐의 조사 과정 영역에서만 기능할 뿐인 듯하다. 그러나 이제 국가 전략은 오히려 감시 및 통제 기술의 일반적 확대로 감시와 통제를 확대한다. 국경 통제는 통제 대상에 대한 정보를 입수하기 위해, 그리고 개개인을 범주화해 구분하기 위해 상이한 기술과 목록과 수단을 사용한다. 국경 통제는 훨씬 더 광범위한 "모니터링"(Krasmann 2004)의 실행과 연결된다. 즉 국경 통제는 공공장소나 준(準)공공장소에 대한 비디오 감시 체제 등의 기술 사용을 허락한다. 이 체제는 많은 사회 연구자들이 "감시 사회"(Lyon 2001)라고 비난하는 고용자, 기관 그리고 관청과 더불어 군사 영역, 범죄 추적 기관, 국민 보건 기관, 금융 기관, 소비 영역, 여가 영역의 종사자를 포함하는 완전히 상이한 영역의 형태로부터 데이터를 조사하고 모으고 분석하고 분배한다. 초국적으로 활동하는 적을 그들이 활동하는 지역에서 체포하기 위해서는 국경 통제를 훨씬 더 내적으로 결합한 네트워크와 연관시켜야 한다. 이러한 연결 작업을 통해 만든 국경 통제에 적용할 수 있는 세 가지 핵심 기술이 있다. 구역화, 주소 지정 그리고 네트워킹이 그것이다.

구역화란 공적인 혹은 준(準)공적인 감시 지역이나 공간 혹은 장소를 체크하고, 관찰한 일상적 반복 행위로부터 이례적인 것을 걸러내고 적절하게 개입하는 계획을 의미한다. 구역화를 통한 감시의 구조적 효과는 평범한 의혹이 확산되는 구역을 만드는 것이다. 즉 이 효과는 확정된 의심이나 사건에서 벗어난 것에 대한 민주적 형태에 순응한다. 통과 지역을 설정하는 것은 다음과 같은 문제를 고려해야 한다. 요컨대 이는 아무런 정보도 없는 일련의 사람들로부터 어떻게 위험한 자를 걸러낼 것인가의 문제다. 강화된 안보 유지 지역, 예를 들면 모든 공항에는 사람들이 예외 없이 통과해야만 하는 질서 정연한 통제가 있다. 마치 파리 오를리(Orly) 공항의 테러 방어에 대한 사례 연구에서 도미니크 린하르트(Dominique Linhardt 2000)가 보여준 것처럼 공항은 비행기를 둘러싼 중앙 집중화한 원의 형태를 가진 구역으로 구성되어 있다. 이런 형태에서는 사람이 비행기에 접근하면 할수록 사람(승객과 근무자)과 사물(수하물과 화물)에 대한 통제는 점점 더 강화된다.

구역화 계획은 초국적 국경 범죄자, 무엇보다도 테러 분자들이 평범함을 가장한 전문가로서 국경을 쉽게 통과할 수 있다는 가정에 근거를 두고 있다. 혐의 제기의 기능에 합법성을 부여하는 근거는 통제받는 대상의 신분을 도외시하는 것과 통제를 통제자의 주관적 경험으로부터 무관하게 만드는 것이다. 이러한 두 가지 근거는 미심쩍은 경제에 대한 미묘한 통제를 필요로 한다. 이것은 철저한 몸수색 같은 어떤 총체적인 통제도 허락하지 않는다. 오히려 단계적으로 지표를 가져오고 테러리즘을 드러내는 흔적을 연구한다. 중요한 승객들에 대한 특징이 뢴트겐 같은 기구의 도움으로 화면에 투영된다. 이런 특징이 위험에 대한 지표로 해석되거나 혹은 금속 소지자 때문에 경보가 울린다면 탐색은 의혹이 사라질 때까지 계속되거나(어쩌면 열쇠 꾸러미로 드러날 수도 있다) 어쩌면 다음 단계의 탐색으로 이어질 수도 있다(어쩌면 경보가 울릴 정도의 인화 물질이 엄청나게 많거나 어떤 은닉 무기일 수도 있다). 엄밀한 의미에서 테러 분자를 찾아내는 게 중요한 것은 아니다. 오히려 특정한 장소에서 테러 행위를 막는 게 무엇보다도 중요하다. 즉 칼을 들고 있는 사람은 테러 분자가 전혀 아닐 수도 있다. 그에게서 칼을 수거하더라도 강제적으로 체포하지는 않는다. 이러한 통제된 의혹 제기에 대한 경제적 평가는 무엇보다도 낭비적이라는 것이다. 통제 절차는 단지 강제적 통과가 통제와 결합될 수 있는 곳에서, 즉 고전적 형태의 국경 통과 지역에서 수행할 수 있다. 그러나 사실상 모든 사람이나 수하물을 100퍼센트 장악하는 통제라는 것은 교통을 마비시키지 않고서는 실행할 수 없다.[9] 그러나 국가적으로 운영하는 안보 유지는 이러한 기계적 형태의 절차를 매개할 수 있는 것처럼 보인다. 국가적으로 운영한다는 것은 린하르트가 강조한 것처럼 한눈에 파악할 수 있는 감시와는 거리가 먼 형태로서 수많은 사례를 통해 매개된다.

이렇게 명확하게 제시된 안전 구역 이외에 다소 불명확한 감시는 한층 넓은 영역으로 확산된다. 광범위하게 확산된 비디오 감시의 경우처럼 무엇보다도 감시는 개입적인 통제, 이를테면 신분증 통제, 차량 검사 탐색, 신분 확인, 경찰 인도 등등과 분리되어 있다. 혐의자에 대한 개입에는 동기가 필요하다. 게다가 이탈된 행위라는 것은 조건이다. 이는 명백하게—개인이나 사물에 대한 권력 행사와 관련해—대체로 관찰자의 해석에 종속될 수 있다. 그룹 지어 함께 있는 것, 플라스틱 가방을 내려놓는 것, 철도를 사진 촬영하는 것 등등이 평범한가, 아니면 의심스러운가? 감시가 개입으로 전환하는 것은—이는 적어도 카메라 감시 지역에서 개입적 통제에 대한 사례 연구를 필요로 한다—범주화한 의혹과 전형적인 통제자의 선입견을 이끈다. 즉 "민주주의적 시선을 조장하는 것보다 범주적 혐의에 대한 의존이 오히려 사회에서 소외된 아웃사이더들에 대한 감독을 강화하고 더 나아가 공공연히 이들에게 낙인을 찍는 기회를 증대시킨다"(Norris 2003: 266). 감시가 통행 허가 및 금지에 대한 선택과 강제적으로 연결되는 한 이런 감시 공간은 본질적으로 국경 구역으로 간주된다. 여기서는 감시만 이루어지는 게 아니라 화상과 데이터—이는 얼굴 인식이나 번호판 인식을 통해서 획득된다—를 기존에 저장한 데이터와 자동적으로 비교한다. 비록 런던의 일방통행을 자동적으로 감시한다 할지라도 9·11 이후 공항에 대한 감시의 증가는 지속적으로 이어졌다. 2001년 슈퍼볼 게임 중 플로리다 탬파(Tampa) 경기장 입구에서 발생한 19건의 작은 범죄는 10만 명의 관중 가운데서 적발되었다. 그러나 이런 과정은 어떤 경우에도 안보를 약속하는 것으로 간주되지 않는다. 비록 기술적으로 달성을 약속한 것에 훨씬 못 미친다 하더라도, 그들은 자동화를 통해 안보를 확보할 수 있는 기술주의적 비전을 동원하고 국가 재원을 정확히 이 영역에 투입한다(Norris 2003; Lyon 2003: 670 참조).[10]

주소 지정에서는 특정 지역에 대한 행동을 규정하는 것과 특정한 행동 방법을 배제하는 것을 목적으로 하지 않고, 오히려 정체성 규정—좀더 정확히 말하면 정체성을 만들어내는 것—을 목적으로 하는 감시 절차를 제시한다. 주소 지정은 개별 신원의 점진적 확장으로 이해할 수 있다. 이 안에서 언제나 새로운 정보, 즉 도시, 주, 거리, 전화번호, 이메일 주소, 홈페이지를 비롯한 그 밖의 많은 다양한 정보가 추가된다(Stichweh 2000: 222). 주소 지정은 결과적으로 한 개인의 정보를 바르게 첨가하는 것을 의미한다. 언제나 개인의 다양한 영역을 더 많이 열어두는 정보는 궁극적으로 개인 행동의 관점에서 볼 때, 장래 그의 행위를 예견하도록 하는 근거를 제시할 수 있다. 국경 통제는 맨 먼저 주소 지정의 가장 기본적인 영역, 즉 검증을 실시한다. 이는 여권 자체의 검증부터 시작되는데, 바로 이 검증에서 위조를 계속해서 더 많이 조사한다. 두 번째로 통제된 개인이 사칭하는 당사자와 같은 인물인지 검증한다. 개인은 일반적으로 국경에서 이중의 방법으로 표현된다(신체와 서류, 즉 개인 증명서나 여행증이나 비자의 형태로). 그러나 요즘은 상이한 기술공학적 계획을 진행한다. 이러한 계획이 증명 절차의 다양한 단계를 합리화한다. 그래서 얼굴 인식 소프트웨어가 전통적인 국경 치안상의 해석, 즉 여권 사진과 기초적인 신체 인식 데이터를 통해 개인과 결합하는 해석이 의혹을 제기하는 경우 여권 사진이 검사를 받는 본인의 것인지에 대한 결정적 확증을 제공해야 한다(Kant/Busch 2002: 79 참조). 인식 소프트웨어를 통한 자동화한 비교를 가능케 하기 위해서는 지문, 안면 사진, 수상(手相), 홍채, 망막, 목소리, DNA 등과 같은 생물학적 특징이 증명서에 포함되어 있어야 한다. 이러한 작업이 한 개인과 그 개인의 증명서에 대한 검증자의 주관적 해석 여지를 막을 것이다. 요컨대 신분 카드가 당신의 신체에 붙어 떨어지지 않을 것이다(van der Ploeg 1999: 301). '접착(glued)'이라는 문구, 소인을 찍는 것이 정당성을 지닌다. 검증 절차가 지금까지 중범죄 의혹을 전제한 상태에서 이뤄진 인식 직무의 취급을 일반화시킨다. 의혹에 대한 검증 절차는 연속적으로 확산된다. 무엇보다도 EU에서 망명 신청자들은 강제로 생물학적 데이터를 제공해야 했던 반면, 미국의 방문 시스템은 모든 비자 의무가 있는 사람들에게 지문 제공을 요구했다. 이는 미래에 모든 외국 여행 입국자들에게 실시될 것이다. 페루 같은 몇몇 국가는 이미 개인 신분증명서에서 생물학적 데이터를 사용한다. 다른 많은 나라에서뿐만 아니라 독일에서도 마찬가지로 오래전부터 이러한 제도의 도입이 정치적 과제로 떠올랐다(van der Ploeg 1999; Lyon 2003: 667f. 참조). 강력한 혐의에 대한 이런 의혹의 기술·정치적 확대는 생물학적 검증 절차의 확대에 근거를 두고 있다. 이는 범죄와 이에 대한 인식 업무 행위 영역을 넘어 사적 및 공적 공간에서 정부 청사, 기업 집단, 은행, 현금자동지급기, 자동차 대여 등에 대한 접근을 생물학적 통제 방법을 통해 점점 더 많이 규제하고—2002년에는 미국 시민의 약 5퍼센트가 이와 상응하는 기술의 기능을 경험했다—국경 통제에서 특별 면제된 출입 방법을 약속한다. 미국의 영토 경계와 많은 공항에서 사업상 여행자 및 잦은 비행 승객들에게 상세한 안전 검사를 통해 생물학적 인식 지표를 지닌 증명서를 발급한다. 이 증명서를 갖고 자동 통제 시스템을 통과함으로써 이들은 대기 시간과 많은 통제를 피할 수 있다.[11]

주소 지정의 두 번째 단계는 신원 증명이다. 특정 개인에게 어떤 정보가 있는지, 주소는 어떤 범주에 들어가는지 비교한다. 통행 허가증이 검사 과정에서 그 개인을 증명하는지 여부에 따라 검증은 통행 허가를 인정할 수도, 거절할 수도 있다. 물론 통행 허가증이 한 개인의 삶의 족적을 나타내는지 여부는 불명확하다. 생물학적 인식 지표가 들어 있는 증명서든 그렇지 않은 증명서든 개인 신분증명서, 여권 혹은 비자는 다른 증명서(예를 들어 출생증명서)에 기초하고, 혹은 마치 서류가 없는 탈출자들의 경우 그렇게 하는 것처럼 이미 제출했거나 일정 정도 검증할 수 있는 사실에 바탕을 둔다. 그러나 신체와 서류의 생물학적 결합은 국경 통과에 필요한 서류가 그 서류를 소지한 개인의 믿을 만한 주소로 기능한다는 것을 보장해야만 한다. 생물학적 방법은 적어도 행정적으로 믿을 만한 신원 증명이다. 왜냐하면 생물학적 인지 특징은 그 대상인 개인이 또 하나의 주소 혹은 그와 관련한 또 다른 통과 허가증을 사용하는 걸 방지하기(적어도 방지해야 하기) 때문이다. 자동 인식 가능성을 통해 통행 허가는 더 많은 정보 시스템과 연결되고, 통행 허가증이나 서류가 전송하는 데이터는 생물학적 인식 특징과 일치해야 한다. 유럽에 있는 전체 망명 지원자와 관청에 알려진 불법 체류자에 대한 생물학적 자료를 관리하는 EURODAC(European Dactyloscopy: EU의 지문 자료 정보 시스템—옮긴이) 같은 데이터 은행이 있다면 증명서의 자료를 모든 다른 자료와 비교할 수 있을 것이다. 망명 신청자와 이주자의 신체가 일종의 증명서인 EURODAC의 경우, 그들의 손가락 지문이 시스템에 등록되면 이는 신분증명서 없이 범법자를 확인할 수 있고 망명 신청자가—어쩌면 다른 신원으로—이미 다른 방법으로 청원서를 제출했는지 여부를 확증할 수 있다는 걸 의미한다. 이러한 개인의 생물학적 인식 지표는 한 국가에서의 망명 신청 기각을 EU 전체에서 유효하게끔 만들기 위한 사법적 제약과 관련한 복잡한 기술 공학적 수단이다. 여하튼 정보 시스템이 개인과 관련한 데이터를 쌓아두는 한(혹은 통행 허가증이 몇몇 아시아 국가에서처럼 스마트카드의 형태로서 확장 가능한 데이터 뱅크로 기능할 수도 있다) 정보 시스템은 더 많은 주소 지정의 단계를 열어둔다. 데이터 뱅크는 국가적·국제적으로 나뉘어 관세청, 이민국, 비자 부서, 영사관, 사적인 운송 회사, 국가 혹은 국제 경찰 기구의 정보 속으로 점점 더 많이 흘러들어간다. 통행 허가증에 있는 정보는 수배자, 실종자, 입국 금지자, 추방자, 불법 이주자, 폭력배, 범지구적으로 활동하는 호전적인 적대자 등등에 대한 목록과 대조할 수 있다. 국경에서의 단순한 선택은—통과 허가와 통과 불허—점점 더 데이터, 정보 그리고 기존의 선택에 기초해 이루어진다. 그러나 기존의 선택은 데이터보호법적으로 전혀 통제되지 않는 네트워크에 근거한다(Haggerty/Ericson 2000; Lyon 2001: 88-94; Stalder/Lyon 2003 참조).

초국적 위협 및 9·11 이후의 모든 테러 위협은 데이터 뱅크의 네트워크화를 위한, 상이한 지역들의 데이터에 대한 경찰의 접근을 유효하게 만들기 위한 근거가 되며 또한 대부분의 국가에서 지금까지 사법적 판단에 입각해 엄격하게 분리해온 기록을 결합하는 데 따른 근거를 제공한다. 흔적, 즉 각 개인에 의해 통신 및 정보 기술적으로 형성된 네트워크 세상에 남겨진 흔적의 광범위한 결합이 의미를 갖는다. 한 개인이 남겨놓는 데이터는 그가 보험에 가입할 때, 전화를 개통할 때 혹은 계좌를 개설할 때, 신용카드를 지불할 때, 전화할 때 혹은 인터넷을 이용할 때, 이런저런 제안이나 상금 등을 신청할 때, 혹은 이런저런 고객 서비스로 이익을 얻고자 할 때 실제로 그 영역들에 흔적이 남는다. 범죄자와 공범자의 경우처럼 단지 사후적으로 흔적을 재구성하는 대신 스크린 추적, 인물 분석, 혹은 개입을 사전에 허락받아야 한다. 특정 데이터에 대한 접근이 단지 의혹의 순간에만 허락받는다면 이런 데이터는 문제 예방 차원에서만 결합될 것이다. 9·11 이후에 도입된 스크린 추적이 독일에서는 사법적 고려와 금지에 부닥치고,

조회를 요구당한 사회단체·기업·전력 회사 등등에 의해 데이터 제공을 간단히 거부당한 반면 미국에서는 국가 안보의 내규와 애국 헌장에 의해 사법적인 제한이 무너졌다.[12] 아무튼 미국 국가안보부에서는 35개 넘는 부서들의 데이터를 적용한다. 이들 부서에는 CIA와 우체국, 해안경비대와 마약추적반, 교통부와 많은 비밀 정보부 그리고 경찰 당국 등이 있다. 재무부 산하 기관인 핀센(FinCen) 네트워크는 이미 수년 동안 국제적 자금 흐름을 돈세탁 추적 목적으로 조사해왔다. 보건부는 미국에 있는 모든 등록 외국인의 전자 목록을 만들었다. 여행출입국은 최근 외국인 여행객들의 지문을 수집했다(Fischermann 2004: 14). 이런 활동의 결과가 아주 매끄럽고 양립 가능한 데이터 뱅크들이 미국에 존재한다는 걸 의미하지는 않는다. 그뿐만 아니라 비밀 정보부들의 정보와 FBI 사이의 제도적 경계가 완전히 없어졌다는 걸 의미하지도 않는다. 그럼에도 불구하고 현대 사회는 과도한 통제 형태에 대한 사회학적 분석을 통해 모든 것을 감시하는 초권력적인 빅 브라더에 대한 조지 오웰(George Orwell)의 이미지나 슈퍼 망원경 이야기 같은 하나의 특정 기관에서 파생되는 감시 및 통제 기구에 대한 이미지를 끊임없이 거부해왔다. 그 대신 "집합(assemblage)"(Haggerty/Ericson 2000)이라는 개념이 네트워크 사회에 상응해 누구나 한 가지 이상의 방법으로 활동적으로 개입하고 있는 이 기술의 근간이 되고 있다. 데이비드 라이언(David Lyon 2003: 674)은 또한 중앙 집중적인 것으로 여겨지는 "기관(Apparatus)" 역시 어쩌면 집합 형태를 취하고 있을 수 있다고 말한다. 이런 기관은 아마 어떤 근거도 없이 정당한 방법에 의혹을 제기하고, 감시하고 통제할 수 있는 국경 상황을 실제로 차가운 기술적 수단을 통해 일상적 상황으로 옮겨놓을 것이다. 현실적으로는 접경지의 무법적 상황이 도처에 산재할 수 있다. 프란츠 카프카(Franz Kafka)의 작품 《법 앞에서》처럼 한 문지기가 능수

능란한 어투로 법으로의 진입을 막았을 때의 상황과 유사하게 자의적이고 예외적인 상황이 일어날 수 있다. 접경지 창구 직원이 단번에 컴퓨터를 통해 무고한 시민을 충분히 납득할 만한, 그리고 법적으로 검증할 만한 어떤 자격도 갖추지 못했다는 이유로 비행 불가 리스트에 올려 국내 진입을 거절하는 상황이 일어날 수 있다는 얘기다.

자국 안보의 제도화를 위한 계획이 데이터 기술적 분석을 목적으로 하고 있더라도 이러한 분석에 의해서만 의혹 발생의 원인이 편재적 일상사가 되는 것은 아니다. 새로운 안보주의를 국민 영역과 좀더 광범위하게 연결시키자는 주장이 사법부와 FBI 그리고 국토방위청에 의해 언제나 거듭 제기된다. 즉 공공 행사장이나 원자력발전소에서 우체국에 이르기까지 총체적인 기반 구조물이나 연구소 그리고 공공건물 주변의 보안 기준에 대해 비일상적 관심을 보이는 개인이 있을 경우, 혹은 그러한 장소의 환경 저변에 부적합한 사람이 있을 경우에는 미국의 트럭운송연합이 고속도로 감시를 위한 회원 모집을 위해 모금을 해야 하는지, 이웃 감시 프로그램을 늘려야만 하는지, 혹은 시민의 의혹스러운 행동거지와 상황을 인식할 수 있는 방법을 시민들에게 지정해야 하는지를 안보 관리 부서가 통지해야만 한다(Roetzer 2004). "협의 문화"(ibid.)는 관철될 것이다. 자국의 안보를 위한 조직을 만드는 것이 적지 않은 사람들에게 주는 의미는 이런 행위가 무엇보다도 시민, 즉 가장 큰 무기인 미국 시민을 동원하는 데 종사한다는 것이다. "미국인의 마음속에서 시민 방어를 내면화시키는 것, 시민을 매일 자국 안보의 항구적 해결책의 한 부분으로 고양시키는 것, 특히 잘 호응하는 수천만 명의 미국인을 고양시키는 것이 국가 조직의 과제다"(Hillyard 2002: 78). 국가 안보에 대한 테러는—그것이 아무리 혐오스럽고 끔찍하더라도—하나의 상징적 공격이다. 즉 국가의 존립이 걸린 문제는 아니다. 국가의 안보 부서들도 이를 주장하지는 않는다. 적어도 9·11 이후 미국에서 국가 안보 부서는 전 영토를 안보 영역으로 옮겨놓는 데 종사한다. 국경과 국내에서 의혹 제기와 통제 형태의 차이가 사라지고, 안전을 둘러싼 모든 불안은 모든 영역으로 확산된다. 국경은 완전히 내부화하고 잘 짜인 망으로서 내부로 이끌려 들어간다. 각 개인은 안보 행위자가 된다. 그러나 안보 부서가 나타나는 곳과 안보를 공공연하게 강조하는 곳에는 언제나 불안감이 무의식중에 생겨난다. 안보는 끊임없이 그러한 분위기를 드러낸다(Holert 2004 참조). 안보 정책적 기능 영역의 확산은 위해를 도처에 산재하게끔 하고 이를 끊임없이 지각하게끔 만들 것이다. 내부 전체 영역에서 국경 수호의 네트워크화가 이루어지는 이유는 단지 자국 안보의 무능력 때문이다. 결국 도처에 안보상의 경계가 있게 되는 것이다.

그러나 여전히 새로운 국가안보주의는 미국인의 마음속에 어떤 경우에도 정착하지 못한 듯하다. 자국 안보에 대한 논의와 관련해 모든 국가 안보 부서들이 한 번도 이런 새로운 안보 논리를 내재화해본 적이 없다는 비판을 받고 있다. 이러한 논리의 완전한 관철은 여전히 지역적 이행 수단을 결핍하고 있는 것처럼 보인다. 즉 대부분의 지역 경찰은 왜 자신이 검문하고 있는, 엄청나게 과속해서 달리는 차량 속에 있는 마약에 대해 인지하는 것만큼 비행 매뉴얼을 체크해야만 하는지에 대해 알지 못한다(Hillyard 2002: 77).

주

1. 근대의 국경 기능과 계보에 대해서는 카우프만(Kaufmann u. a. 2002) 참조. 몇몇

공식화 작업은 울리히 브뢰클룽(Ulrich Bröcklung)과 에바 호른(Eva Horn)이 공동 작업한 텍스트에 근거했다.

2. 덧붙여 기술·역사적 관점 및 방송 매체·역사적 관점에서는 마텔라르트(Mattelart 1999), 기술·사회학적 관점 및 방송·사회학적 관점에서는 파슬러(Faßler 2001), 공간사회학적 관점에서는 카스텔(Castells 1994), 기술·민족학적 관점에서는 아파두라이(Appadurai 1991), 정치성 이론의 관점에서는 카우프만(Kaufmann 2004a) 참조.
3. 이런 관점에서 국경은 EU 내에서 한층 중요한 역할을 한다고 강조할 수 있다(Anderson/Bort 2000: 13-44).
4. 1995년 미국 법무장관 제이미 고어릭(Jamie Gorelick)이 상원위원회에서 보고한 내용(Andreas 2003: 84 참조).
5. 비판은 그가 생물학적이고 정보 기술적인 국가 시민의 국경 통제와 군사적 경계선 감시 그리고 전염병의 지리적 통제에 대한 구조 정체성에 대해 연구함으로써 일반 이론을 목적으로 한다. 여기서는 리비키의 논제 중에서 핵심적인 국경 통제라는 질문만 논의했다.
6. 2000년에는 1만 명의 범죄자가 구속되었고 약 75만 명이 여행을 거부당했다. 이것은 특히 강제 추방을 의미한다.
7. 1990년대에 미 육군과 해병 그리고 수비대의 군인들은 해안과 미국 내에서 전체적으로 국경을 통제하는 3000가지 임무를 수행해야 했다. 군대뿐만 아니라 CIA도 클린턴 정부에서 조직화한 범죄 지역에 대한 정찰을 강화하도록 허락받았다. CIA는 1947년의 창설 이념에 따라 원칙적으로 경찰 업무를 수행할 수 없다(Andreas 2003: 89, 92).
8. 지리적 국경선이 상대적으로 짧은 곳, 즉 이스라엘 같은 곳에서 자살 특공대로부터 보호하기 위한 목적으로 방벽을 세운 곳으로 포괄적인 전선을 형성하기 위해 정치적이고 재정적인 수단을 이동시킬 수 있다. 그에 반해 총 3500킬로미터에 달하는 미국 남부 혹은 유럽 해안선에 대한 감시는 낭비적이고 비용도 많이 든다. 미국에서 고유한 영토선에 대한 거대한 감시 설비는 제약을 받고, SIVE는 2004년까지 한 지점에 3개의 고정된 레이더 기지를 결합하고 더 멀리 이동해 투입할 수 있는 정찰대를 통해 기능했다. 이는 어떤 경우에도 총 5000킬로미터에 달하는 해안을 전부 감시할 수 없다는 의미다. 이주자에 대한 완전한 방벽 설치는 강경 노선의 환상에 불과하다. 국가는 RAND 분석(Libicki 2004: 110)이 냉정하게 평가한 것처럼 손을 벗어난 통제를 하지 않는 현실적인 방법을 지향한다. 이것을 제외하고 미국과 유럽의 경

제는 불법적이고 그래서 아주 값싼 노동력에 주목했다. 통제되지 않은 밀입국이 불가능할 수는 없다. (DDR 국경의 경험에서 배운 것처럼 군사공학적으로 방어하는 국경에서조차 불가능하다.) 따라서 이런 밀입국의 가격은 높아진다. 조직화하고 상업화한 난민 원조의 경제는 증가하는 방벽의 강제적 효과다. 국경 통제의 효과는 시장 가격에서 드러난다. 즉 2001년 한 멕시코인이 로스앤젤레스로 탈출하기 위해 지불한 가격은 300달러에서 최근 2000달러로 올랐다. 남미인들은 미국으로 숨어들어오기 위해 1만 2000달러를, 중국인들은 4000달러를 지불했다. 시장 가격만이 지불되는 유일한 가치는 아니다. 요컨대 사막이나 산맥 혹은 바다를 넘는 위험한 경로를 선택할 경우에는 죽음이라는 대가를 치를 수도 있다(Häntzschel 2001; Marischka 2004).

9. 미국에서 9·11 이후 국경에 대한 전반적인 통제 계획을 결정한 후 엄청난 생산 손실이 발생했다. 왜냐하면 캐나다에서 온 하청 물품이 국경에 묶여 있었기 때문이다.
10. 영국에서 1999년 설치한 비디오 감시 시스템은 50만 개에 달한다(Haggerty/Ericson 2000: 614). 1992~2002년 동안 짐작하건대 약 3조 파운드를 이 시스템에 투자했을 것이다(Norris 2003: 256).
11. 통제 기관과 통제자들이 약속하는 것처럼 이러한 시스템은 지속적으로 결함이 없을 뿐만 아니라 위조 방지를 막을 수 없다면 무용지물이라는 뜻이다. 둘 다 결국에는 안전을 팔아서 이익을 얻을 뿐이다(Lyon 2003: 668; Zureik 2004: 119 참조).
12. 독일에서 핸디캡을 가진 남자로 18~40세에 해당하며 26개 출신 국가 중 한 곳에서 왔고 이슬람교를 믿는 사람에 대해 범죄적 의미로 스크린 추적을 시작하는 것은 국가를 수호하고자 하는 사람들 스스로 생각해도 문제가 있었다. 결국 이슬람교 신앙에 대한 명기를 삭제해야만 했다. 왜냐하면 관청에서는 단지 조세법상으로 연관된 범주, 즉 가톨릭과 개신교 이외의 종교를 구분하기 때문이다(Gignatischer Aufwand, Spiegel Online 11/2002; http://www.spiegel.de/spiegel/0,1518,187292,00.html 참조).

참고문헌

Agamben, G. (2002), *Homo Sacer. Die souveräne Macht und das nackte Leben*, Frankfurt/M. (박진우 옮김, 《호모 사케르: 주권 권력과 벌거벗은 생명》, 새물결,

2008).
Anderson, M./Bort, E. (2000), *The Frontiers of the European Union*, Basingstoke/ NY.
Andreas, P. (2003), "Redrawing the Line. Borders and Security in the Twenty-first—Century," in: *International Security,* 28(2), S. 78-111.
Appadurai, A. (1991), "Disjuncture and Difference in the Global Culture Economy," in: M. Featherstone (Hg.), *Global Culture. Nationalism, Globalization and Modernity*, London, S. 295-310.
Bauman, Z. (2002), "Reconnaissance Wars of the Planetary Frontierland," in: *Theory, Culture & Society,* 19(4), S. 81-90.
Beck, U. (2002), "The Terrorist Threat. World Risk Society Revisited," in: *Theory, Culture & Society,* 19(4), S. 39-55.
Bigo, D. (2000), "When two become one. Internal and external securitisations in Europe," in: M. Kelstrup/M. C. Williams (Hg.), *Internatonal Relations Theory and the Politics of European Integration. Power, security and community*, London/New York, S. 171-204.
Busch, H. (1998), "Hart an der Grenze. Technische Aufrüstung für die Abschottungs-politik," in: *Bürgerrechte & Polizei*, 60(2), S. 20-27.
Castells, M. (1994), "Space of Flows-Raum der Ströme. Eine Theorie des Raums in der Informationsgesellschaft," in: P. Noller u. a. (Hg.), *Stadt-Welt,* Frankfurt/New York, S. 120-134.
____ (2001), *Der Aufstieg der Netzwerkgesellschaft*, Opladen.
Dietrich, H. (2004), "Flüchtlingslager an den neuen Außengrenzen-wie Europa expandiert," in: R. Friedrich/T. Pflüger (Hg.), *In welcher Verfassung ist Europa? Europäische Union: Militarisierung und Flüchtlingsabwehr,* Grafenau, S. 49-60.
Dunn, T. J. (1996), *The Militarization of the U.S.-Mexico Border 1978-1992,* Low Intensity Conflict Doctrine Comes Home, Austin.
____ (1999), "Military collaboration with the Border Patrol in the U.S.-Mexico Border Region: Interorganizational relations and human rights implications," in: *Journal of Political and Military Sociology,* 27, S. 257-277.

Faßler, M. (2001), *Netzwerke. Einführung in die Netzstrukturen, Netzkulturen und verteilte Gesellschaftlichkeit*, München.

Fischermann, T. (2004), "Unter Verdacht"-Dossier, in: *Die Zeit*, Nr. 34, 12. August, S. 14-16.

Haggerty, K. D./Ericson, R. V. (1999), "The Militarization of Policing in the Information Age," in: *Journal of Political and Military Sociology*, 27, S. 233-255.

____ (2000), "The surveillant assemblage," in: *British Journal of Sociology,* 51(4), S. 605-622.

Häntzschel, J. (2001), "Die Macht hat tausend Augen," in: *Süddeutsche Zeitung*, 23. April.

Hillyard, M. J. (2002), "Organizing Homeland Security," in: *Parameters, Spring,* S. 75-85.

Holert, T. (2004), "Sicherheit," in: U. Bröckling/S. Krasmann/T. Lemke (Hg.), *Glossar der Gegenwart,* Frankfurt/M., S. 244-252.

Holzberger, M. (2001), "Grenzenlos. Die Internationalisierung Europäischer Polizeieinsätze," in: *Bürgerrechte & Polizei,* 69(2), S. 48-54.

____ (2003), "Vorverlagerte Migrationskontrolle. Polizeiliche Verbindungsbeamte im Ausland," in: *Bürgerrechte & Polizei,* 75(2), S. 57-65.

Horn, E. (2002), "Der Flüchtling," in: E. Horn/S. Kaufmann/U. Bröckling (Hg.), *Grenzverletzer. Von Schmugglern, Spionen und anderen subversiven Gestalten*, Berlin, S. 23-40.

Kant, M./Busch, H. (2002), "Biometrische Identifizierungssysteme. Auf dem Weg zur automatischen Überwachung," in: *Bürgerrechte & Polizei*, 74(2), S. 72-81.

Kaufmann, S./Bröckling, U./Horn, E. (2002), "Einleitung," in: Dies. (Hg.), *Grenzverletzer. Von Schmugglern, Spionen und anderen subversiven Gestalten,* Berlin, S. 7-22.

Kaufmann, S. (2002), "Der Siedler," in: E. Horn/S. Kaufmann/U. Bröckling (Hg.), *Grenzverletzer. Von Schmugglern, Spionen und anderen subversiven Gestalten*, Berlin, S. 176-201.

____ (2004a), "Netzwerk," in: U. Bröckling/S. Krasmann/T. Lemke (Hg.) (2004),

Glossar der Gegenwart, Frankfurt/M., S. 176-183.

____ (2004b), "Network Centric Warfare-Den Krieg netzwerktechnisch denken," in: D. Gethmann/M. Stauff (Hg.), *Politiken der Medien*, Berlin, S. 245-265.

Kelly, T. (2001), "An Organizational Framework for Homeland Defense," in: *Parameters,* Autumn, S. 105-116.

Kopp, K. (2004), "Umbau- und Abrißarbeiten am Europäischen Flüchtlingsschutz," in: R. Friedrich/T. Pflüger (Hg.), *In welcher Verfassung ist Europa? Europäische Union: Militarisierung und Flüchtlingsabwehr,* Grafenau, S. 37-48.

Krasmann, S. (2004), "Monitoring," in: U. Bröckling/S. Krasmann/T. Lemke (Hg.), *Glossar der Gegenwart,* Frankfurt/M., S. 167-173.

Libicki, M. C. (2003), "Toward a Theory of Border Control," in: R. Latham (Hg.), *Bombs and Bandwidth. The Emerging Relationship between Information Technology and Security,* New York, S. 101-116.

Linhardt, D. (2000), "Die Vorrichtung zur Terrorismusbekämpfung in einem französischen Großflughafen (Paris-Orly)," in: *Kriminologisches Journal,* 2.

Lutterbeck, D. (2004), "Between Police and Military. The New Securtiy Agenda and the Rise of Gendarmeries," in: *Journal of the Nordic International Studies Associaition,* 39(1), S. 45-68.

Lyon, D. (2001), *Surveillance Society. Monitoring everyday life,* Philadelphia.

____ (2003), "Technology vs.'Terrorism': Circuits of City Surveillance since September 11th," in: *International Journal of Urban and Regional Research,* 27(3), S. 666-678.

Marischka, C. (2004), "Festung Europa?," *Informationsstelle Militarisierung, IMI-Analyse* 2004/13, Juni, http://imi-online.de/download/IMI-Analyse—2004-13CMEU-Flüchtlingspolitik.pdf.

Mathiesen, T. (2000), "Die Globalisierung der Überwachung," in: *Telepolis,* http://www.heise.de/tp/deutsch/special/enfo/6861/1.html, 20.06.2000.

Mattelart. A. (1999), *Kommunikation ohne Grenzen? Geschichte der Ideen und Strategien globaler Vernetzung,* Rodenbach.

Maurer, A. (1998), "Schleierfahndung im Hinterland. Das ganze Land als zweite 'Grenzlinie'," in: *Bürgerrechte & Polizei*, 59(1), S. 51-56.

McDonald, W. (1995), "The Globalization of Criminology: The New Frontier is the Frontier," in: *Transnational Organized Crime,* 1(1), S. 1-22.

Norris, C. (2003), "From personal to digital: CCTV, the panopticon, and the technological mediation of suspicion and social control," in: D. Lyon (Hg.), *Surveillance as Social Sorting. Privacy, risk, and digital discrimination,* London/New York, S. 249-281.

Pflüger, T. (2004), "Durch Kern-Europa zum weltweiten Militäreinsatz," in: R. Friedrich/T. Pflüger (Hg.), *In welcher Verfassung ist Europa? Europäische Union: Militarisierung und Flüchtlingsabwehr,* Grafenau, S. 21-36.

Piper, G. (2001), "Spaniens elektronische Mauer. Immigration zwischen Vertuschung and Kriminalisierung," in: *Bürgerrechte & Polizei*, 69(2), S. 55-62.

Rötzer, F. (2004), "Fernsteuerbare, mit Sensoren, Waffen, unbenannten Fahrzeugen und Drohnen ausgestattete Grenze," in: *Telepolis,* http://www.heise.de/tp/deutsch/special/ost/17700/1.html, 19.06.2004.

____ (2004), "FBI und Heimatschutzministerium geben Anweisungen für das Melden von Verdächtigem," in: *Telepolis*, http://www.heise.de/ tp/deutsch/special/auf/18122/1.html, 20.08.2004.

Schneider, F. (2002), "Der Fluchthelfer," in: E. Horn/S. Kaufmann/U. Bröckling (Hg.), *Grenzverletzer. Von Schmugglern, Spionen und anderen subversiven Gestalten*, Berlin, S. 41-57.

Sheptycki, J. W. E. (1996), "Law Enforcement, Justice and Democracy in the Transnational Arena: Reflections on the War on Drugs," in: *International Journal of the Sociology of Law,* 24, S. 61-75.

Sloan, E. C. (2002), *The Revolution in Military Affairs. Implications for Canada and NATO,* Montreal/London/Ithaca.

Stalder, F./Lyon, D. (2003), "Electrionic identity cards and social classification," in: D. Lyon (Hg.), *Surveillance as Social Sorting. Privacy, risk, and digital discrimination,* London/New York, S. 137-152.

Stichweh, R. (2000), "Adresse und Lokalisierung in einem globalen Kommunikationssystem," in: R. Stichweh, *Die Weltgesellschaft. Soziologische Analysen,* Frankfurt/M., S. 220-231.

Van der Ploeg, I. (1999), "The illegal body: 'Eurodac' and the politics of biometric identification," in: *Ethics and Information Technology*, 1(4), S. 295-302.

Zureik, E. (2004), "Governance, Security and Technology: The Case of Biometrics," in: *Studies in Political Economy*, 73, S. 113-137.

글로벌 이미지
우리가 살아가는 세상의 질서와 사회적 불평등

세계화와 관련한 연구가 세계에 대한 우리의 지식을 극단적으로 바꾸고 확대시켰다고 말할 수 있고, 또한 세계에 대한 연구를 위해 지금까지 정리한 이론과 연구를 이용할 수 있다 하더라도 여전히 '세계화'라는 명목 아래 다루는 역동성에 대해서는 분명 토론의 여지가 있다(Hirst/Thomson 1996; Held u. a. 1999). 이번 논문에서는 이마우엘 발레르슈타인(Immauel Wallerstein 1974; 1980; 1989)의 세계 시스템 이론, 존 마이어(John Meyer 1980; 1987; 1997) 연구팀이 제시한 세계 사회 가설, 그리고 다양한 후기 식민주의라는 이름 아래 불충분하게 파악된 중간 이론들만 언급한다. 그 밖에 탈공간화, 간격 확대 그리고 부재하는 현존의 과정에 대한 관심이 늘어나면서 공동의 관심사가 드러난다. 은유적 개념으로서 세계화는 사회 공간의 연합을 새로운 형태로 구성하는 것을 목적으로 한다. 따라서 사회적 관계를 공간적 조직으로 배치한다. 좀더 정확히 말해서 초기에는 부정적인 것으로 간주하던 공간 이론적 개념을 새롭게 논의하고 연구한다. 이 개념은 공간의 차단된 컨테이너 이론에 대한 비판과 "방법론적 민족주의"(Smith 1979; Beck 2002)의 고별 속에서 부정적인 것으로 여겨졌다.

공간의 차단된 컨테이너 이론과 방법론적 민족주의는 하나의 개념에 속한다. 이 두 가지 방법은 각자 사회학의 인식론적 토대를 형성하고 현재까지 유력한 속지화의 사유 양식에 합법성을 부여한다. 방법론적 민족주의가 의미하는 것은 사회학이 민족 국가 형성 과정에서 파악된 속지주의 원칙을 이론적 반성 없이 유일한 사회 관계의 공간적 조직 모델로 만든다는 것이다. 즉 이 모델 안에서 민족 경제로서 경제학, 민족적 행정학으로서 정치학, 민족 국가 단위의 사회에 대한 분석으로서 사회학이 생명을 얻는다. 정치와 문화 그리고 권력과 정체성이 한 관할 지역 내에서 같은 모양(형태가 일치하는 것)을 갖고 공동 확장하는 것(공간적 확대가 일치하는 것)으로 여겨지길 원한다(Brenner 1997; Agnew 1989)는 강하게 의도된 전제 조건과 사회적 관계는 관할 지역으로 정의한 단위 내에서 배타적으로 조직해야 한다는 생각이 상황과 무관하게 일반화하고 모든 사회 공간적 규모에 적용된다. 방법론적 민족주의는 민족 국가 형태와 관련한 연관성이 전혀 드러나지 않는 곳에서 조차도 그 흔적을 남겨놓는다. 이웃과 민족 공동체, 지방 자치 단체와 마을 그리고 집단적 생활 형태와 정체성 형성은 지역화를 만들고, 따라서 소규모 형태의 국가가 문제인 것처럼 분석한다. 분석의 결과는 성과가 있다. 왜냐하면 사회학의 기본 개념적 목록과 분석 개념만이 지역화한 공간적 테두리를 구성하는 인식 대상은 아니기 때문이다. 또한 일상적 학문도 이러한 틀 맞추기를 따른다. 틀 맞추기에 의하면 고유성은 지역적 단위로, 세계의 표상은 민족 국가적 사회의 위계적(혹은 순위적) 질서로 정의할 수 있다. 올림픽 메달의 수는 마치 국민소득이나 수출 비율같이 국제 경쟁에서 한 국가의 위치를 나타내는 유력한 지표가 되기도 한다. 지식으로서 세계 위계

질서의 근거가 되는 평가 단위는 지역적 민족 국가다. 아울러 이것이 모든 추상성에도 불구하고 문화적으로 결합된 지역적 지식으로 여겨지는 사회학적 지식으로 유효하지 않은가? 독일 사회 구조 분석의 정리된 범주를 통해 인도나 미국 사회를 평가해볼 수 있지 않을까라는 생각을 쉽게 떨쳐낼 수 없다.

관점의 전환

속지적인 사유 양식의 근본적 비판에 직면해서 모든 "사회의 조국 이론"(Willke 2001: 196), 공간의 차단된 컨테이너 이론 그리고 방법론적 민족주의가 갖고 있는 사유 함정과 결별하는 것이 유효하다는 것은 정지성에서 이동성으로의 이론적 관심 전환(Urry 2000), 세계적 흐름의 개념(Castells 1996; Appadurai 1996), 네트워크 이론적 논점 혹은 극단적 반속지화 이론을 통해 속지성 사유의 덫에서 벗어나려는 현재의 세계화 논의들이 갖는 '공통의 견해'에 속한다. 나는 공간 이론적 배경 조건 속에 있는 이러한 관점의 전환을 논쟁의 여지가 있는 여러 다양한 전략적 이론으로부터 가장 작은 공통분모를 찾아내기 위한 기회로 받아들이고자 한다. 이 공통분모는 글로벌적인 오늘날 사회학적 지식 생산을 위한 인식론적 요청으로서 기각을 당하지는 않을 듯싶다.

세계를 개념적으로 평가해야 하는 사회학은 세분화한 주요 개념으로 이뤄진 확증된 시스템 자체에 대해 문제를 제기할 수밖에 없는 듯하다. 국가와 사회, 문화와 경제를 거의 '자연적' 분석 개념으로 간주하고, 이를 통해 사회학적 지식—내포와 배제, 상태 시스템과 사회적 불평등에 관한 그리고 명목과 가치, 제도와 조직 형태에 관한 지식—을 생산했다면 이러한 개념은 그 자체로 문제가 있다. 왜냐하면 세계를 최상위의 중요성을 가진 시스템으로 인정한다는 것은 모든 사회적 현상을 예외 없이 자신의 '세계 연계' 속에서 개념화한다는 인식론적 요청을 수용하는 것과 다르지 않기 때문이다. 마틴 앨브로(Martin Albrow)에게 이는 일상적 경험 속으로 깊이 들어가는 지평의 확대다. 이 지평의 확대는 "큰 이데아로서 세계"(Albrow 2002: 27)를 논의하게끔 만들었다. 19세기가 '사회(Gesellschaft)'의 발견 속에서 사회학적 지식 생산의 형식적 아이디어를 찾았다면, 21세기는 오히려 획득된 사유 양식과 결별해야 하는 그리고 사회·국가·문화의 '자기 봉쇄(self-containedness)'와 지역적 폐쇄라는 고정된 아이디어와 대립해 사회의 세계 연계를 새롭게 생각해야 하는 과제를 앞에 두고 있다.

물론 세계 연계에 대한 논의는 더 많은 공간 이론적인 연관 문제, 즉 측정화에 대한 질문, 좀더 정확히 말하면 사회학적 이론 구성에서 사회 공간적 측정 단위의 의미에 대한 질문을 내포하고 있다(Brenner 2001). 사회학에서는 어떤 '기준이 되는' 규약이 필요하지 않을까 싶다. 사회 공간적 측정 단위는 일상적으로 회피할 수 없는 인지(認知)의 질서 체제로서 기능한다. 이러한 질서 체제는 협상의 정치를 통해 공간의 격차에 국경의 한계를 정하며 소속 영토를 인정하고 정체성을 속지적인 것으로 만드는 개인 및 그룹의 협상을 통해 구성된다. '혈연적 근접 영역', '지역', '지방', '민족' 그리고 '세계'를 연관된 사회 공간적 측정 단위로 간주한다면 필연적으로 다음과 같은 질문이 주어진다. 구별된 지적 상태, 사회 제도 그리고 관습 형태를 이러한 구분하기와 조응시킬 수는 없을까? 전형적으로 세계화 이론에서 민족적 측정 단위를 가진 사회와 세계적 측정 단위를 가진 세계는 중간적 형태뿐만 아니라 연관된 관계 영역을 전적으로 무시하는 방법으로 결합된다. '측정 단위 건너뛰기' 전략을 채택하는 것, 즉 모든 현상을 모든 사회 공간적 측정 단위로 개념화하는 요구가 일반적으로 이원적 대립 구조—세계적 대 지역적, 내부 대 외부, 흐름의 공간 대 장소의 공간—를 통해 부지불식간에 논의의 틀 속으로 들어온다. 이러한 분석적 경솔함의 결과는 각각의 이른바 세계적 규모로 집중되는 사회학적 지식 생산에서 예시적으로 드러난다.

이는 내가 사회적 불균등과 가난의 세계 관계에 대해 아주 소박한 질문을 제기한다는 의미다. 우리는 우리가 살고 있는 세계에서 사회적 불균등과 가난에 대해 무엇을 알고 있는가? 이러한 것들에 대한 지식을 누가 어떤 수단으로 만들어내고 있는가? 그리고 우리는 우리가 알고 있다고 가정하는 그 지식에 대해 무엇을 알고 있는가? 나는 여기서 다소 투박하긴 하지만 세계적 불균등에 대한 이미지를 사용 가능한 정보에 근거해 설명하고자 한다. 그럼으로써 완전히 대조적이기 때문에 흥미로운 해석들을 간단히 묘사할 것이다. 서로 대조적인 이런 해석은 각기 증명된 것이라는 인상을 풍기지만 확실한 지식이라고 제시하는 많은 것이 "과학적인 평가라기보다는 오히려 추측"이라고 여겨진다(2절). 이어서 나는 경제학자들의 모형 평가, 경제통계학 혹은 또 다른 사회학자들의 분석적 개념 속에서 논의되지 않는, 수백만 명의 사람이 참여하고 수십억 달러가 거래되는 영향력 큰 세계적 교역 상황에 대해 주의를 환기시킨다(3절). 사회학자들이 우리의 일상적 세계 조건과 전혀 일치하지 않는 세계에 대해 우리에게 제공한 이해하기 힘든 지식과 질서 개념은 궁극적으로 몇 가지 공개적인 질문에 대한 동기를 유발한다(4절).

가난과 사회적 불균등: 세계의 규모

부의 분배에 대해, 불균등한 삶의 조건 및 위험에 대해 잘 알고 있는 시민들, 즉 간단히 말해서 자신이 살고 있는 세계의 상태에 대해 잘 알고 있는 시민들은 무엇을 통해 이를 깨달을까? 세계은행(WB)의 《세계 개발 보고서(World Development Report)》(WDR 2001)와 유엔개발계획(UNDP)의 《인간 개발 보고서(Human Development Report)》(HDR 2001)에 따르면 세계 60억 인구 중에서 28억 명, 요컨대 거의 절반에 가까운 사람들이 하루에 2달러로 살고 있으며 12억 명, 즉 5분의 1에 해당하는 사람들이 하루에 1달러로 살고 있다고 한다. 절대적 가난의 지역적 분포는 남아시아와 사하라 주변 아프리카에 집중된다. 이를테면 남아시아 인구의 40퍼센트와 사하라 주변 아프리카 지역 인구의 46.3퍼센트가 1달러 미만으로 삶을 유지하고 있다. 동유럽과 구소련에서 절대적 가난에 시달리는 인구는 1987년 110만 명에서 1998년 2400만 명으로 증가했다. 소득이 높은 OECD 국가 중에서 1퍼센트에 조금 못 미치는 아이들이 다섯 살이 되기도 전에 죽고, 나머지 국가들에서는 다섯 살 미만의 유아 사망률이 거의 50퍼센트에 달한다. 죽음의 원인인 전염병에서도 이와 유사한 분포 형태를 보고했다. 북반구 지역에서는 5퍼센트 미만의 어린이가 영양 결핍에 시달린 반면, 남반구 지역에서는 50퍼센트 이상의 어린이가 영양 결핍이었다. 개발도상국의 46억 인구 중에서 10억 명이 안전한 식수를 얻지 못하고 24억 명이 기초적 위생 시설조차 없이 살고 있다. '세계 보고서'는 또한 8억 5400만 명의 성인 문맹자와 교육 혜택을 전혀 받지 못하는 3억 2500만 명의 어린이가 있다고 지적한다. 이러한 빈곤과 질병 영역에서 여성은 상대적으로 높은 비율을 차지한다. 소득이 낮은 세계 인구의 70퍼센트가 여성이다. 삶에 대한 기대, 교육 기회 그리고 물가를 고려한 1인당 국민소득을 기초로 평가하는 UNDP의 젠더개발지수(gender development index)는 세계 어떤 사회에서도 여성이 좋은 삶과 관련해 남자와 동등한 기회를 갖지 못한다는 것을 보여준다. 아울러 세계적 불균등의 차원들은 어떨까? 가장 부유한 20개국의 평균 소득은 가장 가난한 20개국에 비해 37배나 높다. 이러한 격차는 지난 40년 동안 2배로 늘어났다.

분배에 대한 이런 세계적 총계를 지역과 국가로 나누어 살펴보면 우리 세계에 대한 아주 엄밀하고 정밀한 자료를 얻을 수 있을 것이다. '젠더 권력의 측정', 즉 젠더의 경제적·정치적 불균등과 관련한 지수는 예를 들어 바하마와 트리니다드토바고가 이탈리아나 일본에 비해 젠더의 기회 균등성이 좀더 낫다는 것을 보여준다. 아울러 이런 관점에서 바베이도스는 그리스보다 훨씬 더 진보적이다. 이러한 데이터는 장기적인 추이로 볼 때 서로 결합된다는 관점에서 아주 흥미롭다. 《세계은행 보고서(World Bank Reports)》와 《인간 개발 보고서》는 모든 지표가 지난 10년 동안 엄청나게 발전했다는 것을 보여주는 것으로 요약할 수 있다. 세계는 세계화 과정에서 20년 전보다 월등하게 나아진 상태다. 절대적 가난에 시달리는 세계 국민의 비율은 1990년 29퍼센트에서 1998년 24퍼센트로 감소했다. 지역적 분배는 물론 커다란 변화를 보인다. 동아시아는 특별히 세계 인구의 40퍼센트를 차지하는 인도와 중국의 탁월한 성장과 더불어 일반적 추이에서 긍정적 영향을 미친 반면, 사하라 주변 아프리카의 대부분 국가들에서는 실질적 악화를 확인할 수 있다. 삶에 대한 기대, 식량 위기, 1인당 국민소득, 교육과 양육 등은 세계적 기준에서 볼 때 실제로 개선되었다. 하지만 한 가지 문제에 대해서만큼은 전문가들도 동의하지 않는 듯하다. 요컨대 가난은 줄어들었지만 세계적 불균등은 늘어났다는 사실이다. 이러한 불균등은 국가들 사이에서도, 한 국가 내에서도 증가했다. 특히 젠더와 인종에 따라 정의된 그룹들 사이에서 증가했다(Cavanagh 2002).

논쟁은 여기서 시작된다(Wade/Wolf 2003; Dollar/Kraay 2003; Reddy/Pogge 2003 참조). 세계은행의 정책은 경제 성장을 통한 가난의 감소 위에서 균형을 잡는 것이다. 지난 20년을 돌아보면 OECD가 확실히 성장하고 중국과 인도를 필두로 10개 신흥 시장이 엄청난 성장을 한 반면, 세계 나머지 국가들은 아주 적은 성장률을 보이거나 마이너스 성장을 했음을 알 수 있다. 만약 이러한 10개의 성장하고 있는 경제를 제외하면 부유한 국가와 극단적 격차를 보이는 100개 이상의 가난한 국가들이 남는다. 세계에서 가장 부유한 1퍼센트의 소득이 가난한 57퍼센트의 소득보다 많다(HDR 2001: 19). 미국의 가장 부유한 10퍼센트는 세계에서 가장 가난한 20억 인구의 소득보다 많다. 달리 말하면 세계 인구의 25퍼센트가 세계 소득의 75퍼센트를 차지한다. 그러나 가난, 성장, 소득 불균등의 관계는 복잡하게 얽힌 채로 남아 있다. 경제 성장이 그 자체로 가난을 줄일 수 있는 것은 아니다. 중요한 것은 사회 불균형이 어느 정도인가 하는 것이고, 민족적 분배 역시 이런 문제에 달려 있다. 방글라데시는 비약적인 성장을 이룬 1990년대에 오히려 소득 불균등이 극단적으로 증가했고, 그 결과 절대적으로 가난한 사람의 비중이 수년 전보다도 10퍼센트 높아졌다. 민족 국가 내에서 높은 불균등 관계는 가난한 사람들의 소득 개선 가능성과 관련해 소득의 낙수 효과(trickling down effect: 부유층의 투자 및 소비 증가가 저소득층의 소득 증대에 영향을 미쳐 국가적인 경기 부양 효과를 나타내는 현상—옮긴이)를 극단적으로 감소시킨다.

세계적 불균등의 형태는 평가 방법에 따라 다양하다. 환율로 계산한 민족 평균 소득에 의하면 세계 국민 중 가장 부유한 10퍼센트와 가장 가난한 10퍼센트의 비율은 1970~1997년 51.5퍼센트에서 127.7퍼센트로 확대되었다. 그와 반대로 국가 간 구매력 격차를 고려한 평가를 기준으로 측정하면 가난한 국가 10퍼센트와 부유한 국가 10퍼센트의 비율은 다만 19.4퍼센트에서 26.9퍼센트로 확대되었을 뿐이다. 게다가 부유한 국가와 가난한 국가의 범주를 20퍼센트로 확대한 경우 격차 수준은 더 작아진다.

국가 간 평균 1인당 국민소득을 비교함으로써 세계적 불균등을 계산할 경우 모든 경제학자들은 가난과 부 사이의 격차가 확실히 훨씬 더 벌어진다는 데 동의한다. 그러나 국가 비교는 가치가 없다. 왜냐하면 국가 비교에서 룩셈부르크는 중국만큼이나 중요하기 때문이다. 국가를 국민의 수라는 관점에 무게를 두고 평가할 경우 불균등에 대한 결과가 바뀐다. 요컨대 세계적 불균등이 줄어든다. 그러나 이런 주장은 정확하지 않다. 왜냐하면 이런 평가 방법에 지대한 영향을 받는 국가는 중국과 인도 두 나라뿐이기 때문이다. 세계 인구의 약 40퍼센트를 차지하는 두 나라는 세계 불균등 감소의 경향을 결정한다. 이와 더불어 의심할 여지없이 중국 내의 불균형은 그 자체로 증가했다.

하나의 대안적 평가 방법은 국가 비교를 포기하고 개별 영역에 대한 소득 분배를 범지구적으로 측정하는 것이다. 이는 인류를 가난한 부류에서 부유한 부류까지 서열화하고 시간의 흐름에 따른 변화를 설명하는 것을 말한다. 브란코 밀라노빅(Branko Milanovic)이 1993년까지 이러한 작업을 시도했는데, 여기서도 또한 세계적 불균등이 늘어나는 징후가 나타났다.

세계적 인구 조사를 하는 근거는 앞서 설명한 것처럼 구매력 평가의 환산이다. 구매력 평가 환산은 세계적 가난에 대한 세계은행의 모든 보고서가 근거를 두고 있는 기본 단위이며, UNDP가 인간개발지수에 대한 근거로 삼고 있는 기본 단위이기도 하다.

탁월한 논문 "빈곤한 사람들을 세지 않는 방법(How not to count the poor)"

에서 샌제이 레디와 토머스 포기(Sanjay Reddy/Thomas Pogge 2002; 2003)는 결과적으로 세계 경제의 성공과 실패에 대한 평가를 가늠한다고 여겨지는 세계은행의 데이터와 정보가 실제로는 전혀 가치 없다는 것을 입증하고자 시도했다. 이러한 노력은 구매력 평가와 함께 이루어졌다. 국가 간 가난에 대한 문제를 파악하고 비교하기 위해 세계은행은 각각의 경제가 제공하는 재화와 서비스업의 비용을 통해서 환산 비율을 맞추었다. 그들은 이를 1993년 미국의 달러 구매력으로 계산했다. 이 계산법에 따르면 가난은 미국의 1993년 구매력을 기준으로 1.08달러보다 더 적게 사용한 것을 의미했다. 이 계산법의 문제는 마음대로 조작할 수 있다는 것이다. 예를 들어 서비스는 미국과 비교해 개발도상국에서 훨씬 더 싸지만 기초 생활 수단에서조차 언제나 그런 것은 아니다. 게다가 각각의 환산율은 빵에서 스테레오 시설과 콘서트 티켓에 이르기까지 모든 소비재와 서비스를 포괄하기 때문에—하지만 가난한 사람들은 페디큐어를 하러 가지도 않고 피트니스 클럽이나 오페라 극장에도 가지 않는다—특별한 형태가 생겨난다. 예를 들어 미화 1달러로 인도에서 30루핀 가치의 상품을 살 수 있고, 혹은 서비스 분야에서는 3루핀과 동일한 양의 생활 수단과 일치한다면 구매력 평가는 10루핀으로 결정된다. 인도에서 10루핀 이상을 소유한 사람은 미국에서 그 돈을 1달러 가치 이상으로 사용할 수 있겠지만, 인도 같은 사회에서 가장 가난한 사람은 이 돈으로 이발소조차 가지 못한다. 이러한 환산은 인도에서 가장 가난한 사람을 실제보다 3배로 부유하게 보이도록 만들지만 사실상 단지 기본 생활 수단만 영위할 수 있을 뿐이다. 그 밖에 다음의 두 가지 효과는 살펴볼 가치가 있을 만큼 인상적이다. 첫 번째는 이러한 서비스 영역이 가난한 사회에까지 확대된다면 실질적인 경제적 조건의 변화와 무관하게 가난한 사람들의 구매력이 증가한다는 계산법이 나온다는 것이다. 동일한 형태이지만 잘못된 경향이 부유한 사회의 서비스 분야가 변화함으로써 생겨난다. 두 번째는 1달러로 상대적으로 적게 사용할 수 있는 재화와 용역을 구입할 수 있다면 이에 따라 가난한 국가에서 상대적 구매력이 늘어난다는 것이다. 간단히 말해, 비유동적 가격이 뉴욕과 런던에서 늘어나면 루사카(Lusaka: 동아프리카에 위치한 잠비아의 수도—옮긴이) 지역의 고립 지구 주민과 캘커타의 노숙자들이 부유해진다는 것이다.

그렇다면 우리가 살고 있는 세계의 가난에 대해 우리는 무엇을 알아야 하는가? 세계은행은 절대적 가난 속에 살고 있는 인류의 수를 1만 번에 걸쳐 집계한 최근의 보고서를 제출했다. 1998년 절대적 가난에 처한 인류의 정확한 수는 11억 7514만 명이다. 이 수치는 왜곡 없이 세계적 모델 평가에 적용되고 있으며, 국가 행정부에 의해 그리고 국제적인 조직과 방송 매체에 의해 인위적 조작 없이 인용되고 있다. 또한 워싱턴 컨센서스(Washington Consensus)를 세계은행을 지지하는 정책으로 전환시키는 응집력의 수단이 된다. "세계화는 세계를 더 나은 장소로 만들고자 한다." 믿을 수 없을 만한 정확성이 신뢰를 구축한다. 이런 신뢰는 구체화의 미학을 통해 이뤄진다. 레디와 포기가 실시한, 생활 수단이나 거주지 등과 같은 기초적 요구와 관련한 평가는 빈곤 비율을 30~40퍼센트 정도 높게 산정한다. 이런 비율과 더불어 주목할 만한 것은 세계적 가난의 감소라는 성공적 역사는 훨씬 잘못된 전망 속에서 생겨났다는 것이다.

국가주의와 부정적인 (무)질서

우리가 살고 있는 세계를 국가들의 세계, 즉 권력과 지배가 민족 국가 형태의 보장된 기능적 질서에 의해 독점적으로 증식하는 세계로 표현하는 것은 이 시대정신의 근본적 확신에 속한다. 창조적 탈국가화 전략에 근거한 두 번째 실제에 대해, 즉 세계적으로 확대된 비형식적 경제 영역에서 역동적으로 표현되고 있는 실제에 대해 경제학자나 사회학자들은 거의 아무런 말도 하지 않고 공적인 논의의 장도 만들지 않는다. 오히려 지난 수십 년간 "용인된 불법"(Paris/Sofsky 1998)이라는 영역이 확대된 것 같다는 확실한 징표가 있다. 무기상과 다양한 형태의 로비스트 그리고 초국적으로 움직이는 기업들의 이중장부를 위탁받은 비밀 활동 기관은 단지 빙산의 일각에 불과하다. 빙산의 숨겨진 부분에는 잘 보장된 사회적 폐쇄 전략에 정복당한 영역, 즉 공공 기관과 준(準)공공 기관, 학문적 노동 시장 및 매개 조직 등이 있다. 이런 영역은 규정을 통해서라기보다 오히려 집단화한 권력 기회의 사유화와 부하중심주의나 가족등용주의를 통해 드러나고, 이러한 형태와 더불어 실력 위주 사회의 기본적 방향성이 폐기된다. 개인과 그룹이 자신의 권력 비중을 제도에 반대하기 위해서뿐만 아니라 오히려 제도 속에서 증대시키려 하는 것은 환상적인 회색 지대를 형성하고자 하는 것과 똑같이 일상적이다.

다른 측면에서 국가적 활동이 있다. 이런 활동은 사회적 소통의 세계를 내부적 구조를 통해 합법적으로/불법적으로 법제화함으로써 창조적인 탈국가화 과정을 영속적으로 조장한다. 경직된 조세 제도는 탈세와 자본 도피를, 기부금 정책은 기부금 사기를, 그리고 금지적 규제는 암시장 및 그림자 경제를 초래한다. 부단한 정리 활동은 오직 불법적 요소의 고립과 동시에 확장을 대가로 법과 질서를 만든다. 불법의 형성은 국가 질서의 구조적 원리에 속한다. 용인된 불법성은 더 이상 완전히 이질적인 것의 돌발적 출현으로 비난받을 수 없고, 오히려 영역 간 상호 교환을 실현케 하는 피할 수 없는 타협으로 간주해야만 한다.

이러한 상황의 윤곽을 강력하게 드러내기 위해서는 용인된 불법성의 좀 더 큰 확장과 좀더 날카로운 첨예화를 세계적으로 기능하는 네트워크를 통해 추구해야만 한다. 세계적으로 기능하는 네트워크를 갖춘 기업은 이른바 국가 바깥의 형태를 갖추지 않은 궤도 속에서 활동한다. 수백만 명이 종사하고 매년 1조 달러 이상을 벌어들이는 그림자 경제는 마치 국가 기관에 맞먹는 모양새로 그 활동을 실현한다. 이런 활동은 완전히 합법적인 활동부터 전적으로 범죄적인 활동에 이르기까지 전 영역을 관통함으로써 제도화한 경제와의 결합을 지속적으로 유지함과 동시에 합법적/불법적 세계 구조와 교차한다(Folgenden Nordstrom; 2000; 2001; 2005 참조).

우선 일부 몇 가지, 즉 카롤린 노르트스트롬(Carolyn Nordstrom)이 범지구적인 이른바 세계 경제 및 정책에서 핵심적이고 비국가적인 시스템이라고 부른 "그림자 네트워크(shadow network)"가 세계 교역의 3분의 1을 차지한다. 세계적으로 사용 가능한 재정 자원의 20퍼센트가 비정규 은행과 조세 천국에 들어가 있다. 유엔의 평가에 따르면 마약 수익은 약 5000억 달러이며, 무기상은 그 이상을 벌어들인다. 매춘과 인신매매도 무기상과 필적할 만한 거대 조직으로 활동한다. 태국에서만 여성 매매로 독일, 일본, 한국에서 벌어들이는 연간 수익이 32억 달러에 달한다. 중국 마피아는 매년 미국으로의 불법 이주를 통해 25억 달러를 벌어들인다. 또 작은 국가들의 개별적이고 공식적이지 못한 경제도 큰 액수의 돈을 움직인다. 예를 들어 시에라리온이 불법적인 다이아몬드를 통해 세계 시장에서 벌어들이는 불법적인 소득은 약 5억 달러로 추정된다. 모잠비크에서는 경제 소득의 거의 절반이 불법적으로 이뤄진다. 불법적인 경제에 종사하는 국민의 비율은 페루 48퍼센트, 케냐 58퍼센트에 달하고 위험 지역과 전쟁 지역에서—앙골라의 경우 90퍼센트—이 비율은 갈수록 빠르게 증가하고 있다(Nordstrom 2001: 220). 그러나 이탈리아 경제의 50퍼센트, 러시아 경제의 60퍼센트 그리고 미국 경제의 30퍼센트가 비공식적으로, 즉 '특별한 상태'로 산출된다는 것은 놀랍다(Ayers 1996). 하지만 '그림자 네트워크'에서 '위험한' 상품만 다루는 것은 아니다. 금, 다이아몬드, 보석, 사치재, 생활 수단 그리고 의약품, 센서 달린 전자제품, 특허권, 석유 그리고 인간 장기, 방사선 물질, 기술공학, 예술품, 신용카드, 간단히 말해 금지된 특별한 이익을 보장하는 것처럼 보이는 모든 것이 '그림자 네트워크'에서 다루는 상품에 속한다. 그림자 네트워크는 종종 세계의 위기 지역에서 또는 전쟁 지역에서 유일하게 사용 가능하고, 전적으로 신뢰할 수 있는 경제적 재생산 조직을 만들어내기도 한다. 그림자 네트워크는 전쟁 무기를 다이아몬드로, 생필품을 석유 계약으로, 보석과 유럽산 작은 새우를 전자 감시 시스템으로 차감하며, 앙골라의 완전히 잊힌 지역과 안데스 산맥의 오지 계곡을 세계 경제의 중심과 연결한다. 아울러 그림자 네트워크는 위기로 흔들리는 지역에서 IMF와 세계은행이 실질적인 것으로 수용하는 환율을 결정하기도 한다.

이러한 연결 통로를 통해 침투해 들어오는 재화와 사람 그리고 경제적 자원에 대한 규모만 놀라운 것은 아니다. 상대적 안전성, 즉 확실성과 함께 관철되는 이러한 거래도 또한 놀랍다. 다이아몬드는 신체의 다양한 부분을 미와 부로 치장하기 위해 벨기에의 안트베르펜으로 들어온다. 탱크와 자동소총은 일반적으로 그리고 규칙적으로 그것을 주문한 곳으로 배달된다. 이는 초국적으로 활동하는 '정규' 기업보다 높은 수준은 아닐지 모르지만 이에 필적할 만한 높은 수준의 조직 구조와 유통 능력을 전제한다. 그러나 이는 또한 적어도 중요한 부분에서 국가 질서의 대변인으로 활동하는 전문인들과의 성공적 결합을 전제한다. 국가의 협조도 없고 용인된 불법적 영역의 꾸준한 확장도 없다면 이른바 무기상의 목표물도 사라질 것이다. 결국 이는 국가 차원에서 엄격하게 단속하는 국가적 군수 산업이라 할 수 있고, 이런 군수 산업의 제품이 이익을 창출하는 것이다.

그림자 경제는 높은 통합 수준을 가진 전략적 동맹을 통해 국제화한 네트워크다. 이 네트워크의 인프라 구조는 전문 범죄자에 근거한다. 돈세탁 스캔들이나 재정 스캔들이 지속적으로 장막을 걷어내고 있음에도 불구하고 이러한 인프라 구조가 얼마나 많이 일상적으로 민족 국가의 사회 속에 침투해 들어오는지는 명확하지 않다. 각종 연구가 신용은행과 국제적 상업은행의 파산에 즈음해 콜롬비아의 마약 거래상, 테러 단체, 혁명적 해방 운동 등등이 명약관화하게 탈세자, 부패 정치인, 다국적 기업 연합 그리고 국제적 무기상과 똑같다는 것을 보여줄 때, 이런 시스템의 포괄적 능력을 인상적으로 제시할 수 있다. 여러 해 전 신문의 일면을 장식했던 엘프아키텐(Elf-Aquitaine: 세계 굴지의 프랑스 석유 회사—옮긴이)의 경영자 알프레드 시브렝(Alfred Sivren) 체포는 하나의 완전한 전문 범죄와 유사한 이야기에 속한다. 정말 놀랍고 어처구니없게도 이 사건은 불과 며칠 만에 한 프랑스의 방송팀이 마닐라에 있는—아마도 국제 수사관들은 4년씩이나 그곳을 조사하지 않은 듯하다—시브렝 씨를 추적하는 데 성공했다.

전문 범죄자들은 세계적 협조 시스템의 설치와 해체를 가능케 하는 조건을 만들어낸다. 이 시스템의 일상적 기능을 유지하려면 수백만 명과 수십억 달러가 필요하다. 그러나 또한 불법적 시스템은 그 시스템에 참여하는 모든 가담자에게 자신의 거래를 투명하게 하고 산출 가능하도록 만드는 규정과 사유 재산 및 계약 보장을 필요로 한다. 절반쯤은 규범적이고 절반쯤은 비규범적인 그리고 불법적인 협조 형태와 관련해 드러난 폭력과 정글의 법칙에서만 통용될 전통적 지혜는 현대에 하나의 흥미로운 소설에 불과하다. 결과적으로 말해서 국가 간 전쟁과 국가의 폭력 행위는 오늘날 경쟁 없는 국제적 폭력 기업들의 행동 중에서 최고의 자리를 차지한다. 폭력이 중요한 역할을 한다는 것은 의심의 여지가 없다. 하지만 규범과 양식은 언제나 비밀스럽게 행동하는 기업이 좀더 많은 기회를 갖길 원하는 곳이나 폭력에는 아주 적게, 그러나 친화력과 관련한 사교 도덕의 확증된 양식에는, 즉 신뢰와 상호성 원칙과 협조와 교류에는 훨씬 더 많이 할당된다. 디에고 감베타(Diego Gambetta 1997)에 따르면 간결하게 말해서 "부패는 신뢰를 요구한다"(Nordstrom 2001: 227에서 인용). 규범적으로 통합되었다는 것은 통로와 운하를 열어두고 자기 차례가 될 때 이익을 얻고자 하는 명확한 초지역적 공동체를 의미한다.

2개의 연속적인 문제를 특별히 주목해야 한다. 그중 하나는 불법적 잉여의 정도와 양이 비공식적 경제를 경제적 의미에서뿐만 아니라 정치적이고 문화적인 의미에서도 글로벌 세계의 결정적 요인으로 만든다는 것이다. 또 하나는 그림자 네트워크가 민족 경제와 정치 시스템의 운명에 영향을 미친다는 것이다. 다이아몬드와 유럽산 작은 새우, 코발트와 아프리카나 어느 지역에서 불법적으로 채취한 또 다른 광물을 무기나 하이테크 기계 혹은 사치재와 교환하기 위해서는 전체적으로 코즈모폴리턴 중심의 형식을 갖춘 경제로 들어와야 한다. 비정규 경제가 산업 전(全) 부문에 걸쳐 뿌리를 내리고 있으며 유럽과 미국의 주식을 움직이고 수백만 명을 고용한다.

정규 경제에 대해서는 경제인들이 우리에게 아주 세밀한 수학적 간결성을 근거로 각인된 지표와 모델을 통해 정보를 제공하는 것과 달리 그림자 네트워크에 관해서는 뚜렷한 침묵만이 흐른다. 왜 다이아몬드의 80퍼센트를 자이레에서 불법적으로 운송할 때 아무런 역할도 하지 않는가? 1990년대에 모잠비크의 국민총소득 절반이 불법적으로 나라 바깥에서 계속 형성되고 있을 때 왜 아무도 그 결과를 추정하지 않았는가? 간단히 말하면 세계 교류의 3분의 1을 실현시키는 세계 권력은 경제학자들에 의해서도, 사회학자들에 의해서도 세계에 드러나지 않는다. 세계은행의 모든 총재들은 이러한 침묵에 대해 아주 불만스럽긴 하지만 다음과 같이 짧게 대답한다. "간단히 말해 우리는 그런 것들을 다루지 않는다. 그건 우리가 고려해야 할 대상이 아니다"(Nordstrom 2001: 236에서 인용).

우리가 살아가는 세상에 대해 우리는 무엇을 알고 있는가?

방법론적 민족주의를 넘어서

세계의 상태에 대한 2개의 보고서는 서로 만나지 않는다. 이것들은 2개의 완전히 상이한 실상과 관련 있음에 틀림없다는 강렬한 인상을 풍긴다. 그와 동시에 이것들은 또한 이런 인상이 적절치 않다는 분위기를 강하게 풍긴다. 사실 아주 구체적인 사회적 실상의 사회학적 구조가 실질적 문제인데, 이러한 사회학적 구조의 기본 기능은 예와 다르지 않게 여전히 무분별한 '국가중심주의'에 맞춰져 있다.

유엔의 연구 기관, 특히 세계은행은 세계적 데이터의 검증과 산출에 종사하는 유일한 곳이다. 적법한 시각의 전 세계적 관철에 대한 이런 형태의 독점은 다음 2개의 기본 원칙에 근거한다. 첫째는 지난 수십 년간의 완만한 문화 혁명을 통해 획득한 경제 성장을 21세기의 선도 규칙으로 삼는 것과 더불어 나타난 문화적 지식 상태의 극단적 경제화다. 둘째는 속지적 민족 국가로서 통계 조사, 평균값 그리고 발전 추이를 위한 산출 단위를 제공하는 전통적 질서 공간이라는 해명되지 않은 문제다. 세계은행이 시간적 간격을 두고 제시하는 가난과 부 그리고 삶의 위험과 교육률 등등의 분배에 대한 세계적 형태는 다양한 계량경제학적 변형의 총합이다. 세계은행의 기본 데이터는 민족 국가 차원의 조사를 통해 획득된다. 사회 공간적 측정 단위로부터 세계를 잘 정리할 수 있고 민족 국가적으로 조직된 사회가 지속된다. 그 과정은 소박한 세계주의와 관련이 있을 것이라는 의혹을 키운다. 이러한 세계주의에서 공간의 차단된 컨테이너 이론은 극복되지 않고 오히려 상황과 무관하게 세계와 더불어 확장하는 것으로 추정된다. 세계를 확장된 민족 국가 계획(세계 사회, 국가 간 시스템 등등)으로 표현하는 세계주의는 소박한 것이다. 그리고 실제로 세계의 상태에 대한 이런 보고서의 가치는 국가 간 시스템 속에서 개별 국가를 서열에 따라 간결하게 위치 짓는 것에 있다. 예컨대 독일은 인간개발지수에서 19위, 짐바브웨는 젠더관련개발지수에서 129위 등등으로 서열을 정하는 식이다.

지식의 수량화는 비교를 쉽게 만든다. 이 작업은 각 순위표의 생산과 거래를 가능케 한다. 순위표는 민족의 위치 쟁탈을 위한 국제적 경쟁에서뿐만 아니라 오히려 훨씬 더 자국의 국내 정책과 정체성 정책의 제정에서 가장 높은 보상을 약속한다. 이러한 종류의 수량으로 나타난 이미지가 민족 정책을 얼마만큼 바꿀 수 있는지에 대해 인지하는 것은 국제 학업 성취도 평가 프로그램(Program for International Student Assessment, PISA) 연구와 관련해 나타난 공공의 흥분을 기억하는 것으로 충분하다. 학문적 타당성의 표시로 평균값을 사용한다. 이 수치는 구체성이 적고 의미를 파악하기 어렵지만 오늘날 '사태들'에 따라 정략적으로 이용되기도 하는데, 이것이 이용자 스스로를 몰락시키기도 한다. 왜냐하면 잘 알려진 바와 같이 숫자는 거짓말을 하지 않기 때문이다. 평균 수치, 통계적 연관성 그리고 수학적 모델은 궁극적으로 인지 가능한 인과 관계를 부가적으로 묘사하는 실증적 진술과 사실로서 다가올 때 매력과 설득력을 획득한다. 우리는 수학적 증명을 너무 보편적인 언급이라고 거부할 수도 없고, 경제 성장과 가난 감소 사이의 상관성을 곧바로 특정 이념에 영향을 받은 구성이라고 불신할 수도 없다. 이러한 '진실 증명'은 정치적이고 문화적인 지적 상태의 변형에 대한 철저한 통계적 자각 속에서 이루어진다. 이와 같은 작용의 문화 혁명적인 결과는 익숙한 방법으로 세계 자본주의의 생산 논리에 짜 맞춰진 숫자 마술의 형태로 본성을 드러낸다.

지식의 수량화에 대한 문제는 이것이 전부가 아니다. 왜냐하면 통계적인 자각은 그 자신에게 있어서는 세계의 이미지를 결정하는 순간이며, 세계 속성의 특별한 형태를 비강제적으로 생산하고 항구화하는 결정적 순간이기 때문이다. 세계은행과 유엔 연구 기관들의 기초 이론적인 연구 설계에서 서구 세계의 경험 공간에 신세를 지고 있는 근대화 이론의 주제가 활기차게 생명력을 이어가고, 또한 그것들이 실제로 유럽 중심적 세계상의 지리적 확산에 기여하는 것이 종종 비판의 대상이 되곤 한다. 국가 간 시스템에서 지위와 명성을 확보하기 위한 싸움을 피할 수 없는 민족 국가의 행정부들은 세계 랭킹에서 좀더 나은 위치를 차지하기 위해 자신의 고유한 것도 아닌 주요 표본이나 조직 수준과 부딪혀야 하며 이유 불문하고 이 표본과 수준을 달성해야 한다. 지역에 특화된 상황 조건, 지역적 관할 그리고 일상에 종사하는 지식 상태는 강제적으로 외곽으로 밀려난다. 이러한 방법으로 세계화의 조건인 동질화의 역설은 실제 권력이 된다.

그러나 문제는 왜 그림자가 이 세계에서 전면에 나타나지 않는가 하는 것과 왜 통계적 자각이 이런 강력한 두 번째 실제에 지나치리만큼 완고하게 침묵하는가이다. 이 문제에 대한 대답은 무엇보다 중요하면서 간단하다. 즉 인간은 어둠 속에 있는 실제를 볼 수 없다는 것이다. 범죄 통계에 대한, 무엇보다도 유엔이 조사한 마약 수익과 인신매매에 대한 수치 등등의 사실상 사용 가능한 정보를 놓고 볼 때, 이들의 의미는 그다지 명백하지 않은 것처럼 보인다. 통계가 영속적으로 부여하는 마술적 사실주의는 오히려 강력한 인식론적 토대 위에서 호소하고 있다. 숫자 놀음은 질서의 마술이지만 이러한 질서는 국가의 질서로서 배타적으로 구체화한다. 아울러 유럽의 국가 성립 과정에서 형성된 질서의 국가중심주의가 있다. 이것은 사회학적 개념 정의의 조정 시스템을 불안정하고 왜곡된 상태로 유지한다. 민족 국가로 조직된 사회의 질서 공간이란 과거 관할 지역에 고정되고 내적으로 구조화한 공간이었다. 모든 제도와 조직이 법으로 정의된 최상급심의 권력 독점에 의해 보호된 상태에서 마주하고 있는 한 이 공간은 법적 공간이다. 질서의 합법성은 시스템의 정당성을 확보하고 회원들에게 복종심을 불러일으킨다. 그러나 동시에 적법/불법의 기본 부호화는 여기서 중심의 질서는 양적으로만큼이나 질적으로 곧바로 질서의 중심을 지향한다는 인식론에 근거를 두고 있다. 각 사건의 불법적 행동은 법률 위반으로 표시된다. 이 사건은 질서의 외곽 곳곳에서 발생한다. 민족 국가로 조직된 사회의 합법적 질서가 모든 질서관의 표본이 된다면 인지와 개념 정의는 하나의 패턴을 따른다. 하지만 이 패턴은 이탈리아, 페루, 러시아 등등에서 국민 경제의 절반이 그림자 속에 형성되고 또한 모든 이익의 절반 이상이 무기 매매, 해적판 소프트웨어 그리고 담배 밀매를 통해 비정규적 통로 속으로 흘러가는 현상과 관련해 어떤 인식 장치도 갖지 못한다. 외곽 현상은 도처에서 임시적인 계기로 하찮게 되고 어떤 제도화의 기회도 부여받지 못하는 듯하다. 중심의 질서를 질서의 중심으로 간주한다는 것은 세계 재정자금의 30퍼센트를 통계적으로 비중 있게 취급하지 않는다는 것을 의미하고, 또한 그림자의 질서를 해치는 잠재력과 마찬가지로 질서를 세우는 잠재력을 구조적으로 무시한다는 것을 의미하며, 모든 도시와 지역의 불법적·비법적 그리고 특별한 상태에 있는 활동을 네트워크 속으로 결합하는 것을 인지하지 않는다는 것을 의미한다. 실제 사회학적 구조의 관철에 대해 불법/적법의 차별화 이론의 논거를 어느 정도 비율로 제공하는지에 따라서 불법/적법의 깔끔한 분리에 대한 강렬한 환상을 확실히 분석해보는 것도 매력이 있을 법하다. 즉 그림자의 금지된 특수 이익은 어쨌든 탈차별화의 노련한 게임에 진정으로 감사한다. "국가와 국가 외적인 것, 규범적인 것과 비규범적인 것, 폭력적인 것과 평화로운 것은 정치와 이익 추구에서 거리와 카페에, 사무실과 점포에 넘쳐나고 세 번째 맞는 새천년의 시작에 그들의 인장을 찍는다"(Nordstrom 2005: 54).

질서 개념에 저항하는 사태의 경험만이 놀라운 것은 아니다. 훨씬 더 당혹스러운 것은 강력한 신베버주의 국가 질서 모델이 어떤 경우에도 세계가 아니라는, 즉 세계 인구의 약 75~80퍼센트에 대해 거의 어떤 실증적 증거 자료도 갖고 있지 못하다는 관찰이다. '쇠퇴하는 국가'라는 표현 방법은 어떤 질서 권력이 존재하는 것처럼 보이게 하지만 우리 세계의 조절 시스템에서는 어떤 적법한 장소도 갖고 있지 않다.

그럼에도 불구하고 이 표현에는 은밀한 국가중심주의의 잔재가 뚜렷이 남아 있다. 결국 쇠퇴하는 국가의 문제는 실패한 국가의 문제다. 그러나 상상적일 뿐만 아니라 기만적인 세계의 형상에 거울을 들이대는 접근 방법 중에서 무엇이 이 일을 해낼 수 있을까? 세계의 양분화는 어떻게 성립되며 통계적 인지의 정상적 비판이 어떻게 그림자 지배의 사실성을 분석적으로 다룰 수 있을까?

토머스 캘러기(Thomas Callaghy), 로널드 캐시미르(Ronald Kassimir) 그리고

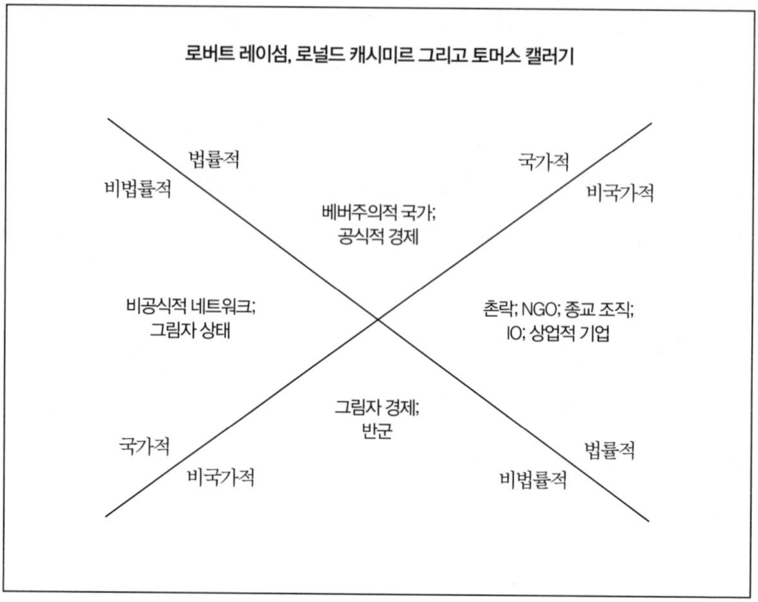

그림 1 제도적 다양성의 도식(출처: Callaghy u. a. 2001: 19)

로버트 레이섬(Robert Latham)은 특별히 사하라 주변 아프리카를 관찰하면서 한 가지 모델을 제안했다. 이 모델은 배타적인 국가중심주의적 질서의 교의적 가정에서 탈피하고 그 자리에 이론적인 관심을 질서를 세우며 지배를 안정화시키는 다수의 제도적 행위자의 공존과 대립 그리고 병존으로 돌린다.

이 모델은 '초국적 구성(transboundary formations)'이라는 슬로건 아래 국가 제도, 초국적 기업, 지역 행위자 그리고 휴머니즘적인 원조 조직, 군인, 무기상, 군벌 그리고 NGO가 주관적 의지를 가지고 다양한 방법으로 '협조'할 수 있는 경계 공간의 구성에 대한 실증적 증거를 체계화한다. '질서'는 제도적 행위자의 네트워킹 효과다. 저자들은 분석의 틀을 세계의 제도적 영역이 생겨나는 2개의 기본 축으로 구분한다. 첫 번째 축은 국가적인 것과 비국가적인 것을 구분하는 축이며 이 축은 제도를 고전적인 방식으로 구분하는 특징을 가진다. 이들 제도는 국가의 일부이고 또한 오늘날 이른바 시민 사회의 전형을 이루는 단위다. 두 번째 축은 제도를 법률적인 것과 비법률적인 것으로 구분한다. 이들 제도의 존재는 정규 헌법 혹은 질서 형태에 대해 참조하도록 하고, 이들 제도의 활동은 따라서 정규적인 기관과는 다른 기관, 즉 정규적인 것으로 정의한 영역 바깥에서 활동하는 기관에 의해 인정되도록 한다.

도식적인 묘사에서 요구되는 분명히 기억할 것은 제도적 영역 간의 근접성과 영역 이탈 그리고 상호 능동적인 밀접함이 실증적으로 중요하다는 것이다. 이러한 개념의 장점은 명백하다. 국가 중심적인 구상이 질서와 지배의 기능을 전형적으로 하나의 고유한 영역에 제한할 때, 중심의 질서가 질서의 명백한 중심으로 더 이상 자리 잡지 못하는 관계는 서서히 사라진다. 명백하지 않은 규범적 원칙 결정의 자리에 실증적 입증 책임이 나타난다. 따라서 베버주의적 국가의 이상적 형상과 실증적 증거가 일치하는 곳에서는 당연히 경쟁 기업이 아무런 강제도 없는 상태에서 외곽으로 밀려나는 일이 발생하지 않는다. 이러한 허구적 국가 질서의 분산화와 더불어 제도적 혁신에 대한 전망이 열린다. 이런 혁신은 자원, 인간 그리고 지역에 대한 비법적이고 불법적인 그리고 부분적으로 폭력적인 통제로부터 생겨나고, 이들은 종종 새로운 규제 제도의 형태로 국가적 규제 기능을 스스로 받아들인다. 제도적인 행위자는 법률적인 영역에 전혀 제한되지 않기 때문에 관계 네트워크는 모든 가능한 방법으로 비정형적인 혹은 스스로 불법적인 활동 무대 속으로 달아날 수도 있다. 즉 휴머니즘적인 원조 조직은 지역적으로 후원 시스템과 협조하고, 정부 관료는 준군사적인 단체를 조직하고, 초국적 기업은 전쟁 물품의 운송에 대해 다이아몬드 채굴권을 보장

받고자 하고, 지역의 보스는 국제적인 밀매 체제의 연결 고리로서 행동한다—상호 작용하는 범위는 엄격한 지리적 의미에서 또한 특별한 역할을 수행한다. 왜냐하면 이 범위는 초국적 네트워크와 국제 시장의 결합을 의미하기 때문이다. 이런 결합은 지역적으로 활동가들의 권력 비율에 결정적으로 영향을 미친다. 외부 힘의 존재는 또한 구조적으로 전형적인 합법/불법의 부호화를 넘어선다. 평화유지군, 구호 조직, 세계은행 대변자 등등의 존재가 법률적 영역에서 계약과 협상에 근거하는 반면 용병, 조직폭력단, 밀입국 조직 그리고 반군은 복잡하게 엉킨 그림자의 영역에서 활동한다. 그리고 다시 특정 지역에서 자신의 규제 정책을 실행할 능력이 있는 활동 그룹 간의 명백한 협조가 존재한다.

캘러기, 캐시미르, 레이섬이 "실패한 국가(failing states)"라는 장(章)에서 다룬 세계 지역에 대한 설명을 하기 위해 개발한 국가 질서의 분산화 개념이 서구와 북미의 '강한' 규제를 행사하는 국가에 대한 분석에도 현저하게 기여할 수 있는지는 실증에 대한 질문이다. 적어도 수치의 마술과 통계적 자각은 우리가 살아가는 세계와 아주 명백하고 독특한 결합을 유지하는 세계관을 제시한다는 것은 명백하다고 생각한다.

참고문헌

Albrow, M. (2002), "The Global Shift And Its Consequences For Sociology," in: N. Genov (Hg.), *Advences In Sociological Knowledge Over Half A Century*, Paris.

Appadurai, A. (1996), *Modernity at Large, Minneapolis* (채호석·차원현·배개화 옮김, 《고삐 풀린 현대성》, 현실문화연구, 2004).

Agnew, J. (1989), "The devaluation of place in social science," in: J. Agnew/J. S. Duncan (Hg.), *The Power of Place*, Boston.

Ayers, E. (1996), *The Expanding Shadow Economy,* World Watch 9/4.

Beck, U. (2002), *Macht und Gegenmacht im globalen Zeitalter,* Frankfurt/M.

Berking, H. (2001), "Kreative Entstaatlichung?," in: *Ästhetik und Kommumnikation,* 32/112.

Brenner, N. (1997), "Global, Fragmented, Hierarchical: Henri Lefèbvres Geographies of Globalization," in: *Public Culture*, 11/1.

____ (2001), "The limits to scale? Methodological reflections on scalar structuration," in: *Progress in Human Geography,* 25/01.

Castells, M. (1996), *The Rise of The Network Society*, Cambridge (김묵한 옮김, 《네트워크 사회의 도래》, 한울, 2008).

Cavannagh, J. (2002), *Is Global Inequality Rising?,* Transcript of an IMF Economic Forum, Washington DC, Oct. 8.

Dollar, D./Kraay, A. (2003), "Growth is Good for the Poor," in: F. J. Lechner/J. Boli (Hg.), *The Globalization Reader,* London.

Held, D./McGrew, A./Goldblatt, D./Perraton, J. (1999), *Global Transformations,* Oxford (조효제 옮김, 《전 지구적 변환》, 창비, 2002).

Hirst, P. Q./Thompson, G. (1999), *Globalisation in Question,* Cambridge.

Human Development Report 2001, Oxford.

Löw, M. (2001), *Raumsoziologie*, Frankfurt/M.

Massey, D. (1999), *Power-geometries and the Politics of Time-space. Hettner Lecture II*, University of Heidelberg.

Meyer, J. W. (1980), "The World Polity and the Authority of the Nation-State," in: A. Bergesen (Hg.), *Studies of the Modern World System,* New York.

Meyer, J. W./Boli, J./Thomas, G. M. (1987), "Ontology and Rationalization in the Western Cultural Account," in: G. M. Thomas/J. W. Meyer/J. Boli (Hg.), *Institutional Structure: Constintuting State, Society and the Individual,* Newbury Park.

Meyer, J. W./Boli, J./Thomas, G. M./Ramirez, F. (1997), "World Society and the Nation-state," in: *American Journal of Sociology,* 103, 1, S. 144-181.

Nordstrom, C. (2000), "Shadows and Sovereigns," in: *Theory, Culture and Society,* 17/4.

____ (2001), "Out of the Shadows," in: T. Callaghy/R. Kassimir/R. Latham (Hg.), *Intervention and Transnationalism in Africa,* Cambridge.

____ (2005), *Leben mit dem Krieg. Menschen, Gewalt und Geschäfte jenseits der Front,* Frankfurt/New York.

Paris, R./Sofsky. W. (1998), "Drohungen," in: R. Paris, *Stachel und Speer,* Frankfurt/M.

Pogge, T. W./Reddy, S. J. (2002), "How not to count the poor," www.socialanalysis.org.

____ (2003), "Unknown: The Extent, Distribution and Trend of Global Income Poverty," www.socialanalysis.org.

Smith, A. (1997), *Nationalism in the Twentieth Century,* Oxford.

Soja, E. (1996), *Thirdspace. Journeys to Los Angeles and Other Real-and-Imagined Places,* Oxford.

Urry, J. (2000), *Sociology beyond Societies,* London.

Wallerstein, I. (1974), *The Modern World-System I,* New York (김명환 옮김, 《근대 세계 체제 1》, 까치글방, 1999).

____ (1980), *The Modern World-system II*, New York (유재건 옮김, 《근대 세계 체제 2》, 까치글방, 1999).

____ (1989), *The Modern World-system III,* New York (이동기 옮김, 《근대 세계 체제 3》, 까치글방, 1999).

세계의 복잡성

세계의 확대

20세기의 1990년대는 다른 어떤 기술공학보다 빠른 속도로 이뤄진 인터넷의 엄청난 성장을 경험했다. 조만간 10억 명의 사용자가 온라인 속으로 들어올 것이다. 매일 1조 4000억 미국달러의 가치에 달하는 외환이 거래되고, 이는 세계 무역의 60배에 해당한다. 새로운 전자기기는 통신 속도를 엄청나게 가속화시켰다. 오늘날 세계에는 고정 연결 통신보다 더 많은 이동통신이 있다. 지금은 매년 7억 건 이상의 합법적 여행이 이뤄지는데 이 또한 곧 10억 건이 넘어설 것이다. 세계의 300대 부자는 30억 인구의 소득보다 많은 돈을 사용할 수 있다. 세계적으로 활동하는 대부분의 기업은 웬만한 국가의 재정보다 높은 매상을 올린다. 맥도널드의 로고인 황금색 아치와 푸른 지구 형상이 매일 수십억 개의 TV 화면에 나타난다. 세계화 시대가 이뤄지고 공간과 인간과의 거리는 사라져 '탈물질화(entmaterialisierung)'

하는 듯하다.

다양한 저자들이 이러한 세계적 변화를 해명하고자 시도했다. 기든스(A. Giddens)는 현대 사회의 삶을 지도자 없는 "저그넛〔Juggernaut: 크리슈나 신상(神像)을 장식한 수레, 또는 통제 불가능한 비대한 조직을 일컫는 말—옮긴이〕"과 통제를 벗어난 "몰록(Moloch: 페니키아 사람들이 받들던 소의 형상을 한 불의 신 이름, 또는 '큰 희생을 요구하는 것'을 일컫는 말—옮긴이)"(1990)과 비교했고(Giddens 1990), 바우만은 가속화한 "유동성의 현대"(Bauman 2000)로 묘사했다. 카스텔은 "인터넷 은하계"(Castells 2001)의 확장으로 설명했다. 하르트(M. Hardt)와 네그리(T. Negri)는 민족 국가적 주권이 유일한 권력 시스템인 "제국(empire)"(Hardt and Negri 2000)을 통해서 대체됐다고 주장한다. 리프킨(J. Rifkin)은 자본주의적 소유 관계에 대한 연구에서 "새로운 물리학"(Rifkin 2000: 191-193)의 의미를 분석한다. 100명 넘는 저자가 매년 경제, 사회 그리고 정치에서 세계화를 주제로 책을 발간한다.

이러한 논쟁도 역시 기존의 논쟁과 같이 사회적 구조와 인간적 행위의 상대적 의미에 관한 논점을 간과하지 않지만, 새로운 세계적 질서 혹은 무질서에 대한 논쟁에 정확히 맞아떨어지는 단 하나의 중심 주제는 없다. 오히려 5개의 이론적 개념, 즉 "구조", "흐름", "이념", "성과" 그리고 "복잡성"의 개념에 기초한 주장으로 구분된다(Urry 2003: 1장 참조)

세계화의 구조적 속성에 대한 적절한 이론적 해명이 아직도 진행 중에 있기 때문에 우리 논의의 목적은 앞에서 제기한 관점을 해명하는 것이다. 세계화는 종종 원인인 동시에 작용으로 다루어진다. 이러한 연관성 속에서 우리는 복잡성 이론이 세계화에 대한 개념과 수단을 정확하게 제공하는지 해명해야 한다. 이 이론은 우리가 세계화를 공동-진화론적이고 자율 조절적인 시스템으로 분석하는 것을 가능케 한다(Capra 2002 참조).

발레르슈타인이 설립한 '굴벤키언(Gulbenkian) 사회과학 재구성위원회'는 복잡성이 공동의 기본 개념이라는 것을 증명함으로써 자연과학과 사회과학에 대한 분리를 극복하고자 한다(Wallerstein 1996). 이 위원회는 사회학의 모델로서 "다양한 미래상, 분기와 선택, 역사적 의존과 …… 고유하고 본래적인 불확실성을 강조하는 비균형의 역동성에 기초한"(Wallerstein 1996: 61, 63) 학문적 분석을 제안하는데, 이를 통해서 사회학과 자연과학의 명확한 구분이 없어진다.

그러나 놀라운 것은 세계가 의심할 여지없이 사회와 자연에 동시에 영향을 미치는 복잡성의 과정에 의해 각인된다는 사실에도 불구하고 이 위원회는 세계화에 대한 주제에 침묵하고 있다는 것이다. 실제로 가장 유력한 이른바 사회과학이 오늘날 다루고 있는 주요한 현상은 하이브리드(Hybride: 혼성물—옮긴이)다. 여기에는 어떤 순수하게 완전한 물리적 혹은 사회적 해명 표본도 없다. 이러한 하이브리드 현상의 내용은 건강 시스템, 기술공학, 세계적 브랜드, 환경, 인터넷, 자동차, 심각한 기상 조건, 세계적 폭력 등등이다.

복잡성과 사회 이론

나는 사회 시스템 구조와 인간 행동의 관계에 대해 몇 가지 견해를 가지고 논의를 시작한다. 구조와 행동의 이원론(Dualismus)을 극복하기 위해 기든스는 "구조의 이중성"(Giddens 1984)에 대한 개념을 발전시킨다. 기든스는 이 개념에서 사회적인 것의 반복 순환적 특성은 특별한 의미를 가진다고 생각하며, 따라서 시간적인 과정을 연구한다. 이 과정에서 구조는 한편으로는 행위를 산출하는 동시에 스스로는 종종 "지적 능력을 가진 행위자들"에 의해 만들어진 반복적인 행동의 의도치 않은 결과가 된다. 여기서는 구조와 행위의 이원론이 더 이상 중요하지 않고 오히려 구조와 행위가 서로 결합하고 진화하는 이중성이 중요하다. 이러한 구조화 논리는 선형의 개념을 파괴한다. 즉 "지적 능력을 가진 행위자들"은 시스템의 자원과 규정을 사용하는데, 이는 자신의 행위를 자기 내부로 환원함으로써 재생산된다. 여기서 우발적이고 다양한 특성을 보이는 어떤 확정 및 분리된 단위는 없다(Abbott 2000 참조).

그렇지만 기든스는 이러한 구조-행위-과정의 복잡하고 시스템적인 특성을 불완전한 형태로만 제시한다. 이런 과정은 재현보다는 오히려 반복의 의미로 이해해야 한다. 조그만 지역의 변화가 수십억 회의 재현을 통해 만들어내는, 예측하지도 예상하지도 못한 카오스적 결과를 반복을 통해 보여 줄 수 있고 때때로 행위자가 실제로 달성하길 바랐던 것과 정반대의 결과가 생겨날 수도 있다. 이러한 우발적 사건은 시스템에서 망각되지도 않고 망각될 수도 없다.

따라서 이런 복잡한 변화는 행위자들이 세계를 형성하고자 하는 노력의 결과라기보다 오히려 지역의 구성(lokale Konfigurationen)에 대해 반응한 결과다. 행위자들이 일정하고 정확하게 다른 사람의 행동을 모방하는 것처럼 보이지만 오히려 반복이 최소의 적응에 근거해 스스로 거대한 구조 속에서 시간의 경과에 따른 드라마틱한 변화를 일으킨다. 반복을 통해 전개되는 동태성은 비선형의 변화를 만드는 동시에 거대 구조의 순간적인 분기(Verzweigerung)를 만든다. 이러한 결정적 행위를 실행하지 않아도 변화가 생길 수 있다.

이러한 반복적이고 사회적인 상호 작용의 특성은 벽들이 각각의 단계에서 새롭게 배열되는 미로(迷路)를 통과하는 진행과 비교할 수 있다(Gleick 1988: 24). 따라서 각 경계 설정의 변화하는 상황에 적응하기 위해 새로운 단계를 진행 과정에서 수행해야만 한다. 복잡성을 조사한다는 것은 적응하고 발전하는, 그리고 시간의 경과 속에서 스스로 조직되는 시스템을 조사한다는 것을 의미한다(Prigogine 1997: 35).

복잡한 관련성이라고 부를 수 있는 것의 다양한 속성은 구별된다(Dillon 2000 참조). 첫째, 엄청난 수의 요인이 시스템의 불가측성을 이끌고 종국에는 이 시스템이 질서를 결핍한다는 것이다. 따라서 이 시스템은 카오스의 외곽에 있는 것으로 간주된다. 만약 시스템의 구성 성분이 비록 완전하게 어떤 고정된 자리에 점착해 있지 않고, 그렇지만 또한 전혀 무질서 속에 용해되어 있지도 않다면 질서와 카오스는 일종의 균형 방식 속에 있다. 카오스는 자유방임적 우연성이 아니다. 오히려 하나의 '정연한 비질서'가 이러한 동태적 시스템을 주도한다.

둘째, 이러한 시스템은 포괄적으로 자신의 주변 영역과 상호 작용한다는 것이다. 이 시스템은 무질서의 바다에 있는 질서의 섬이다. 즉 무엇보다도 각각의 개별 요인이 단지 지역적 상황에만 반응하기 때문에 시스템 각각은 어떤 균형 속에도 있지 않다는 조건에서 기능한다. 상호 작용은 복잡하고 포괄적이며 비선형이다. 한 상황의 요소는 다양한 결합과 길 그리고 경로를 통해서 다른 상황에 대해 공간적으로 시간적으로 의미 있는 효과를 가진다(Cilliers 1998 참조).

셋째, 속성은 증가하는 회귀와 경로 의존성의 형태를 가진 부정적이기도 하고 긍정적이기도 한 여러 겹의 피드백 고리라는 것이다(Arthur 1994 참조). 경로 의존성의 아이디어는 시간의 경과 속에서 생겨난 우발적 사건 혹은 과정의 배치를 강조한다. 원인 작용은 지속적이고 조그만 우발적 사건에서 크고 효과가 강력한 일반적인 과정으로 옮겨갈 수 있다. 이 과정은 오랜 시간 동안 증가하는 회귀를 통해 강화된다. 즉 "역사는 경로 의존적인 발전의 과정 속에서 역할을 수행한다"(North 1990: 100). 시스템은 역행하지 않고 발전하는, 그리고 과거의 사건을 결코 잊지 않는 역사를 가진다.

넷째, 분기점은 시스템이 나뉘는 곳에서 생긴다는 것이다. 한 시스템이 핵심 변수의 조그만 변화를 통해 특정 임계값을 넘어선다면 출현하는 속성이 흔들릴 수 있다. 즉 유체가 가스가 되고 상대적으로 따뜻한 날씨가 새로운 빙하기로 바뀐다(Byrne 1998: 23). 니콜리스(G. Nicolis)는 이것이 비선형의 시스템 속에서 어떻게 가능하는지 정리한다. "2개의 기본적인 행동을 서로에 덧붙이는 것은 극적인 새로운 효과를 초래할 수 있다. 이 효과는 성분 요인 사이에서 협조성의 시작을 반영하고 그 속성상 기초를 이루는 기본 법칙의 속성과 상당히 다를 수 있는 예상치 못한 구조와 사건을 초래할 수 있다"(Nicolis 1995: 1-2).

다섯째, 원인과 작용 사이에 어떤 지속적인 관계도 없다는 것이다. 오히려 변수 간의 관계성은 비선형일 수 있다. 그리고 순간적인 변화가 생길 수 있기 때문에 동일한 원인이 명백한 상황 아래서조차 완전히 다른 작용을 할 수 있다. "비선형의 현상은 우리가 생각했던 것 이상으로 예측 가능하고 활기 없는 세계 위에 스스로를 드러낸다. 그리고 이런 현상은 살아 있는 시스템의 네트워크 패턴이 보여주는 본질적인 측면이다"(Capra 1996: 122). 이러한 시간 경과가 보여주는 또 다른 결과는 과거에 발생한 작은 변화가 현재에 심각하게 작용할 수도 있다는 것이다. 이러한 작은 사건은 잊히지 않는다. 카오스 이론은 커다란 원인의 변화만이 큰 작용을 한다는 기존의 가정을 거부한다(Gleick 1988).

여섯째, 어떤 임의의 시스템에서 표본의 형성은 동반 진화와 상호 조정의 결과라는 것이다. 복잡한 시스템은 "각각의 제한된 정보에 대한 유일한 반응"으로 설명되는 단순한 요인의 포괄적 상호 작용의 결과로 만들어진다(Cilliers 1998: 5). 행위자들은 자신의 지역 환경에서 행동하지만 각 행위자의 적응 혹은 동반 발전은 "다른 유사한 행위자도 또한 적응할 수 있는, 그래서 한 행위자의 변화가 환경에 영향을 미칠 수 있고, 따라서 다른 행위자의 성공에 대해서도 역시 영향을 미칠 수 있는 범위 내에서" 각 지역의 상황에 따라 달라진다(Gilbert 1995: 148). 각각의 행위자는 동반 성장하고 또한 "거시 수준의 속성을 지향하는 능력"을 보이기 때문에 역설적으로 특정한 의외의 속성이 생겨난다(Gilbert 1995: 151).

일곱째, 아무것도 궁극적으로 고찰된 것은 없다는 것이다. 애벗(A. Abbott)은 "자물쇠에 열쇠를 넣는 행동 패턴이 발생할 가능성이 있고, 중요한 전환점이 생겨날 가능성"(Abbott 2001: 257)이 있다고 주장한다. 이러한 비선형의 결과는 전환점으로 이동하는 시스템에 의해 생긴다. 전환점은 다음 세 가지 형태의 특징을 갖는다. 사건과 현상은 '전염성'이 있고, 조그만 원인이 큰 작용을 할 수 있으며, 변화는 점진적으로 그리고 선형으로 발생하지 않고 시스템이 전환하는 한순간에 극적으로 생긴다. 글래드웰(M. Gladwell)은 팩스 기기나 이동통신의 사용을 묘사하는데, 어느 한순간에 모든 사무실이 팩스 기기를 활용하고 모든 이동하는 인간이 핸드폰을 사용하게 된다. 전통적인 경제학이 주장하고 있는 것처럼 풍요는 희소성의 결과가 아니며 오히려 충족과 넘침의 결과가 풍요다(Gladwell 2000: 272-273).

복잡성과 세계

《범지구적 복잡성(Global Complexity)》(2003)에서 나는 범지구적 하이브리드를 두 가지 핵심 유형으로 구별했다.

하나는 범지구적 네트워크다. 요컨대 맥도널드를 비롯한 기업은 인간, 물질 그리고 멀리 떨어져 다양한 시공을 넘나드는 기술공학 사이의 복잡하고 안정적이고 매력적인 결합으로 긴밀하게 짜여 있는 네트워크다(Murdoch 1995: 745; Law 1994: 24). 여기서 상대적인 거리는 네트워크를 이루는 구성 요소 간의 관계에 의존한다. 전체 네트워크에서 생산물 자체는 변하지 않는다. 생산된 재화의 운송은 전체 네트워크 위에서 이뤄지고 종종 국경을 넘어간다. 네트워크화한 관계를 통해서 사물은 밀접해진다. 기술, 능력, 문서 그리고 부호로 구성된 네트워크, 즉 범지구적 하이브리드는 네트워크의 전 영역에서 동일한 서비스와 재화가 동일한 방식으로 제공되도록 보장한다. 이러한 재화는 진단 및 계산 가능하며 반복된 과정을 제공하고 표준화한다. 많은 범지구적 기업, 예를 들어 맥도널드, 아메리칸익스프레스, 코카콜라, 마이크로소프트, 소니, 그린피스, 맨체스트유나이티드 같은 기업이 이런 네트워크화한 관계 위에서 조직되었다(Ritzer 1998; Klein 2000).

다른 하나는 다양한 범지구적 유동성, 즉 세계 통화, 자동차, 디지털 정보, 인터넷, 사회 운동, 국제 테러, 이민, 여행 등이 존재한다는 것이다. 범지구적 유동성은 상이한 지역으로 퍼져나갈 수 있지만, 또한 마치 백혈구와 비슷하게 장벽을 통과해 주변의 물질 속으로 침투할 수 있고, 그 물질 속에서 예측할 수 없는 효과를 만들 수 있다. 유동성은 현재 사회의 선형적 시계-시간〔되돌릴 수 없는 절대적 흐름 위에 있는 시간. 크로노스(chronos)의 개념이며 상대적 시간에 반대되는 개념—옮긴이〕으로부터 풀려날 때 상응하는 특정한 새로운 형태와 일시적인 것에 상응해 변하지만 공간적으로도 시간적으로도 되돌려지지 않는다. 유동성은 인간이 지역 정보의 토대 위에서 행동할 때, 그 위에 인간의 지역적 행동이 수없이 많은 반복에 의해 파악·변화·묘사·부호화·일반화할 때, 훨씬 멀리 떨어진 지역과 먼 거리에 있는 인간에게 작용할 때 생긴다. 이런 종류의 유동성은 어떤 명백한 시작점도 보이지 않고 단지 탈속지적 움직임만을 보인다. 이 움직임은 어떤 최종적인 상태나 목적도 없고 상이한 점도에 의해 특정한 속도를 갖고 있다. 더불어 이러한 유동성은 시간이 지남에 따라 자신의 행위에 대한 고유한 배경을 만들지만 반드시 이런 배경에 의해 발생한 것으로 보이지는 않는다.

이러한 범지구적 유동성 중 하나가 인터넷이다. 인터넷은 이미 잘 알려져 있는 바와 같이 1990년에 발명되었고, 불가역적 자기 복제 시스템으로 발전했으며, 특히 1993년 4월 첫 번째 웹브로우저를 우연히 발견한 결과다. 플랜트(S. Plant)는 이것에 대해 다음과 같이 설명한다.

> "어떤 중심 허브나 명령 구조도 그것을 구성하지 않는다. (……) 이 구성은 자신이 작업하기 위한 어떤 하드웨어도 설치하지 않는다. 단순히 존재하는 컴퓨터, 네트워크, 스위칭 시스템, 전화선에 상당히 무임승차할 뿐이다. 이것은 복잡한 하부에서 상부로 향하는, 점진적인 자기-조직화하는 네트워크로서 스스로 존재하는 첫 번째 시스템이다. 이 네트워크는 어떤 중앙의 통제도 없이 새로 생겨나는 것으로 보일 수 있다."(Plant 1997: 49)

모스(M. Morse)는 일면적이며 수평선상에 있는 하이퍼텍스트적 연결, 즉 대상 간의 경계를 유동적으로 만드는 연결에 기초한 웹의 구조를 우아하고, 비계층적이고, 뿌리로 연결된 범지구적 구조라고 묘사한다(Morse 1998: 187).

범지구적 복잡성은 바로 여기서 무질서의 바다에 있는 질서라는 섬들의 축적으로 변한다. 세계적 네트워크와 범지구적 유동성이 존재한다. 그리고 국가 사회, 국외 거주지, 초국적 국가, 세계의 종교 혹은 문화, 국제 조직, 국제 연맹, NGO와 국경을 초월하는 지역이 존재한다(Habermas 2001: 4장). 각 개별 사회는 다양한 조직적인 네트워크와 유동성 그리고 자신의 공간을 구분하기 위한 정책을 갖는다. 국가는 더 이상 "조직화한 자본주의"(Urry 2000: 8장)가 아니다. 이는 상대적으로 명백하게 규정된 민족 국민, 즉 그들의 관할 영역에 살고 있고 명확하게 상대적으로 동일한 운명 공동체로 구성된 민족 국민을 통제하려는 시도를 의미한다. 범지구적 네트워크와 유동성을 지향하는 변화는 개별 국가가 투명하게 표식해야만 하는 공간을 바꾸어놓는다. 하버마스(J. Habermas)는 세계화를 범람하는 강에 비교한다. 이 강은 모든 국경 초소와 국경 통제를 쓸어간다. 그럼으로써 결국 국가의 방벽을 넘어선다(Habermas 2001: 67). 국가는 적법한 경제적·사회적 규제자 혹은 심판자로 행동하고 수행과 유동성을 감시한다. 이 수행과 유동성은 무엇보다도 진단할 수 없는 많은 다른 인과 관계의 결과다. 새로운 컴퓨터에 기초한 정보의 수집, 탐색 그리고 확산의 형태는 사회적 규제를 조장하고 이를 가능케 한다.

집약적이고 유동적이며 불안정한 범지구적 복잡성이라는 존재를 통해 "관할 지역의 생산력을 개발하고 새로운 공간 배치를 만드는 데 정부가 한층 중요한 역할을 하게 되며" 예를 들면 이는 미국의 지도 아래 세계적 반테러 연합을 형성하는 것과 같다(Swyngedouw 1992: 431). 제2차 세계대전 이후로 영역을 초월한 다양한 범지구적 유동성을 마음대로 다루기 위한 목적으로 민족 국가의 구조, 행정, 의사 일정, 수입 그리고 관리 능력이 상당히 확대되었다. 이 유동성은 상상을 초월하는 모순적이고 변화무쌍한 형태로, 예를 들면 학생, 여행객 그리고 테러리스트의 형태로 시간과 공간을 통해 국경을 넘나든다. 국가는 무력하게 하나의 방향으로 몰리지 않고 오히려 미국, 유럽 그리고 탈레반으로 분산된다(Weiss 1998: 7장).

권력과 복잡성

사회학자들은 권력의 개념에 대한 논쟁을 하는 데 지금까지는 행위자와 행위 대상 간 연관성에 집중했고, 여기서 권력을 행위자들의 속성으로 간주했다. 즉 2명 혹은 그 이상의 행위자에 대한 관찰은 한 사람의 행동이 특정한 다른 사람의 행동에 어떻게 어떤 정도로 영향을 미치는지에 대한 인식을 제공한다.

하지만 복잡성은 자유 의지와 결정론의 구분을 초월할 뿐만 아니라 행위와 구조의 구분을 초월하기 때문에 권력이 갖는 통제로서의 결정적 특성을 초월한다. 그러면 권력과 관련해 복잡성의 성향은 어떻게 드러날까? 여기서 권력은 물건이나 재산을 의미하지 않는다. 권력은 뭔가 유연하고 유동적인 것이며, 구체적인 관할 영역이나 공간에 대해서는 오히려 더 무관하다. 권력은 무엇보다도 비연속적이다. 바우만은 타자들에 대한 은밀한 중앙 조망적 감시 통제라는 권력 형태 이후 최근 새로이 나타난 권력의 "포스트-조망적(post-panoptisches)" 속성을 묘사한다(Bauman 2000: 10-14). 한 행위자가 위협, 무력 그리고 설득을 통해 다른 행위자로 하여금 무엇인가를 하도록 함으로써, 즉 권력의 실질적이고 즉각적인 표출을 통해서만 권력이 구현되는 것은 아니다. 권력은 어떤 실제적 혹은 모의 실험된 조망을 통한 타자의 가상적이고 즉각적인 표출을 필수 조건으로 요구하지는 않는다.

가장 중요한 권력 기술은 오히려 "탈출, 지연, 누락, 회피"다. 바우만은 "상호 연대 시대의 종말"이 도래했으며 새로운 엘리트들이 지배할 수 있다고 말한다(Bauman 2000: 11). 새로운 범지구적 엘리트는 "행정이나 후생 업무에 대한 부담 없이" 타인들을 관리할 수 있고 또한 새로운 노예 제도까지 발전시킬 수 있다(Bauman 2000: 13; Bales 1999; "일회용 인간" 참조). 권력의 새로운 특권은 가벼운 가방을 지닌 여행이다. 권력은 속도와 가벼움, 거리감, 비중요성 그리고 글로벌리즘을 의미한다. 이것은 새로운 엘리트뿐만 아니라 세계화에 대한 비판자이면서 바이오테러리스트(생물학 무기를 이용하는 테러리스트—옮긴이)인 그들의 적대 세력에게도 마찬가지로 적용된다. 권력은 종횡무진으로 세계의 다양한 네트워크와 유동성을 넘나든다. 권력은 혼합되고 순수하게 사회적이지 않으며 오히려 물질화한다.

동시에 권력은 첫째, 투시 기기, 수만 개의 위성, 버그, 차단 장치, 몰래카메라, CCTV, 인터넷 그리고 새로운 자동화 정보 전송 기기의 발전에 힘입어 엄청나게 기술화한다(Lyon 2001: 9·11 이후의 감시 문제에 대한 내용 참조). 둘째, 가능성, 정보, 이미지와 실체가 광범위하게 감시하는 사회를 상대적으로 드러나지 않게 이동시키는 것과 마찬가지로 속도와 가벼움 그리고 거리는 일상생활에서 점점 더 중요한 역할을 담당한다. (이러한 실체는 학생에서 여행자 및 테러리스트로 바뀌고 다시 학생으로 되돌아간다.) 권력에 대한 저항은 성공적으로 전이되지만 또한 즉흥적이다.

셋째, 이러한 방법으로 전이된 권력은 '유인자(Attractor)'로서 기능한다. 가능성 범주에서 시스템의 방향 혹은 궤도는 유인자에 의해 설정되며, 그들의 무게감은 그들에 의해 파악된 관계에 영향을 미친다. 범지구적 방송 매체가 이러한 매력을 가진다. 왜냐하면 거의 전 세계가 시청하고 보도록 유혹당하기 때문이다(오사마 빈 라덴의 비디오 참조).

넷째, 이러한 권력은 유동적이고 현시적이며 독립적이다. 이것은 자신의 강점인 동시에 약점이다. 가장 강한 권력 질서를 만들고자 하는 시도는 시스템을 균형에서 벗어나게 만드는 복잡하고 예상치 못한 결과를 초래할 수 있다. 이러한 예상치 못하고 불가역적인 변형 속에서 전이된 권력이란 마치 점착하는 모래와 같고, 따라서 특수한 공간적 지형학에 제약된 분명한 형태를 형성하거나(이것은 보존 혹은 파괴될 것으로 예상된다) 혹은 무너져내리고 모든 것을 뭉개버리는 눈사태가 될 수 있다. 마찬가지로 권력을 위태롭게 하는 것 또한 어렵다. 왜냐하면 행위자와 행위 대상 사이에 존재하는 특정한 연결점의 파괴가 권력 간 '제휴선(Fluchtlinien)'을 완전히 없애지 못하기 때문이다. 이 제휴선은 이메일 시스템의 패킷(packet)이 각각의 파괴된 조각을 간단히 옮겨놓는 것처럼 위태로워진 권력을 다른 자리로 옮겨놓는다.

제국과 대중

오늘날 많은 저자들이 현대 들어 점점 더 강하게 각인되는 범지구적 연관성의 유동적 특성, 정보의 탈물질화, 네트워크화한 일시적인 관계의 가속과 예측 불가능성을 확증한다. 세계에 대한 연구에 있어 복잡하고 모순적이고 비가역적인 관계를 나타내는 세계적 네트워크와 유동성의 큰 파장이 나에게는 중요하게 다가온다.

글로벌 세계의 증가하는 '유동적 특성'이 왜 아무런 문제도 없는 연관성을 내포하지 못하는가? 왜 '쉽게 변화하는 현대'가 시스템의 오류에 있어 가변적인 해결책을 제시하지 못하는가? 그 대답은 지역과 세계를 결합하는 이동성이 언제나 복잡한 안정성에 종속되어 있기 때문이다. 탈영지화

(Deterritorialisierung)는 재영지화(Reterritorialisierung)를 전제한다. 이러한 시스템의 복잡한 특성은 중첩된 시간과 공간의 도면화나 계류(Vertäuung)에 기초한다. 이 계류를 통해 현대의 일시성이 실현된다. 그래서 이동통신, 자동차, 비행기, 기차 그리고 컴퓨터 결합과 같은 '이동 기기'는 과도한 그리고 다양한 시간–공간–비이동성을 전제한다(Graham/Marvin 2001 참조).

이동성과 비이동성 간 연관성은 복잡성의 전형적 특성이다. 광범위한 비이동성 시스템 없이 가변성의 어떤 선형의 증가도 없다. 따라서 지금까지의 이동 기기 중에서 기능성이 가장 뛰어난 비행기는 최대로 광범위한 비이동성을 필요로 한다. 즉 그 내부에서 수만 명의 사람이 일하는 하나의 도시로서 비행장의 비이동성을 필요로 한다(Pascoe 2001: 중복된 항공 영역의 복잡한 존재에 대한 내용 참조). 이러한 카오스와 질서의 기이한 결합이 범지구적 시스템 안에서 생겨난다.

이것은 '제국'의 의미를 새롭게 묘사한다. 하르트와 네그리는 제국 혹은 제국적 주권에 대한 관념을 민족 국가 혹은 사회의 주권과 구분해야 한다고 주장한다. 그들에게 제국이란 역사적으로 지구 전역에서 활동하는 동태적이고 유연한 제도적 구조의 출현을 의미한다. 즉 모든 행위자가 하나의 질서에 통합되는 무정부적 행정을 의미한다(Hardt/Negri 2000: 13-14). 제국은 주권적 권력이며 유일한 지배 논리가 오늘날의 세계를 결정하는 '부드러운 세계'다. 이러한 새로운 주권은 탈속지적이고 분산적이며 "범지구적 무지개(globale Regenbogen)"(Hardt/Negri 2000: xiii)에 병합된다. 어떤 권력의 중심도 없고 어떤 확고한 경계도 제한도 없다. 세계화 시대는 보편적인 접촉 감염의 시대다(Hardt/Negri 2000: 136). 동시에 제국은 자신의 적대 개념을, 즉 제국의 "다른 것"을 구성하는 대중의 저항, 투쟁 그리고 욕구를 불러일으킨다(Hardt/Negri 2000: xvi, 398).

복잡성의 논리는 제국을 어떻게 평가하는가? 하르트와 네그리는 제도적 관계를 제국의 내부에서 평가하지 않고 마치 제국이 어떤 조건, 즉 균형을 벗어나 있는 상태에서 어떻게 기능하는지 조사한다. 그들의 보고는 비동태적이며 자체적으로 재생산하고 있는 범지구적 관계성을 묘사한다. 그래서 그들은 예를 들어 오늘날의 제국은 생산적 네트워크의 세계화를 지원하는 중추로서 거듭나고 있다고 말한다(Hardt/Negri 2000: 20) 제국은 여기서 거의 기능적인 것으로 간주된다. 이러한 시각은 부분적으로 세계를 통치하는 주권력으로 특징지어지는 세계적 관계의 동태적 속성을 충분히 포괄하지 못한다(Hardt/Negri 2000: xi). 비록 하르트와 네그리가 제국을 분산적이고 탈속지적인 것으로 정의하지만 그들은 상호 의존적이고 급변하는 범지구적 하이브리드에 대한 연구를 포기한다. 아마도 이는 한편으로는 존재하는 세계질서("세계 질서는 존재한다")에 대한 그들 주장의 근거가 되지만, 다른 한편으로는 문제가 있는 것으로 여겨진다(Hardt/Negri 2000: 3).

이에 반해 나는 제국에 대한 이념만으로는 범지구적 관계를 특징짓기에는 불충분하다고 생각한다. 제국은 하나의 유인자이고 사회는 총체적으로 점점 더 제국과 닮아간다. 현대 사회는 언제나 종종 권력의 아이콘, 즉 건물과 외형 그리고 표식을 가진 가시적인 중심을 가지고 있다. 그 결과는 중심의 외곽에서 나타나고 국경의 의미는 퇴색된다. 이러한 '제국들'에는 불균형, 즉 적어도 후생 사회에서 형성되는 전 관할 영토 내에서 유효한 시민의 권리를 만들고자 하는 시도의 부담에 대한 불균형이 증가한다. 사회는 세계무대로 내몰리고 세계무대에 의해 이끌린다. 여기서 제국은 자랑스럽게 자신의 상패를 나타내고, 예를 들어 최고의 스카이라인, 궁전, 갤러리를 위해 그리고 박물관, 도시, 사회 기반 설비, 게임, 높은 수준의 노동력을 갖추기 위해 서로 경쟁한다. 사회는 마치 제국처럼 미디어 스캔들이나 위험을 회피하고자 하며 끝없이 이러한 유인자 속으로 옮겨간다. 그리고 제국으로 새롭게 생성된다. 오늘날 세계무대에서 그런 사회적 제국에 대한 아주 강력하고 유력한 사례는 미국이다. 여기에는 다수의 현저하게 드러나는 중심(뉴욕, 로스앤젤레스, 워싱턴)과 수없이 많은 권력의 상징(펜타곤, 월가, 할리우드, 아이비리그 대학, 텍사스의 유전, 실리콘밸리, 뉴욕현대미술관), 선별적으로 통과 가능한 국경(Davies 2000: 미국의 라틴화에 대한 내용 참조) 그리고 거대한 제국화한 경제적·사회적 불균형이 존재한다. 미국은 '제국으로서 사회'의 표본이다. 하나의 제국은 존재하지 않고 오히려 범지구적 복잡성이 제국은 각각의 사회에 대해 매력적이라는 사실을 증명한다.

동시에 각 사회는 제국으로서 자신의 상대, 자신과 다른 것, 자신에 반역하는 군중을 생산한다. 9·11 사건은 예상치 못하게 세계의 가장 가난한 국가 중 한 곳에서 일으킨 듯하다. 그러나 이것은 또한 그 결과가 수많은 경제적, 사회적 그리고 정치적 삶의 구조적 패러다임을 불가역적으로 바꾸었다는 것을 의미한다. 9·11은 비대칭적 위협의 복잡성을 나타내고, 전쟁이 외견상 동등하지 못한 권력 사이에서 발생한다는 것을 보여준다. 여기서 주어진 상황에서 외견상 약자는 외견상의 강자에게 종종 타격을 입히는 것으로 보인다(Gunaratna 2002 참조). 거의 언제나 약자가 지향하는 강자에게는 그 강자의 위치에 준하는 현실적인 대가가 문제다. 사회의 권력이 제국으로 커지면 커질수록 그 권력에 가할 수 있는 피해는 점점 더 커진다.

이런 현상과 더불어 우리는 범지구적 복잡성을 제국의 권력 제도—특히, 거대하게 응축된 제국의 권력을 상징하는 건물, 기관 그리고 인간—를 공격해 훼손하는 권력 상실자, 즉 약자의 권력 속에서 인식할 수 있다. 미국은 제국으로서 사회의 표본이며 미국의 제국적 권력의 가장 확연한 상징은 뉴욕의 스카이라인이다.

게다가 '제국과 군중'의 생산에서 근본적 변화가 세계적으로 형성된다. 범지구적 시장은 빈곤화의 '미개 영역'이 생겨나게끔 한다. 이러한 부재, 차이 그리고 결핍 영역은 옛 소비에트연방 일부에, 사하라 주변 아프리카에, 발칸 반도에, 중남미와 중앙아시아에 있다. 이런 영역에서 약한 국가들이, 취약한 사회 기반 설비를 갖고 강제 수단의 독점이 없는 거의 기능하지 않는 경제를 가진 국가들이 존재한다. 그들은 종종 불법 자원과 물질을 재화로 사용해야 하는 상태에 있고, 그들의 사회 구조는 내적으로 파괴되고 세계적 질서에 대한 결합은 아주 제한적으로 주어진다.

'서구'의 시각에 따른 분석에서 사회 공간적 불균형은 종종 드러나지 않는다. "도시의 분리"가 있고 "타자"에 대한 불투명성은 북아메리카 주(州)들의 "게이트로 구획된 공동체(gated communities)"에서 명백하게 드러난다(Graham/Marvin 2001). 이러한 구역의 문들은 안전한 영역을 미개하고 위험한 영역과 분리한다. 그러나 안전한 영역과 미개한 영역의 시공간 외곽은 익숙하지 않고 위험한 방법으로 새롭게, 스스로 혹은 아마도 바로 서구 내에서 충돌한다. 가난한 미개 지역으로부터 유입되는 인간·위험·물질·관념 등등은 그 확실한 문으로 미끄러져 들어오며, 그 문을 극복하고 애매모호한 구분을 순간적으로 제거한다. 돈세탁, 마약 거래, 도시 범죄, 난민 신청, 인신매매, 노예 거래 그리고 도시에 대한 테러를 통해 가난한 미개 지역의 공간과 안전 공간은 카오스적으로 서로 만난다. 〔바우만은 여기서 종종 부메랑 효과(Bumerang-Effekt)에 대해 말한다.〕

세계적 복잡성의 시스템에서 미개 영역과 안전 영역은 공간과 시간의 만곡을 통해서 가까워진다. '시공간적 압축'은 자본주의화한 세계뿐만 아니라 테러를 행하는 사회에도 있다. 가난한 미개 지역은 오늘날 또한 전화 호출, 인터넷 결합 혹은 비행에서도 멀리 떨어져 있다. 자본주의 시장은

'전체 세계'를 더 가까이 앞당기고 또한 이는 무엇보다도 그리고 역설적으로 그들에게, 즉 세계 질서 속에서 미 제국 지배의 폭력적인 절멸, 특히 파괴를 열망하는 자들에게 유효하다.

이러한 주장은 또한 자신의 군중을 가진 '제국'은 존재하지 않고 오히려 새로운 유인자, 즉 '제국으로서 사회'가 존재한다는 것을 말한다. 사회는 세계적으로 제국이 되고자 하는 경향이 있다. 그리고 추종자들은 그런 종류의 새롭고 불안정한 그리고 불투명한 유인자에 끌리기 때문에 기존의 제국과 제국의 상징을 파괴하고자 하는 군중이 생긴다. 제국으로서 사회는 자기 중심에서 증가하고 있는 비선형의 군중을 마음대로 하기 위해 익숙하지 않은 새로운 경험을 제도로 만든다.

결론

존 그레이(John Gray)는 세계의 실질적 상태를 "제어하기 힘든 무질서의 세계"(Gray 2001)로 묘사한다. 나는 복잡성이라는 성향이 극복하기 힘든 무질서를 조사하는 데 도움을 준다고 생각되는 몇 가지 은유, 아이디어 그리고 이론을 제공하고자 노력했다. 이런 세계에서 관계는 복잡하고 포괄적이고 비선형적이고 여러 겹의 부정적·긍정적 피드백 고리를 내용으로 한다. 되풀이되는 범례와 장기적인 경로 종속성이 있다. 세계의 시스템은 비예측성과 불가역성에 의해 특징지어진다. 그들에게는 궁극적인 '균형이 결핍되어 있고' 어떤 결정적인 '질서'도 없다. 질서의 집단 보장은 광범위하게 무질서를 증대시킨다. 이것들은 불변하는 안정적 구조도 제공하지 못하고, 그들에게서 구조적인 안정성도 발견하지 못한다. 복잡성 이론은 모든 물리적·사회적 시스템 속에 존재하는 질서와 무질서를 설명한다. 그레이에 의하면 이것은 복잡한 세계이고 무질서하다. 그러나 단순히 무정부적이지는 않다.

이런 형태의 시스템에서 구성 성분은 상이한 '유인자' 간의 인력을 통해 불가역적으로 이끌린다. 시스템 각각의 구성 인자는 모든 다른 것이 하나의 균형으로서 설정된다는 조건 아래서 기능한다. 그 이유는 역시 일반적으로 구성 인자가 '지역적' 정보 근거에 반응하기 때문이다. 그러나 한 지역에서의 구성 인자는 여러 겹의 결합 위에서, 그리고 다른 지역에서 시간과 공간에 실질적으로 영향을 미치는 궤도와 경로 위에서 작용한다. 이런 형태의 시스템은 예측할 수 없는 역사를 갖는다. 이 역사는 불가역적으로 발전하고 이 속에서 과거의 사건은 사라지지 않고 계속된다.

만약 원인과 작용이 불균형적이기 때문에 시스템이 갈라진다면 분기가 발생한다. 아울러 분기 사이에는 시스템이 빠르고 드라마틱하게 하나의 상태에서 다른 상태로 옮겨갈 수 있는 결과와 함께 비선형의 관계가 존재한다. 예를 들어 소비에트연방의 붕괴, 인터넷의 놀라운 성장, 이동 전화의 확산, 범세계적 테러주의의 갑작스러운 등장, 높은 이동성과 중복된 관문과 장소의 결합의 경우와 같이 안정적인 것처럼 보이는 것이 완전히 상반된 것으로 전환하면 시스템은 무너진다(Gladwell 2000).

릴리안아스트리트 게제가 영어를 독일어로 번역했다.

참고문헌

Abbott, A. (2000), *Time Matters,* Chicago.

Arthur, B. (1994), "Summary Remarks," in: G. Cowan/D. Pines/D. Meltzer (Hg.), *Complexity, Metaphors, Models and Reality, Santa Fe Institute: Studies in the Sciences of Complexity Proceedings,* Vol. 19.

Bales, K. (1999), *Disposable People,* Berkeley.

Bauman, Z. (2000), *Liquid Modernity,* Cambridge (이일수 옮김, 《액체 근대》, 강, 2009).

Byrne, D. (1998), *Complexity Theory and the Social Sciences*, London.

Capra, F. (1996), *The Web of Life,* London (김동광·김용정 옮김, 《생명의 그물》, 범양사, 1999).

____ (2002), *The Hidden Connections,* London (강주헌 옮김, 《히든 커넥션》, 휘슬러, 2003).

Castells, M. (2001), *The Internet Galaxy*, Oxford (박행웅 옮김, 《인터넷 갤럭시》, 한울, 2004).

Cilliers, P. (1998), *Complexity and Post-Modernism*, London.

Davis, M. (2000), *Magical Urbanism,* London.

Dillon, M. (2000), "Poststructuralism, Complexity and Poetics," in: *Theory, Culture and Society,* 17, S. 1-26.

Giddens, A. (1984), *The Constitution of Society,* Cambridge (황명주 옮김, 《사회구성론》, 간디서원, 2006).

____ (1990), *The Consequences of Modernity,* Stanford.

Gilbert, N. (1995), "Emergence in social simulation," in: N. Gilbert/R. Conte (Hg.), *Artificial Societies,* London.

Gladwell, M. (2000), *Tipping Points. How Little Things can make a Big Difference,* Boston (임옥희 옮김, 《티핑 포인트》, 21세기북스, 2004).

Gleick, J. (1988), *Chaos,* London.

Graham, S./Marvin, S. (2001), *Splintering Urbanism*, London.

Gray, J. (2001), "The era of globalisation is over," in: *New Statesman,* 24. September.

Gunaratna. R. (2002), *Inside Al-Qaeda. Global Networks of Terror,* New York.

Habermas, J. (2001), *The Postnational Constellation,* Cambridge.
Hardt, M./Negri, T. (2000), *Empire,* Cambridge, Mass (윤수종 옮김, 《제국》, 이학사, 2001).
Klein, N. (2000), *No Logo*, London.
Law, J. (1994), *Organizing Modernity,* Oxford.
Lyon, D. (2001), "Surveillance after September 11," in: *Sociological Research Online,* 6(3).
Mahoney, J. (2000), "Path dependence in historical sociology," in: *Theory and Society,* 29, S. 507-548.
Morse, M. (1998), *Virtualities,* Bloomington.
Murdoch, J. (1995), "Actor-networks and the evolution of economic forms: combining description and explanation in theories of regulation, flexible specialisation, and networks," in: *Environment and Planning A,* 27, S. 731-757.
Nicolis, G. (1995), *Introduction to Non-Linear Science,* Cambridge.
North, D. (1990), *Institutions, Institutional Change and Economic Performance, Cambridge* (이병기 옮김, 《제도. 제도 변화. 경제적 성과》, 자유기업센터, 1997).
Pascoe, D. (2001), *Airspaces,* London.
Plant, S. (1997), *Zeros and Ones,* London.
Power, M. (1994), *The Audit Explosion*, London.
Prigogine, I. (1997), *The End of Certainty*, New York.
Rifkin, J. (2000), *The Age of Access*, London.
Ritzer, G. (1998), *The McDonaldization Thesis,* London.
Swyngedouw, E. (1992), "Territorial organization and the space/technology nexus," in: *Transactions, Institute of British Geographers,* 17, S. 417-433.
Urry, J. (2000), *Sociology Beyond Societies*, London.
____ (2003), *Global Complexity*, Cambridge.
Wallerstein, I. (1996), *Open the Social Sciences. Report of the Gulbenkian Commission on the Restructuring of the Social Sciences, Stanford* (이수훈 옮김, 《사회과학의 개방》, 당대, 1996).
Weiss, L. (1998), *The Myth of the Powerless State,* Cambridge (박형준 옮김, 《국가 몰락의 신화》, 일신사, 2002).

2부 공간, 장소, 정체성

니나 글릭실러, 아이세 카글라어, 타데우스 C. 굴트브란트젠[1]

지식의 대상으로서 '종족 집단'의 저편

이주자의 지역성, 전 지구성 그리고 편입 모델

많은 저자가 이주민과 이들의 후손이 점점 더 프랑크푸르트, 런던, 뉴욕 또는 베를린 같은 글로벌 도시 및 관문 도시(gateway city)를 그들이 살고 있는 지역으로 동일시하고 있다고 강조한다(Eade 1997; Maira 2002; Caglar 1995; 2001; Waldinger 2001; Stepick/Portes 1993; Schiffauer 1997; Soysal 1999). 따라서 이주 이론은 이주민 편입 모델의 과정에서 지역성의 역할을 집중적으로 다루어야 한다. 지난 1980년대에 체계적이고 학술적인 논의가 있었지만, 최근에야 비로소 역사와 도시의 규모 같은 특정한 요인이 이주민 편입 모델에 영향을 끼치는 것으로 파악하기 시작했다. 출신, 지역성 그리고 정착이 어떻게 국경을 넘어 이주민의 관계망 형성에 영향을 끼치는지에 대한 질문에 사람들은 별다른 관심을 갖지 않았다. 지역성의 측면을 경시하는 것은 역설적인데, 왜냐하면 시카고학파는 지역성을 이주학 연구의 기초 중 하나로 보았기 때문이다. 가령, 이 학파의 대표적인 학자들은 특정 도시 구역의 "생태학", 구조 그리고 지역화한 집단의 역동성에 관심을 집중했다(Park/Miller

1921). 시카고학파가 개발한 종족 '게토(Ghetto)' 및 동화 과정에 대한 이론은 전 세계적으로 이주 과정에도 투사되었다. 그럼에도 불구하고 이주 이론가들은 소도시같이 다른 규모를 갖고 있는 도시에 이주민이 정착하는 문제에 대해 별다른 설명을 하지 못하고 있다.

이에 대해서는 다양한 이유가 있다. 첫째, 이주 연구는 '종족성'의 측면에서 이주민을 고찰한다. 비교와 분석의 중심에는 이들이 정착한 지역이 자리 잡고 있다. 둘째, 도시 규모에 대한 개념을 이주 연구에서 아직 종합적으로 개발하지 못했다. 이주민 편입 모델 관점에서 보면 아직 이 개념을 사용하지 않고 있다. 셋째, 대부분의 연구가 관문 도시나 글로벌 도시에 국한되어 있다.

따라서 이 글은 두 곳의 소규모 도시를 예로 들어 비(非)인종적인 편입 모델에 대해 논의할 것이다. 독일 작센-안할트 주의 할레/잘레, 미국의 맨체스터는 이번 프로젝트의 포괄적 연구 대상인데, 이 프로젝트에서는 이주민 편입의 다층적 양상인 가족·종교·종족성·경제 등을 살펴볼 것이다. 이 글은 종교적 편입의 변형을 고찰하는 것에 국한할 것인데, 우리는 이 시각을 "글로벌 기독교"라고 부른다.[2] 자료는 2개의 소규모 도시에 대한 민족지학적 연구 결과에서 도출한 것으로, 상이한 크기의 도시에서 이주민 편입의 본질에 대한 논의를 촉발할 것이다. 또한 이 연구를 통해 제시한 질문은 이론을 개발하는 데 도움을 줄 것이다. 학문적으로 지금까지도 글로벌 도시의 이주민을 공동의 정체성과 편입 모델을 가지고 있는, 즉 종족-결정론적 인구로 간주해오고 있다. 소규모 도시에서는 이에 반해 지역성이 특별한 의미가 있다. 왜냐하면 여기서는 이주 연구가 종족 집단 연구를 넘어설 수 있기 때문이다.

개념과 용어 규정

우선 자료를 분석하고 논의를 전개하기 위해 이주 이론 틀 내에서의 주요 개념, 예컨대 종족 집단, 편입 모델 그리고 도시 규모, 즉 도시 스케일을 정의하고 자리매김할 필요가 있다. '종족적(ethnic)'이란 용어는 문헌에서 자주 사용하고 있지만 그 내용은 서로 다르다. 그 때문에 용어를 이주 이론 내에서 자리매김하고 규정하는 것이 필요하다. 20세기에 국민 국가 형성 개념은 개인은 단지 하나의 나라와 정체성을 갖고 있을 뿐이라는 정치적 이데올로기를 정당화했다. 이런 관점은 연구자의 국가주의 방법론으로 나타나며(Wimmer/Glick-Schiller 2002a; 2002b), 자신을 국민 국가와 동일시하고, 이주 연구에도 깊게 자리 잡고 있다. 이 관점이 갖고 있는 가정 중 하나는 우리가 사회라고 부르는 것에 해당하는 사회적 과정이 한 국가 경계 안에서 진행되며, 국민 국가는 공동 문화의 경계를 정한다는 것이다. 사회과학자와 정치가들은 국가의 국민 사이에서 주로 나타나는 문화 요소를 척도로 간주하고, 이를 통해 국가 내에서 살고 있는 다른 모든 사람을 측정했다. 이에 따라 지배 문화와 기원이 다른 것을 종족적이라고 범주화했다. 여기에는 이주민은 그들만의 다른 공동의 문화, 역사 그리고 정체성에 의해 특징지어지며, 이는 고향-사회 또는 출신 국가의 일부분이라는 가정이 존재한다.[3]

이주 연구에 있어 종족성과 종족 정체성에 대한 개념은 권력의 역사적 논리를 반영한다. 미국에서는 일반적으로 종족이라는 용어를 사용하지 않고 '이탈리아계 미국인 또는 아이티계 미국인'으로 부르고 있는데, 이 역시 종족적 동일화다. 유럽에서 이 개념은 역사적으로 다르게 발전했다. 유럽에서는 주도적인 문화와 다르지만 점차 수렴 현상을 보이는 사람들을 뜻한다. 유럽연합은 EU의 정치적 틀 안에서 제도상 다양한 재원의 혜택을 누릴 수 있는 사람을 국경을 넘나드는 민족적 소수자, 토착적·언어적 및 이주한 소수자로 구분한다(Bauboeck 2002). 민족적 소수자는 토착적이지만 주류 문화나 이주한 소수자와 다른 사람들로 여겨지며, 후자는 통상 조상이 살았던 땅과 동일시된다. 이런 범주의 결과로 인해 이주민은 '종족'이라기보다 '국민성'으로 규정된다.[4] 오늘날 유럽이나 미국에서는 이주민이 새로 정착한 땅에서 정치, 경제, 사회 그리고 문화적으로 통합되는 것에 점차 관심이 커지고 있다. 미국에서는 '새로운 동화주의'라는 용어가 생겨났으며, 유럽에서는 '통합'을 다시 호소하고 있다(Heckman 2003; Alba/Nee 2003; Esser 1999; 2001). 이주민을 종족 집단 또는 국민성으로 칭하는 것과 별개로 대서양을 사이에 둔 양측은 이주 연구에서 이주민에 초점을 맞추고 있다.[5]

종족 정체성은 출신 마을보다 출신 국가와 더 강하게 연계되어 있으며, 이주 과정에서 학습을 통해 이를 습득한 게 사실이고, 현재도 그러하다. 요컨대 이주민은 공동 표식을 갖고 있으며, 이들은 하나의 공동체를 형성한다는 견해가 널리 받아들여지고 있다(Glazer 1954; Roosens 1989; Glick-Schiller 1977; Glick-Schiller u. a. 1987).[6] 이런 점이 이주 문제 연구자의 생각과 연구 방식에 전혀 영향을 끼치지 않았다고는 말할 수 없다. 독일의 터키인, 영국의 파키스탄인 그리고 미국의 멕시코인에 대한 다수의 연구서가 있다.[7] 이주민의 '비종족적' 편입 모델에 초점을 맞춘 이 글은 편입 모델의 발전을 강조한다. 여기에서 사람들은 각기 다른 나라에서 태어나 다양한 사회적 관계와 정체성으로 서로 연결되어 있으며, 공동의 문화보다는 다른 요인, 즉 친인척, 이웃, 우정, 국제결혼, 직업 또는 종교와 관계되어 있다. 이러한 관찰에서 종교는 하나의 중요한 요소다.

정주 과정과 초국가적 네트워크화에 대한 연구는 편입 모델 개념을 토대로 한 것이다. 맨체스터학파의 사회인류학적 이주 이론, 부르디외(P. Bourdieus)의 저서, 그리고 미국 사회학에서 이주 편입에 대한 시각을 토대로 편입은 사회관계를 생성하거나 혹은 영속화하는 것으로 정의되며, 여기서 개인 또는 집단/조직은 네트워크로 서로 얽힌 복합적이고 다양한 사회적 영역의 참여자가 된다(Jenkins 1992; Epstein 1967; Mitchell 1956; 1969; Portes/Böröcz 1989; Schmitter Heisler 1992). 이주민 편입에 있어 한 가지 조직화한 형태나 또는 집단적 정체성만 존재하는 것이 아니므로 복수의 편입 모델이 논의의 대상이다(Glick-Schiller u. a. 2003). 개개의 편입 양식—가령 가족, 종교, 또는 종족 같은—은 수많은 변형을 드러낸다. 편입로라는 개념은 그때그때의 거주(settlement)와 연결(connection)의 형태를 지칭한다. 종교도 하나의 편입 양식일 수 있다. 종교에는 기독교, 이슬람교 또는 불교 같은 글로벌 종교의 변이형뿐만 아니라 인도의 힌두-민족주의 같은 종교적 민족주의도 포함된다. 종교를 통한 편입은 지역 또는 초국가적 편입의 다른 양상과 병행해서 일어날 수 있다. 다양한 편입로를 고찰하는 중심에는 사회적 관계가 자리 잡고 있는데, 이 사회적 관계는 지역적·국가적 그리고 초국가적 차원의 조직 구조에 존재하는 제도적 결합체를 통해 이주민을 연결한다.

네트워크화라는 개념을 통해 편입이라는 개념을 조작할 수 있다. 이를 통해 조직화한 구성체(공식적 활동, 법적 지위, 국적)를 학술적으로 분석하는 것 또는 주관적 동일화를 넘어 나아갈 수 있다. 편입은 이주민 및 제도와 결합하는 과정으로 이해할 수 있다. 서술된 사회적 네트워크는 공식적으로 인정된 제도의 한 꾸러미로 이어진다. 편입로에 대한 개념은 국가적 경계에서 충돌하는 것이 아니라 사회적 영역을 강조하는데, 이 사회적 영역은 국경을 넘어 뻗어 있으며 국가적인 제도를 감추는 것이 아니라 이와 연결되어 있다. 엘리자베스 보트(Elizabeth Bott)는 간접적인 사회 영역의 가족 관계에 대한 획기적인 연구에서 이 네트워크를 구조 또는 범주가 아니라 "부분적 네트워크"라고 칭했다(Epstein 1987에서 인용).

종족 집단을 넘어서 분석하는 것과 상이한 편입로를 고찰하는 것은 '도시 규모'가 이주민의 정주와 초국가적 결합에서 어떤 역할을 하는지에 대한 해답을 찾는 연구의 초석이다. 규모는 도시의 서열을 상이하게 정하는 상위 개념으로부터 만들어졌으며, 이 규모는 자본 흐름과 자본 지배력 그리고 지역 내, 국가 내, 전 세계적으로 구성된 권력 구조에 의해 결정된다. 브레너(N. Brenner 1999; 1998a; 1998b; 2004), 스미스(N. Smith 1993), 스윙지다우(E. Swyngedouw 1992; 2004)와 다른 연구자들은 르페브르(H. Lefèbvres 1991, 초판본은 1974)의 영향을 받아 규모 이론을 발전시켰는데, 이 이론은 지역성을 권력 서열의 관계 속에서 고찰한다. 이 개념은 도시—특히 종교나 국가 제도를 통해 구조화되어 있는—가 뒤엉킨 권력 서열에 끼워져 있는 것이 아니라, 전 지구적 경쟁 속에서 상호 존재하며 전 지구적으로 제도화한 세력에 대응한다는 것이다. 케인스 경제 정책이 끝나고 신자유주의 어젠다가 등장하면서 개별 국가의 조건이 서로 다름에도 불구하고 도시의 미래 기회를 평가하는 데 규모라는 요소가 중요한 역할을 하게 되었다. 도시와 국가의 관계는 상이한 전 지구화의 정도와 장소적, 사회적 효과로 인해 변화했다. 소규모 도시는 자신들이 처해 있는 취약한 위치에서 벗어나 국가적 또는 초국가적 맥락에서 형성된 권력 서열 아래서 자본 유입과 정치적 의미를 얻기 위해 경쟁하고 있다. 도시의 제도적 수용력, 이에 상응하는 사회적 서비스 제공 능력, 그리고 구조적 기회는 점점 규모가 얼마나 큰지에 따라 결정되고 있다. 이 때문에 도시 규모는 왜 같은 나라에 있는 도시들이 서로 다른 사회적 성취를 이루고 있는지 설명해주는 중요한 변수다.

규모 요소를 도입하면서 이주 연구에 있어 지역성의 특이성과 구조를 국가적·지역적 그리고 전 세계적 관계 속에서 고찰할 수 있게 되었다. 공식적 대표자와 도시 엘리트는 이주 그리고 이와 관련해 자신들의 도시를 발전시키려는 질문에 대한 해답을 지역적·국가적·전 지구적 자본의 흐름에 유리한 지위를 확보하는 것에서 찾고 있다(Henry/McEwan/Pollard 2002; MacLeod/Goodwin 1999). 이들이 이주민을 어떻게 평가하는지는 특별한 직업과 경제 구조 그리고 지역의 요구에 달려 있다. 그 밖에도 만일 도시가 '다문화 대도시'로 자리매김하고자 한다면 '다름'에 대한 선언과 이주민이 중요하다.

규모를 평가하는 기술을 아직 충분하게 개발하지 못하고 있지만, 소도시와 글로벌 도시 또는 관문 도시의 차이점을 측정하는 몇 가지 요소가 있다. 이를테면 상대적으로 작은 재정과 금융 부문, 예를 들어 기술 같은 개별 영역에서의 활동과 역동성을 개선하기 위해 자본의 흐름을 도시로 끌어들이는 데 겪는 어려움, 젊은 학자들에게 제공하는 일자리의 심각한 부족, 감소하는 지방세 수입, 필수적인 지역 사회 복지 프로그램을 위해 부족한 재정 등이 그것이다. 잠재적 이주민이 지역에서 찾을 수 있는 '기회 구조'에 관한 토론에서, 그 도시의 크기를 결정하는 데는 그 도시가 간직하고 있는 고유한 역사적 맥락을 고려해야 한다는 주장이 있다. 즉 이주 연구에 있어 공간적 전환의 시기가 도래한 것이다.

1990년대 말 유럽의 이주 문제 연구자들은 이주민이 정착하는 도시의 규모와 의미 그리고 이주민의 편입 모델 사이에 연관 관계가 있다고 확신했다(Rex 1996; Bommes/Radke 1996). 몇몇 연구는 이주민의 편입에서 지역성이 특별한 역할을 한다는 사실에 초점을 맞추었으며, 점차 더 많은 연구자들이 지역성에서 시작된 편입과 이주민의 초국가화 맥락으로서 도시가 갖고 있는 의미를 강조했다(Bommes/Bade 2002; Caglar 2001; 2002; Yalcin-Heckmann 2001; Schiffauer 1999; Schmitter Heisler 1998; Soysal 1999; Straßburger u. a. 2000). 쿠프만(R. Koopman)과 스트라탐(P. Stratham)은 자신들의 연구에서 각 도시는 상이한 정치적 힘의 역학 관계를 토대로 서로 다른 이주 정책을 실행하고 있다는 점을 밝혀냈다(Koopman/Stratham 2000). 하지만 대부분의 연구는 이전과 마찬가지로 특정한 국가에 초점을 맞추고 있다. 즉 한 국가 내에 존재하는 여러 도시를 비교 연구한다(Rex/Samad 1996; Betz 1996). 종종 이주민과 특정 도시 간의 관계에 대한 국경을 넘어선 비교 연구는 국가 정책, 담론 그리고 국가적 통합 전략을 일반적인 비교 연구를 통해 검증하려는 많은 연구자에게 영감을 주고 있다. 하지만 추가 연구에 대한 요구는 아직 별다른 반향을 얻지 못하고 있다(Straßburger/Unbehaun/Yalcin-Heckmann 2000).

지역성을 강조하는 것은 미국의 이주민 연구에서도 새로운 테마다(Smith 2001). 그러나 지역성에 대한 이론을 개발하지 않고 이주민과 특정 도시 간의 관계를 일반적으로 분석하고 있다(Stepick/Portes 1993; Waldinger/Bozorgmehr 1996; Waldinger 2001). 엘리스(M. Ellis)는 다음과 같이 회상한다. "문헌이 확실한 증거를 제시하듯 경제적 이득을 얻는 이주민의 능력은 그들이 정착한 장소의 조건에 달려 있는 것이지, 이들이 미국에서 획득하거나 또는 이들이 가지고 있는 개인적 특성에 기인하는 것이 아니다"(Ellis 2001: 118). 포르테스(R. Portes)와 바흐(R. L. Bach)는 "수용 맥락"의 중요성을 상기시키는데, "흡수하는 종족 커뮤니티의 자원, 지역 노동 시장의 견실함, 그리고 수용 행정 당국의 정책"이 여기에 속한다(Portes/Bach 1985). "장소-고유한 조건은 아마도 문제가 되는데" 왜냐하면 "경제적 구조화는 〔……〕 매우 변별적인 방식으로 지역에 영향을 끼치기 때문이다"(Ellis 2001: 119). 캐롤린 브레텔(Carolyn Bretell 1999)은 유명한 저작을 통해 도시 연구에서 "맥락으로서 도시"를 정확하게 연구하는 것이 필요하다고 강조했다. 그녀는 도시적 삶에 대한 우리의 이론은 종종 어느 한 도시에서 다른 모든 도시를 암시하며, 이주민 편입 양상은 서로 다른 도시적 맥락에서 각양각색이라고 주장한다.

지금까지는 편입 양상과 도시 규모 사이의 관계를 밝혀주는 어떤 이론도 없지만, 특히 '관문 도시'라는 개념은 글로벌 도시와 이주 인구 사이의 관계를 중요하게 부각한다(Clark 2004; Ley 2003). '글로벌 도시들'에 대한 연구조차도 이주민과 도시 규모 사이의 관계를 이론적으로 충분하게 다루지 못하고 있다. 사람들은 유사한 규모를 가진 다른 도시와 비교 연구하지 않고 '글로벌 도시'에 살고 있는 이주민의 특정한 편입 측면이 이들 도시의 지위를 반영한다고 생각하는데(Sassen 1994; 2000), 여기에서는 수입이 형편없는 이주민이 의지할 수밖에 없는 저임금 부문의 발달과 금융 자본의 전 지구적 네트워크 속에서 주인공으로서 도시 사이의 중요한 연계를 강조한다. 낮은 임금을 받는 이주민의 의존 정도는 도시 경쟁력의 한 부분이지만, 이런 측면을 기반으로 글로벌 도시라고 부를 수는 없다.[8] 이주 연구 자체가 도시적 맥락에 집중하기 때문에 해당 도시를 전 지구적 공간의 재구조화 과정과 연관해서 바라보지 못하고 있다. 이런 과정은 사회 복지 국가의 분배 정책에서 영토적 평등 원칙에는 부정적 결과를 초래할 것이며, 이는 다시 이주민이 도시에서 사용 가능한, 제도화하고 다방면에 걸친 기회 구조에도 영향을 끼칠 것이다.

소규모 도시는 '글로벌 도시'와 양상이 다를 것이다. 소규모 도시에서는 대도시보다 종족 집단 사람들이 모여 사는 고립된 정착지나 커뮤니티가 아닌 거주 형태가 많이 존재하거나 또는 적어도 더 자주 볼 수 있을 것이다. 이런 거주 형태가 소도시에는 상대적으로 적게 존재하는데, 이는 아마도 도시의 규모보다는 이민을 위한 관문이 없고, 이익을 취할 수 있는 종족적으로 조직된 일거리나 금융 및 상업 중심이 없다는 점과도 연관이 있을 것이다. 하지만 소도시에는 세계적 도시와 달리 사회적 자본과 커뮤니티를 구축하기 위한 체제가 존재하지만, 이 역시 경제적 자본, 상업적 기회, 전문 직업이 빠듯하다는 특성이 두드러지게 나타난다. 종교적·직업적·사회적 결합은 아마도 비종족적 형태의 편입을 보여주며, 이 형태는 신규 이주민과 이들이 정착한 도시 제도 사이의 결합을 만들고, 출신 국가의 정체성에 기초하지 않는 초국가적 결합을 촉진시킨다. 도시 규모는 다른 편입 양식을 생산하거나 또는 특정한 구조 속에서 특정한 편입 양식이 왜 더 주도적 역할을 하는지에 대한 이유를 제시한다. 예를 들어 이주민이 전 지구적 기독교인의 정체성을 지향하는 것도 하나의 편입 양상인데, 이는 특히 소도시에서 중요한 의미를 갖는다.

소도시의 규모 요소와 일치: 할레와 맨체스터의 비교

국가 간의 정치적 차이는 기회 구조에 영향을 끼치며, 국가 정책의 실제적 결과는 각각의 지역성과 연관해 고찰해야 한다. 다양한 규모를 가진 도시에서 분배 정책 차이는 이주민 편입 양식의 다양성으로 나타난다. 신자유주의 맥락에서 공간적·제도적 변화의 불균형은 국가 복지 제도의 동질적 공간에서 도시 규모에 따라 변화하는 기회 구조를 자리매김한다. 따라서 이주민의 편입 양식을 비교 연구하기 위해서는 다음과 같은 맥락에서 정착지의 지역성을 살펴봐야 한다. a) 이주민을 위해 담론적이고 제도화한 기회 토대 구조를 제공하는 국가 정책의 일반적 틀. b) 지역적, 국가적, 전

지구적 세력과의 관계 속에서 기회 구조를 재배치하는 지역성의 등급. 그 다음으로는 이주민이 정착한 곳의 지역성 안팎에서 구축한 특정한 지역성과 전략, 희망 그리고 네트워크 안에서 이런 정책을 실제적으로 실행하는지 분석하는 것이다. 예를 들어 미국과 독일 사이에는 이주민에 대한 복지혜택 부문에서 커다란 차이가 존재한다. 독일에서는 비록 적은 돈이지만 국가가 이주민과 망명자에게 주거비, 의료비, 생계비를 지원한다. 상징적인 임금에 대한 대가로 수혜자는 다양한 공적인 시간제 노동을 할 의무가 있다. 이와 동시에 미국보다 독일에 실업자 수가 많고, 독일인을 고용 분야에서 더 확실하게 선호한다. 또한 합법적 또는 불법적으로 일자리를 찾을 수 있는 가능성에서도 큰 차이를 보이는데, 이런 점도 매우 중요하다. 이는 해당 도시의 규모와 도시가 어느 지역에 위치하고 있는지와 깊은 관련이 있다. 상이한 규모를 가진 도시에서 발생하는 편입 양식을 평가하는 데 있어 지역의 경제적 기회 구조를 고려해야 한다. 프랑크푸르트에서는 정치적 망명을 모색하는 사람조차도 일자리를 구할 수 있지만, 할레에서는 독일어를 유창하게 하는 합법적 이주민도 일자리를 찾기 힘들다.

미국에서 정치적 난민은 단기간 동안 소규모 지원을 받을 수 있으며, 또한 최소한의 도움을 국가에 요구할 수 있다. 이에 반해 그린카드를 가진 합법적 이주민은 의료, 생계유지 또는 소득 부분에 대해 정부에 보조금을 청구할 수 없다.[9] 도시 규모에 대한 의존도와 이에 부응해 주어지는 구직 기회에 따라서 부족한 국가적 지원은 편입 양식에 서로 다른 영향을 끼친다. 일반적으로 미국의 실업률은 독일에 비해 낮고, 노동력으로서 이주민은 특정한 직종과 지역에서 선호한다. 도시 규모는 비국가적 사회 안전망에도 역시 영향을 끼친다. 요컨대 종종 글로벌 도시에서는 자선 단체의 연계망과 종족 조직이 어느 정도 안전과 도움을 제공한다. 그 밖에도 이주민에게 중간 또는 고급 직종의 일자리를 제공하는 제도적인 고용주가 있다. 대도시에서는 종족적 틈새 경제에서 일자리를 찾는 것이 더 쉽다. 맨체스터에서는 이주민에게 제공하는 일자리가 거의 없으며, 종족적 경제도 실제적으로 존재하지 않으며, 중산층을 위한 기회도 없다. 하지만 교회가 현장에서 자선을 베푸는데, 이것은 풍족한 편이다. 그 때문에 이주민이 어디에 살고 있는지에 따라 국가 정책이 이주민의 삶에 끼치는 실질적 의미도 달라진다.

독일 작센-안할트 주의 할레와 미국 뉴햄프셔 주의 맨체스터는 정치적·경제적 권력 서열 관계 속에서 몇 가지 일치점을 보여주는데, 이는 '규모의 순위'에서 유추할 수 있는 것들이다. 이 두 도시는 성공적이지만 아직도 중심이 되기 위해 노력하는 주변부에 위치해 있다. 여기에서 규모에 따른 공통점을 소개하는 것 이상은 불가능하다. 하지만 지금까지 소개한 요인은 이주민에 대한 각 도시의 복합적인 관계에 존재할 수 있는 혼란을 약간 덜어준다.

할레와 맨체스터, 이 두 도시는 전 세계적 경쟁에서 살아남기 위해 노력하고 있다. 두 도시 모두 인구가 25만 명 이하이고, 국가적·전 세계적 도시 위계질서에서 주변부에 위치하지만 공학 도시로서 자리매김하기 위해 애쓰고 있다. 할레는 낮은 임금과 높은 실업률로 특징지어지는 사양 공업 도시다. 할레는 라이프치히와 경쟁 관계에 있으며, 가장 가까운 대도시 베를린과 180킬로미터 떨어져 있는데, 새로운 공학 관련 기업, 은행 그리고 금융 회사의 투자를 유치하기에는 매력이 별로 없다. 1989년 통일 이후 도시 경제의 중추를 이루던 대규모 공업 단지들이 외국 자본에 매각되었다. 3만 개 이상의 일자리가 공장 폐쇄 또는 인력 감축으로 인해 사라졌다. 독일과 유럽 기업이 할레에 투자를 하기는 하지만 지역민이나 이주자에게 일자리를 창출하는 분야는 아니다. 은행과 유통업체를 설립하고, 주거 환경을 개선하고, 도시 중심지를 정비했다. 할레에서는 공장을 현대화했지만, 전체적으로 봐서 도시가 이로부터 이득을 얻는 것은 거의 없다. 왜냐하면 생산성 증대가 기계를 통해 이뤄져 인력이 덜 필요해졌기 때문이다(Barjak 2000). 공적 재원을 통한 산업 진흥에 대한 산업계의 요구는 글로벌 경제에서 위험한 전략인데, 공업 단지에 대한 대규모 투자가 실패할 수도 있으며, 만일 공장이 문을 닫아야만 한다면 해당 도시는 빈 건물 이외에 자금이나 세금을 통한 유인책을 더 이상 사용할 수 없기 때문이다.[10]

시 당국은 할레를 예전과 마찬가지로 꾸준하게 공학 중심 도시로 육성하고자 한다. 이에 대해 사람들은 할레가 19세기에 학문과 연구 그리고 대학 중심 도시였다는 역사적 사실에서 그 이유를 찾고 있다. 공공 인터넷 사이트에서는 하이테크 도시로서 할레라는 비전을 제시하고 있지만 이는 현실과 거리가 멀다. "할레 정보 이니셔티브(HII)는 1997년 5월 다음과 같이 제시했다. 〔……〕 할레가 정보 통신 사회에서 경쟁력 있는 온라인 기업의 요지로서 경쟁력과 풍요를 획득하기 위해서는 지금 행동에 나서야 한다. HII는 다른 기관들과 교류를 통해 미래의 자격 조건을 획득하는 〔……〕 승강장이다."

도시의 주요 인사들은 할레를 "특정 분야를 선도적인 산업, 곧 IT 기업과 공학 관련 기업 그리고 정보 통신 회사들의 경제 도시"라고 묘사한다. 우리는 동일한 웹사이트에서 "가장 유명한 생산물 〔……〕 할로겐램프, 카티(Kathi)-케이크용 밀가루, 암멘도르프(Ammendorf)의 왜건(wagon)"이라는 내용을 읽을 수 있다. 여기에서는 초콜릿 또는 케이크 첨가물, 하이테크 생산물, 그리고 왜건 생산 공장 사이에 존재하는 기업의 태도 차이를 간과하고 있다.

할레를 전 세계적으로 경쟁력 있는 도시로 만들려는 시 당국의 첫 번째 시도는 이미 1989년의 통독 과정에서 좌절을 경험했다. 할레는 새로 만들어진 작센-안할트 주에서 가장 큰 도시였지만 주도(州都)가 된 것은 마그데부르크(Magdeburg)였다. 대학 학부와 의학 전문대학을 폐쇄해야 했으며, 도시는 이런 변화의 시기에 필요한 재원이 부족했다. 모든 지역에 재원을 공평하게 분배하는 국가 정책의 토대를 마련해주던 케인스 정책에 점차 등을 돌리는 상황에서 시 및 연방 정부는 국내 및 전 세계적 경쟁에서 살아남는데 필요한 재원이 부족했다.

할레에서 새롭게 부를 창출하는 재정 분야에 진출해서 이득을 보는 기업은 주로 서독계였다. 소규모 산업 분야에서 몇몇 양질의 일자리를 동독인에게 제공했지만, 이주자에게 돌아갈 일자리는 거의 없었다. 도시 성인의 실업률은 높았으며(2004년 약 20퍼센트에 근접), 미숙련 그리고 불법 일자리를 두고 심한 경쟁이 벌어졌다. 노동 허가를 가진 이주민도—경력을 쌓는 것은 말할 것도 없이—일자리를 찾을 가능성이 없었다.

이런 매우 비관적인 상황에도 불구하고 몇몇 이주민은 소규모 기업을 창업했는데, 이를 통해 그들과 가족 그리고 그들의 네트워크를 위한 유일한 일자리를 찾을 수 있었다. 동독 지역에 위치한 할레는 소규모 기업에 매우 좋은 기회를 제공했는데, 왜냐하면 통독 전까지 창업에 대한 경험을 축적할 기회나 상업 네트워크를 만들 기회를 거의 갖지 못했기 때문이다. 자본 및 대규모 기업과 연결된 몇몇 이주민은 이런 틈새시장에서 지역민에게 상품과 용역을 제공함으로써 성공을 거두기도 했다. 하지만 전체적으로 보건대 이 분야는 위험하며, 오직 제한적인 수의 이주민에게만 통합 가능성을 제공했다.[11]

이런 이유에서 오직 소수의 이주민만이 자의적으로 할레/잘레 지역으로

왔다. 무엇인가를 할 수만 있다면 더 많은 일자리가 있는 서독 지역으로 갔다. 이 지역에 남은 사람 중 일부는 독일에서 법적으로 활동을 제약받는 정치적 망명자, 독일 사람과 결혼한 이주민, 또는 독일인 배우자 사이에 자녀를 두고 있기 때문에 체류 허가를 갖거나 네트워크와 재원을 활용할 수 있는 기회를 가진 사람들이다. 난민 출신 노인, 유대인 이주민 또는 '재외 독일인'이 있는데, 이들은 학생처럼 독일 다른 지역에서 일자리를 찾을 수 없는 사람들이다. 도시의 유지들은 이주민을 종종 직업 교육도 받지 못한 데다 기술도 갖추지 못한 사람들이며, 도시 재건에도 도움을 줄 수 없는 사람들이라고 이야기한다. 하지만 실제로는 상대적으로 소수만이 교육을 받지 못했다. 이주민 가운데는 전문직 노동자, 학자 그리고 학생이 있으며, 이들은 기꺼이 할레에 머물기를 원한다. 지금까지 언급한 요인 때문에 할레의 이주민 수는 매우 적다. 비록 지난 10년간 2배가 되었지만 전체 도시민에서 이주민이 차지하는 비율은 4퍼센트에 불과하다. 이들 대부분은 유럽연합 출신이며, 아프리카 출신 이주민 수는 눈에 띄게 적다.[12]

뉴잉글랜드 북부에 있는 뉴햄프셔 주의 맨체스터는 보스턴에서 53마일(약 85킬로미터—옮긴이) 떨어져 있다. 이 도시는 방직 산업 덕분에 생겨났고, 19~20세기 초 많은 이주민이 일자리를 찾아 이 지역에 정착했다. 방직 산업은 1930년대부터 1960년대까지 지속적으로 불황을 맞았다. 할레와 마찬가지로 맨체스터에서도 1990년대 침체된 산업에 자본이 유입되고 투자가 이루어졌다. 1990년대 후반 도시의 산업이 활기를 띤 것은 부분적으로 IT 산업의 성장과 연관이 있다. 초국가적 대기업과 연관된, 주로 노동조합 없는 소규모 기업이 성장했다. 할레와 마찬가지로, 투자가 늘어나면서 생산성이 증대하긴 했지만 더 이상 일자리를 창출하지는 못했다. 이렇게 생겨나거나 성장한 소규모 기업은 저임금 노동자를 고용했다. 도시가 성장하면서 뉴잉글랜드 지역 내의 이주민뿐만 아니라 외국에서 온 난민과 이주민을 끌어당기는 역할을 했다. 1990년대에 이주민 수가 증가했고, 동시에 공장에서 일할 수 있는 새로운 기회도 늘어났다. 이런 과정은 상호 긍정적으로 영향을 끼쳤다. 현재 11만 명이 도시 경계 내에 살고 있으며, 이 광역 지역에 살고 있는 주민은 20만 명에 달한다. 2000년 인구 조사에 의하면 맨체스터에 등록된 거주민의 6.58퍼센트는 외국에서 태어난 사람이다. 미국에서 50년 이상을 살고 있는 사람들 수도 매우 높다(34퍼센트). 이들 대부분은 자신을 미국인이라 생각하고 있으며, 대부분 미국 국적을 갖고 있다. 맨체스터 광역 지역에는 신규 이주민의 비율이 4.2퍼센트이며, 8400명의 합법적 이주민과 난민이 살고 있는데 이런 비율은 할레와 비슷하다.

2000년에 IT 거품이 꺼지고 불황이 시작되면서 맨체스터에 대한 자본 유입은 멈추었지만 인구 증가는 지속되었다. 비록 제조업 분야의 성장이 국가나 기타 도시보다 평균 이상이었지만, 2000~2004년 이 산업에서 사라진 일자리 수는 놀랄 만하다.[13] 도시에서 두 번째로 큰 기업인 육류 포장 회사에는 대부분 이주민과 난민으로 구성된 노동자 550명이 일했는데, 초국가적 기업이 인수한 후 1년 만에 문을 닫았다. 민주당 시장, 3명의 공화당 의원, 경제·정치·기업 그리고 박애주의자들의 대표, 사회복지사, 노동자로 구성된 위원회가 이주민을 위한 기회 구조의 확대를 제공했다. 이들은 일자리를 잃은 사람들이 새로운 직업을 찾도록 도와주기 위해 주정부로부터 238만 4782달러를 지원받았다. 위원회를 기반으로 일자리 박람회를 개최했고 50개 기업이 270개의 일자리를 제시했다. 상공회의소 웹사이트(http://www.wedu.com/gmccinsight/feb2004)가 매달 고지하고 있듯 일자리는 "생산, 창고, 경비, 지게차 운전, 운송" 분야에 걸쳐 있다. 저임금 수급자는 도시의 중요한 재원이자 본질적인 요소로 여겨진다. 연방 차원에서는 중간 정도의 수입을 얻는 현지인이 저임금 노동자보다 더 두드러지게 늘어나는 것으로 나타난다. 이런 관점에서 특정한 저소득 임금 분야에 종사하는 이주민이 보여주는 양상은 할레와 맨체스터 사이의 커다란 차이다.

도시의 규모가 작은 데 비하면 서비스 분야 일자리는 증가했다. 특히 병원, 사회적 기관에서 일자리가 늘어났으며, 적지만 미디어·금융 또는 양질의 관광 분야 같은 서비스 분야에서도 증가했다. 건설 분야에서는 신규 주택과 쇼핑몰의 신규 건축이 몇몇 일자리를 창출했다.

할레와 마찬가지로, 지역 유지들은 경제 호황을 기대했지만 글로벌 경제 속에서 도시의 위치를 결정지어야 한다는 사실을 깨달았다. 그들은 2004년 사설 컨설팅 회사에 의뢰해 '새로운 경제를 위한 전략'을 개발했다. 컨설팅 결과는 이랬다. "맨체스터 시는 변화하는 제조 및 IT 산업 경제에 부응하는 경제 발전 전략을 개발하기 위해 노력하고 있다. 이 전략에는 현재 시의 경제적 토대를 분석하는 것과 세계 경제 속에서 상대적 위치를 파악하는 내용, 그리고 앞으로 10년 동안 건강하고 경쟁력 있는 경제를 만들기 위해 필요한 단계적 전략을 포함해야 한다"(http://www.manchesternh.gov/CityGov/PLN/Projects/Home.html). 최근의 제조업 분야에서 퇴조하는 것은 도시가 세계 경제와 급격하게 분리되고 있음을 의미한다. 도시에서 생산은 복합적인 지역과 국제적인 공급 구조에서 하나의 중요한 요소였으며, 시는 외국 직접 투자자들로부터 이득을 보았다.

모든 차이점에도 불구하고 할레와 맨체스터 두 도시는 경쟁하는 이해관계 속에서 이주민 문제와 씨름하고 있다. 여기에서 소도시로서 위치의 유사성이 확연히 드러난다. 한편으로 낯선 사람들은 도시 생활에서 새롭고 위험한 요소로, 지역 차원에서 커다란 짐으로 간주된다. 학교를 예로 들면 미디어, 정치가 그리고 서비스 종사자는 현장에서 나타나는 엄청난 언어의 다양성을 지적한다. 할레의 학교에서는 50개 이상의 언어를 사용하고 있으며, 맨체스터의 경우는 학교에서 40개, 미디어에서 70개 언어를 사용하는 것으로 추정된다.

다른 한편으로, 두 도시 사람들은 이주민을 편안하게 대한다. 맨체스터의 정치경제 지도층은 이주민을 높게 평가하는데, 왜냐하면 맨체스터가 글로벌 도시로 자리매김하기 위해 필요한 다양성을 이주민이 제공하고 있기 때문이다. 이들은 동시에 값싼 노동력의 원천이기도 하다. 시장은 자신의 취임식에 이주민을 초대했다. 이들은—그의 말대로 표현하면—"자신들의 전통 복장"을 입고 단상에 앉았는데, '국기에 대한 맹세'를 할 때는 운집한 군중을 선도했다. 2004년 맨체스터 웹사이트의 홍보 비디오는 이 도시 노동자들의 다양성에 대해 일곱 번이나 언급했다.

할레에는 노동력이 충분하지만 시는 특정한 목적을 위해 이주민을 필요로 한다. 시 대표의 말대로 할레는 청년 실업자인 '신나치(Neonazis)'의 폭력적 공격으로 인해 생겨난 외국인 혐오로부터 자유롭기를 원한다. 사람들은 글로벌 경쟁에서 투자와 기업 그리고 유능한 노동력을 확보하기 위해서는 외국인이 시에서 환영을 받아야 한다고 확신한다. 이에 부응하기 위해 할레는 다른 독일 도시들에서처럼 '외국 동포 주간' 같은 공공 축제를 통해 새롭게 발견한 문화적 다양성을 축하하고, 1년 내내 다문화 프로그램을 지원한다. 할레에는 또한 독일인과 외국인의 만남 장소가 있는데, 여기서는 특히 시에서 지원하는 문화 행사가 주로 열린다.

두 도시는 공적으로 스스로를 표현하기 위해 이주민을 필요로 한다. 아울러 어떤 도시도 이주민에게 사회적 이동과 복지를 위해 진정으로 필요한 기회를 제공하지는 않는다. 맨체스터는 저임금 노동을 제공하며, 할레는 국가의 사회 복지 지원을 보장한다. 다양성에 대한 관심이 마케팅 차원에서 시작되었기 때문에, 어느 도시도 이주민이 쉽게 새로 시작할 수 있는 실질적 지원을 하지는 않는다.

'협치의 새로운 지리학'에서 할레나 맨체스터 모두 단지 제한적인 재정적 재원을 갖고 있을 뿐이다. 두 도시 모두에서 조세 수입은 감소하고, 시 용역을 위한 수단도 거의 없으며, 이주민을 위한 제안은 거의 없거나 아주 없는 형편이다. 보스턴이나 뉴욕 같은 대도시와 달리, 이주민 자신이 속한 특정한 종족 집단의 요구와 이해관계를 대변하고 문화 중개인으로서 경력을 쌓을 기회를 제공하는 국가 또는 사립 조직이 없다. 자선 단체가 고용하는 소수의 이주민 중에서 지도적 위치를 차지하는 경우는 드물다. 이들이 사회적으로 이동하는 일은 거의 일어나지 않으며, 이들이 도시에서 종족 집단의 주연 역할을 담당하는 일도 드물게만 발생한다.[14] 지난 10여 년 동안 이주하고 정착한 이주민 중에서 소수만이 현재 정치적으로나 공적으로 유명 인사가 되었다. 그들이 이런 경력을 쌓을 수 있었던 것은 대부분 특정 종족 집단에서 지도적 역할을 담당했기 때문이 아니라, 본질적으로 그들을 지원하는 넓은 토대가 있었기 때문이다. 공적 대변인으로 등장하는 소수의 이주민은 대개 외국인 일반을 대표해 또는 명예 정치인으로 사람들 입에 오르내린다. 두 도시에서 이주민과 함께 일하는 기관은 토착 주민이 운영하고 있다. 할레에 살고 있는 대다수 이주민은 맨체스터의 이주민보다 자격이 떨어지지만, 이 두 도시에는 모두 현지에서 학업을 마쳤지만 일자리를 찾지 못한 학자들이 있다. 교육을 토대로 한 사회적 이동 또는 종족적 편입을 위한 최소한의 가능성이라는 맥락에서 글로벌 기독교와 이에 대한 이주민 희망의 의미를 발견할 수 있다. 비종족적, 종교적 결합을 넘어 이 두 도시에 살고 있는 몇몇 이주민은 특정한 형태의 편입을 실현할 수 있는데, 이런 편입 형태는 이들을 새로운 주거지 및 세계와 결합시킨다.

두 소도시에서 글로벌 기독교의 길을 넘어서는 동시적 통합

통합의 역동성은—글로벌 도시라고 부르는 곳과 달리—소도시에서 지역과 글로벌 영역에서 서로 상이하게 나타나는데, 이는 나이지리아 목사인 '천국의 선물(Heaven's Gift: 정보 제공자의 익명성을 보장하기 위해 부르는 닉네임—옮긴이)'을 방문할 때 현저하게 드러났다. 니나 글릭실러와 그의 학생들은 맨체스터에 있는 '주의 봉사활동교회(Lord's Outreach Church)'에 들어섰을 때 무엇이 기다리고 있는지 몰랐다. 이들은 주임목사의 출신국을 토대로 나이지리아 또는 아프리카 공동체를 기대했지만 거의 모든 공동체 구성원은 백인이었다. 이들의 옷과 얼굴에는 지금까지 살아온 고난의 흔적이 역력했다. 이들은 교회에서 '천국의 선물'을 만났다. 그는 양복을 입고 넥타이를 맸으며, 그의 부인은 가장 좋은 일요일 예배 의상을 입고 머리에는 일요일 예배를 위한 모자를 쓰고 있었다. 백인 목사가 예배를 주도했으며, 소규모 악단도 있었다. 악단 멤버에는 하버드 대학 학부를 졸업하고 좋은 직장을 다니는 가나 출신 사람도 있었다. '천국의 선물'이 연단에 올라 설교하자 많은 교인이 눈물을 흘렸다. 그는 신도들에게 이제 치유되었다고 선언했다. 그는 신도들을 감동시켰고, 신도들은 침묵 속에 잠기거나 바닥을 뒹굴면서 황홀경에 빠졌다.

'천국의 선물'은 나이지리아 공동체를 만든 것이 아니다. 도시에 나이지리아 출신은 적고, 그들 중에는 이슬람교도나 가톨릭교도도 있었다. 그 때문에 맨체스터에서 이런 공동체를 만드는 건 어려웠을 것이다. 아울러 맨체스터에서는 범종족적 정체성을 권장했으며, 수백 명의 아프리카 출신 개신교도가 살고 있었다. 하지만 '천국의 선물'은 아프리카 공동체를 건설하려 하지 않았다. 그는 오히려 다수의 백인 노동자와 가나, 이라크, 수단 출신의 이주민이 다니는 교회에 다녔다. 그 밖에 그는 맨체스터에서 목회의 중심이 되기 위해 18개 교회 연합 네트워크인 '십자군 부흥'을 설립했다. '십자군 부흥'의 신자들은 밤낮으로 맨체스터가 신의 도시로 열려 있기를 희구했다. 대부분의 십자군-공동체는 뉴햄프셔의 백인 지역 주민으로 구성되었다. 에스파냐어를 사용하는 이주민과 흑인 공동체는 십자군에서 자신들을 종족적으로 정의해서는 안 되며, 진실로 다시 태어난 기독교인으로 존중받아야 한다는 점을 강조했다. '천국의 선물'은 맨체스터에서 살기 이전에 자신이 속해 있던 '글로벌 기독교 기도자 네트워크(Global Christian Prayer Network)'에 '십자군 부흥'을 가입시켰다.

'글로벌 기독교 기도자 네트워크' 회원들 덕분에 '천국의 선물'은 나이지리아를 떠날 수 있었다. 그는 오고니(Ogoni) 난민 자격으로 미국에 와서 맨체스터에 정착했으며, 다른 목사들의 인정을 획득했다. 아울러 시와 국가에서 영향력 있고 힘 있는 단체들의 지원과 도움을 받았다. '천국의 선물'은 이주민이나 흑인을 좋아하지 않는다고 알려진 공화당 출신 전 시장과도 사귀었다. 또한 주정부와 연방정부의 대표들도 만났다. 그가 활동하고 있는 글로벌 종교 네트워크는 부시 대통령을 전폭적으로 지지했다. '천국의 선물'은 '십자군 부흥'에서 개최하는 조찬 기도회에 대통령의 열렬한 지지자이자 보수적인 공화당 지사를 초대하는 일을 성사시켰다. 그는 맨체스터의 민주당 시장과의 연대도 굳건하게 했다. 시장은 시청에서 열린 '국가를 위한 기도의 날(National Day of Prayer)'에 '십자군 부흥' 회원에게 인사말을 건네고, 기도회 프로그램을 위해 이들이 시 공원과 공원 내 시설을 무상으로 이용할 수 있도록 했다. 맨체스터의 민주당 시장은 이전에도 두 번이나 조찬 기도회에 참석했었다.

조찬 기도회는 시내 중심가에 위치한 대형 호텔에서 열렸다. 2003년 가을에는 서로 다른 10개 교회 공동체에서 70명이 참석했다. 2004년 초에는 100명 넘는 사람들이 참가했다. 사람들이 너무 많아 홀을 폐쇄할 정도였다. 참석자의 20퍼센트만이 새로 이주한 사람들이었다. 도시에서 가장 큰 이주자 집단인 히스패닉계 외에도 10여 명의 아프리카 출신 이주민과 카리브, 필리핀, 베트남 출신 이주민 몇 명도 참석했다.

당사자들과 시의 정치경제적 지도층 인사들이 시 및 이주민과의 관계와 글로벌 기독교 내에서의 편입 전략을 얼마나 상이하게 바라보고 있는지는 맨체스터 시장이 조찬 기도회에 '천국의 선물'을 초대한 것에서 잘 드러난다. 시장은 참석자들에게 인사하고 나서, 이민자와 난민이 시를 위해 열심히 일한다는 것과 다양한 문화를 대변하고 있다는 점을 소개했다. 그는 공장에서 일함으로써 도시 경제를 활성화시키고 있는 새로운 시민들을 칭송했다. 그런 다음 맨체스터를 위해 "여기서는 모든 사람을 반긴다"고 기도했다. 환영사에서는 이주민과 난민을 외부인으로 간주했지만, 도시민이 될 자격이 충분하다고 강조했다.

시장의 연설을 듣는 청중은 문화적—종족적 또는 국가적—정체성을 토대로 참가한 것이 아니며, 또는 비록 이들이 문화적 다양성 또는 인종적 통일을 대변하긴 하지만 이를 기리기 위해 참석한 것도 아니다. 이들은 기독교 공동체의 구성원 자격으로서 참석한 것이다. 대부분의 참석자는 뉴햄프셔에서 출생한 백인이며, 그중에는 노동자와 성공한 기업인도 있었다. 이 도시의 흑인과 백인 시민은 종교적 통합과 가족 및 교회의 강화 그리고 도시의 강력함과 부유함을 희구하고 있었다. 이주민의 목표도 이와 비슷하다. 이들은 공장에서 낮은 임금을 받으며 도시에서 한 자리 얻으려는 사람으로 자신을 생각하는 게 아니라, 다시 태어난 글로벌 기독교 공동체의 구성원으로서 도시를 신의 도시로 변화시키는 게 자신의 임무라고 생각했다.

영적인 것을 추구함에 있어 사람들은 자신을 난민이 아니라 강력한 종교적 수호자와 중재자로 인식했다. 이들은 '천국의 선물'이 신과 맨체스터 사이의 관계를 만들 수 있는 사람이라고 생각했다.

맨체스터에서 '천국의 선물'은 특히 이 단체에서 기독교인으로 다시 태어나 '십자군 부흥'에서 적극적으로 활동하는 다양한 계층의 이주민에게 자체적으로 정보를 나누고 재정적으로 지원한다. 이민자든 원주민이든 열성 신도들에게 신자 네트워크는 긴밀한 연대 덕분에 가장 중요한 사회적 영역이다. 이 영역을 토대로 '천국의 선물'과 다른 적극적인 이주민들은 정치같이 다른 영역으로 이어지는 좁지만 의미 있는 연결 고리를 구축한다. 여기에서는 그라노베터(M. Granovetter 1973)가 이야기하는 의미의 연대가 약한 편인데, 왜냐하면 정치가와 이민자 사이의 네트워크는 다층적 상호성에 입각한 관계에 토대하지 않기 때문이다. 하지만 정치가들은 '십자군 부흥'의 사회적 영역에서 움직이는 이민자들에게 사회적 자산을 제공하는데, 이는 힘 있는 사람과의 관계에서 기인한 것이다—구직자에게 보조 일자리를 알선하거나 위세, 사회적 인정 그리고 공적 재원의 접근을 가능케 하는 공적 대변인 자리를 알선하는 것. '십자군 부흥'에서 적극적으로 활동하지 않는 나머지 이민자도 기도 모임, 조찬, 예배에 참석함으로써 역시 사회적 영역의 일부가 될 수 있다. 이들은 정보, 자기 확신 그리고 어느 정도의 사회적 자산과 관련을 맺을 수 있는데, 이로써 사회적·경제적 자원을 중재하는 것에 대해 잠재적 접근을 할 수 있기 때문이다. 네트워크의 사회적 영역은 맨체스터를 넘어서 초국가적이다. 조찬 기도회, 회의, '십자군 부흥'에 참석하는 이주민은 맨체스터의 정치적·종교적 기관과 연결 고리를 만들지만, 연결 고리가 이에 국한된 것만은 아니다.

'글로벌 기독교 기도자 네트워크'의 대변인은 맨체스터에서 열린 기도회에서 "국가를 사도화하기(discipling nations)"라는 슬로건을 통해 초국가적 연대를 드러냈다. 이 연대는 미국을 넘어 아프리카, 아시아, 유럽으로 확대되었는데 공동체 지도자는 이곳에서 설교를 했다. 아울러 이 연대는 조직 구성원들의 수준을 넘어서 발전한다. 네트워크 내 종교 지도자는 개인적 연줄에 기대어 방문지를 끊임없이 여행하는데, 여기에서 시간적·공간적 층위가 나타난다. 예를 들어 '천국의 선물'은 수세대 동안 자신의 네트워크 구성원과 연대 관계를 유지하고 있다. 텍사스 출신의 어떤 목사 부부는 네트워크의 조직적인 부분에서 중요한 역할을 담당하고 있는데, 목사는 나이지리아의 할머니를 방문하고 자신의 아버지에 대해서도 알고 있다.

자신의 글로벌 기독교 네트워크 틀 안에서 '천국의 선물'은 나이지리아 포트하커트(Port Harcourt)와 맨체스터에 각기 하나씩의 조직을 설립했다. 이 초국가적 프로젝트에서 그는 나이지리아 청소년을 교육시키기 위한 중고 컴퓨터를 구하기 위해 노력했다. 그의 집은 컴퓨터로 가득 찼으며, 몇몇 '십자군 부흥' 네트워크와 연관된 맨체스터의 기업이 낸 후원금이 답지했다. 맨체스터의 '십자군 부흥' 사무실 시계는 나이지리아의 시간을 가리키는데, 이는 그가 포트하커트의 사무실 근무 시간을 항상 알고 있어야 했기 때문이다. '천국의 선물'이 포트하커트와 연결되어 있다는 사실은 멀리서 나이지리아의 정치적 계획을 실현하려는 민족주의의 표현이라기보다는 종교적 프로젝트를 세계로 진출시키려는 지역적 선언이다.

이런 종류의 프로젝트에서 이주민은 자기의 고향뿐만 아니라 다양한 장소에서 명성을 획득할 수 있다. '천국의 선물'도 여행을 한다. 맨체스터 사람들은 '천국의 선물'을 통해 초국가적인 사회적 영역에서 친밀한 개인적 관계를 구축한다. 다른 이주민들은 이런 네트워크를 지역적·전 세계적 가능성으로 받아들이고 있는데, 이런 가능성은 이들에게 전 세계를 포괄하는 기독교 정체성을 열어준다.

'천국의 선물'이 갖고 있는 아프리카 정체성은 이런 사회적 영역에서 중요한 역할을 한다. 그럼에도 불구하고 그는 맨체스터 종족 공동체의 대변인이 아니다. '십자군 부흥'과 글로벌 기도자 네트워크 구성원은 '천국의 선물'과 영국 출신 나이지리아 방문 설교자이며 동일 네트워크 구성원인 아체베(Achebe) 목사를 진정한 기독교인의 전형으로 생각했다. 공동체 구성원들은 이들 목사가 신의 음성을 들었으며, 맨체스터가 정신적으로 거듭나라는 예수의 부름을 추종하고 있다고 믿는다. 역시 '십자군 부흥' 네트워크의 구성원인 어떤 필리핀 여성은 높은 명성을 누리고 있는데, 왜냐하면 사람들은 제3세계 출신의 이주민이 더 강한 영적 힘을 지니고 있다고 생각하기 때문이다. 그녀는 필리핀에서 열리는 기도회에 수천 명의 신자가 참석한다는 이야기를 함으로써 이런 가정을 다른 사람들에게 확신시켰다. 맨체스터에서 열리는 '십자군 부흥' 기도회에는 수백 명이 참가한다. 이민자와 원주민에 의해 널리 유포된 '십자군 부흥'에 대한 담론에 의하면, 백인 원주민은 다시 거듭나지 못했다. 이는 문화적 결함을 뜻하며, 이에 반해 이주민은 기도자 전사들(prayer warriors)이며, 이들은 기도와 치유에 대한 지식을 통해 전 세계적으로 거듭난 기독교 공동체를 맨체스터에서 구현할 것으로 믿어지고 있다. '천국의 선물'에 의하면, 신은 이로써 "기도와 금식을 통해 새로운 무엇을 맨체스터에서 행할 수 있을 것"이라고 한다.

이주민은 '십자군 부흥'을 통해 맨체스터에서 기독교 믿음을 부흥시키기 위해 노력했지만, 이는 상이한 교회 및 목사들과의 긴장관계 없이 이루어지지 않았다. 이를테면 인종주의와 이주에 대한 적대적 이데올로기가 이에 속한다. 많은 목사와 공동체 구성원은 이주민이 실행하고 있는 특정한 글로벌 기독교의 행태—특히 기적의 치유와 악마를 쫓아내는 것—에 감동했다. 하지만 다른 이들은 이에 겁을 먹기도 했다. '천국의 선물'은 많은 목사들이 자신이 아프리카인 또는 흑인이기 때문에 거부한다는 사실을 알고 있다. 이런 종류의 언술에서 '천국의 선물'은 종족적·인종적 차이를 나타내는 수사학을 알고 있지만, 이런 차이를 바탕으로 자기만의 공동체를 만드는 것이 이에 대한 적당한 해답이라고 믿지 않는다. 차별에 대한 대답은 종족성으로 응대하는 것이 아니라 글로벌 기독교다.

맨체스터의 가톨릭 이주민과 가톨릭교회는 다양한 조직 형태를 실험했는데, 이는 이주민을 성당과 연결하기 위해 또는 성당에 다니는 이주민으로서 가톨릭에 대한 자신들의 지식을 전달하기 위해서였다. 얼마 전까지 신부는 이주민을 자신들의 공동체에서 조직했고, 전도 수도사는 에스파냐어나 베트남어로 미사를 집전했다. 폭풍에 의해 성당 천장이 무너지자, 이주민들은 주로 백인이 사는 성직자 구역으로 통합되었다. 처음에는 원주민과 이주민이 성당을 나눠 사용했고 공동체도 통합되지 않았다. 하지만 내적으로 심한 갈등이 있고 난 후 공동체 지도부와 성직자 구역의 다수 구성원은 이주민을 자신들의 구역에 수용할 것을 적극적으로 찬성하게 되었다.[15] 오늘날에는 주말마다 에스파냐어와 베트남어로 미사가 열리며, 한 달에 한 번 '아프리카 미사'도 열린다. 이와 동시에 사람들은 원주민이 새로운 공동체 구성원과 함께 공동으로 미사를 드리기 위해 노력하고 있다.

공동체를 구성하는 데 있어 원주민과 이주민은 공동체의 새로운 구성원 지위에 대해 서로 다른 견해를 갖고 있다. 교회 지도부는 다양성과 다문화주의를 강조한다. 지역의 적극적인 이주민은 다른 목적을 추구한다. 이들은 다양한 언어로 낭독하고 노래하는 것을 환영한다. 하지만 이들의 주요 관심사는 복음 전파다. 이들의 견해에 따르면 교회가 너무 세속화해 있으며, 신과 기도에 대해 일상적이고 긴밀한 연결을 제공하지도 못한다. 이들의 역할은 맨체스터와 가톨릭 성당에 좀더 강한 종교적 헌신의 감정을 전달하는 것이다. 고향에서 경험 풍부한 복음주의자였던 콩고 출신의 가톨릭 신자는 탄자니아, 케냐 그리고 루안다 출신의 이민자들과 함께 기도를 통해 맨체스터를 복음화하고자 한다. 이들은 영어와 스와힐리어를 사용하는 기도 모임을 만들어 뉴햄프셔의 백인 원주민을 포함한 모든 사람이 환영받고 있다는 느낌을 갖도록 하고 있다.

일반적으로 이들의 정체성에는 유사성이 있지만, 가톨릭복음주의자는 강력한 종교적 네트워크를 통해 자신들을 개신교 이주민과 구분한다. 비록 가톨릭 이주민 개개인은 신부 또는 종교 활동가와 개인적인 초국가적 관계를 맺고 있지만, 이들은 공동체의 범위를 넘어서 조직되거나 제도화한 지역 또는 글로벌 네트워크에 관여하지 않는다. 교회는 글로벌 기구이지만 맨체스터에서 국가적 또는 초국가적 연결은 성직자의 고유 영역이며, 일반 신도들에게 해당하는 사항이 아니다.[16] 가톨릭과 개신교 이주민 모두가 자신이 글로벌 기독교를 믿는다고 생각하며, 이 기독교는 맨체스터에서 낯선 신입자를 문화적으로 통합하는 게 아니라 신의 말씀을 전달하는 것이 임무라고 생각한다. 거듭난 개신교도는 네트워크와 네트워크로 이어진 사회적 관계 속에 내포된 글로벌 기독교 형태를 실천하고 있는데, 지역 연계를 넘어서 정치가, 공장 지배인, 사업가, 국가적으로 영향력이 강한 공화당원 그리고 국제적인 성직자와 연결될 수 있다. 이들은 돈과 영향력 덕분에 기독교 정치 지도자와 사람들 사이에서 전 세계적인 주목을 받고 있다.

첫눈에 할레의 교회 상황은 맨체스터와 근본적으로 다른 것처럼 보인다. 할레는 전형적으로 종족적 토대에 기초한 가톨릭과 개신교 공동체라는 느낌을 주는데, 이는 글릭실러가 이미 뉴욕시티의 아이티 이민자 연구에서 제시한 것과 같다(Glick-Schiller u. a. 1987). 연구 대상은 주로 이민자들이 다니는 교회인데, 하나는 주로 나이지리아 출신 이민자들로 영어를 사용하는 공동체이고, 또 다른 하나는 주로 콩고에서 교육받고 프랑스어를 사용하는 공동체다. 성직자 및 공동체 구성원과의 대화 그리고 기도와 예배를 체계적으로 참여·관찰함으로써 상이한 모습이 드러났다. 2개의 개신교 교회는 주로 이민자들이 다녔는데, 여기에서는 나이지리아나 콩고 출신보다 글로벌 기독교 정체성 및 공동체와의 연대가 더 중요했다. 맨체스터의 에스파냐어를 사용하는 '십자군 부흥' 네트워크에서와 마찬가지로, 사람들은 할레에서 종족 소속감보다는 종교로 자신들의 정체성을 더 강하게 느꼈다. 이들 교회는 독일의 이주민이 정체성을 유지하는 것을 돕거나, 새로운 지역성을 고향과 연결시키는 초국가적인 종파적 조직으로 자신을 생각하지 않았다. 자신의 공동체를 콩고적인 것으로 인식하는지에 대해 던진 질문에 '하나님의 복음교회' 목사인 음펜자(Mpenza)는 다음과 같이 답했다.

"아뇨. 이것은 콩고 교회가 아닙니다. 이는 신의 말씀의 원천이 아닙니다. 나는 당신에게 내 출신에 대해 설명했습니다. 나는 콩고 출신이며, 그곳에서 주님을 만났고, 주님을 위해 일했습니다. 그리고 난 지금 독일에 있으며, 사람들이 동일한 사명을 듣고 싶어 한다는 느낌을 갖고 있습니다. 내 진술은 명확합니다. 즉 이것은 콩고 교회가 아닙니다. 이것은 예수님의 교회입니다."

이주민들에 의해 형성된 2개의 공동체는 규모, 목사 네트워크, 종교 지도자의 개별 능력, 그리고 구성원의 법적 지위에서 차이가 난다. 두 공동체에서 임무 수행은 상이하게 나타난다. 하지만 사명은 동일하다. 주로 이민자로 구성된 할레의 공동체 구성원은 교회의 사명을 진정한 기독교를 할레, 독일 그리고 유럽으로 확산하는 것이다. 이들은 할레와 독일에서의 거주권을 요구하는데, 왜냐하면 땅은 진정한 신자에게 약속된 것이라는 성서적 예언이 이를 통해 이루어지기 때문이다. 요컨대 음펜자 목사는 다음과 같은 성서의 사명을 의심하지 않는다. "너의 발꿈치가 닿는 모든 장소는 너희 것이 되리라"(모세 5, 11:24). 이것은 신이 자신의 자손에게 하는 약속이다. "너는 요르단을 넘어서 갈 것이고, 네가 도착한 곳의 땅을 소유해라. 이 땅은 너희 주님, 너희 신이 주는 것이며, 너희는 점하고 거기에 살아라"(모세 5, 11:31). 그는 자신의 공동체가 불확실한 것에 대해 "너희가 독일에 있다는 것은 우연이 아니다"라고 빗대어 말한다. 몇몇 사람은 수년 동안 망명 신청에 대한 판결을 기다리고, 다른 사람들은 추방당하는 날을 불안에 떨며 기다리고 있다. 요슈아(Joshua) 목사는 이와 비슷한 사명을 천명했다. 기적치료교회(Miracle Healing Church)에 함께 머물고 있는 그와 이주민은 신에 의해 할레로 보내졌다. "우리는 할레 사람들에게 신의 빛을 비춰주어야 한다." 이 두 교회는 글로벌 성령 운동의 일부분이며, 국가적 경계를 극복하고 세계 공동체를 구축하려는 초국가적 성령 교회의 단호함을 반영한다(Droogers 2001). '기독교인으로 다시 태어나기'와 맨체스터의 가톨릭 이민자는 이 두 공동체 안에서 자신들의 새로운 도시를 위한 복음주의자로서 역할을 수용하고 있다.

'하나님의 복음교회'에 참석하는 대부분의 구성원은 콩고 출신 정치 망명자들이며, 프랑스어를 사용한다. 다른 소수의 사람과 마찬가지로 이들 목사와 목사 부인은 합법적인 정치적 난민 자격을 얻어 독일에서 살고 있다. 총 30명의 공동체 구성원 가운데에는 몇몇 독일 여성도 포함되어 있다. 대부분의 공동체 구성원은 가난하다. 오직 소수의 아프리카 공동체 구성원만 독일어를 잘 구사한다.

'하나님의 복음교회' 구성원은 처음부터 음악을 통해 할레 시 원주민과 이주민을 신과 더 가깝게 하기로 결정했다. 2003년 교회는 콘서트를 개최했다. 스폰서를 찾기 위해 이 연주회는 국제 인권의 날에 개최되었다. 행사를 대외적으로 공개하기로 결정한 것은 이들이 동독의 구체적 상황에 적응할 준비가 되어 있으며, 종교와 인권 활동을 진흥하는 데 공적 관심이 적다는 것을 공동체에 보여주기 위해서였다. 동독 시절부터 할레에 거주했던 세네갈 출신 이민자의 도움 덕분에 독일 재단으로부터 후원을 받을 수 있었다. 공동체 구성원에게는 기독교인으로보다는 할레의 시민으로 접근하는 것이 중요했다. 이 점이 콘서트의 중심 요소였다. 공연이 끝난 후 재단 대변인과의 대화에서 목사는 "콘서트는 복음화의 틀 안에서 열렸다. 말을 통한 복음화도 있지만, 음악을 통한 복음화도 있다"고 말했다.

'하나님의 복음교회'를 진흥하는 방법론과 관련해 위에서 언급한 공동체의 파트너인 세네갈 출신 무스타파(Mustapha)와 재단은 서로 다른 입장을 갖고 있다. 도시의 지역적·정치적 구조 및 지적·문화적 단체와 연관된 소수 이주민 중 한 명으로서 무스타파는 할레에 다문화의 모습을 부여하기 위해 노력하는 느슨한 연대의 한 부분이다. 그는 재단이 매년 개최하는 행사인 아프리카 주간에 지도부의 일원으로 참가했는데, 이를 확실하게 하기 위해 목사 및 공동체와의 관계를 이용했다. 아프리카 주간의 틀 안에서 '하나님의 복음교회'는 예배를 조직했고, 여기에 다양한 시 공무원과 복지 단체의 대표를 초대했다. 할레는 아프리카 주간과 예배를 통해 도시의 문화적 다양성을 선보였다.

할레에서 두 번째로 중요한 아프리카 교회인 기적치료교회도 2003년 이 프로젝트에 참가했다. 이 교회는 예배의 지속에 영향력이 없고, 프로젝트에서 복음을 전파하는 방향으로 변화시킬 수 없어 2004년에는 참가하지 않았다. 요슈아 목사와 공동체 지도부는 무스타파의 통합 제의에 종속적이지 않았다. 자신들의 조건 아래 할레에서 통합하는 길을 모색했다. 기적치료교회의 대부분 구성원은 나이지리아 출신이다. 이 교회는 새로운 신자를 모으는 일에서는 '하나님의 복음교회'보다 훨씬 더 성공적이었다. 거의 150명의 신자가 일요일 예배에 정기적으로 참석했다. '하나님의 복음교회'와 마찬가지로 대부분의 독일 구성원(약 15명)은 아프리카인과 결혼했거나 아프리카 파트너와의 사이에 자녀를 둔 여인들이다. 요슈아 목사도 독일 여자와 결혼했다. 한 명의 다른 독일 여자(미혼, 무자녀)는 교회 지도부의 구성원이었고, 교회 행사에서 영어와 독일어 동시통역을 맡고 있다. 요슈아 목사는 이주민에게 점점 더 많이 독일어로 설교한다. 그는 독일에 정착해 신의 말씀을 전하기 위해서 이민자에게 언어 능력이 얼마나 중요한지 끊임없이 강조한다. 2004년 예배에서는 독일인이 처음으로 이 공동체에서 개종했고, 치유되었다는 간증을 했다. 이 공동체에서 치유의 기적은 할레에 신이 존재함을 증명하는 것이다. 모든 사람은 치유될 수 있다는 것을 말이다.

기적치료교회는 그동안 공장 지대에서 건물을 세내고 개축할 정도의 돈을 모았는데, 여기서 뉴욕에서 온 나이지리아 출신의 방문 성직자와 수천 명이 참석하는 대규모 공공 예배를 개최할 예정이다. 이 성직자는 방문 설교단의 글로벌 네트워크 일원이며, 할레에 와서 사람을 치유하고 도시에 신이 강림하길 희구할 것이다. 이는 조직적으로나 수사적으로도 성직자에게 매우 중심적인 의미를 갖고 있으며, 도시를 신의 장소로 천명하면 무엇보다 공동체 구성원의 재정적 지원을 받는 토대를 마련할 수 있다.

2명의 목사는 자신들의 공동체를 성령교회의 네트워크에 통합시켰으며, 이들은 이 네트워크에서 적극적으로 활동한다. 이들은 이웃한 도시에 살고 있는 독일 동료를 만났으며, 설교를 위해 그들을 초청했다. 이런 네트워크를 통해 공동체 구성원은 독일과 국제적 기독교 사회 영역에 발을 들여놓았다. 이 공동체는 법에서 요구하는 것처럼 6년 이상 공식적으로 독일에 등록되어 있다. 두 공동체는 마그데부르크에 있는 백인 독일 강림교회와 협력하고 있으며, 독일 자유교회 강림 공동체 연합에 공식적으로 수용되기를 원한다. 다수의 기적치료교회 구성원은 2003년 7월 베를린에서 열린 강림교회 대회에 참가했는데, 이 대회에서는 강림교회 유럽 조직을 설립할 예정이었다.

할레에서는 맨체스터와 마찬가지로 목사들의 초국가적 관계가 자신을 위해서뿐만 아니라 공동체를 위해서도 중요하다. 할레의 아프리카 목사 2명은 이런 연대를 맺고 있다. 콩고 교회의 목사 음펜자는 상대적으로 재정 능력이 취약하지만 벨기에, 프랑스, 콩고 그리고 차드의 교회와 접촉을 유지하고 있다. 가족, 목사의 친구를 넘어 중개되는 개인적 연대는 다른 교회의 목사까지 이어지며, 이는 다시 할레로 방문 설교단을 파견하도록 한다. 나이지리아 목사는 높은 층위에서 활동하고 있으며, 이에 따라 이주민은 이런 커다란 종교적 네트워크의 일부가 된다. '천국의 선물'은 강림교회의 중요한 목사 중 한 명이며, 점차 유명해지고 있다.

강림교회 목사단의 글로벌 네트워크 구성원인 인도 출신 목사가 설교를 하기 위해 서독에서 기적치료교회를 방문했다. 반복적인 방문을 통해 그는 공동체가 자신이 인도에서 추진하고 있는 선교 사업을 정기적으로 지원하도록 설득했다. 이 교회는 미국에 있는 글로벌 기독교 공동체를 통해 이스라엘의 기독교회를 위해 자금을 보내고 있다. 요수아 목사는 다음 해에는 이 네트워크의 예배 대회에 참석하길 희망하고 있다. 기적치료교회를 정기적으로 방문하는 사람은 독일 목사들인데, 이들은 예배에 참석하고 할레를 기독교화하려는 교회의 노력을 지원하고 있다. 방문 설교자 중 한 명인 할레 출신 젊은 독일인 루케(Luke)는 과거 남아프리카와 베트남에서 일했다. 그는 2004년 설교를 위해 인도로 초청을 받았다. 다른 설교자인 마테브(Mathew)는 독일-이집트 거리 전도사인데, 서독 지역에서 할레로 이주해 기적치료교회에 동참했다. 방문 설교를 통해 그는 스스로 공동체를 조직해서 도시를 벗어나 인간을 구원해야 한다는 요슈아 목사의 주장을 지지했다. "가라, 그리고 주님이 살아 있음을 설명하라. 너는 많은 희생을 치러야 한다. (……) 주님을 위해 희생하길 원하느냐? 주님이 구원할 수 있는 인간을 주님에게 바쳐라. 주님의 인간을 구원하라!"

할레의 몇몇 이주자는 글로벌 기독교와의 연대를 위해 노력하고 있는데, 주로 독일 개신교 또는 가톨릭 공동체다. 이주민은 통합의 방법으로서 기독교를 선택했고, 공동체에서 기독교 신앙으로 향하는 길을 찾았으며, 이 방법이 이들을 주로 원주민 신자가 만든 네트워크로 통합시켰다. 글릭실러와 주일 예배에 동행한 어떤 이집트 여인은 이런 선택을 했다. 엘리자베트(Elisabeth)는 독일에서 공부했으며, 독일 남자와 결혼해 할레에서 살고 있다. 그녀가 도시에서 다른 에티오피아 사람들과 접촉하면 조국의 복잡한 정치 세계, 조국의 현실, 그리고 멀리서 감시하는 집권 정당과 항상 대면할 수밖에 없다. 이런 이유에서 그녀는 독일인이 주를 이루는 공동체와의 사회적 결합을 선택했고, 그 안에서 신과의 개인적 연대를 구축하고 있다. 교회는 매주 개인적 만남이 가능한 소기도 모임을 조직했고, 또한 교회의 주일 예배에서도 사람들과 만날 수 있다. 서독 출신의 목사는 공동체에서 다수를 이루는 비교적 부유한 젊은 독일인 부부 그리고 독일 전역과 국제적인 기독교 네트워크 안에서 기독교인으로 다시 거듭난 사람들과의 연계를 만들어주었다.

가톨릭 공동체 안에도 다양한 나라에서 온 이주민이 존재한다. 맨체스터와 마찬가지로 이들은 성당을 기독교의 글로벌 형태로 바라보지만, 성당은 자신들이 지역에 편입되는 것을 도와주는 네트워크에 연결해주지 않는다. 이주민의 종교적 결합을 넘어 할레에서 제도적 또는 일상생활의 사회적 관계를 만들기 위한 토대를 제공하는 지역적 네트워크를 가톨릭 성당은 현장에서 제공하지 않는다. 어떤 공동체는 일요일 미사가 끝난 후 다양한 국적을 가진 이주민과 몇몇 독일인이 국제적 만남의 장을 마련하는 행사를 하고 있는데, 이는 유일한 예외에 해당한다. 따라서 제한적인 범위 내에서 네트워크화와 적극적인 편입이 가능하려면 독일인보다 다른 이주민과의 접촉을 더 빈번하게 해야 한다.[17]

분석과 결론

사람들이 새로 정착한 땅에서 고향의 익숙한 종교적 실천에 애착을 보이고, 같은 종족 사람들과 함께 종교적 기관을 설립한다는 사실은 이민자 연구에서 널리 받아들여지고 있다. 앞에서 이민자를 위한 종교적 실천과 이들의 통합이 종족에 따른 게 아니라 기독교라는 길을 통해 다양한 참여 가능성이 존재한다는 점을 2개의 소도시를 통해 분석했다. 관심의 대상은 종족이 아니라 종교를 통해 이루어지는 통합이다.[18] 이주민 커뮤니티에서 글로벌 기독교의 역할은 다음 두 가지로 대별된다. 첫째, 편입 모델은 대도시에서 찾아볼 수 있지만, 미국의 맨체스터나 독일의 할레에서처럼 작은 도시에서도 특별한 중요성을 갖는다. 종족 커뮤니티가 이런 도시에서 형성되는 것은 더 어려운데 군중·재원·종족을 위한 틈새 경제가 부족하고, 중산층과 지식인 지도층이 부재하기 때문이다. 이로 인해 커뮤니티 형성에 관한 민족지학에서 발견할 수 있는 요소가 대도시 또는 글로벌 도시에서는 부재한다.

지역 통합 형태의 편입 모델로서 종족 커뮤니티가 형성될 가능성은 적어 보이는데, 소도시에서 글로벌 기독교 공동체를 통한 편입은 성공을 보장하는 선택이다. 소도시에서—특히 '기독교인으로 거듭남 교회' 또는 성령강림교회 변수처럼—글로벌 기독교의 선택은 사람들 사이의 관계를 발전시키고, 지역과 국가 그리고 글로벌 정치와 경제 부분에서 중요한 역할을 할 가능성을 제공한다. 맨체스터의 '천국의 선물'과 '십자군 부흥'의 사회적 영역에서 이런 점을 발견할 수 있다. 할레의 요슈아 목사와 그의 기적치료교회는 방문 설교자의 네트워크 속에서 자리 잡았고, 끊임없이 자신의 관계를 확장하고 굳건하게 한다. 음펜자 목사의 '하나님의 복음교회'도 고립되어 있지 않은데, 왜냐하면 공동체는 독일 그리고 초국가적 성령강림교회 네트워크의 일부이기 때문이다.

둘째, 할레와 맨체스터의 도시 규모 때문에 비록 수가 적긴 하지만 이주민이 두드러지게 나타난다. 이들 도시는 작고 금융, 상업, 문화 또는 미디어 중심 도시도 아니다. 이주민이 정착하는 데 이런 세계 시민적 맥락은 중요하다. 그 때문에 정치와 경제는 자신들의 도시를 다문화적 차이가 존재하는 장소로 마케팅하기 위해 '그들의' 이주민을 필요로 한다. 동시에 이주민은 종족과 결합하지 않은 교회에 참여함으로써 이방인이라는 공공연한 낙인으로부터 자신을 방어할 수 있다. 이들은 보편적 기독교의 사명으로부터 많은 영역에서 환영받고 있다는 느낌을 갖는다. 예를 들어 '십자군 부흥' 네트워크에서 '기독교인으로 거듭남 교회' 또는 할레의 성령강림교회는 구원받은 자와 추구하는 자의 세계를 지향한다. 공동체를 나누는 데 있어 이주민은 구원받은 자에 속하며, 이는 이주민에게 정당성을 부여하고, 이들 스스로가 도시의 구원자에 속하게끔 만든다. 비록 교리에 의하면 영적 전투는 전 세계적으로 이루어져야 하지만, 다시 거듭난 기독교인이 극복하고자 하는 악은 지역적으로 나타나며 지역적으로 박멸해야 한다. 특정한 도시로 이주하는 것이 이루어졌고, 이를 통해 이주민뿐만 아니라 원주민도 높게 평가하는 신의 목적 또한 이루어졌다. 연구자들은 이 두 도시의 신자들에게서 "내가 이 도시에 온 것은 우연이 아니다"라는 말을 들었다.

편입 모델의 이런 공통점 외에도 차이점이 존재한다. 미국과 독일의 정치가 서로 다르고, 할레와 맨체스터에서 일자리를 구할 기회, 종교의 역할 역시 다르기 때문에 이런 차이점이 발생한다. 이민자들이 참여하는 맨체스터의 '십자군 부흥' 네트워크 소속 교회와 다른 개신교 복음 공동체는 공장의 고된 삶과는 완전히 다른 모습을 보여준다. 이들은 개방적이며, 존중하며, 힘을 불어넣으며, 더 아름답고 복된 미래를 약속한다. 이들은 또한 난민이 공공 교통수단을 사용할 수 없거나, 합법적 이민자가 국가의 지원을 받지 못해 최소한의 지원으로 살아가야 할 경우 이들을 직접 돕는다. 맨체스터의 글로벌 기독교 교회는 음식물, 교통, 아이 돌봄을 비롯한 여러 가지 방식으로 이들을 지원한다. 목사는 이주민의 집을 방문해 일요일에 교회에 나오라고 말하는 것 외에도 급하게 필요한 자전거 또는 더 나은 음식물을 마련하기 위해 필요한 도움을 준다. 성 조앤(St. Joan)의 가톨릭 공동체에는 이런 종류의 일을 전담하는 수녀가 있으며, 공동체의 다른 구성원도 이 일에 동참하고 있다. 교회 활동은 미국 소도시 맥락에 편입되어 있으며, 점차 종교적 연결 고리 없이 존재하는 게 힘들어지고 있다. 정부 정책은 교회의 지원을 지지하며, 모든 지원은 명시적으로 종교성에 의해 장려되고 있다.

취업 그리고 사회사업과 관련해 할레의 위치는 다르다. 동독 지역의 매우 높은 실업률로 인해 이주자들이 취업할 기회를 찾기는 어렵다. 망명자와 난민은 사회적·정신적 지원을 글로벌 기독교에서 찾지만, 이들은 일자리를 거의 구하지 못한다. 이들은 삶의 존엄성을 유지하기 위해 필요한 최소한의 액수보다 더 적은 사회적 지원을 받는다. 이들의 삶은 다양하게 제약을 받는다. 공공 지원은 독일 이주민 정책의 틀과 연동되어 있는데, 이 정책의 목적은 독일에서 망명처를 구하는 일을 막는 것이다. 1980년 바덴-뷔르템베르크(Baden-Württemberg) 이래로 독일 정책의 목표는 망명자들이 독일에서 환영받지 못한다는 느낌을 받도록 하는 것이다. 이들은 독일어를 배울 수 있는 기회를 제한받는다. 전업 노동을 하거나 다른 도시로 이주할 수도 없다. 이 정책의 강도는 프랑크푸르트 같은 독일 도시에서는 떨어지는데, 이는 이들 도시가 세계 경제와 깊은 연관이 있어 합법적 또는 불법적인 노동 기회가 더 많다는 것을 의미한다. 여기에는 외국인이 많이 살고 있기 때문에 감시가 심하지 않고, 외국인이 그다지 낯설게 보이지도 않는다. 이와 반대로 이 정책은 할레 같은 소도시에서 이주민을 낙담시키고 겁먹게 하는 효과를 최대한 발휘하고 있다. 할레에는 소수 독일인만이 종교적이기 때문에, 이곳에서 종교에 귀의하는 것은 맨체스터에서처럼 차이에 대한 거부를 의미하지 않는다. 서독에서 종교는 열광적인 신앙이 아니지만, 널리 퍼져 있다. 동독 지역에서 종교는 거의 실천되지 않는다. 교회는 돈이 별로 없으며, 교회의 재원은 이들 공동체의 규모를 반영한다. 성령강림교회는 인정받지 못하는 종파이기 때문에 정부로부터 교회세를 지원받을 수도 없다.

그럼에도 불구하고 교회는 법적으로 인정된 단체이고, 할레의 성령강림교회는 초국가적으로 명망 있고 영향력 있는 네트워크와 연결되어 있다. 이주민은 세계에 대해 거대한 힘을 가진 글로벌 기독교라는 지식을 갖고 할레로 오는데, 이는 그들이 할레에서 건설해야 할 그 무엇이기도 하다. 이들은 종교에 참여함으로써 이주민의 존엄성을 깎아내리는 공식적인 정책에 의문을 제기한다. 또한 교회를 넘어 독일 내 다른 단체들과 관계를 맺고, 이를 통해 자존감을 유지하며, 더 나아가 독일에서 안전한 토대를 구축하기 위한 투쟁을 한다. 이주민은 이를 통해 자신들을 도시와 국가의 일부로 간주하는 기회를 갖는다. 교회는 공동체 구성원이 경제적 어려움에 처하면 현금을 직접 지원한다. 이들은 이와 동시에 사회적 연대를 맺고 존엄성을 유지하는 행동을 조직한다. 요약하면 이들은 독일 정부의 정책이 의도적으로 피하려 하는 것을 정착시키고 있다.

두 도시에 있는 글로벌 교회의 상이한 재정적·감정적 지원에만 초점을 맞추면, 이 두 지역의 특성에서 드러나는 교회의 편입 측면을 간과할 수 있다. 우리의 자료는 단지 실마리를 제공할 뿐이지만 다음과 같은 사실을 보여준다. 요컨대 두 소도시에서 글로벌 기독교 교회는 이민자에게 도시 생활, 국가 그리고 세계로 편입하는 진로를 제공한다. 도시의 어떤 다른 단체도 이런 역할을 할 수 없다. 할레나 맨체스터 모두 이주민을 위험하거나 이국적인 타자로 묘사한다. 이는 도시를 세계적 역할자(global player)로 마케팅하기 위해 필수불가결한 요소다. 많은 이주민은 자신들의 조건 아래 지역 또는 전 세계의 주연으로 편입되기 위해 노력하고 있다. 이미 고찰한 교회 공동체와 네트워크는 종족적 개별주의에 반대하고 기독교 보편주의를 강조하며, 이를 통해 희망에 부응하는 편입 통로를 제공하고 있다.

이주 연구는 지금까지 이주와 정착 모델을 특정한 동화(다문화) 또는 초국가 모델과 통합하는 경향을 보였다. 실제로 많은 하위 모델을 가진 다양한 편입 모델이 존재한다. 우리가 제기한 글로벌 기독교를 통한 비종족적 통로는 소도시의 이주민이 사회적 관계, 사회적·경제적·정치적 권력의 다양한 형태에 대한 접근을 가능하게 함으로써 통합을 이룩한다.

도시 규모와 연관된 요소는 이주민이 갖는 기회, 정착할 때 넘어야 할

장벽, 그리고 이들이 추구하는 편입 형태를 결정짓는다고 생각할 수 있다. 물론 이 연구는 다양한 규모를 가진 도시 속에 사는 이주민이 어떤 편입 양상을 보이고 있는지에 대한 상세한 비교 연구에 앞서 단지 가설만을 제시할 뿐이다. 이런 전제 조건 아래서, 비종족적 편입 모델은 지역적·초국가적 층위에서 그리고 대도시와 소도시 모두에서 발견할 수 있지만, 이의 의미와 발현은 환경에 따라 다를 것이다. 여기서 의미란 소도시에서 비종족적 형태가 이주민의 편입에 일반적으로 중요한 역할을 한다는 것을 뜻한다. 편입의 비종족적 형태는 소규모 도시와 이주민 수에 더 큰 영향을 끼친다고 가정할 수 있는데, 왜냐하면 이런 형태는 몇몇 이주민에게 결합을 의미하기 때문이다. 이들은 이를 통해 유명해질 수 있으며, 특정한 종족 커뮤니티의 '지도자'나 '대변자'가 되지는 못할지라도 시민들의 삶과 견해 그리고 문화적 실천에 영향을 끼칠 수는 있기 때문이다. 이 글은 이주민의 편입 측면을 지역성과 전 지구성을 통해 고찰했는데, 이로써 이주민 연구가 시선을 종족 집단 너머로 확대하는 계기가 되길 희망한다.

오늘날의 정치가와 학자들은 이주민과 망명자 정책에서 어떤 영향이 발생하고 있으며, 이주민을 어떻게 해야 가장 잘 편입시킬 수 있는지에 대해 집중적으로 논의하고 있다. 우파 분석가와 정치 지도자들은 특정 종족만의 거주지가 생기는 것과 국가적 통합이 문화적, 언어적, 종교적 집단에 의해 저해되는 것에 두려움을 갖고 있다(Huntington 2004). 미국의 히스패닉과 유럽의 무슬림은 공포를 불러일으키는 주제이며, 이것이 이주를 제한하려는 노력을 유발하고 있다. 좌파는 저 멀리서 벌어지는 분리 운동 또는 국가를 뒤흔드는 폭력이 임박했다는 반동적 국가주의의 경고에 거리를 두라고 주장한다(Anderson 1998). 앞서 소개한 글로벌 기독교를 통한 편입 통로는 이런 논쟁 속에서 무시되기도 하고 또는 긍정적으로 평가받고 있다. 그 때문에 '기독교인으로 거듭남 교회'를 통해 바라본 종교적 확신은 이런 종류의 종교적 가르침으로부터 벗어난 사람들에게는 어떤 가능성도 제시하지 않는다는 사실을 강조하고 싶다. 이 연구에서 관찰한 이주민을 묶어주는 글로벌 네트워크는 전 세계적으로 종교적 십자군 전쟁을 장려하고 있다. 여기에서 미국은 '구원 국가'로 작용하고 있으며, 제국주의 전쟁을 신의 작품으로 정당화한다. 이주민이건 원주민이건 상관없이 이 교회 구성원들은 대화할 때 열린 태도를 보이지만, 개종은 이들의 사명이자 의제다. 종국적으로 기독교 비전을 거부하는 것은 이들에게 악마와의 거래를 의미한다. 요컨대 자신들만의 게임을 하는 것이다. 이런 이주민 편입 모델이 성공을 거두고 있다는 점은 사회적 관계와 반제국주의 정책이 세속적이라는 견해를 가진 사람들에게 던지는 경고를 함축한다. 새로운 국민 국가에서 이주민의 성공적인 통합은 더 이상 그 가치 자체로 바라봐서는 안 된다. 국가주의가 방법론적으로 장려하는 가치는 국가주의를 넘어서는 글로벌 이해관계를 숨기고 있을 수도 있다.

릴리안아스트리트 게제가 영어를 독일어로 번역했다.

주

1. 감사의 글. 이 글은 2003년 10월 베를린 '세계 문화의 집'에서 열린 학술 회의를 위해 쓰였다. 저자들은 격려와 인내를 아끼지 않은 헬무트 베르킹과 회의를 주관한 귄테러 슐레(Günterer Schlee)에게 감사드린다. 이 글의 연구 성과는 막스플랑크 연구소 사회인류학부, 뉴햄프셔 대학 인문학센터, 맥아더 재단의 지원을 받아 작성되었다. 이 글의 일부는 "당신에게 생명을 준 신의 나라 〔……〕"에서 유래한다. 에방

겔로스 카라기아니스(Evangelos Karagiannis)와 니나 글릭실러의 논문 "동부 도시(Oststadt)의 아프리카 교회들"은 현재 아페 아도가메(Afe Adogame) 교수가 이끄는 바이로이트 대학교 종교학부에서 출판하기 위해 논의 중이다.

2. 우리가 다른 종교, 예를 들어 국가 정체성과 더 긴밀하게 연결된 불교 및 힌두교에 초점을 맞출 경우, 또는 특히 더 약하게 국가와 연결되었으며 유럽과 미국에서 더 부정적이고 통합을 별달리 증진하지 않는 것으로 여겨지는 이슬람교를 연구할 경우, 자료와 분석은 다르게 나타난다. 우리는 이런 문제들에 대해 2004년 4월 브라운 대학교에서 개최한 학술 대회 때 "전 지구적 사회에서 소규모 도시 뉴햄프셔 주 맨체스터에서 비종족적 동시 통합"이라는 글을 통해 맨체스터의 불교와 이슬람교 연구 사례를 소개했다.

3. 이 때문에 종속적인 토착 인구는 주도적인 문화에 의해 사회 밖으로 떠밀려난 것으로 여겨진다. 식민 국가에 의해 만들어졌고, 어떤 문화적 집단도 장기적인 지배력을 행사할 수 없고, 과거 '부족'이라고 일컫던 지역 인구 집단이 지금은 '종족 집단'으로 불리는 몇몇 국가가 있다. 이는 일반적으로 사하라 이남 지역에 해당한다.

4. 이런 생각은 과거 다른 나라 출신 사람들에 대해 별다른 여유를 허용하지 않았다. 자신이 정착한 국민 국가의 일원이 되기 위해 문화적 차이를 유지할 가능성이 별달리 없었기 때문이다. 종족 언어와 융합적 정체성은 차이를 무시한 상태에서 소속감과 인정을 받게끔 만든다.

5. 특히 독일과 네덜란드의 많은 학자들은 통합의 차원을 구조적·사회문화적 차원으로 나누고, 통합의 상이한 기능적 차원을 드러내 보인다. 최근의 글로는 자흐만(Sachman u. a. 2003)이 있다. "주인(host) 사회에서 집단 종족 정체성과 정체성 만들기(identification) 사이에는 어떤 역결합이 나타나지 않는다"는 자흐만의 결론과 이 글은 서로 관련이 있다. 이러한 결론은 동시 편입 모델에서 비종족적인 전 지구적 정체성화를 연구하는 데 원용하는 것이 불가능하다.

6. 이것이 비록 유행이기는 하지만, 동일한 국적을 가진 이주민 커뮤니티에서 '종족화'와 반대되는 과정을 발견할 수 있다. 독일과 스웨덴을 제외한 유럽 지역에서 살고 있는 쿠르드족은 분명한 사례다(Van Bruinessen 2000; Amman 1997; Bozaslan 1999).

7. 지구상의 다양한 국가 출신 사람들을 하나의 특정한 형태의 정체성 정책으로 묶을 수 있다면, 이들은 현재 자기가 살고 있는 새로운 지역성을 반영하는 완전히 새로운 형태의 사회적 관계와 관련을 맺고 있을 것이다. 새로운 범종족적 정체성이 만들어지고 있다(Espiritu 1993). 근본적인 측면에서 역사적·문화적으로 차이가 있음에도

불구하고, 히스패닉·아시아인·아프리카인의 범종족성은 종족성 분석의 일부분이며, 이러한 분석이 이주 연구를 결정짓는다. 미국에서 유색인은 특정 집단의 문화와 피부색에 기반을 둔 논리에 의거해 묶이고, 이는 범종족적 정체성 범주로 이어진다. 맨체스터와 할레 모두 '아프리카인' 범주에는 지역민과 이주민 모두에게서 두드러지게 나타나는 범종족적 범주가 있다.

8. 예를 들어 뒤르슈미트(Dürrschmidt 1977)는 주민의 초국가적 네트워크를 전 지구적 도시의 표지로 이해해야 한다고 주장한다. 하지만 그는 다양한 크기의 도시에서 이주민이 정착하는 데 초국가적 네트워크의 일반적 특성이 무엇인지에 대한 비교 자료는 제시하지 않고 있다.

9. 5년 동안 지속적으로 거주한 사람은 시민권을 신청할 수 있다. 만일 이들이 경비를 지불할 수 있고 시험을 통과하면, 국가의 도움을 요구할 수 있다.

10. 게르하르트 슈뢰더 총리가 2002년 개인적 차원에서 국가의 지원과 자극을 이야기했음에도 불구하고, 캐나다인 소유주는 2년 후 암멘도르프의 왜건 공장을 폐쇄한다고 발표했다.

11. 통일 당시 이미 할레에서 공부하거나 일하며 살고 있던 이주민 중 자립 능력이 있는 사람들은 계속 거주할 수 있었다. 그들은 이 프로젝트에서 가장 큰 성공을 거두었다. 그중 대부분은 베트남인이며 과일과 채소 가게, 값싼 배달 음식점, 의복이나 가정용품 상점을 열고 있었다. 베를린이나 독일의 다른 지역에서 거주하던 터키와 쿠르드족 사업가들은 할레를 '되너(Döner: 터키식 햄버거—옮긴이) 간이음식점'을 확대할 수 있는 지역으로 인식했다. 다른 쿠르드인들도 이 지역에 몰려와 과일과 채소 가게를 열었다. 그리스인과 이탈리아인 같은 유럽연합 시민이나 인도인 같은 비유럽연합 시민은 식당을 차렸다. 최근에는 아프리카 이주민들이 가게를 열고 있다. 이러한 가게에서는 국제전화 카드를 팔고 인터넷 서비스를 제공한다. 아울러 종종 의류나 완제품 음식, 화장품, 그리고 아프리카에서 수입한 값싼 음식물도 팔곤 한다.

12. '재정착민'이나 독일 국적 유대계 이주민에 대한 공식적인 통계 수치는 없다. 지역 주민은 이들을 '외국인'으로 간주한다.

13. 제조 산업은 국민 경제에서 17퍼센트를 차지하고 있으며, 맨체스터 광역권에서 가장 높은 성장세를 기록했다. 이 수치는 현재 11퍼센트로 감소했다.

14. 두 도시에는 외국에서 태어난 소수의 시민이 있다. 이들은 오랫동안 이 도시에 살면서 정치적 관리로 뽑히기도 하는데, 이는 그들이 인종적 후견인으로 선출되는

것은 아니다. 맨체스터에서는 히스패닉계 시의회 선거를 통해 2004년 이를 변경했다. 후견인은 히스패닉 연맹의 지원을 받고 있는데, 이러한 지원은 범종족적 유권자들을 동원하기도 한다.

15. 이 공동체의 중요한 구성원 다수는 프랑스-캐나다 이주민의 2세대와 3세대 후손들이다.

16. 이는 글로벌 도시인 뉴욕과 대조적인데, 뉴욕에서는 종족적 토대를 가진 공동체 내에서 원국적을 갖고 있는 성직자들이 고국의 성직자들과 공동으로 회의, 청소년 노동 그리고 초국가적 프로젝트를 조직하고 있다. 초국가적 아이티 가톨릭교도에 대한 자료(Glick-Schiller/Fouron 2001) 참조.

17. 파리의 글로벌 기독교와 종족 커뮤니티 사이의 긴장에 대해서는 데이비드 베리스(David Berris 2004)의 민족지학적 보고 참조.

18. 에방겔로스 카라기아니스가 확인했듯 "종족적-종교적 신자들이 있는데, 이들은 고국뿐만 아니라 글로벌 연계를 유지하고 있다"(그리스정교회, 미국의 아르메니아-그레고리안 교회 등). 또한 비종족적 정체성을 가진 공동체도 있는데, 이는 계급이나 인종에 대한 전 지구적 요구와는 상관이 없다(개인적인 생각).

참고문헌

Alba, R./Nee, V. (2003), *Remaking the American Mainstream: Assimilation and Contemporary Immigration,* Cambridge, Mass.

Amman, B. (1997), "Ethnische Identität am Beispiel kurdischer Migration in Europa," in: C. Borck/E. Savelsberg/S. Hajo (Hg.), *Ethnizität, Nationalismus Religion und Politik in Kurdistan,* Münster, S. 217-238.

Anderson, B. (1998), "Long-Distance Nationalism," in: B. Anderson (Hg.), *The Spectre of Comparisons: Nationalism, Southeast Asia and the World,* London, S. 58-74.

Barjak, F. (2000), *Differences in the Economic Capability of Regions: A Typology of East Germany and Poland,* Paper Delivered at the 40th European Congress of the European Science Association, Barcelona 29th August-1 September.

Bauboeck, R. (2002), "Political Community Beyond the Sovereign State, Supranational Federalism, and Transnational Minorities," in: S. Vertovec/R. Cohen (Hg.), *Conceiving Cosmopolitanism. Theory, Context, and Practice,* Oxford, S. 110-136.

Basch, L./Glick-Schiller, N./Szanton Blanc, C. (1994), *Nations Unbound: Transnational Projects, Postcolonial Predicaments, and Deterritorialized Naiton-States,* NJ.

Berris, D. (2004), *Black Skins, French Voices: Caribbean Ethnicity and Activism in Urban France,* Boulder, CO.

Betz, F. (1996), "Cultural Production and the Politics of Identity: On the Strategic Use of 'Multiculturalism' in Two Australian Cities I," in: *Innovations*, 9(1), S. 105.

Bommes, M./Bade, K. (2002), *Arbeitsbericht zur Pilotphase des Forschungsprojekts 'Migrational und kulturelle Differenz in Gemeinden: Eine historisch-systematische Untersuchung'.*

Bommes, M./Radtke, F.-O. (1996), "Migration into Big Cities and Small Towns-An Uneven Process with Limited Need for Multiculturalism", in: *Innovations* (7), S. 75.

Bozarslan, H. (1999), *Network-building, Ethnicity and Violence in Turkey*, Occasional Paper, Abu Dhabi.

Brenner, N. (1998), "Beyond state-centrism? Space, Territoriality and Geographical Scale in Globalization Studies", in: *Theory and Society*, 28, 2(1999), S. 39-78.

____ (1998a), "Between Fixity and Motion: Accumulation, Territorial Organization and the Historical Geography of Spatial Scales", in: *Environment and Planning,* 16, S. 459-481.

____ (1999), "Globalization as Reterritorialisation: The Rescaling of Urban Governance in the European Union", in: *Urban Studies,* 36(3).

____ (2004), *New State Spaces: Urban Governance And The Rescaling Of Statehold,* New York.

Bretell, C. (1999), "The City as Context: Approaches To Immigrants and Cities", in: *Proceedings, Metropolis International Workshop*, Lisbon, Sept. 28-29.

Caglar, A. (1995), "German Turks in Berlin: Social Exclusion and Strategies for

Social Mobility", in: *New Community,* 21(3), S. 309-323.

____ (2001), "Constraining Metaphors and the Transnationalisation of Spaces in Berlin", in: *Journal of Ethnic and Migration Studies,* 27(4), S. 601-613.

____ (2002), Mediascapes, *Advertisement Industries and Cosmopolitan Transformations: Turkish Immigrants in Europe.*

Clark, W. (2004), "Race, Class, and Segregation Patterns in U.S. Immigrant Gateway Cities, in: *Urban Affairs Review,* Vol. 39, No. 6, S. 667-688.

Droogers, A. (2001), "Globalization and Pentecostal Success", in: A. Corten/R. Marshall-Fratani (Hg.), *Between Babel and Pentecost. Transnational Pentecostalism in Africa and Latin America,* Bloomington and Indianapolis, S. 54.

Dürrschmidt, J. (1997), "The Delinking Of Locale And Milieu: On The Stuatedness Of Extended Milieux In A Global Environment", in: J. Eade (Hg.), *Living the Global City,* London.

Eade, J. (Hg.) (1997), *Living the Global City. Globalization as Local Process,* London/New York.

Ellis, M. (2001), "A Tale of Five Cities? Trends in Immigrant and Native-born Wages", in: R. Waldinger (Hg.), *Strangers at the Gates: New immigrants in Urban America,* Berkeley, S. 117-158.

Epstein, A. L. (1967), *The Craft of Social Anthropology,* London.

Espiritu. Y. (1993), *Asian American Panethnicity: Bridging Institutions and Identities,* Philadelphia.

Esser, H. (1999), "Inklusion, Integration und ethnische Schichtung", in: *Journal für Konflikt und Gewaltforschung* 1, S. 5-34.

____ (2001), "Kulturelle Pluralisierung und strukturelle Assimilation: das Problem der ethnischen Schichtung" in: *Swiss Political Science Review* 7, 2, S. 97-130.

____ (2003), "Does the 'New' Immigration Require a 'New' Theory of Intergenerational Integration?", *Conference on Conceptual and Methodological Developments in the Study of International Migration,* Princeton, May, 23-24, Unpublished Paper.

Glazer, N. (1954), "Ethnic Groups in America, From National Culture to Ideology", in: M. Berger/T. Abel/C. Page (Hg.), *Freedom and Control in Modern Society,*

New York, S. 158-174.

Glick-Schiller, N. (1977), "Ethnic Groups are Made Not Born", in: G. Hicks/P. Leis (Hg.), *Ethnic Encounters: Identities and Contexts*, North Scituate, Mass.

Glick-Schiller, N./DeWind, J./Brutus, M. L./Charles, C./Fouron, G./Thomas L. (1987), "All in the Same Boat? Unity and Diversity Among Haitian Immigrants", in: Sutton and E. Chaney (Hg.), *Caribbean Life in New York City*, Staten Island, N.Y.: Center for Migration Studies.

____ (1987), "Exile, Ethnic, Refugee: The Changing Organizational Identities of Haitian Immigrants", in: *Migration World* (15:1).

Glick-Schiller, N./Fouron, G. (2001), *Georges Woke Up Laughing: Long Distance Nationalism and the Search for Home, Durham.*

Glick-Schiller, N./Nieswand, B./Schlee, G./Caglar, A./Karagiannis, E./ Darieva, T./Yalcin—Heckmann L./Foszto, L. (2003), "Pathways Of Migrant Incorporation In Germany", in: *Max Planck Institiude for Social Anthropology Report 2002-2003,* Halle.

Granovetter, M. (1973), "The Strength of Weak Ties", in: *American Journal of Sociology* 78(6), S. 1360-1380.

Hareven, T. (1993), *Family Time & Industrial Time: The Relationship Between The Family and Work In A New England Industrial Community,* Lanham.

Heckmann, F. (2003), "From Ethnic Nation to Universalistic Immigrant Integration: Germany", in: F. Heckmann/D. Schnapper (Hg.), *The Integration of Immigrants in European Societies, National Differences and Trends of Convergence*, S. 45-78, Stuttgart.

Henry, N./McEwan, C./Pollard, J. S. (2002), "Globalization from below: Birmingham—Postcolonial Workshop of the World?", in: *Areas,* 34(2), S. 117-127.

Huntington, S. P. (2004), *Who Are We?: The Challenges to America's National Identity,* New York.

Jenkins, R. (1992), *Pierre Bourdieu,* London.

Koopmans, R./Stratham, P. (2000), *Migrant Mobilization and Political Opportunities: An Empirical Assessment of Local and National Variations. Paper presented at the International Conference Explaining Changes in Migration policy,* Geneva, October 27-28.

Lefebvre, H. (1991, orig. 1974), *The Production of Space,* Oxford.

Levitt, P. (2001), *The Transnational Villagers,* Berkeley.

Ley, D. (2003), *Offsetting Immigration and Domestic Migration in Gateway Cities: Canadian and Australian Reflections on an American Dilemma,* Vancouver Centre of Excellence: Research on Immigration and Integration in the Metropolis: Working Paper Series.

MacLeod, G./Goodwin, M. (1999), "Space, Scale, and State Strategy: Rethinking Urban and Regional Governance", in: *Progress in Human Geography,* 23(4), S. 503-527.

Maira S. (2002), *Desis in the House: Indian American Youth Culture in New York City*, Philadelphia.

Mitchell, J. C. (1956), *The Kalela Dance. Rhodes-Livingston Papers,* No. 27, Manchester, U.K.

____ (Hg.) (1969), *Social Networks in Urban Situations, Analyses of Personal Relationships in Central African Towns,* Manchester, U.K.

Nee, V./Sanders, J. (2001), "Understanding the diversity of immigrant incorporation: a forms-of-capital model", in: *Ethnic and Racial Studies,* 24(3), S. 386-411.

Park, R./Miller, H. A. (1921), *Old World Traits Transplanted,* New York.

Portes, R./Bach, R. L. (1985), *Latin Journey: Cuban and Mexican Immigrants in the United States,* Berkeley.

Portes, A./Böröcz, J. (1989), "Contemporary Immigration: Theoretical Perspectives on Its Determinants and Modes of Incorporation", in: *International Migration Review*, 87(23), S. 606-630.

Rex, J./Samad, Y. (1996), "Multiculturalism and Political Integration in Birmingham and Bradford", in: *Innovations,* 9(1), S. 11-32.

Rex, J.(1996), "Multiculturalism And Political Integration In European Cities", *special issue Innovations* 9(1).

Roosens, E. (1989), *Creating Ethnicity: The Process of Ethnogenesis*, Newbury Park, CA.

Sackmann, R. (2003), "Introduction: Collective Identities and Social Integration", in: R. Sackmann/B. Peters/T. Faist, *Identity and Integration: Migrants in Western Europe,* Aldershot, UK.

Sassen, S. (1992), *Global Cities,* Princeton, NJ.

____ (2000), *Cities in a World Economy (new updated edition)*, Pine Forge.

Schiffauer, W. (1997), *Fremde in der Stadt,* Frankfurt/M.

Schmitter Heisler, B. (1998), "Immigration and German Cities: Exploring National Policies and Local Outcomes", in: *German Politics and Society,* 16, S. 18-41.

____ (1992), "The Future of Immigrant Incorporation: Which Models? Which Concepts?", in: *International Migration Review*, 26, S. 623-645.

Smith, M. P. (2001), *Transnational Urbanism: Locating Globalization,* Malden and Oxford.

Smith, N. (1993), "Remaking Scale: Competition and Cooperation in Prenational and Post-National Europe", in: H. Eskelinen/F. Snickars (Hg.), C*ompetitive European Peripheries,* Berlin.

Soysal, L. (1999), *Projects of Culture: An Ethnographic Episode in the Life of Migrant Youth in Berlin,* Unpublished Ph.D. Dissertation. Havard University, Department of Anthropology.

Stepick, A./Portes, A. (1993), *City on the Edge: The Social Transformation of Miami,* Berkeley, CA.

Straßburger, G./Unbehaun, H./Yalcin-Heckmann, L.(2000), *Die türkischen Kolonien in Bamberg und Colmar: Ein deutsch-französischer Vergleich sozialer Netzwerke von Migranten im interkulturellen Kontext,* Forschungsbericht Universität Bamberg.

Swyngedouw, E. (1992), "The Mammon Quest: 'Glocalisation', Interspatial Competition and the Monetary Order: the Construction of new Scales", in: M. Dunford/G. Kafkalas (Hg.), *Cities and Regions in the New Europe,* London, S. 39-68.

____ (1997), "Neither Global nor Local: 'Glocalizaiton' and the Politics of Scale," in: K. Cox (Hg.), *Spaces of Globalization,* New York.

Van Bruinessesn, M. (2000), *Transnational aspects of the Kurdish Question.*

Working Paper, Robert Schuman Centere for Advanced Studies, European University Institute, Florence.

Waldinger, R. (2001), *Strangers at the Gates: New immigrants in Urban America,* Berkeley.

Waldinger, R./Bozorgmehr, M. (1996), *Ethnic Los Angeles,* New York.

Wimmer, A./Glick-Schiller, N. (2002a), *Methodological nationalism and beyond Nationstate building, migration and the social sciences,* Global Networks.

____ (2002b), "Methodological Nationalism and the Study of Migration. Archives of European," in: *Sociology* XLIII2, S. 217-240.

Yalcin-Heckmann, L. (1997), "The Perils of Ethnographic Associational Life in Europe: Turkish Migrants in Germany and France," in: M. Tariq/P. Werbner (Hg.), *The Politics of Multiculturalismin the New Europe: Racism, Identity, and Community,* London.

2001년 9월 11일 이후 초국가적 반(反)공공성과 공간의 재배치

오늘날 국제 여행은 상대적으로 쉬워졌고, 자본과 노동은 글로벌화했으며, 정보 통신 기술도 국제화되었다. 요컨대 세계 다양한 지역에 존재하는 공동체 간의 초국가적 결합이 그 어느 때보다도 긴밀해졌다(Appadurai 1996; Glick-Schiller u. a. 1992; Gupta/Ferguson 1997; Harvey 1989; Morley/Robins 1995; Ong 1999). 이 글은 2001년 9·11 사태 이후 시크교도(Sikh) 디아스포라 공동체에 대한 인종적 폭력과 차별에 대항해 만들어진 초지역적, 초국가적 저항 공동체에 대해 논할 것이다. 이 글은 공간성(spatiality)을 서로 겹치는 사회적 관계의 산물로 본 도린 매시(Doreen Massey 1994)의 전제를 기반으로 한다. 저항 공동체—나는 이렇게 부르겠다—사이의 관계, 초국가적 맥락에서 새로운 공공성과 반(反)공공성의 탄생 그리고 공간의 재배치가 연구 대상이다.[1]

이 텍스트는 샌프란시스코 만 지역과 뉴델리에서 상품과 텍스트, 이미지가 글로벌 차원으로 순환하면서 공공성을 형성하는 것에 대한 연구 프로젝트인 "인도 여행: 초국가 공공 문화, 젠더 그리고 소속감의 재설정(India Travels: Transnational Public Culture, Gender, and Reconfiguration of Belonging)"의 일부다. 이 연구에서는 공공 문화의 초국가적 생산, 그리고 이런 맥락에서 커뮤니티와 정체성이 급속하게 새로 형성되는 것에 대한 질문이 축을 이룬다. 시크교도 디아스포라 저항 공동체는 2001년 9월 11일 이후 미국에서 헤게모니를 점하려는 민족 공동체가 확고히 자리 잡는 과정에서 생겨난 '반공동체'로 분석할 수 있다. 다른 커뮤니티와 마찬가지로 저항 공동체는 파편화해 있으며, 내부의 서열 그리고 수용과 배제의 방식으로 특징지을 수 있다.

반공공성은 공공성이라는 이념과의 관계 속에서 가장 잘 이해할 수 있으며, 이는 마이클 워너(Michael Warner)의 말처럼 담론의 순환을 통해 생성된다. "공공성은 바로 담론의 공간이며, 바로 담론 그 자체에 의해서 조직된다. (……) 이것은 언술되는 덕분에 존재한다"(Warner 2002: 50). 워너는 앞선 논의를 이어받아 다음과 같은 의문을 던진다. 사회적 제반 관계의 역사적 맥락이 공공성과 반공공성의 생산에 어떤 영향을 끼치는가? 또 정체성과 역사가 위험 요소로 변하는 위기의 순간에 어떤 형태의 공공성이 구성되는가?

미국은 2001년 9월 11일 위기를 경험했다. 납치된 비행기 두 대가 뉴욕의 세계무역센터 쌍둥이빌딩을 들이받았다. 또 다른 한 대는 펜타곤에 추락했고, 네 번째 비행기는 펜실베이니아에서 격추되었다. 이 비극으로 인해 많은 사람이 죽었다. 미국 대중은 분노와 패닉으로 대응했고, 텔레비전 방송국은 무너져 내리는 쌍둥이빌딩의 모습을 끝없이 반복해서 보여주었다. 언론의 헤드라인은 "미국이 공격을 받았다"로 장식되었다. 미국 국기가 날개 돋친 듯 팔렸고, 많은 사람이 애국주의에 사로잡혀 슬픔과 공포를 드러냈다. 이는—미국의 정치 지도자들은 이를 부추겼다—외국인 혐오증을 지닌 민족주의로 기울었다. 부시 대통령은 대국민 담화에서 "미국인"에게 테러는 "우리"를 주눅 들게 할 수 없으며, 미국은 저항할 것이고 세계의 다른 국가들은 "당신이 우리와 함께할 것인지 아니면 테러리스트와 함께할 것인지"를 최종적으로 결정해야만 할 것이라고 단언했다(www.september11news.com/PresidentBushSpeech.html/). 같은 날 밤 법무장관 존 애시크로프트(John Ashcroft)는 "정의"는 실천될 것이며, "개인들은" FBI가 운용하는 웹사이트에 "이런 범죄들에 대해 알고 있는 어떤 정보든 제보할 수 있다"고 선언했다(http://www.whitehouse.gov/news/releases).

세계무역센터 파괴와 펜타곤에 대한 공격이 일어나고 몇 시간 후 남아시아와 근동 사람들은 이 문화가 가진 공포의 결과를 직접적으로 경험했다. 요컨대 이들은 '낯선 타자'로서, '자기 땅에서의 적'으로 폭력과 적의(敵意) 그리고 차별의 목표가 되었다. 미국에서 가장 다양한 종족이 살고 있는 샌프란시스코는 9·11 이후 적의, 폭력 그리고 차별로 얼룩졌다. 예를 들면 샌프란시스코 만 동쪽에 있는 모스크에 돌멩이가 날아들었다. 시크족 출신 남자(60세)의 시체가 자기 집 근처 하수구에서 발견되었다. 인도인과 그의 오스트레일리아인 친구가 샌프란시스코의 여피 지역인 SOMA에서 칼에 찔렸다. 누군가가 샌프란시스코 이슬람 센터에 "알라는 죽었다. 람보가 그를 죽였다"(http://www.aclunc.org/911/blacklash: 1)라는 전단지를 붙였다. 시크족 출신의 발비르 싱 소디(Balbir Singh Sodhi)가 9월 15일 애리조나 주 메사에서 칼에 찔려 죽었다. 가해자는 살해 이유를 "그의 피부가 검고 수염을 기른 데다 터번을 두르고 있었기 때문"이라고 설명했다(http://www.aclunc.org/911/blacklash: 6). 9월 말까지 샌프란시스코에서만 48건의 증오 범죄가 발생했다. 샌타클래라 지역에서는 전년에 비해 2500퍼센트 많은 습격 사건이 일어났다. 이런 수치가 전체 역사를 설명하지는 못한다. 경찰서에 접수되지 않은 수많은 다른 건의 증오, 폭력 그리고 차별이 존재한다. 이는 또한 출신 국가 또는 종족의 소속감 때문에 많은 무슬림과 시크교도가 당하고 있는 일상적 폭력과 업신여김을 반영하지도 못한다.

나는 당시 (원래부터 진행하던) 공공성의 초국가적 문화에 대한 연구를 방금 끝낸 터였다. 그리고 나 자신을 되돌아볼수록, 더 자주 다양한 남아시아 커뮤니티 출신 사람들과 이야기를 나눌수록 그들의 경험을 기록하는 게 얼마나 중요한지 더욱더 깨달았다. 여기서는 그들을 증오, 폭력 그리고 차별의 희생양으로만 그려서는 안 되고, 그들의 개인적 분노와 단호함 그리고 정치적 저항이 드러나야 한다. 나는 연구 보조원 비나 두발(Veena Dubal)과 맘타 아루와리아(Mamta Ahluwalia)의 도움에 힘입어 반인종주의 그리고 반증오 운동의 대표자, 커뮤니티 조직의 구성원, 그리고 주된 희생자인 남자 시크교도들과 인터뷰를 진행했다. 대부분의 공격은 택시 운전사, 슈퍼마켓 점원, 주유원 등을 상대로 이뤄졌다.

커뮤니티의 이동성에 대해서는 이미 발표한 글에서 2개의 사례를 통해 기술했다. 1) 시크족 조직들의 초국가적 연대와 시크교도를 약탈을 일삼는 테러리스트로 묘사하는 비디오 게임에 반대하는 캠페인[2]과 2) 북부 캘리포니아의 시크교도(Sikhs of Northern California, SNC)가 그것이다. 여기서는 초국가적 그리고 미디어 주도적 환경에서 위기의 시간에 공공성과 반공공성이 형성되고, 공간을 재배치하는 것이 갖고 있는 함의를 분석할 것이다. 9·11 이후에 생겨난 어떤 위계질서와 균열 그리고 포함과 배제의 기준이 공공성과 반공공성을 주조했는가? 공공성과 반공공성이 사회적 공간이며, 이것이 "담화의 성찰적 순환"(Warner 2002: 62)을 통해 만들어진다는 가정은 우리가 공간을 이해하는 데 무엇을 의미하는가? 그리고 최종적으로, 초국가적 세계에서 사회성·공간·장소를 이해하는 맥락과 관련해 공공성과 반공공성의 성립은 우리에게 무슨 교훈을 주는가?

항의 공동체

2001년 9월 11일 이후 미국에 의해 직접적으로 형성된 국가적 공공성에서 시크교도와 무슬림은 명시적으로 제외되었지만, 이들은 투명하게 남아 있을 수 없었다. 검은 피부, 터번을 쓴 턱수염 남자, 머리 수건 또는 베일로 얼굴을 가린 여성을 끊임없이 보여주는 신문과 텔레비전 등 주류 매스미디어의 힘은 남자와 여자 시크교도를 아랍인, 무슬림 또는 근동 사람으로 그리고 (논리적으로 맞지 않지만) 테러리스트로 간주하도록 만들었다. 종교적 정체성은 인종적 차이의 개념과 충돌한다. 즉 남자와 여자 시크교도는 "무슬림과 비슷하게 보이기" 때문에 먹잇감이 되었는데, 이런 사실은 무슬림 사이에 상이하고 다양한 문화적·인종적·국가적 출신이 있다는 사실과 현격한 모순을 보인다. 시크교도는 문화적·인종적 '타자'로 규정되고, '진정한' 시민('진짜 미국인')과 대비되는 '이방인'으로 정의된다. 하지만 미국 정부는 전체적으로 볼 때 하나의 주도적인 국가적 공공성을 구성할 수 없었는데, 이 공공성 외에 다른 대안적 여유는 없는 것 같다. 다음 절에서는 국가적 공공성에서 제외된 미국의 시크교도 커뮤니티가 반공공성의 창출에 대해 자신들을 어떻게 방어했는지 살펴볼 것이다.

에이도스에 대항하는 캠페인

시크교도연맹(Sikh Coalition)은 자신들에 대한 공격이 급격하게 늘어난

2001년 9월 11일 직후 만들어졌다. 시크교도는 점차 무슬림과 오사마 빈 라덴의 추종자로 여겨졌다. 특히 터번을 쓰고 수염을 기른 남자 시크교도는 분노와 증오의 대상이었다. 중류층과 상류층 그리고 변호사, 재정 전문가, 광고 전문가 같은 자영업자로 이뤄진 시크교도연맹의 구성원은 계몽과 공공 캠페인을 주장했다. 왜냐하면 미국 사회가 시크교도에 대해 불충분한 정보를 제공받고 있다고 생각했기 때문이다. 이들은 국내 미디어를 위해 브리핑을 하고 습격과 폭력의 희생양을 돕기 위해 재원을 동원했다. 단기간 내에 웹사이트에 채팅 룸이 생겨나고 시크교도에 대한 혐오 범죄를 알리는 기자회견이 열렸다.

시크교도연맹 창립자들은 홈페이지에서 "정확하고 명확한 목소리로 시크교도 미국인의 이익을 위해 활동하는 조직을 창설할 것이며, '사람들의 목소리'가 될 것"이라고 주장했다(www.sikhcoalition.org). 시크교도연맹은 뉴욕에 본부를 두고 있다. 이들은 인권, 법적 문제, 헌법, 교육, 커뮤니티 관계, 여자와 청소년을 위한 프로그램 같은 주제에 관심을 집중하고 있다. 웹사이트에 따르면 이 단체는 시크교도와 다른 시민들의 권리를 지키고, 인권에 대해 관심을 갖고, 토대 집단의 일자리를 증진하기 위해 활동한다.

2002년 10월 시크교도연맹은 다른 35개 시크교도 조직과 함께 영국에 본사가 있는 다국적 회사 에이도스(Eidos)가 만든 양방향 비디오 게임 '히트맨 2: 조용한 암살자'에 항의하는 전 세계적 캠페인을 벌였다. 그들은 에이도스에 비디오 게임을 시장에서 회수할 것을 종용했는데, 이는 게임이 시크교도와 인도의 불가촉민인 달리트(Dalit)에 대한 폭력을 유발하기 때문이었다. 이들은 게임에서 테러리스트로 묘사된다. 이를테면 이들은 가장 신성한 신전이 있는 펀자브 지방 암리차르(Amritsar)의 하르만다르 사히브(Harmandar Sahib)를 배경으로 폭력적 행동을 벌인다. 이 연맹은 9·11 이후 시크교도를 상대로 점점 자주 발생하는 증오, 폭력 그리고 차별과 게임 내용 사이의 관계를 지적하면서 '히트맨 2'에 대해 항의했다. 연맹의 웹사이트는 이에 대해 다음과 같이 말한다.

> "9·11로 인해 사람들이 각성하는 동안, 각종 매체는 부정확하게도 수염을 기르고 터번을 두른 모습으로 널리 알려진 시크교도를 적극적인 국제 테러리스트 집단과 연관 지었다. 이러한 연결은 다른 모습을 하고 있는 집단에 대한 증오와 공포의 감정을 고조시켰다. 이런 단순한 연상만으로 애리조나에서 시크교도 남자가 살해당했고, 또 다른 시크교도들이 9·11과 관련해 폭력적인 공격을 당하고 있다."(www.sikhcoalition.org/ar2002_major_eidos.asp)

캠페인은 영국에서 조직되었지만, 전 세계 모든 시크교도 조직의 큰 지지를 받았다. 연맹은 북미와 유럽의 시크교도에 대한 폭력을 전 세계 소수자에 대한 차별의 맥락에서 이해했으며 '히트맨 2'가 타자에 대해 벌이는 폭력을 제재해야 한다고 강조했다. "'히트맨 2'는 시크교도에 대해 미디어가 부정적으로 구성한 전형적인 인종적·종교적 증오와 불관용의 현재 분위기를 증폭시킨다." 연맹은 모든 "깨어 있는 사람들"에게 항의할 것을 촉구했다. 아울러 그 어떤 집단에 대한 광신주의도 용인하지 않을 것이며 "이윤 추구에 눈먼 에이도스의 인종주의"에 대항해 투쟁할 것이라고 천명했다(www.sikhcoaliton.org/ar2002_major_eidos.asp).

캠페인은 빠르게 성공을 거두었다. 10월 19일 에이도스는 웹사이트에서 일부 조롱하는 내용을 없애고, 10월 22일에는 기자회견을 통해 "게임 속 시크교도 커뮤니티의 특정 구성원과 관련한 이미지 및 해당 내용"에 대해 사과했다(www.sikhcoalition.org/ar_2002_major_eidos.asp). 인종평등위원회

(Commission for Racial Equality)는 런던에서 이 문제를 다뤘고, 캘리포니아의 적극적인 활동가 바잔 싱 빈더(Bhajan Singh Bhinder), 공화당 상원의원 리처드 몬테이스(Richard Monteith)는 에이도스에 대한 청원을 지지했다. 시크교도연맹, 시크교도 커뮤니케이션 위원회, 시크네트(SikhNet), SCORE, SMART의 대표들은 미디어에 효과적으로 대응하기 위해 '논쟁거리(talking point)'을 작성했다. 10월 30일 시크교도 커뮤니케이션 위원회는 월마트, 아마존 닷컴, K-마트 등과 같은 세계적인 개별 사업자들에게 '히트맨 2'를 판매 품목에서 제외할 것을 촉구하는 캠페인을 벌였다. 이 시간에 이미 7500명이 청원서에 서명을 했다. 11월 2일에는 65개 시크교도 단체가 캠페인을 지지한다는 성명을 발표했다. 11월 7일 에이도스는 게임의 기존 버전을 완전히 바꿀 것이며, 다음 버전은 "시크교도의 감수성을 고려해" 만들 것이라고 약속했다(www.sikhcoalition.org/ar2002_major_eidos.asp). 11월 8일 시크교도연맹은 캠페인을 끝내면서, 에이도스에 공개적으로 감사를 표명하고 "게임의 내용을 합의를 통해 변경하는 데 조직적인 차원에서 지원"하는 방안을 제시했다. 아울러 연맹은 에이도스를 칭찬했는데, 기업이 시크교도의 우려와 걱정에 "책임감 있게 반응했기" 때문이다.

전 세계적으로 미국, 캐나다, 인도, 영국, 오스트레일리아 그리고 말레이시아의 100여 개 조직이 이 캠페인에 참가했으며, 1만 675명이 청원서에 서명했다. 이 프로젝트를 지지한 수많은 조직 가운데 중요한 단체는 다음과 같다. 몬트리올 반(反)인종주의 행동, 미국 유대인위원회, 미국 노동총연맹 산업별 조합회의, 아랍계 미국인 반(反)차별위원회, 힌두 템플의 국가위원회, 국립 아시아태평양 법률 센터, 미국 무슬림 소사이어티, 중국계 미국인 조직. 에이도스 캠페인은 시크교도연맹과 지지자들의 조직적 힘을 과시한 것에 그치지 않고, 인종적 폭력과 차별에 대항하는 초국가적 연대의 정치적 잠재력을 보여주었다. 이 연구가 보여주는 초국가적 연대의 가시적 성공은 무엇보다 공간의 재배치와 현대 사회에서 사회성의 새로운 형태에 대한 질문 측면에서 흥미롭다. 이 질문에 대해서는 다음 절에서 논한다.

북부 캘리포니아의 시크교도

북부 캘리포니아의 시크교도, 즉 SNC는 다음 연구의 대상인데, 역사적 사건인 9·11 이후 그 수가 대규모로 증가하고 이들의 작업 방식도 변화했다. 적극적인 활동가 수는 단기간 내에 90명에서 290명으로 늘어났다. 시크교도연맹과 마찬가지로 SNC는 항의 집단 설립과 이와 관련한 반공공성의 한 예를 보여준다. SNC는 행동하는 데 있어 시크교도에게 중요한 지역적·국가적·국제적 사건에 초점을 맞추고, 전 세계 시크교도 커뮤니티 조직과 긴밀한 협조를 하고 있다. SNC의 강력한 힘은 9·11 이후 캘리포니아 시크교도의 권리를 방어하는 싸움에서 수많은 자원을 동원하는 데 있었다. 이 집단은 주로 웹을 중심으로 움직이지만, 공동체까지 영향력을 미치기 위해 다양한 채널을 이용한다. 이를테면 유인물 인쇄와 배포, 학교 현장에서의 강연, 종교 간 만남 조직, 지역 종교 시설과 시크교 신전에서의 강연 등을 예로 들 수 있다. 대부분의 만남은 대학 캠퍼스나 시크교 신전에서 개인적으로 이루어진다.

SNC에 대한 아래의 관찰은 저자와 비나 두발이 단체의 공동 창시자인 구린데르 카우르(Gurinder Kaur)와의 대담을 토대로 작성한 것이다.[3] 카우르는 시크교도연맹의 실습 과정을 마치고, 연대 작업에 매료되었다. 그녀는 SNC를 웹 기반 집단으로 바꾸는 데 기여했는데, 이는 미국 동부의 비슷한 조직으로부터 영감을 받은 것이었다. 카우르의 이야기는 개인과 공동체의 맥락에서 위기의 순간에 활동 잠재력을 보여준다. 그녀 자신은 커뮤니티 내의 다른 많은 사람과 마찬가지로 9·11 이후 적극적으로 변했다. 세계무역센터 붕괴 이후 시크교도 커뮤니티에 벌어진 일에 대해 카우르는 매우 놀랐다. 몇 시간 만에 폭력과 습격 소식을 들었기 때문에 행동에 나서야 했다. 카우르는 이메일을 보냈고, 커뮤니티가 처한 폭력과 차별의 진짜 위험에 대해 경고했다. 그녀는 공동체 구성원들에게 공격에 관한 기사와 보고서를 보냈다. 아울러 다른 SNC 구성원과 함께 자신들의 종교에 대해 알리는 캠페인을 구상했다.

가장 중요한 연대 기구는 SMART와 시크교도연맹이었다. SNC는 이메일과 인터넷을 이용해 다른 지역의 시크교도 단체와 접촉했다. 카우르의 말처럼 "항상 움직이는" 행동 전략을 개발하는 것이 절대적으로 필요했다. 카우르는 9·11 사태에 대해 논쟁을 벌이고 있는 채팅 룸을 방문해 누군가가 시크교도를 언급할 경우 이에 대응했다. 그녀는 시크교도를 "래그 헤드(rag head: 터번 같은 것을 머리에 쓰는 무슬림이나 시크교도를 일컫는 속어—옮긴이)"라고 부르거나 살해를 외치는 소리가 높아지면 이에 대해 간섭했다. 카우르는 채팅 룸을 방문하는 사람들에게 시크주의와 시크교도의 역사에 대해 정보를 제공했는데, 이는 시크교도가 9·11 사태에 책임이 없다는 걸 명확히 하기 위해서였다.

카우르는 인터넷과 이메일을 사용할 줄 모르고 영어도 할 줄 모르는 커뮤니티의 나이 든 사람들에게 특별히 관심을 가졌다. 그녀는 SNC 동료와 함께 이들 시크교도와 접촉할 전략을 개발했다. 펀자브의 증오 및 폭력과 관련한 유인물은 시크교 신전의 모든 구성원에게 자신을 어떻게 보호해야 하는지에 대한 정보를 제공했다. 이들은 또한 나이 든 공동체 구성원의 경각심을 일깨우기 위해 법무부에서 제공하는 (인종적 습격에 대한) '편견 사건 보고서'를 나누어주었다. 시크교도가 테러 희생자와 연대감을 갖고 있으며, 미국에 충직하다는 것을 알리기 위해 SNC는 자동차용 적색-백색-청색 밴드와 "시크교도는 미국을 지지한다"라는 스티커를 나누어주었다. SNC는 800~900명의 다양한 종파 사람들이 참여하는 범종교 침묵시위도 조직했다.

카우르는 시크교 신전 앞에서 SNC를 드러내기 위해 노력했는데, 이를 매우 성공적이었다고 믿는다. 카우르는 집행부와의 대화 당사자가 되었고, 남자들이 주도하는 시크교 신전 공간에 편입될 수 있었다. 공동체 남자 대변인과의 첫 번째 만남에서 카우르는 자신을 "작은 소녀"로 받아들일까 봐 걱정했지만, 이내 남자들의 긍정적인 관심에 놀랐다. 공동체 집행부는 SNC에 재정을 비롯한 또 다른 지원을 제공했다. 카우르는 이것을 2001년 9월 11일 이전에는 존재하지 않았던 "세대를 뛰어넘는 연합"의 사례로 파악한다. 시크교 신전 집행부와의 성공적인 대화 이후 카우르는 용기를 내 전체 공동체 앞에서 연설했다. 펀자브어를 구사하는 아버지를 대동하고 영어로 연설을 했는데, 이는 매우 엄청난 일이었다. 첫째는 이것이 그녀의 첫 번째 공적인 등장이었고, 둘째는 그녀가 앞으로 한 발짝 더 나아간 것을 의미했기 때문이다. 시크교 신전에서는 대체적으로 나이 든 남자가 펀자브어로 연설했다. 그런데 카우르는 젊은 여자인 데다 영어로 연설을 했다.

SNC의 행동은 활동 전략을 구성하는 데 있어 다른 시크교 조직과의 초국가적 연대가 갖는 의미를 보여준다. 이메일과 인터넷이 샌프란시스코 만 지역뿐만 아니라 국가적·초국가적 차원에서 다른 집단과의 지속적 접촉을 위한 중요한 수단임이 드러났다. 커뮤니티에서는 상황에 따라 자원을 서로 나누고, 공동으로 효과적인 전략을 개발하는 것이 매우 중요하다고 카우르는 말한다. SNC는 다른 시크교 조직의 경험과 지식을 토대로 학교 방문 현장 및 학교장과의 담화 때 교실 안과 놀이터에서 증오로 인해 발생하는 공격과 미국 시크교도와 시크주의에 대한 편견으로 인해 다른 집단이 노동 현장에서 차별받는 것을 파워포인트로 소개했다. SNC는 구성원들에게 시크주의에 대한 '논쟁거리'를 이메일을 통해 알렸는데, 이는 동료들에게 자신의 종교와 역사에 대한 정보를 제공했다. 한편 인사과에 보낸 편지는 시크교도에 대한 차별과 편견, 노동 현장에서의 잠재적 및 실제적 공격 같은 주제에 대한 정보를 담고 있다.

결론

앞서 논의한 에이도스에 대항하는 연대와 SNC 사례는 몇몇 근본적인 질문을 제기한다. 공공성과 반공공성을 형성하기 위해 어떤 기술을 사용했는가? 힘과 상상력은 어디서, 어떤 역할을 했는가? 2001년 9월 11일 이후 생겨난 공공성과 반공공성은 공간, 장소 그리고 정체성 사이의 관계에 대해 우리에게 무엇을 말해주는가? 이 새로운 반공공성은 초국가적 맥락에서 공간의 재배치를 이해하는 데 얼마나 도움을 주는가?

앞서 소개한 워너의 이야기처럼 공공성과 반공공성은 순환하는 담론을 통해 형성된다. "공공성은 담론의 공간이며, 바로 그 담론 자체에 의해서 조직된다. [……] 이것은 언술되는 덕분에 존재한다"(Warner 2002: 50). 더 나아가 워너가 확신하듯 공공성은 "자주적"이며 국가 자치적이다. 공공성의 형성에 있어 제도적·정치적·경제적 요소와 마찬가지로 순환하는 담론도 작용을 하는데, 이것들은 어떤 담론이 순환하는지, 어떻게 구성되는지, 어디까지 다다르는지 그리고 어떻게 개인과 커뮤니티에 작용하는지에 다시 영향을 끼친다. '공공성'에 대한 접근은 이를 넘어서 계급, 성별, 성적 지향, 인종, 그리고 이 경우처럼 출신국에 의해 결정된다. 부시 대통령이 9월 11일 밤 '미국'을 향해 이야기할 때, 그는 이것이 국가적 공공성의 일부분이라는 느낌을 시청자에게 전달하고자 했다. 그의 말하는 태도와 국가주의적 언술의 홍수는 결과적으로 그 중심 의미가 공공성의 형성이라는 것을 명확히 했다. 언술이 진행되면서 공공성(그리고 반공공성)의 사회적·정치적 토대와 함께 포함과 배제의 기준이 드러난다. 요컨대 만일 공공성이 순환하는 언술과 텍스트를 통해서만 형성된다면, 부시는 (무슬림과 아랍계 미국인처럼) 시크교도를 헤게모니적 국가 공공성으로 통합할 수 있었을 것이다. 하지만 이런 일을 일어나지 않았다. 시크교도와 다른 '이방인'은 종족적·종교적 연결 고리를 토대로 배제되었다. 나는 또한 9·11 이후 생겨난 공공성과 반공공성은 전혀 국가 자치적이지 않으며, 공포와 적대감을 통해 국가적으로 선동된 분위기의 산물이라고 주장한다. 이것은 국가적 차원에서 정치 지도자의 말과 언술뿐만 아니라 국가 정치와 FBI, 이민국과 국가안전부 같은 국가 기관의 조치에서도 드러난다. 테러 행위로 인해 생긴 공포의 문화는 몇몇 정치인에 의해 열렬하게 선동되었는데, 한편으로는 침착함과 단호함을 주장하면서 다른 한편으로는 종족적·문화적 타자를 "우리의 중도 노선"으로 몰아넣었다. 루이지애나 출신 공화당 상원의원 존 콕시(John Coksey)는 테러 분자들을 다음과 같이 사냥할 것을 주장했다. "만일 머리에 마름모꼴 문양이 있고, 머리의 마름모꼴 문양을 팬벨트로 묶고 있는 놈이 들어온다면, 이놈을 끄집어내서 검사해야 한다"(http://seatle-times.nwsource.com/html/northwestlife/). 자국 영토 내에 있는 적과 외국이나 미국 한가운데 "조용한 도시 외곽"에서 활동 중일지도 모를 "테러 조직"에 대해 경고한 것이다. 이는 지속적으로 최고 수준의 경계를 요구한다. 미디어에는 미국인이 관여하는 테러 조직에 관한 기사가 넘쳐났다. "(이들은) 미국인의 삶에 침투했으며, 직접적으로 참여하지 않지만 재정적으로 직접 공격할 수 있다" (Christopher Newton, AP, July 12; www.dividingline.com/terrorist cells/).

9·11 이후 몇 달 동안 공포의 문화를 토대로 헤게모니적 국가 공공성을 국가적으로 구축한 수많은 사례가 있다. 애시크로프트 법무장관은 "이들이 행동에 나서기 전에 의심되는 사람을 선제적으로 몰아넣는 방법"을 통해 미래의 테러 공격을 방지하는 조치를 선언했는데, 이 전략은 1970년대 말 법무부가 비효율적이고 시민의 자유를 해칠 우려가 있기 때문에 거부했던 것이다(*Washington Post*, November 28, 2001: 1). 2001년 애시크로프트의 계획은 다음과 같은 내용을 담고 있었다. 요컨대 경미한 사안의 범죄 또는 이주법 위반에도 '테러 용의자'와 마찬가지로 구속과 구금을 할 수 있다. 아울러 미국에서 합법적으로 체류 중인 근동 출신 남자 5000명(선별 기준은 나이와 출신 국가)을 상대로 '자유 의지에 따른 청문'을 하기 위해 지역과 국가 경찰 수백 명을 동원한다(*Washington Post*, November 28, 2001: 1). 인권 및 시민단체 활동가들은 특히 국적을 취득하지 못한 이주민을 테러 용의자로 체포하고, 법적 도움조차 받을 기회를 갖지 못한 채 장기간 구금당할 가능성에 대해 우려했다. 실제로 경찰은 남아시아와 근동 출신 이주민 1만 2000명을 붙잡아 테러 용의자로 구금했다. 오늘날까지도 이들 중에서 얼마나 많은 사람이 테러리스트로 판결받았는지 모른다. 2001년 11월 남아시아와 근동 출신 청년 5000명이 법무부의 불명예스러운 '인터뷰 프로젝트'에 따라 '자유 의지에 따른 청문'을 당했다. 이들은 자신의 출신 국가 때문에 청문을 당한 것이지, 어떤 의심스러운 점이나 범죄 혐의가 있기 때문이 아니었다. 2002년 3월 애시크로프트는 '인터뷰 프로젝트'의 결과가 매우 성공적이었다고 발표했다. 요컨대 비자법을 위반한 17명을 구속했는데, 그중 3명은 9·11과 전혀 관계가 없었다. 아무도 테러 범죄와 관련해 구속되지 않았다

(http://www.aclunc.org/911/backlash).

미국은 헤게모니적, 배타적 공공성을 창조했다. 부시 대통령은 국내에서 시크교도 및 무슬림 대표들과 만나 이들의 종교에 대해 존경심을 표했다. 그는 시민권이 훼손당하는 것을 막을 것이라고 확약했다. 이와 동시에 정부는 '미국 애국법(US Patriot Act)'을 통과시키기 위한 준비에 착수했다. 애국법의 'Patriot'는 테러리즘을 방지하고 차단하기 위해 적당한 수단을 동원하겠다는 뜻이다(애국=테러리즘을 방해하거나 방지하기 위해 적당한 수단을 제공하는 것). 요컨대 테러리스트를 '박멸'하기 위한 국가의 사면장인 셈이다. 미국시민자유연맹(American Civil Liberties Union, ACLU)의 항의 서한에 의하면 '애국법'은 미국의 '헌법 1조'를 통해 보호받고 있는 것들, 즉 사법 기관에 의한 전화와 인터넷 감시를 최소화하는 권리를 제한하고, 비밀 수사에 대한 정부의 운신 폭을 확대하며, 다른 나라 국민에 대한 무제한적 구속을 허용한다. 이 때문에 미국 시민에 대한 포괄적인 탐문이 '인지' 목적을 위해 행해지고 있는데, 이는 범죄 수사에서 충분한 혐의를 확인하기 위해서만 허용되고 있는 것이다. 게다가 '국내 테러리즘'에 대한 새로운 정의를 포함하고 있는데, 이에 따르면 정치적 항의 행동에 참가하는 사람들에게도 적용할 수 있다. 아울러 이것은 도청과 엄한 처벌을 허용한다(www.aclu.org/congress/11/22/2001). TIPS(Terrorism Information and Prevention System)는 (특히 통신과 이사, 해운 그리고 대규모 운송 분야에서 활동하는) 시민들에게 테러 의심 활동을 신고하도록 강제한다(http://www.citizencorps.gov/tips.html). 대통령이 시크교도와 무슬림에 대해 했던 말은 이로 인해 정부 정책과 현저한 모순에 처했다. '미국의 공공성'이 모순적 사명을 갖게 된 것이다. 한편으로는 시민에게 국가적 위기에서 인내를 갖고 단호하게 대응할 것을, 다른 한편으로는 '자국 내 적'에 대한 시민의 피해망상증에 불을 지른 것이다. 이웃에서 벌어지고 있는 '혐의 있는 행위'를 현장에서 사법 기관에 신고하는 것이 시민의 의무라고 하면서 말이다.

공공성이 국가 자체와 국가 스스로에 의해 창조된다는 워너의 주장과 달리 공공성은 본질적으로 국가 권력과 국가 강제의 산물이다. 시민과 인권 활동가들이 국가의 포괄적 권력 행사에 우려를 표명하자 애시크로프트는 다음과 같이 답했다. "자유를 잃어버리는 것에 대해 환영을 갖고 있는 평화를 사랑하는 사람들에게 주는 나의 메시지는 다음과 같다. '당신들의 전략은 우리의 결의를 약하게 할 뿐만 아니라 국가의 통일을 뿌리째 뽑으려는 테러리스트를 돕는다'"(상원법무위원회, 2001년 12월 6일). 이 말은 일탈적 언사가 테러리스트를 돕는다는 것을 내포하고 있다. "미국이 공격을 받았다"는 것에서 "미국인이 된다는 것"에 대한 언설은 국가에 의해 구성되고 강화되었다. 다른 국가들에 대해 "우리 편에 서든지 아니면 반대편에 서든지"라는 부시 대통령의 강요는 헤게모니적 국가 공공성을 만든다. 하지만 이런 공공성이 '미국 내' 모든 사람에게 해당하는 것은 아니다. 요컨대 '타자들'의 커뮤니티는 무시된다. 이런 배타적인 (국가에 의해 증진되는) 언설은 그 자체로 반공공성을 만들어낸다.

중요한 것은 공공성과 반공공성의 시간적·공간적 차원을 고찰하는 것이다. 공공성과 반공공성을 만들기 위해서는 텍스트가 순환해야 한다 (Warner 2002: 68). 공공성과 반공공성은 텍스트가 연결되면서 만들어진 산물이다. 이 둘은 사회적 공간을 만들고 확대한다. 여기서 고찰한 반공공성에서 '반'이 얼마나 강할까? 9·11 이후 누구와 무엇에 반대하는가, 그리고 그것은 얼마나 성공적인가? 이미 소개한 반공공성은 국가적 소속감, 권리, 그리고 국적에 대한 헤게모니적 표상의 엄청난 힘을 보여준다. 요컨대 항의 공동체는 자신을 방어하고, 시민권의 언어를 사용하거나 미국 시민으로서 자신의 권리를 지키고 있다. 9·11 이후 몇 달 동안 SNC는 예를 들어 적색-백색-청색 밴드, 자동차용 깃발 그리고 "시크교도는 미국을 지지한다"는 문구를 새긴 스티커를 나누어주었다. 그들은 이를 통해 테러 희생자와의 연대감과 미국에 대한 충성심을 보여줄 수 있었다. 주도적인 국가적 공공성으로부터 제외된 커뮤니티의 구성원은 성조기를 자기 집과 가게에 가장 먼저 내걸었으며, 이렇게 국가에 대한 자신들의 충성심을 고백했다. 이를 통해 국적, 애국주의 그리고 소속감에 대한 헤게모니적 언설은 반공공성의 전략과 선택 사항일 뿐만 아니라 이들 항의의 제한 범위를 직접적으로 한정한다.

여기서 간과해서는 안 되는 것이 있다. 시크교도는 주류 미디어와 국가가 만든 헤게모니적 공공성에 접근할 수 있는 통로를 갖지 못하고 있는데 (Warner 2002: 54-55 참조), 그 까닭은 이들이 국적, 소속감 그리고 애국주의에 대한 언설을 생산하는 데 참여하지 않았기 때문이다. 하지만 이들은 수동적인 수신자나 희생양은 전혀 아니다. 시크교도의 집단적 동원은 대부분의 인도 힌두교 커뮤니티가 보여주는 무관심과 완전히 대조된다. 힌두교도들은 수염을 기르고 터번을 두른 시크교도에 비해 인종 폭력에 덜 노출되어 있지만, 이들 역시 노동 현장에서 인종적 신상 조사를 당하거나 습격을 받고 있으며, 많은 경우 인종적·물리적 폭력의 희생양이 되기도 하다. 하지만 힌두교도는 일반적으로 자신들을 동원하거나 방어하지 않는다. 나와 이야기를 나눈 인도 힌두교 커뮤니티의 지도자들은 자신도 종종 인종적 신상 조사, 노동 현장에서의 공격 그리고 모욕을 당한다고 인정했다. 하지만 이들 대부분은 자신이 분명하게 내면화한 소수자 모델의 범위 안에서 증오와 폭력이 '지나가버리기'까지 눈에 띄지 않게 시간을 보내는 방법으로 대응했다. 이는 확실히 상류 및 중류 계층의 대응 방식이지만, 노동자 계급에서도 이런 생각을 종종 발견할 수 있다.

이미 분석한 시크교도의 반공공성은 의미 없는 저항은 아니다. 소속과 국적에 대한 헤게모니적 표상은 저항과 모순되는 언술이 가질 수 있는 범위 내에서 영향을 끼치기 때문에 반공공성을 저항의 순수한 공간으로 낭만적으로 바라보아서는 안 된다. 모든 사회적 공간과 마찬가지로 공공성과 반공공성은 "권력의 사회적 기하학(social geometry of power)"(Massey 1994: 3)을 통해서 전달된다. 앞서 언급한 반공공성은 다른 사회적 공간과 마찬가지로 그 안에 내적 위계질서와 포함 및 배제의 기준이 존재한다.

공공성과 반공공성에 대해 통용되고 있는 표상을 초국가적 맥락에서 공간의 재배치에 대해 특별한 관심을 갖고 있는 공간성의 정치학의 틀로 분석하는 것은 의미 있다. 매시는 공간은 "확장된" 사회적 관계를 보여준다고 주장했다(Massey 1994: 2). 앞서 기술한 항의와 저항의 예에서 살펴봤듯 시크교도연맹과 SNC처럼 반공공성에는 내적 위계질서와 배제 및 포함의 기준이 존재한다(계급, 나이, 성별). SNC는 국가에 의해 강화되는 '타자'에 대한 증오의 담론이 공동체 내에 만들어지는 상황에서 반공공성이 형성되는 것을 보여주는 뛰어난 사례다. 이들의 행동은 성별, 세대 그리고 계급 등과 같은 요소가 반공공성 담론의 생산에 어떤 역할을 하는지 잘 보여준다. 대부분의 SNC 구성원은 젊은 세대에 속하는 사람들이다(대학생이나 젊은 직장인). 사람들 말로는 9·11 이후 첫 금요일 모임에 참석한 사람의 90퍼센트는 서른 살 이하였다. 이때 참석한 사람 대부분은 남자였는데, 이는 성별이 참가 기회에서 어떤 역할을 담당하고 있는지 잘 보여준다. 사람들 말로는 시크교 신전에 이야기해서 다양한 시크교도 집단에 이메일로 초청장이나 주소록을 보낼 충분한 시간이 없었다고 한다. 이 때문에 이미 메일 주소록에 있는 사람들, 즉 재정적·문화적으로 우월한 지위에 있는 사람들에게

만 이메일을 보냈다. 예를 들어 노동자, 문맹자 또는 인터넷 접근이 불가능한 사람은 제외했다.

그럼에도 불구하고 SNC는 세대를 넘나드는 동맹을 결성했는데, 이는 커뮤니티의 나이 든 구성원에게도 대화의 문을 열었다는 것을 의미한다. 이와 동시에 시크교도에 대한 공격이 주로 발생하는 학교와 사업체에서 활동을 벌였다. 노동자 계급에서는 이들의 캠페인이 그다지 성공적이지 않았다. 이곳에서 자신들의 노력이 얼마나 성공했는지 질문했을 때, 우리는 모순적인 진술을 들었다. 카우르는 첫 대화에서 발기인들이 택시 운전사, 운송 분야 노동자, 주유소 및 중소 업체 직원을 만날 수 없었다고 했다. 조직 구조가 초기에는 매우 취약했기 때문에 이런 일이 벌어졌다고 했다. 아울러 그들은 노동자 계급의 시크교도가 자신들의 경험을 이야기하는 것에 "너무나 큰 공포"를 갖고 있는 것 같다고 강조했다. 이후의 인터뷰에서 그들은 SNC 구성원이 특별히 택시 운전사에 관심을 가졌다고 했다. 나와 두발은 택시 운전사 및 판매원과 인터뷰를 진행했다. 이들은 우리에게 우호적이었고 9·11 이후 자신들의 경험을 이야기하는 데 적극적이었다. 게다가 많은 사람이 커뮤니티의 어느 누구도 자신들에게 관심을 갖지 않았다고 불만을 토로했다.[4]

앞서 소개한 반공공성의 형성 과정은—신문, 텔레비전, 인터넷 같은 매스미디어처럼—공간의 경계를 이동시킨다. 시크교도연맹의 에이도스 캠페인은 차원과 영향력에서 일회적인 것이 아니다. 이는 인터넷이 지역 조직, 로비스트, 그리고 풀뿌리 집단을 묶어서 초국가적인 반공공성의 형성을 어떻게 가능케 하는지에 대한 사례를 보여준다. 반공공성은 공간의 경계를 직접적으로 느낄 수 있도록 확장한다. 매시가 강조하는 것처럼 이동성과 이동성의 강제는 공간과 장소에 대한 우리의 경험을 효과적으로 주조한다(Massey 1994). 시크교도들은 9·11 이후 자신들의 이동성이 제한받음으로써 강렬한 모멸과 공포 그리고 몇몇 경우엔 폭력의 느낌을 갖게 되었다. 나와 대화한 다수의 사람은 9·11 이후 자신의 집을 떠나는 것에 공포심을 느꼈다고 했다. 몇몇 사람만이 집에 머무르는 사치를 누릴 수 있었다. 예를 들어 자신들의 생계를 이동 가능성에 의존하는 택시 운전사는 특히 위협을 더 느꼈다. 그들이 거리에 나선다는 것은 물리적, 언어적 공격과 굴욕을 강요당하는 행위였다. '전통적인' 옷을 입은 여인 또는 히잡이나 차도르를 한 여인은 욕설을 듣고 공격을 받았으며, 동행인을 대동하고 집을 나서거나 아니면 집에서 나가는 것을 포기해야만 했다. 어린아이들, 특히 그중에서도 청소년은 학교 가는 것에 공포를 느꼈으며, 거리에서 놀이를 하면 욕설을 듣거나 모욕을 받았다. 수염이 있고 터번을 두른 중류층 및 상류층 남자는 공항에서 용의자 색출과 심문, 거리 검문 같은 데서 특히 중점적인 관리 대상이었다. 거의 모든 시크교도는 놀이터, 학교, 거주지 그리고 일터 같은 일상적인 공간에서 제약을 감수해야 했다. 이들에게 이런 장소는 위험한 곳이 되었다. 우체국으로 가는 길, 일용품 구매에서 단순한 모욕은 위험과 공포를 동반했다. 이에 반해 경제적·문화적 자산을 갖춘 몇몇 시크교도는 인터넷을 이용해 고립으로부터 벗어나, 초지역적·초국가적 반공공성을 형성하는 데 참여할 수 있었다. 시크교도연맹의 성공은 디아스포라가 얼마나 빨리 인터넷을 통해 초국가적 동맹을 만들 수 있는지 보여준다.[5]

초국가적 반공공성의 형성에서 미디어의 중심 역할은 공간, 영토성 그리고 정체성이 한 축에서, 그리고 국가적·초국가적 소속의 형태가 또 다른 축에서 작동하고 있는데, 이들이 얼마나 복잡한 관계를 맺고 있는지 보여준다. 이미 살펴본 것처럼 9·11 이후 미국의 시크교도 행동주의자들은 시민 권리 담론을 소환해 미국 시민으로서의 요구를 만들어냈다. 이를 넘어서 시크교도 행동주의자들은 9·11 이후 만들어진 연맹을 이끌면서 초국가적·국제적 인권에 대한 담론을 표면화했다. 이는 전혀 새로운 것이 아니다. 요컨대 시크교도는 과거에도 자신들의 디아스포라와 펀자브에서 인도의 압제를 끊임없이 인권과 관련지었다. 9·11 이후 시크교도 행동주의자들은 인권 담론을 소수자의 권리를 전 지구적으로 증진하는 것과 연계시켰다. 공간, 장소 그리고 커뮤니티는 절대로 "매우 유사(coterminous)"하지 않다(Massey 1991: 232). 9·11 이후 반공공성은 일반적으로 특정 디아스포라의 다지역(multilocal) 소속감이 갖고 있는 일반적 의미의 중요성뿐만 아니라 시크교도 디아스포라의 고유한 의미를 잘 드러내 보여주고 있다.[6]

릴리안아스트리트 게제가 영어를 독일어로 번역했다.

주

1. 나는 2001년 9월 11일 이후 샌프란시스코 만 지역에서 발생한 증오와 폭력에 대한 주제를 '통로(Passages)' 학술 대회에서 발표할 기회를 준 주최자 피터 실(Peter Seel) 박사, 헬무트 베르킹 박사 그리고 사사 크래프트(Sassa Kraft) 씨께 감사드린다. 또한 학술 대회 청중의 코멘트와 피드백에도 감사를 드린다. 아울러 공공성과 반공공성에 대해 비판적 코멘트를 해준 아킬 굽타(Akhil Gupta)와 마르시아 오초아(Marcia Ochoa), 연구에 도움을 준 비나 두발과 맘타 아루와리아에게도 감사드린다. 마지막으로 2001년 9월 11일 이후 남아시아인에 대한 증오와 폭력에 대해 자신들의 경험과 지식을 인내심과 관대함을 갖고 나와 공유한 모든 여성과 남성에게도 감사드린다.
2. 구린데르 카우르는 이전의 대화에서 다른 소수자들과의 연맹이 성공을 거두지 못했다는 점을 인정했다. 후에 이뤄진 인터뷰에서 그녀는 특히 무슬림 및 아랍계 미국인

집단과 일련의 '세계교회주의' 캠페인을 공동으로 조직하는 것이 가능했다고 주장했다. 이는 SNC가 9·11 이후 시크교도 커뮤니티에 집중하고, 위기가 줄어들면서 다른 소수자들이 함께하는 기회가 생겼다는 것을 의미한다.

놀랍지는 않지만 이 지역의 SNC와 힌두교 집단 사이에 의미 있는 접촉은 거의 없었다. 시크교도와 샌프란시스코 만 지역의 힌두교도는 1980년대 이래 긴장 관계를 유지했다. 특히 인도 군대가 시크교도의 가장 큰 신전인 암리차르의 황금사원을 공격하고, 시크교도 경호원이 인디라 간디 수상을 살해하면서 이러한 긴장이 시작되었다. 남아시아 디아스포라에서 시크교도와 힌두교도 사이의 복합적이고 처절한 역사를 소개하는 것은 이 글의 성격에 맞지 않는다.

3. 이 때문에 나의 보고서는 젊은 독신 여성의 시각과 경험을 통해 주조되었다.
4. 구린데르 카우르에 의하면 시크교도연맹 및 시크교도 커뮤니케이션과 성공적으로 협력하는 SMART 같은 다른 조직은 이런 커뮤니티들과 서로 잘 협동했다.
5. 인터넷이 정치적 증진 또는 진보적인 정치적 행동에 복무한다는 뜻은 아니다. 디아스포라에서 인터넷 이용을 분석한 제가나탄(Jeganathan 1998), 소케펠드(Sokefeld 2002), 그리고 라이(Rai 1995) 참조.
6. 브라이언 액셀(Brian Axel)은 시크교도 디아스포라의 역사에서 축출과 이동은 집단 정체성 형성에서 구성적 요소를 이루고 있다고 강조한다(Axel 2001).

참고문헌

Appadurai, A. (1996), *Modernity at Large: Cultural Dimensions of Globalization*, Minneapolis (채호석·차원현/배개화 옮김, 《고삐 풀린 현대성》, 현실문화연구, 2004).

Axel, B. (2001), *The Nation's Tortured Body: Violence, Representation, and the Formation of a Sikh Diaspora*, Durham.

Glick-Schiller, N./Basch, L./Blank-Szanton, C. (Hg.) (1992), *Towards a Transnational Perspective on Migration: Race, Class, Ethnicity and Nationalism Reconsidered*, New York.

Gupta, A./Ferguson, J. (1997), *Culture Power Place: Explorations in Cultural Anthropology*, Durham.

Harvey, D. (1989), *The Condition of Postmodernity*, Oxford (구동회·박영민 옮김, 《포스트모더니티의 조건》, 한울, 1994).

Jeganathan, P. (1998), "eelam.com: Place, Nation, and Imagi-Nation in Cyberspace," in: *Public Culture* 19(3), S. 515-528.

Massey, D. (1991), "A global sense of place," in: *Marxism Today*, June 1991, S. 232-240.

____ (1994), *Space, Place and Gender*, Cambridge.

Morley, D./Robins, K. (1995), *Spaces of Identity: Global Media, Electronic Landscapes, and Cultural Boundaries,* London (마동훈 옮김, 《방송의 세계화와 문화 정체성》, 한울, 1999).

Ong, A. (1999), *Flexible Citizenship: The Cultural Logics of Transnationality*, Durham.

Rai, A. (1995), "India On-Line: Electronic Bulletin Boards and the Construction of a Diasporic Hindu Identity," in: *Diaspora* 4, S. 31-67.

Sokefeld, M. (2002), "Alevism Online: Re-Imagining a Community in Virtual Space," in: *Diaspora* 11(1), S. 85-123.

Warner, M. (2002), "Publics and Counterpublics," in: *Public Culture* 14(1), S. 49-90.

다국적 연대 책임 집단, 상상 공동체, 비현실적 조건문

상상 공동체에 대한 개념은 최근 생긴 가장 성공적인 신조어 중 하나다. 베네딕트 앤더슨(Benedict Anderson 1993)이 만들어낸 민족 국가와 관련 있는 가상의 공동체는 현재 디아스포라, 종교적 공동체와도 관련이 있지만 민족적 이동과 관련해서도 이를 사용하고 있다. 앤더슨은 공동성이나 연대 책임에 대한 감정을 낯선 외부인의 집단성과 (종종 매우 강하게) 연관시킨다.

이 논문에서 나는 특수한 사회화 과정을 가상 공동체에서 좀더 면밀한 시각으로 살펴보고자 한다. 그러기 위해서는 가상의 형태를 설명해야 한다. 가상이라는 개념은 '판타지' 혹은 '꿈'의 범위 및 관념의 범위를 구별하기 위해 설정된다. 가상은 꿈과 달리 '가능성'이나 '생각할 수 있는' 것으로 설명할 수 있다. 이렇게 가상은 공상과 현실 사이에 머물러 있다. 가상은 실현되는 것이 아닌 사실적인 것을 말한다. 그래서 볼프강 이저(Wolfgang Iser 1993)는 허구에 대한 사실의 관계를 문학적 텍스트에서 규명하기 위해 가상의 형태를 도입한다. 카스토리아디스(C. Castoriadis 1975/1984)는 '가상의 제도로서 사회'라는 그의 위대한 기획에서 가상의 개념으로 마르크스주의적 기능주의를 극복하고 역사적 형태를 파악하고자 한다. 사르트르(J. P. Sartre 1943/1962)에 의하면 가상은 실제 파괴 행위에 존재한다—이는 현실이 아니고 여전히 현실이 되지 않았지만 현실일 수도 있다. 따라서 사르트르에게 있어 가상이란 존재와 부재의 동시성에 의해 특징지어진다. 사실을 무엇보다도 상상한 것을 실현하기 위한 시도로써, 즉 세계의 저항으로써 이해할 때 비로소 가상은 사실로 규정된다. 무질(R. Musil 1978)에 의하면 가상은 결국 실제 의미와 대립된 가능성의 의미가 된다.

나는 사람들이 가상의 공동체라는 현상을 이해하고자 할 때, 현실이 가상 속에 있는 비현실과 맞물리는 문제가 생긴다는 인상을 받는다. 이러한 맞물림의 구조적 특징은 가상을 정의하는 문법적 모형, 즉 비현실적 조건문을 상세히 관찰할 때 비로소 파악할 수 있다. 가상을 표현하는 언어, 즉 말은 우리로 하여금 가상의 논리를 이해할 수 있게끔 해준다. 나는 두 번째 단계로 이러한 형식의 가상 공간을 분석하기 위해 사용된 범주가 디아스포라 속에서 결과를 맺을 수 있다는 걸 보여줄 것이다.

가상을 다루는 것이 특히 유의미한 이유는 무엇보다도 이주에 대한 연구가 첨예하게 분리된 2개의 평가를 통해 특징지어지기 때문이다. 흐름의 한 측면에서는 포스트모더니즘적인 그리고 포스트식민지적인 작가들의 평가를 발견할 수 있다. 그들은 혼종, 단편화 혹은 다름의 의식화에 대한 문제와 씨름한다. 또 다른 측면에는 정치경제적 접근 방법이 있다. 이러한 접근은 자본의 세계화, 초국적 기업 그리고 노동의 이주에 대한 문제와 씨름한다. 후자의 고민은 실질적인 교역 기회와 이주 방식 그리고 유사한 것을 분석하는 반면,[1] 전자는 그림과 상상 그리고 결합된 위상을 연구한다. 2개의 평가는 계속해서 말없이 서로를 마주하고 있다. 명백하게 개천 위에 다리를 놓을 수 있는 범주는 없다. 내 생각에는 상상의 개념이 그 역할을 할 수 있을 것 같다.

비현실적 조건문에서 사실과 관념의 맞물림

비현실적 조건문은 몇 개의 술어로 구성된 복잡한 결합으로 이뤄진다. 이를 설명하기 위해 다음과 같은 문장을 예로 들어보자. "유리잔이 바닥으로 떨어진다면, 그것은 명백하게/확실히/십중팔구 깨질 것이다."

이 문장은 먼저 법령이나 규정 혹은 개연성의 형식을 가질 수 있는 인과적 연관성에 관한 술어를 만든다. 즉 사실(성)에 관한 술어다. 비현실적 조건문은 생각의 실험이다. 한발 더 나아가 적법성에 관한 각각의 술어는 비현실적 조건문의 형식을 취할 수 있어야 한다. 각각의 법령은 "만약 〔……〕라면, 〔……〕"와 같은 술어로 구성할 수 있다. 그렇다고 해도 이는 경험적으로 생겨난 것이 아니라 오히려 특정한 전제 조건에 의해 생겨난 것이라는 점을 나타낸다(Goodman 1955/1975).

두 번째로 비현실적 조건문은 범주적 술어를 만든다. 내가 예로 든 사물은 유리의 범주에 속한다. 유리잔은 유리의 전체성에 속한다. 이는 다른 유리에도(즉 질문의 대상인 속성—여기서는 '부서지기 쉬움'—과 연관해서) 동일하다.

이 2개의 술어에서 (문장, 즉 문장의 이름에 주어진) 조건에 관한 어떤 술어가 부가된다. 이것을 통해 참과 거짓의 전제 조건이 구분된다(Goodman 1955/1975). 현실적인 전제 조건은 확실히 일어날 수 있는 술어다. 우리의 문장은 단지 유리가 실제로 바닥으로 떨어질 수 있다는 상황 속에서만 의미를 갖는다. 만약 유리가 단단히 고정되어 있다는 걸 알았다면, 이 문장은 전혀 의미를 갖지 못할 것이다. 또한 "내가 서둘렀다면 그를 만날 수 있었을 텐데……" 같은 문장에서도 서두름이 어떤 실제적 차이를 만들 수 있을 때 의미를 가질 것이다. 당연히 거짓의 비현실적 조건문("내가 만약 17세기에 살았다면", "삼각형이 사각형이라면")도 있다. 이런 문장은 일상적인 사용에서 당연히 참의 비현실적 조건문과 명백하게(대략 자신의 상태를 특별히 강조하는 '표식'을 통해서) 구분된다(더욱이 그러한 표식이 저절로 밝혀지지 않을 때). 이는 꿈이나 소설 속 인물의 정체성 혹은 그 비슷한 것을 겨냥하는 문장이다. 이런 문장에서 비현실은 단지 조건일 뿐이다—그러나 법정 진술은 그렇지 않다. 우리는 다시 참 및 거짓의 조건문 사이의 차이를 재고해볼 것이다. 외부의 어떤 심급(審級) 기관이 참의 조건문과 거짓의 조건문 사이를 구분한다면 문장은 흥미로울 것이다. 만약 통제 가능성의 지평을 제약하는 것이 자연이 아닌 사회에 있다면, 이러한 제약의 정당성에 의문이 생길 것이다.

비현실적 조건문은 결국 가정된 상황이 일어나지 않을 때에만—즉 유리가 떨어지지 않을 때에만—의미를 갖는다. 주어의 현실성은 (여전히) 다른 것임에 틀림없다. 사고의 실험은 사고의 실험일 뿐이다. 현실과 가능성의 차이는 가치 평가를 위한 전제 조건일 뿐이다. 만약 유리가 떨어진다면, 유리가 떨어지지 않는 것이 좋을 수도 나쁠 수도 있다.

요약하면 아주 간단히 추론할 수 있는 비현실적 조건문은 복잡한 형태(원칙/규칙—범주—조건—가치/도덕)를 가진다. 이런 문장은 '가능성의 공간'에서 너무나 중요하다. 이런 문장은 실현 가능하기도 하고 그렇지 않기도 하며, 또한 가능했을 수도 있고 가능할지도 모르는—그러나 실현되지는 않은—실상과 만난다. 가능성의 공간은 지나간 기회의 공간이지만 회피한 재난의 공간이기도 하다. 가능성의 공간은 우리가 '실현된 기회'와 '사실적인 발전'을 측정하고 평가하는 근거 위에 만들어낸 배경에 대한 공간이다.

가능성 공간은 불운, 행운, 운명, 비극 등의 술어가 의미를 갖는 외피다. 따라서 이 공간은 우리의 자기 이해에 대한, 세계에서 우리의 위상에 대한, 따라서 우리의 정체성에 대한 기초를 이룬다.

조건

원칙 도덕

범주

가상의 공간은 그러한 가능성 공간의 국지적 특징이다. '실재하는' 가상의 (소설 속 세상과 반대되는) 공간은 그 잠재력에 의해 특징지어진다. 그 공간은 내가 드나드는 통로를 가진, 또한 나에게 무엇인가 일어날 수 있고 내가 일할 수도 있는 장소와 관련이 있다. 가상 공간의 경계는 내 현실의 모든 행동 및 활동 공간의 경계다. 그 경계는 내 현실적인 행동 선택에 따라 결정되며, 동시에 내 상징적·물질적·문화적 또는 사회적 자본에 달려 있다.

이 가능성의 공간에 활기를 불어넣는 사람들이 내 '가상의 공동체'다. 그들은 내가 될 수도 있거나 혹은 나에게 일어날 수도 있던 것을 구체화한다. 그들은 나에게 있어 구체화된 대안 그 자체다. 그들과 비교해서 나는 스스로 행복하다고 칭찬할 수도 있고, 혹은 나를 패배자로 평가하고 인정해야 한다. 따라서 이와 같은 사람들에 대한 관심은 낯선 이에 대한 관심과 명확히 구분되는 자신에 대한 관심이다. 그들에게 사람들은 이론적 관심을 넘어 실제적 관심을 갖는다.

가상의 공동체에 관한 앤더슨(Anderson 1993)의 고전적 텍스트를 여기서 계발한 범주의 관점에서 읽음으로써 이 이론을 시험해볼 수 있다. 앤더슨은 (내가 당연하다고 생각하는 것처럼) 가상 공간의 현상에 있어 기본적으로 동시성의 문제를 도입한다. 또한 자신의 책에서 2개의 구조적으로 서로 연결되지 않는 명제를 상술한다. 첫 번째는 가장 빈번하게 수용되는 매개 명제다. 요컨대 소설과 더불어 일간지는 민족적 가상 공간의 관념을 확산시키기에 아주 중요한 것이다. 앤더슨의 말처럼 신문은 일상적으로 하나의 공간을 대표한다. 이 공간은 특정한 사건이 진행되는 공간이다. "일정한 그리고 덧없는 시간에 의해 규정되어 움직이는 어떤 사회적 유기체의 관념은 바로 역사 위에서 끊임없이 진행되는 지속적 공동체로 정의할 수 있는 국가와 아주 정확히 일치한다"(Anderson 1983/1993: 33). 두 번째는 성공의 명제다. 앤더슨은 라틴아메리카 민족해방운동의 주요 계층이 왜—역사적으로 가장 먼저—크리올(creole: 서인도 제도에 사는, 유럽인과 흑인의 혼혈을 일컫는 말—옮긴이)이었는지에 대한 설명을 시도한다. 그는 국가적인 공간이 식민 체제를 통해 행정 지도층에게 기회를 주었다는 그럴듯한 명제를 내세웠다. 이러한 식민 체제는 식민지에 있는 크리올의 경우로 제한되었다. (여기서 가장 높은 지위는 모국의 행정 공무원으로 대체되었다.) 그 때문에 식민지와의 관계는 자동적으로 고유의 속지가 되었다.[2] 나는 사실 '매개 명제'와 '성공 명제'가 서로 결합할 때에만 유의미한 결과를 만들어낼 수 있다고 생각한다. 크리올 공무원에게 국가는 가능성의 공간으로 연결된다. 식민지 내 다른 지역은 그 공간을 폐쇄해버릴 수도 있는 혹은 정말 옮겨지길 바라는 장소였다. 이에 반해 본국은 현실적 가능성의 공간에 속하지 않는다. 현실의/비현실의 공간은 식민지였다—그리고 이는 식민지를 넘어 어떤 고유한 법의 공간 상태가 되었다. 이런 배경에서 식민지 대표는 신문에서 그들의 중요성을 획득했다. 신문을 통해 사람들은 누군가가 가능성 공간 속에서 어떤 다른 지위에 있었더라면 자신에게 발생했을 수도 있는 무언가를 경험했다. 하지만 신문에 나타난 대의는 단독으로는 강한 민족 감정을 전개시키기에 충분치 않았을 것이다. 그 이유는—워너(Warner 2000)가 언급한 것처럼—신문이 개방성을 갖고 있었기 때문이 아니다. 이와 같은 개방성은 사회학적으로, 그러나 정확히 말해 단체/공동체에 따라 다르다. 개방성은 사람들이 하나의 특정한 작품을 읽음으로써 생긴다. 그 작용은 대단하다—하지만 공동체로서는 완전히 다르게 작용한다. 그것은 세계상을 구성하지만, 어떤 연대 공동체를 형성하지는 않는다.

사건은 가상의 경계에 대해 고찰하기에 적합하다. 앤더슨이 언급하는 공무원은 마드리드에서 일하는 것에 대해 상상하는 걸 좋아한다. 그래도 역시 이런 것은 하나의 판타지다—그리고 어떤 현실적 상상도 아니다. "내가 만약 마드리드의 공직을 차지한다면 〔……〕"이라는 문장은 하나의 거짓된 비현실적 조건문이다. 방해의 근거는 사회적으로 제약되어 있기도 하고, 이를 다르게 다룰 수 있는 모국의 체제에도 있다. 따라서 그 책임은 이리저리로 옮겨갈 수 있다. 틀림없이 해방운동의 과소평가되지 않은 동기로 잘 알려진 모국에 대한 분노는 여기에 그 근원이 있을 것이다.

결과적으로 비현실적 조건문에 대한 견해와 함께 앤더슨(Anderson 1983/1993)과 겔너(E. Gellner 1991)의 민족주의 이론을 강제 없이 결합하는 게 가능하다는 것을 증명할 수 있다. 겔너에게 있어 행동 조건의 동질성이 (이상적인 경우) 민족 공간 속에서 우세해지는 것을 통해 민족의 공간이 두드러진다. 민족의 가상 공간은 따라서 그에게 가능성의 공간이다. 그는 사람들이 이런 공간 내에서—학위를 인정받고, 언어를 사용하고, 필요한 서류를 갖고 있기 때문에—자신의 고유한 장소와 다른 어떤 장소에서 일할 수 있다고 개별적인 사실주의를 통해 말할 수 있을 것이라고 주장한다.

가능성의 공간으로서 초국적 공간

민족의 공간처럼 초국적 공간과 공동체는 맨 먼저 가능성의 공간으로 발전한다.

먼저 국가가 민족의 구성원이 국가의 경계를 넘어 스스로 결합하도록, 그래서 가상의 공동체를 그 경계의 끝까지 몰아붙이지 않도록 하기 위해 노력하는 경우를 살펴보자. 이것을 달성하기 위한 핵심 기술 중 하나는 민족적 가능성의 공간을 국경 너머로 확장하는 것이다. 이것은 일반적으로 디아스포라에서 생활하고 있는 이민자에게 시민권—국적에 대한 기본권—을 부여함으로써 이루어진다. 이스라엘이 이와 같은 형태의 국가다. 만약 여기서 제시한 방법이 적합하다면, 모든 유대인에게 시민권을 승인하는 것은 해외에 살고 있는 유대인에게도 국가와의 긴밀한 결합을 형성하는 대단히 효과적인 방법이다. "만약 내가 그곳에서 살았다면, 나도 역시 그 사건과 맞닥뜨렸을 것이다"라는 문장은 아주 객관적인 사실성을 담고 있다(정확히 말하면 참의 비현실적 조건문). 헝가리 정부는 이러한 사실 관계를 전략적으로 접목시켰다. 루마니아, 세르비아 그리고 슬로바키아에 사는 헝가리인들의 민족 정서를 끌어 모으기 위해 2001년 6월 19일 신분법을 제정했다. 이는 시민권의 초국적 형식을 규정하는 법이었다. 루마니아는 별다른 놀라움도 없이 가상의 공동체 '헝가리'를 확장하려는 이러한 시도에 저항했다(Stewart 2002).

마찬가지로 많은 민족 국가들이 초창기에 계획한 귀환법에 의거해 이주자 특별 대우를 인정하는 것은 이와 유사한 결합을 만들어내기 위한 목적인 것처럼 보인다.[3] 이런 관점에서 (크로아티아처럼) 과거에 이주한 전(前) 시민들에게 시민권을 인정하는 국가와 (최근의 세르비아처럼) 이런 가능성을 숨

기려 하는 국가에 대한 비교 연구는 흥미로울 것이다. 사람들은 여러 관점에서 크로아티아의 디아스포라가 독립 투쟁 기간 동안뿐만 아니라 그 후 프라뇨 투지만(Franjo Tudjman)이 대통령 선거에서 승리하기까지 효과적으로 영향을 미쳤다는 것을 증명했다. (투지만은 미국과 캐나다에서 망명 생활을 하고 있는 크로아티아인으로부터 400만 달러 정도의 기부금을 받은 덕분에 대통령에 당선된 것으로 밝혀졌다.)

그러나 가능성의 공간을 '위로부터' 만들어내고, 그와 동시에 하나의 가상 공동체를 만들어내는 이와 같은 시도는 이주 운동을 통한 '아래로부터의' 가능성 공간에 대한 구조와 비교해 중요하지 않다.

나는 1970년대에 도시 문명에 물들지 않은 터키를 연구하면서 아래로부터의 어떤 가능성 공간이 생겨나는 문제에 직면했다. 터키의 수바이와 카스타모누 지역 농부들의 삶은 1950년대에는 대도시로의 집단 이주, 1970년대에는 독일로의 이주로 근본적으로 변화했다. 그와 동시에 빈민들의 이주가 근본적인 문제로 대두했다—외부 이주자는 대부분 빈민 계층에 흔했던 다자녀 가정의 가난한 젊은 남자들이었다. 이주는 마을 사람들 사이의 관계를 모든 면에서 매우 좋게 만드는 결과를 낳았다. 그 이유는 농촌이 그러한 변화의 압력을 받아들였기 때문이다. 하지만 동시에 마을에서의 삶은 경시되었다—아울러 그들이 머무르는 곳에서 생겨나는 기쁨 같은 것들도 경시되었다. 이스탄불이 이주 1세대의 상대적 성과라면, 이즈마르와 앙카라는 가능성의 공간으로서 도시 공간을 확립했다. 무엇보다도 특권으로 인정받은—이를테면 마을에 머물러도 좋다는 것과 같은—것은 이러한 이주가 지나가버리는 한 번의 기회로 나타났다는 것이다. 이러한 것은 "마을에는 미래가 없어서" 혹은 "아무도 태어나지 않으니까" 사람들은 "마을 밖으로 탈출해야 한다"와 같은 관용구에서 찾을 수 있다. 한마디로 말하면 그런 사람들, 혹은 그런 처지에 있었던 사람들, 즉 도시를 가능성의 공간으로 건설한 이주자라는 존재가 있었다. 사람들은 이주민을 비교하기 시작했다.

이런 경우 또한 흥미로운 점은 집단 이주가 사회적 현상으로서 가능성의 공간을 만들어냈다는 것이다. 이주는 언제나 이미 마을을 떠난 소수의 모험가들에 의해 이뤄졌다. 하지만 이는 대부분의 마을 주민에게는 특수한 경우였다. 요컨대 그들은 '달랐다'. 그들은 대부분의 일반인과 같은 범주에 속하지 않았다. 그들의 성공으로부터(혹은 실패로부터) 어떠한 규칙도 파생되지 않았다. 중도 포기자의 결정은 이야깃거리를 제공했지만, 본질적으로 그들 스스로의 어떤 자체 평가도 없었다. 만약 아주 많은 사람이 옮겨감으로써 옮겨간 그 사람들의 자리에 앉을 수 있는 어떤 무엇과도 비교할 수 없는 아주 좋은 기회를 장악할 수 있다면, 그리고 그럴 수 있을 것이라는 인식이 확산된다면 장악을 위해 머무르는 간단한 선택이 남게 된다.

만약 어떤 다른 세상의 삶이 참의 비현실적 조건문 구조 속에서 자신의 고유한 상황과 관련이 있다면, 그곳은 비로소 의미 있는 세상이 될 것이다. 다른 이들의 부에 대한 대립 그 자체는 현실적이지 않다. 수바이에 사는 농부는 물론 다른 도시(혹은 여러 다른 마을) 사람들의 삶이 더 낫다는 걸 항상 알고 있었다. 종종 이런 장소를 환상적으로 미화시킨 이야기가 퍼졌다. 하지만 이런 이야기 자체는 별다른 의미가 없다. 왜냐하면 그 이야기 속의 장소에 도달하기 어렵기 때문이다. 이런 이야기는 동화 같은 특징을 갖고 있었다. 이러한 인식은 세계적 미디어의 동반 성장 결과와 관련해 중요하다. 장소에 대한 묘사는 그곳에 접근할 수 있어야 그 효과가 증폭된다. 다른 카테고리의 사람이 더 잘산다고 해서 어느 누구도 그걸 질투하지는 않을 것이다. 그러나 역으로 이런 공간으로 접근할 수 있는 이주 경로가 주어질 때, 이런 장소에 대한 묘사와 영화는 순간적으로 아주 현실적인 의미를 갖게 될 것이다.

가능성 공간의 개방은 그리움의 공간 그리고/혹은 공포의 공간과 일치한다. 프랭크 피케(Frank Pieke)는 규범, 평가, 의미 판단을 동반한 기회 구조의 교차를 표현하기 위해 이주 문화라는 개념을 만들었다. 그는 중국 동부의 푸젠(福建) 지방과 관련해 무역 및 밀수 네트워크가 어떻게 이주 가능성을 구성하는지 보여주었다. 잠재적인 이주자는 그들의 마을이나 혹은 원산지 외곽에 있는 어떤 공동체로 향하는 경향이 있다(Pieke 2002: 23). 게다가 피케에 의하면 "사람들의 성공 이론"은 가상의 결정적 매개체다.

> "사회적 이주에 대한 담론은 무엇이 성공을 구성하고 그것을 어떻게 달성할 수 있는지 묘사한다. 다른 이를 (종종 그들에 대해 침묵함으로써) 배척하는 것은 로컬에서 전혀 고려 대상이 아니다. 푸젠의 집단 이주 근거지에서는 건강한 남자와 여자들에게 갑작스러운 떠남을 준비시키는 이주 문화가 정착되어 있다. 푸젠의 지역 공동체에서, 이주 문화는 이주에 대한 국지적 대안(local alternatives)을 차선책 혹은 심지어 실패의 징조라고까지 비난한다."(Pieke 2002: 32)

여기서 비현실적 조건문에서 일어나는 교차를 가볍게 재인식할 수 있다. 사회적 이동에 대한 담론은 법정 진술(XY 지역의 이주자는 많은 돈을 번다), 조건(모든 건강한 남자와 여자는 이주 가능한 상태에 있다), 도덕(이를 갖추지 못한 사람은 실패자다) 그리고—구체적인 상호 작용 속에서—당연히 하나의 범주적 진술(또한 너는 그런 상태일 것이다)에도 들어맞는다. 이는 특정한 장소와 공동체가 상상하고, 생산하고, 형성하는 사회적 이주에 대한 담론이다.

가능성의 공간을 전개하는 두 가지 관점이 더 있다. 첫 번째 관점은 장애 조건이다. "나는 이주할 것이다"라는 문장은 위에서 설명했듯 내가 실제로 현재 이주할 입장이 아니라면 의미를 지닌다. (그렇지 않다면 사람들은 현실적 조건문의 형식을 가져와 다음과 같이 말할 것이다. "내가 이주한다면.") 장애 조건은 이제 그 자체나 다른 것에 있을 수 있다. 첫 번째 경우 사람들은 이주를 못하거나 혹은 하지 않을 것이다. 왜냐하면 거기에 의무가 있는 것도, 그것을 기대하는 것도 아니기 때문이다. 또한 항상 그렇듯이 사실로 남는 것은 그 당위성을 잃어버린다. 이는 결국 책임이 부과되고 스스로에게 혹은 다른 사람들에게 정당함을 인정받아야만 하는 결정이 된다. 만약 장애의 원인이 '지도층'에 있다면(부모가 이주를 금지한다고 하면) 쉽게 그것에 대해 비난하거나 고발할 수 있다. 사회적 금지의 정당성이 논의 대상이 되는 것이다. 간단히 말하면 가능성 공간의 개방은 개별적 영역뿐만 아니라 집단적 분야에서도 의미 있는 질문을 전개할 수 있다.

두 번째 관점은 가능성 공간의 전개가 시간적 구성 요소를 갖고 있다는 것이다. 대체로 중대한 결정에는 '시간제한'이라는 것이 있다—페레스트로이카(Perestroika: 구소련의 고르바초프 공산당 서기장이 1985년 실시한 개혁 정책—옮긴이) 이후 이미 알고 있는 것처럼 너무 늦은 결정은 역사가 심판한다. 간단히 말해서 가능성 공간의 전개와 함께 시간이 부족할 수도 있다. 마감 시간에 대한 공포의 은유는 아름다운 그림에 담을 수 있다. 역사적 순간은 '지금이 아니면 전무(全無)'에서 정점을 이룰 수 있다. 또한 이런 관점에서, 나는 수바이에서 시간의 투명성에 직면했다. 농부들은 오직 젊은 사람에게만 이주 가능성이 있다는 것을 알고 있다. 농부가 (사람들이 기대하듯) 부모를 죽을 때까지 부양하려 한다면 이주 시기를 놓쳐버릴 것이다.

만나지 못한 가능성의 공간(과거의 비현실적 조건문)

과거의 비현실적 조건문은 놓쳐버린 혹은 사용한 기회의 상황을 주제로 삼는다. "만약 내가 이주했더라면, 혹은 남았더라면"이라는 현재의 비현실적 조건문이 가상 공간에 대한 질문에 집중하는 반면, 과거의 비현실적 조건문은 가상 공동체 내부에 있는 관계 구조에 집중한다.

스스로 어떤 대안을 갖고 사는 사람들에게는 언제나 어려운 관계가 생긴다. 만약 시간 구조가 항상 열려 있다면 요청이나 경고 혹은 격려를 통해 다른 사람을 느낄 수 있다. 하지만 만약 시간제한이 주어져 있다면 관계는 부식된다. 다른 관계는 좀더 나은 결정이나 좀더 나쁜 결정과 부닥친다. 그런 관계는 더 넓어지거나 축소된다. 이전에는 동일한 범주에 있던 사람들이 지금은 다른 범주의 사람이 된다. 이러한 동일성과 차별성의 관계는 상이한 감정 상태를 만든다. 종종 질투(나쁜 카드를 뽑았을 때)는 나쁜 양심(좋은 카드를 뽑았을 때), 수치나 죄의식(흔히 책임감으로 나타남) 혹은 반대로 어떤 기대를 갖는 느낌이다.

이런 맥락에서 독일이 통일되던 날 생긴 작은 이야기들이 널리 회자되곤 한다. 동독에서 온 한 부부가 1990년 4주간의 휴가를 바이에른에서 만끽하고 있었다. 부부는 영수증을 속이고 몰래 떠났다. 그들이 떠난 뒤 호텔 주인은 "그들은 44년을 잘살았고 우리는 4주를 잘살았다"라는 글이 적혀 있는 쪽지를 발견했다. 우리는 이런 이야기 뒤에 있는 비현실적 조건문의 구조를 상상할 수 있다. 1) 규범: 1945~1989년 독일연방공화국 사람들은 동독 사람들보다 나은 생활을 누렸다. 2) 범주: 우리는 독일인이므로 범주상 동일하다. 3) 조건: 어떤 사람이 독일연방공화국, 다른 사람은 동독에 자리 잡은 것은 단지 우연일 뿐이다. 4) 도덕: 이는 차이를 없애는 기회에 대한 법적 근거다. 이런 이야기 뒤에 있는 복잡한 감정 상태는 마찬가지로 명백하다. 서독의 화자들은 동독 사람의 질투와 복수심에 대해 이야기한다. 그리고 이런 이야기 자체를 책임 부여를 방지하는 데 사용한다.

이민자와 이주자 사이의 아주 전형적인 긴장 관계는 유사한 이야기로 아주 잘 알려져 있다. 위에서 묘사한 동독 주민의 경우와 같이 나쁜 카드를 뽑았던 사람들이 좀더 나은 위치에 대한 법적 기대를 가졌을 것이다. 터키에서 휴가를 즐기고 돌아온 이주민이 종종 사기에 대해 이야기하는 것은 인상적이다. 그들은 알만(Alman: '독일인'을 가리키는 터키어—옮긴이) 또는 독일의 시골 사람으로 취급받고 속임을 당했다. 여기서 터키 사람은 "만약 내가 부적절한 생활 환경 때문에 소극적이 되지 않았더라면 나도 역시 부자가 되었을 텐데……"라는 공정을 거치기 때문에 스스로 정당하다고 여긴다. 여기서 암묵적인 법적 술어("독일에서는 돈을 버는 것이 쉽다")는 이주자들에 의해 거부된다("그들은 삶의 조건에 대해 아무런 생각도 하지 않는다").

전쟁 지역, 특히 내전 지역을 피해 도망가는 경우, 떠나는 사람과 남아 있는 사람 사이의 긴장은 특히 인상적이다. 이는 오히려 물리적 폭력의 경우 비현실주의(내가 남았더라면 죽었을 것이다)가 실제 영역을 가정하기 때문이다. 도망자에 대한 판결은 그만큼 더 잔인해진다. 보스니아헤르체고비나에서 탈출한 대부분의 사람은 남아 있는 자들에 의해 전쟁에서 도망치고 조국의 방어에 참여하지 않은 '반역자'로 여겨졌다. 이런 분위기는 특히 유고슬라비아 군대에 의한 2년간의 포위 공격으로 깊은 상처를 받은 사라예보에서 널리 퍼졌다. 아울러 아주 주목할 만한 것은 탈출한 사람들이 유럽에 체류하는 동안 부유함 속에서 안락하게 살았다는 잘못된 인식을 하고 있다는 점이다(Al-Ali u. a. 2001 참조).

한편에서의 질투는 종종 다른 편에서의 죄의식과 일치한다. 이는 종종 실질적 연대의 고발로 활용된다. 유럽에서 살고 있는 에리트레아(Eritrea: 아프리카 대륙 북동부에 있는 나라—옮긴이) 이주자들에 의한 '자발적인' 조세가 소득의 2퍼센트 수준으로 높아졌다(ibid. 참조). 베를린의 에리트레아인 거주지에는 기부를 회피하는 사람을 강하게 압박하기 위한 목적으로 기부자들의 명단이 걸렸다. 쿠르드족이나 타밀족 이주자들의 경우에도 유사한 경우가 보고되었다. 연구 단체는 조세에 대한 이런 이미지의 작용을 깊이 생각한다. 이주 국가에서 보장받은 체류 상태와 실질적인 경제적 성과는 (통합 이론가들이 추측하듯) 종종 관계를 부드럽게 만들지 못하고, 오히려 생활 상태의 불일치와 더불어 출신 국가에 대한 나쁜 인상이 늘어나게끔 한다(ibid. 참조).

가상의 공간과 가상의 공동체는 또한 비현실적 조건문으로부터 추론되는 복잡한 연관 시스템을 통해 특징지어진다. 이 조건문은 분리된 규범이나 가치 체제가 아니라, 오히려 범주-규범-조건-도덕 평가의 정형화를 통해 특징지을 수 있다. 차세대 이주민과 터키에 있는 같은 나이대의 친척은 가상 공동체의 일부가 되기 위해 어떤 부가적인 공통점도 갖출 필요가 없다. 그들은 단지 서로 결합할 수 있기만 하면 된다. 이는 그들이 진정한 (현재와 과거의) 비현실적 조건문을 반드시 형성할 수 있으리라는 것을 의미한다. 그러나 이들은 총체적으로 고도의 내적인 차별화를 통해 일치된다.

이런 맥락에서 런던에 살고 있는 터키인들의 터키 TV 시청에 대한 아수 악소이(Asu Aksoy)와 케빈 로빈스(Kevin Robins)의 관찰은 흥미롭다. 미디어에 대한 접근은 이주자와 남아 있는 자들 사이의 동질성을 높이는 게 아니라 오히려 직접적인 큰 차이를 만든다. 예를 들어 터키가 국가적 위기에 처했을 경우 체제 실패를 여실히 보여주는 TV 뉴스에 대해 앵글로-터키인 시청자들의 공포나 분노는 '우리가 더 이상 그곳에서 살지 않아 다행'이라는 의미에서 거리 두기로 작용한다(Aksoy/Robins 2000).

과거의 가능성의 공간(과거의 비현실성)

지금까지 우리는 단지 탈출이나 이주 같은 개인 스스로가 책임을 지는 결정에 대해서만 논의했다. 하지만 조상의 결정이 가능성의 공간을 구성하고, 가상의 공동체를 건설할 수도 있다. 여기서 종종 "나는 행복했다"는 도덕적 술어가 완화된다. 자비네 마니츠(Sabine Mannitz)는 노이쾰너(Neuköllner) 학교에 다니는 학생들의 존재감을 묘사했다. 그룹 토론에서 그들의 청소년 대화 상대는 한정된 정신적 지평과 그들이 고향을 여행할 경우 직면할 부모의 고향 마을 사람들에게 널리 퍼져 있는 협소한 가치에 대해 불평을 토로했다.

> "'동향의' 친척들처럼 어떤 한정된 경계를 갖지 않는 것은 자부심과 행운의 혼합을 함축하고 있는 중요한 차이를 없앤다. 결국 쉽게 비슷해질 수 있었더라면 부모들은 이주하지 않았을 것이다. [……]"(Mannitz 2002: 267)

이런 경우 가상의 공동체라는 의미는 당연히 약해진다. 취업 이주는 여러 세대들로 이어지는 공동체 감정을 형성하기에 전혀 충분하지 않다. 하지만 이주가 트라우마를 통해서 초래되었다면 사정이 다르다. 이것은 19세기 말과 20세기 초에 미국으로 이주했던 네덜란드계와 러시아계 유대인들에게 나타나는 특징이다. "내 할아버지가 그 당시에 이주하지 않았더라면 나의 부모님들은 KZ(유대인 포로수용소)에서 돌아가셨을 것이고 나는 오늘 존재하지 않았을 것이다"라는 문장은 하나의 존재적 경험을 가리킨다. 9월 11일 이후, 대부분의 유대 지식인 사이에서 나타나는 유럽인들의 태도에 대한 몰이해는 이러한 근거에서 생겨난다. 그 안에는 폭력에 대한 경험에 근거해서 생겨난 고전적 디아스포라(아일랜드 사람, 팔레스타인 사람, 유대인, 아르메니아 사람)와 취업 이주를 통해 구성된 확장된 의미의 디아스포라를 구분하는 것이 예나 지금이나 왜 의미 있는지에 대한 근거다. 이러한 사고의 연관성을 테스트하는 어떤 상황이 있다. 비현실적 조건문이 실제로 가상 공간의 구조를 결정한다면 이주 운동 이야기는 가상 공간의 형성에 있어 중요한 것임에 틀림없을 것이다. 이러한 근거에서 제임스 클리포드(James Clifford 1997)의 뿌리에 대한 생각은 가상 공간의 형성과 관련해 유의미하다. 나는 홀로코스트가 아슈케나지(Ashkenazi: 중·동부 유럽계 유대인을 일컫는 말—옮긴이)와 세파르디(Sephardi: 에스파냐·북아프리카계 유대인을 일컫는 말—옮긴이)에 대해 다른 역할을 했다는 인상을 가진다. 그 이유는 한쪽이 다른 쪽보다 (비현실적 조건문을 넘어서) 훨씬 더 강하게 홀로코스트를 경험했기 때문이다. 위에서 분명하게 표현되어 있는 문장은 아슈케나지의 문장이다. 당연히 홀로코스트에 대한 공포는 일반적으로 광범위하게 확산되었지만 공포를 직면한 강도는 가능성의 공간에 따라 다르다.

이주의 역사가 깊으면 깊을수록 회상의 의식이 좀더 중요해지는 것 같다. 아르메니아인들의 디아스포라의 경우 이주 기간 동안 태어난 3세대를 강력한 행동으로—그리고 작은 그룹들의 경우에는 잘 알려진 바와 같이 아르메니아의 테러리즘으로—이끄는 국민법의 50주년 기념 축제가 있었다.

여기서 견고한 이주의 역사는 어떤 특별한 역할을 한다. 조상의 개별적인 이주는 가능성 공간의 형성에 있어 민족의 이주보다 더 견고하고 중요하다. 이것은 범주적 술어와 법적 술어가 아주 깔끔하게 분리되는 것은 아니기 때문이다. 범주를 엄밀하게 규정할수록 법적 적합성은 보다 강하게 형성된다. 나의 조상들이 추방 기간 동안 파괴되어버린 아르메니아의 어느 마을 출신이라면 그가 '단지' 아르메니아인이었을 경우보다 죽임을 당했을 개연성이 더 클 것이다.

> "과거처럼 디아스포라 공동체의 내적인, 그리고 상호 간의 접합은 가족이다. 상속이나 결혼을 통해 맺어진 사람들의 네트워크는 그 자체가 비록 변화된 방법이지만 진실이었고 그 중요성은 여전히 남아 있다."(Pattie 1999: 5)

견고한 이주 역사의 중요성과 관련해 아르메니아인들의 디아스포라에 대한 아름다운 예가 있다. "디아스포라에서 조국은 적어도 아르메니아인 자신의 마을 혹은 본향이기도 하고, 이를 내포하기도 한다. 물론 지금은 그들 조상의 본향을 의미한다. 이는 오늘날 터키 지역에 있는 카르페르트와 아다나 같은 마을이나 시리아의 케사브 같은 마을, 그리고 사람들이 궁금해하고 돌보고 그리워하는 장소에 대한 개인적 및 집단적 기억을 포함한다. 수많은 책들이 이런 마을에 대해, 관습에 대해, 추억에 대해 썼고, 그들의 사회적 삶에 대해 얘기했으며, 살아남은 자들의 업적을 기록했다"(Pattie 1999: 6). 다른 말로 표현하면 추방과 민족 학살의 참사가 생겨나지 않았다면 사람들이 여전히 삶을 영위했을 특별히 견고한 마을과 도시에 대한 기억은 생생하게 간직된다.

이주의 움직임은 나무와 같은 구조를 갖는다. 여기엔 실제 나무처럼 2개의 기본 형태가 있다. 요컨대 침엽수와 활엽수가 그것이다. 침엽수의 경우 둥치의 모든 가지는 바깥으로 뻗고, 활엽수의 경우는 둥치와 곁줄기로 갈라진다.

터키인의 유럽 이주는 침엽수 구조를 갖는다. 터키인은 특정한 시기 동안 독일로 이주했고, 다음 단계에서는 스웨덴이나 프랑스 등지로 이주했다. 그와 달리 아르메니아인과 인도인의 이주는 활엽수와 같다. 두 갈래나 혹은 여러 갈래로 갈라진다. 침엽수 형태의 이주에 있어 관계와 갈등의 중심지는 고국이다. 터키인이 살고 있는 (스웨덴이나 네덜란드 같은) 다른 장소는 그곳과 달리 전혀 중요한 역할을 못한다. 왜냐하면 그곳에는 친척들이 살고 있기 때문이다.

마음의 지형은 활엽수적 디아스포라의 경우 한층 복합하게 묘사된다. 여기서 분기의 역사는 사람들이 살았던 장소가 좀더 많았다는 것을 보여준다. 그곳은 다른 사람들이 차지하고 있던 장소다. 이런 복잡한 관계 구성은 분업의 상징적 형태로 나타난다. 그래서 수전 패티(Susan Pattie)는 근원과 권위의 장소(아르메니아)로, 박해의 장소(터키)로, 지적 중심의 장소(파리)로, 그리고 복지 중심의 장소(뉴욕, 캐나다)로 아르메니아적 디아스포라를 묘사한다.

결론

문화학적 이주 연구의 과제 중 하나는 가상 공간과 현실 공간 사이의 연관성에 대해 고찰하는 것이다. 비현실적 조건문 속에 묘사된 규범-범주-조건-도덕의 연관성은 공간의 두 가지 형태를 하나의 구조적 연관성 속에 두는 것을 허락한다. 이는 또한 차이의 혼종과 파편화 그리고 기념을 설명하는 탈근대적·탈식민지적 작가들의 평가와 자본의 세계화, 즉 초국적 기업과 노동의 이주에 대해 설명하는 정치경제적 접근 방식의 연결을 가능케 한다. 정치경제적 접근이 실제적 행동의 기회, 이주 방식 등등을 분석하는 반면, 탈식민지 작가들의 평가는 형상, 가상 그리고 서로 연결되어 있는 위치 설정을 연구한다. 비현실적 조건문의 구조는 전자와 후자의 보완을 가능케 한다. 형상, 가상 위치 설정은 행동의 기회와 연관되지 않는 한 희망사항으로 남는다. 행동의 기회는 형상과 상상 그리고 꿈이 결합할 때 비로소 가망성이 된다.

주

1. 중요한 평가는 합리적 선택과 소비자 경제 접근법에 있다. 합리적 선택은 압박과 견인의 요소를 분석한다. 소비자 경제 접근법은 소비 전략을 통해 합리적 선택 방식의 방법론적 개인주의를 극복하고, 결과적으로 미시적·중간적·거시적 이주 시스템 평가를 통합하는 방식이다.
2. 실제로 많은 민족 국가들이 식민 체제의 의미를 민족의식의 생성을 위한 체제로 이해했다. 터키공화국의 행정가들은 규칙적으로 순환했다.
3. 터키에 대해서는 카글라어(Caglar 2003)를 참조했다.

참고문헌

AI-Ali, N./Black, R./Koser. K. (2001), "Refugees and transnationalism: the experience of Bosnians and Eritreans in Europe," in: *Journal of Ethnic and Migration Studies*, 27(4), S. 615-634.

Anderson, B. (1993, orig. 1983), *Die Erfindung der Nation. Zur Karriere eines erfolgreichen Konzepts,* Frankfurt/New York.

Aksoy, A./Robins, K. (2000), "Thinking across spaces. Transnational television from Turkey," in: *European Journal of Cultural Studies,* 3(3), S. 343-365.

Çaglar, A. (2003), *Encountering the State in migration driven transnational fields: Turkish immigrants in Europe*, Habilitation. FU Berlin.

Castoriadis, C. (1984, orig. 1975), *Gesellschaft als imaginäre Institution. Entwurf einer politischen Philosophie*, Frankfurt/M.

Clifford, J. (1997), *Routes Travel and Translation in the Late Twentieth Century*, Cambridge.

Gellner, E. (1991, orig, 1983), *Nationalismus und Moderne*, Berlin.

Goffman, E. (1993), *Frame analysis: an essay on the organization of experience*, Boston.

Goodman, N. (1975, orig. 1955), *Tatsache, Fiktion, Voraussage,* Frankfurt/M.

Iser, W. (1993), *Das Fiktive und das Imaginäre: Perspektiven literarischer Anthropologie*, Frankfurt/M.

Mannitz, S. (2002), "Auffassungen von kultureller Differenz," in: W. Schiffauer u. a. (Hg.), *Staat-Schule-Ethnizität*, Münster.

Musil, R. (1978, orig. 1930), *Der Mann ohne Eigenschaften,* Reinbek bei Hamburg.

Pattie, S. P. (1999), *Longing and Belonging: issues of homeland in the Armenian diaspora,* Transnational Communities Programme Working Paper Series.

Pieke, F. N. (2002), "Recent Trends in Chinese Migration to Europe: Fujanese Migration," in: *International Organization for Migration (IOM): Perspective,* Genf.

Sartre, J. P. (1962, orig. 1943), *Das Sein und das Nichts,* Reinbeck bei Hamburg (정소성 옮김, 《존재와 무》, 동서문화사, 2009).

Schiffauer, W. (1987), *Die Bauern von Subay. Das Leben in einem türkischen Dorf,* Stuttgart.

Stewart, M. (2002), "The Hungarian Status Law: A new European form of Transnational Politics," in: *Working Paper Series, Hrsg von Programme, Transnational Communities,* Oxford.

Warner, M. (2002), "Publics and Counterpublics," in: *Public Culture*, 14(1), S. 49-90.

주의를 끄는 것들
매춘의 사례에서 공간적 성(性)의 연출[1]

유서 깊은 회사 팔러(Faller: 독일의 세계적인 모형업체—옮긴이)는 봄 카탈로그에서 철도 모델 신제품을 내놓았다. 카탈로그에는 '나이트클럽 담자색 부엉이'라는 이름을 가진 건축물이 첫선을 보였다. 카탈로그에 따르면 이 건물에는 "빨간 점멸등과 5명의 포주"가 있다. 이는 한편으로 (곧 그렇게 되겠지만) 장난감 시장의 혁신은 매춘업과 관련해 고용의 자유화가 불가피하다는 것을 보여준다. 아이들도 이미 자신의 철도 노선을 따라 소규모 성매매업을 구축하고, 아주 특수한 동화의 세계로 기차를 연결할 수 있다. 다른 한편으로 이러한 발전은 또한 그렇게 새롭지 않다. 어둡고 외진 지하의 취미 방에서 협궤 철도에 몰두하면서도 남자만의 동경에 흠뻑 빠진 다수의 아버지와 아들이 있기 때문이다. 그런 까닭에 증기 기관차와 철도뿐만 아니라 포주를 포함한 '담자색 부엉이 홍등가'와 더불어 사회화를 시작하는 것은 당연한 결과다.

전문가 설명의 이면

크고 작은 규모를 갖고 있는 매춘 또는 성매매 분야는 화려하고 에로틱하기도 하며 또 비극적이고 파괴적이기도 하다. 예를 들어 음성 치료사, 민간요법 전문가 또는 미용사 같은 수많은 여성 직업에서 직업 교육은 불규칙적이고, 대부분의 여성은 스스로 그 자금을 조달한다. 게다가 매춘부는 미용사, 간호사, 의사 보조 또는 판매원과 육체적 용무 및 감정 노동을 공유한다. 성매매는 신화와 겹쳐져 있고, 삽화가 풍부하기는 하지만 좀더 깊이 연구되지는 않았다. 매춘과 관련해 여성 견습생이 지도를 받아야 하거나, 여성 학자들이 끝을 내야 하는 어떤 대가의 전문적 설명은 존재하지 않는다. 오히려 한편으로는 매혹적인 붉은 불빛 아래서 이 분야에 대해 어떤 사전 지식도 갖추지 못한 채 불행하게 착취당하는 여성들에 대한 끝없는 신화적 묘사가 있다. 그리고 다른 한편에는 추측하건대 통일성 있는 전문성을 갖춘 어떤 주무 관청과도 연결되지 않은 채 심하게 괴리된 여성 전문가들이 있다. 매춘 여성, 포주 여성, 사회사업 여성, 여성 경찰관은 매춘에 관해 많은 것을 알고 있지만 그 지식은 서로 모순되고 상이한 대화 코드를 갖는다. 동일하게 안전을 보장받은 상태에서 어떤 매춘 여성은 직업에서의 성욕 충족에 대해 말하고, 또 다른 매춘 여성은 토크쇼에서 "만약 남자가 무언인가를 감지한다면" 사정은 나빠진다고 말한다. 경찰서의 한 부서에서는 경찰관들에 의해 매춘에서 인신매매의 의미를 강조하는 반면, 또 다른 부서에서는 자발적인 이주 경력을 가진 길거리 여성들에 대해 보고한다. 사창가는 비인간적이고, 불결하고, 위험한 생업으로 나타나기도 하며, 자신의 잇속을 위해 스스로 결정한 돈벌이로 나타나기도 한다.

전문적 지식의 의미에서 홍등가 세계에 대한 사회적 합의는 거의 존재하지 않는 것처럼 보인다. 대부분의 사회 분야에는 행위자의 인지를 이끌어내는 지배적 담론이 있지만, 홍등가의 세계에서 관찰되는 담론은 아무런 근거도 없이 상호 병존하는 수많은 진상이 있다.

이러한 모순적이지만 잘 확보된 전문가들의 생각 및 문서의 혼잡스러운 대치 상황 속에서 나는 다음과 같은 관점을 갖는다. 요컨대 나는 성 노동과 관련한 당대 연구 상황의 본질적 문제를 어떻게 해결할 것인지에 대한 사회정치적, 범죄학적 또는 법적인 질문을 전면에 두지 않고, 오히려 매춘의 공간과 장소를 인종학적으로 분석한다. 이러한 매춘의 공간과 장소에 대한 인종학적 질문은 성 특유의 정리를 매춘 분야에서 재구성하는 경험적인 영역을 제공한다. 빈의 국제문화연구센터에서 수행한 3개월간의 현장연구 결과가 그 중심에 있다. 더 나아가 이러한 연구 결과에 기초해 헤센(Hessen) 주가 '공간과 성의 결합 효과: 프랑크푸르트암마인에서 매춘의 사례'라는 주제로 지원한 연구 프로젝트의 결과물도 있다. 이 두 가지 프로젝트는 관찰 평가와 문서 평가에 더해 매춘부와 사회복지사, 경찰, 이웃 그리고 법률가와 전문가의 인터뷰에 근거를 두고 있다.

첫 번째 장소 탐색: 빈에 도착

비행기 편으로 빈에 도착한다. 공항에 발을 내딛음과 동시에 포스터가 이 도시에서 무엇을 제공하는지 알려준다. 첫 번째 포스터는 나에게 "쇤브룬(Schönbrunn)에 오신 것을 환영합니다"라고 말한다. 빈은 황제와 국왕, 무엇보다도 여황제 시시(Sisi)와 마리아 테레지아(Maria Theresia)로 유명하다. 마리아 테레지아는 매춘을 금지했다. 첫 번째 포스터는 또한 건축물과 동물원이 제공하는 아이들을 위한 전원 도시 그리고 자연 이미지를 보여준다. 두 번째 포스터는 예술을 묘사한다. 빈은 문화의 전당으로서 성공적으로 팔린다. 이제 음악이 나올 거라고 나는 생각한다. 여행사에서는 "와인, 여자 그리고 노래"를 언급했다. 하지만 쇤브룬 궁전과 화가 조르조네(Giorgione) 다음으로 나온 것은 여자였다.

국제 항공선에 내리자마자 '바빌론'이 손님들을 위해 광고한다. 바빌론이란 이름은 신에게 가까이 가기 위해 존재하지만 이러한 시도가 실패했음을 보여주기 위해서도 존재한다. 바빌론은 다양성의 탄생과 이해할 수 없음의 상징이다. 그 그림에서 여성들이 나에게 인사를 건넨다. 여자들은 모두 흰 피부에 순결한 흰색 내의를 입고 있다. 성(Geschlecht, 性)과 성욕이 없는 존재, 천사! 그런데 붉은 벨벳 여성의 외설적인 태도에 의구심이 생긴다. 무슨 의구심? 나는 레뷔(Revue: 노래, 춤, 풍자 따위를 혼합한 공연—옮긴이) 극장과 영화 포스터를 생각한다. 이곳 공항에 있는 누가 도시의 고급 유곽을 광고하는 아이디어의 대상일까? 그 사람은 이 도시의 유곽에 대해 이미 알고 있을 것이다. 포스터는 단골에 대한 인사다. 그것은 외부인에게 상기시키는 효과를 준다. '바빌론'에 대해서는 나도 이미 어디선가 들어본 적이 있다. 공항에서부터 빈 어느 곳에나 매춘이 있다는 게 명백해진다. 하지만 그것은 고상하며, 거의 눈에 띄지 않는다. 빈에서는 숨김과 드러냄의 게임이 완벽하게 이뤄진다.

빈에는 함부르크의 상파울리(Sankt Pauli) 같은 세계적으로 유명한 사창가도 없고, 프랑크푸르트암마인처럼 끝이 보이지 않을 정도로 넓은 홍등가로 호객 행위를 하지도 않는다. 빈에도 역시 서부역 뒤편의 차로와 그 주변 지역에 홍등가 구역에 대한 주요 교통로의 이름은 있지만, 단 2개의 성매매 표지만 눈에 띄지 않게 남아 있다. 홍등가 구역의 명시에 대한 견고함과 비교하면 빈에는 홍등가가 보이지 않는다.

비교를 통한 프랑크푸르트암마인과 빈에 대한 관점 전환

프랑크푸르트의 역 주변 지역은 홍등가로 악명이 높다. 1980년대에 발터 발만(Walter Wallmann) 시장의 지원 아래 국제 투자자들이 은행과 보험 회사를 위한 더 넓은 건축 부지를 획득하기 위해 역 주변 지역을 장기적인 매춘 금지 지역으로 지정하려 했지만 실패했다. 이 사건은 프랑크푸르트에서 고층 빌딩을 건설하는 데 아무런 제한 규정도 없다는(Rodenstein 2000 참조) 사실을 감안하며 주목할 만한 가치가 있다.

전문가들의 인터뷰와 당시 성매매여성연맹(HWG) 대변인이었던 코라 몰로이(Cora Molloy)가 출판한—인종차별에 대한 논쟁과 견줄 만한—문서에서 매춘과 관련해 '공간적 분산이냐, 집중이냐'라는 질문에 대한 논쟁이 뜨거웠던 이유는 명백하다. 프랑크푸르트역에서 매춘을 분산시키는 데 대한 저항은 유곽을 도시 전체로 퍼뜨리는 일은 모든 남녀 시민을 성 노동과 무제한적으로 결합시키는 것과 다름없다는 추측으로부터 생겨났다. 교회나 성매매노동연합 또는 도시 계획 기관 등은 그들의 위치에 관계없이 모두가 매춘부를 한 장소에 집중시켜 통제하길 원했다. 앨런 펠드먼(Allen Feldman 1997)은 북아일랜드 분쟁으로부터 공간적 정리를 통한 개인 통제에 대한 관찰 가능성의 의미를 설명했다. 구교도와 신교도는 그들 각자의 고유한 지역에 정착한다(또는 그곳에 정착해 있다). 이와 같은 구분은 영국 군대에 공간적 분리 없이는 육체적으로 서로 구별되지 않는 국민의 모든 그룹에 대해 비디오카메라를 통한 집단적 감시를 가능케 해준다. 그러나 이러한—공간적 분리를 통해서—국가가 갖는 관찰 가능성은 또한 경쟁하는 두 국민 집단의 상대에 대한 관찰 불가능성이다. 상호 대립하도록 구성된 집단끼리는 일상에서 전혀 만날 수 없기 때문에 끝없는 선입견이 생겨난다. 이스라엘과 팔레스타인 분쟁에 대한 오렌 이프타첼(Oren Yiftachel 1998)의 분석은 비교 가능한 결과를 제시한다.

또한 프랑크푸르트에서는 과거 역 주위의 홍등가를 비디오카메라로 감시할 것을 고려하기도 했다. 도시 계획 기관, 여성 주민, 교회 그리고 국제 여성 투자자들 사이에 벌어진 (빈과 비교해) 지역과 관련한 성 노동 구조의 해소나 한 지역으로의 집중 문제에 대한 다년간의 논쟁 결과, 마침내 역 주변은 프랑크푸르트의 매춘 장소로서 상징적이고 물리적이고 합법적이고 계획적이고 사회 교육적으로 새롭게 자리 잡았다. 다른 형태의 장소가 만들어진 것이다(Hubbard 1998 참조). 그래서 후바르트(P. Hubbard)에 의하면 마치 성 노동 여성이 홍등가에서는 지배적인 이성애의 가부장적 규범과 전혀 다르게 구성되는 것을 공간적으로 관찰할 수 있다. 여기에서 더럽고 폭력적인 것을 넘어 부도덕하기까지 한 모든 부정적인 태도는 로컬이 되고 고유한 장소의 구획 속에서 '순수한 것'으로 묘사된다. 공간으로의 편입을 통해 정체성을 획득한다는 데서 시작한다면, 구획은 성적인 면을 강조한 일상 구조를 가능케 한다. 다른 구역에 존재하는 관찰 가능한 '부도덕함', 즉 더러움과 병에 있어서 이 구역은 전통적인 생활 세계의 외부 영역으로 규정될 수 있다.

빈에서는 시내의 모든 골목에서 별실, 섹스 영화관, 혼교 클럽 등을 갖춘 홍등가와 마주친다. 그리고 아주 가끔 조그만 농축된 지역들이 존재한다. 빈에는 약 5000명의 여성이 성 노동으로 서비스를 제공한다. 그중 460명만 합법적으로 등록되어 있다. 이 수치는 1913년 약 1879명(등록자 기준)에서 1993년 711명으로 계속 줄어드는 추세다. 빈에서는 한 여성(또는 남성)이 매춘부로 등록되면, 경찰서나 보건 당국에서 (전문 용어로 '비밀 매춘부'와 다른) '통제 매춘부'로 관리한다. 이는 표현 자체로 정당성을 갖는다. 등록된 성매매 여성에 대해서는 사진을 찍고 지문도 채취한다. 경찰은 남편(또는 아내)이 실업자인지 아닌지에 따라서 포주로 의심되는 집을 수색할 수 있다. 한 여성이 길거리에서 일한다면 자신의 고정된 장소를 경찰에 신고해야 한다.

미셸 푸코(Michel Foucault 1977)는 위치 선정과 등록을 통해 개인의 신분이 어떻게 형성되는지 풍부한 예를 들어가며 분석한다. 각각의 고유한 장소, 특히 명칭 부여는 통제와 처벌을 가능케 한다. 한 여성이 스스로 신고한 장소에 있지 않으면 벌금을 물을 수도 있다. 사회복지사로 일하는 여성들에 따르면 벌금은 지난해에 정점에 달했다. 150~900유로의 벌금은 여성들이 지불할 수 없을 만큼 높은 수준이다. 종종 상담소에서 일하는 레푀(Lefö)와 질라(Sila)의 일치된 의견에 따르면, 나이지리아 여성들이 주로 처벌을 받는다. 인종주의와 성차별은 여기서 서로 맞물린다.

빈에는 공식적으로 어떤 유곽도 존재하지 않는다. 그럼에도 불구하고 매춘 법률은 집에서 일하는 것을 허락한다. "오로지 매춘을 행하는 사람들이 이용하거나 거주하고, 대중교통의 직접적인 방향에서 벗어난 입구를 제시하는" 집이다. 일반 여성은 그들의 거주지인 집에서 일, 즉 매춘을 해서는 안 된다.

두 번째 지역 탐색: 구역에서

나는 매춘 지역에 대한 탐색을 시작한다.[2] 오늘날 공간적인 구분은 일정하지 않다. 지하철역 인근은 활동 무대를 제공한다. 작은 노점에서 케밥을 판매하고, 쭉 늘어선 집 사이사이에 일정한 거리를 유지한 채 성매매 업소가 있다. 전면의 모습과 광고가 전형적으로 이정표를 제시한다. 입술, 샴페인 잔, 하이힐. 언제나 그렇다! 음악은 전혀 들리지 않는다. 여성들이 주점 앞에 서 있다. 모두 흰 피부와 붉은 입술에 검은 옷을 입었다. 모두가 그렇다 하지 않더라도 어쨌든 그들은 모두 밤에 블론디로 있다. 몇몇 여성은 윈도 안에 앉아 있다.

그들은 움직임이 거의 없다. 다리를 쭉 뻗고 머리를 목 뒤로 젖힌다. 그런 이완된 모습이 아름답다는 인상을 준다. 나는 한 업소로 들어간다. 아직 이른 저녁이다. 여성을 찾는 남자들은 보이지 않는다. 바깥이 아직은 다소 밝아 실내의 어둠이 나를 압도한다. 방 안의 구조를 거의 인식할 수 없다. 볼 수 있는 가능성은 극단적으로 작아진다. 하지만 공기에는 달콤한 향수 냄새가 배어 있다. 내가 여권 운동 상담소에서 배운 것은 무엇보다도 직업 여성이나 업소 여종업원들에게 대화를 해도 되는지 물어봐야 한다는 것이었다. 나는 묻는다. 그 순간, 나는 이미 이전에 나이 많은 남자들이 내 남성 동행자에게 그들이 나와 이야기해도 되는지, 혹은 춤을 춰도 되는지에 대해 물었다는 것을 떠올렸다. 보호와 감독은 긴밀하게 연결되어 있다. 나는 한 여성에게 다가간다. 누구에게 말을 걸지에 대한 내 결정은 또다시 남성 고객들의 행동으로 묘사된다는 것을 직관적으로 떠올린다. 손님은 남성들에게 열려 있다는 신호를 보내는 여성에게 다가간다. 여성은 간단히 선택되는 것만은 아니다. 시선과 태도를 통해 그들은 빠르게 동감 또는 거절의 의사 표시를 한다. 많은 남성 고객은—내가 이런 상황에서 느낀 것처럼—아주 의심스러워하면서 여성이 보내는 사인을 기꺼이 받아들인다. 거리에서 일하는 여성은 때때로 남자와 함께 일하는 대다수 성매매 여성들의 불안에 대해 알고 있다. 대체로—사회봉사 여성들이 보고한 바에 따르면—

그들의 고유한 거래 방식을 업신여기는 여성은 성적 능력이나 생업 혹은 개인의 몸값을 정하는 혹은 적어도 허용하는 여성으로서 고객 행위를 하는 더 큰 문제를 안고 있다. 또한 보건소의 한 여의사는 이들을 2개의 그룹으로 구분할 수 있다고 생각한다. 어떤 방식으로든 성매매 행위에 대해 긍정적인 감정을 피력하는 여성과 성매매를 없애길 원하는 여성이 그것이다. 건강 검진은 사적인 일이다. 대부분이 산부인과 테이블에 오르는 것을 수치스럽게 생각하지만 몇몇 여성은 성적인 허풍을 통해 여의사들을 당혹스럽게 만드는 기회로 이용한다.

나는 나에게 호기심을 보인다고 생각되는 한 여성에게 다가간다. 내가 매춘에 대해 연구하고 있다고 말하자 그녀는 살짝 비웃는다. 아마도—그렇게 내 머리에 각인된 듯하다—그녀는 사회학을 공부했을 것이다. 나는 내가 빈의 대학에서 전혀 강의를 하지 않았다는 걸 다행으로 생각했다. 그런데 왜 그런 생각을 했을까?

여기서 우리는 다른 세계를 목적으로 무대 위에 만들어진 어떤 배열 속에 있다고 생각하게 된다. 그곳은 끔찍하게 더웠다. 여자들은 부인용 속옷 속에서 동사하길 원치 않을 것이다. 붉은색과 검은색이 압도적이다. 나는 성매매 여성들이 종종 스스로 제기하는 문제, 즉 남성에 대해 이야기를 나누었다. 그들은 단골손님이 아닌 남성은 먼저 바에 자리를 잡는다고 말했다. 그러곤 룸을 살펴본다. 남성은 종종 안전한 카운터에 머무르는 것과 여성에게 스스로를 보여주는 걸 선호한다. 그는 방을 건너가지 않고 시선을 풀어놓지도 않는다. 오히려 주시한다. 바에 있는 여성이 도와준다. "여러분을 보여주세요!"라는 말은 흔한 요구다. 그러면 그는 볼 수 있고, 선택할 수 있다.

사고의 전환

남자들은 눈에 띄는 것을 원치 않는다. 비공개 매춘 프로젝트 아기스라 에프(Agisra e.V.)의 리포터 크리스티아네 호베(Christiane Howe)는 "우리가 가두조사원을 동원해 남성들이 매춘 장소로 들어가기 전 그 주위를 몇 바퀴 어떻게 도는지를 살펴보면 공간적인 문턱 공황은 또한 내부의 정신적 공황이라는 인상을 받는다. 또한 반대로 그들이 어떻게 매춘 장소를 떠나는지, 때때로 어떻게 정확하게 나가는지, 어떻게 방향을 정하는지, 그리고 처음에는 어떻게 종종 잘못된 방향으로 가는지를 살펴보면, 마치 그들이 정확히 다른 2개의 복잡한 세계의 경계를 건너가는 것 같다"(Nach Domentat 2003: 93f.)고 말했다. 홍등가에서 사진을 찍는 것은 불을 켜는 것이라고 한 사회사업가 여성은 말한다. 남성들이 업소에 들어오기 전 누가 보지 않는지 주위를 살피는 것에 대해 업소 내부에 있는 사람들은 유쾌하게 농담을 주고받는다. 홍등가에서 일하는 어떤 사람은 매매춘을 하는 많은 남자들에게 여성을 바로 쳐다볼 용기가 없다고 말한다.

거의 모든 사회적 만남의 경우에서처럼 시선 문화는 만남을 여는 현실적 요소다. 기본 원칙은 여성이—남성의 경우에는 그렇지 않다—보여줘야만 한다. 이는 여성이 개인의 시선을 베일로 가려 남성으로 하여금 거대한 안전감을 주는 일종의 쇼다. 무대 공연의 실질적 구성 요소는 성적으로 흥분된 시선을 남자에게 넘겨주는 것이다.

영화 이론과 사진해석학에서의 작업(Mathes 2001: 105; Hentschel 2001을 요약)은 학문과는 거리가 있는 또 다른 시선, 예를 들어 그림의 시선에 대한 연습이다. 이 작업을 통해서 시선은 양성적 특성의 문화 구조를 생산 및 재생산하는 데 사용되는 받침대라는 것을 끌어낸다. 따라서 원근법의 구상을 가진 그림은 관찰자의 시선의 깊이에 대한 인상, 즉 공간성에 대한 인상이 생겨나게 한다. 공간성은 영화관의 움직이는 그림을 통해 더욱 강화된다. "상업 영화의 목적은 소박한 자르기 기술과 카메라 기술을 넘어서 지속적이고 동질적인 그림 공간에 대한 인상을 구축하며 대상자를 하나의 조망 속에 넣는 것이다"(Hentschel 2001: 153). 여성들(의 몸)은 전통적으로 공간으로 여겨지기(상세한 내용은 Löw 2001: 115ff. 참조) 때문에 관찰된 공간의 문화적 결합은 여성의 몸에 비유된다. 이런 문헌학에서 수없이 인증된 공간 판타지와 여성 몸의 겹침(Weigel 1990; Kublitz-Kramer 1995 참조)은 조망의 중심을 따르는 성적으로 흥분된 시선, 즉 보여지지 않은 채 성적인 것을 다루는 그리고 성적인 것으로 다루어지는 맥락을 해부하는 시선과 결합한다. 절대적 공간의 이해 속에서, 개방된 그림의 공간은 노출된 여성의 신체에 대한 약속처럼 경험됨과 동시에 안전으로 인지한 유모(Colomina 1997)와 안전으로 약속한 모체(Weigel 1990; Hentschel 2001)의 즐거움으로 묘사된다. 따라서 양성의 서로 다른 형태의 배후에 2개의 모순된 위상, 즉 남성적 시선 및 여성적 관찰의 위상이 나타난다.

매춘 장소/업소 몇 곳에서는 그림과 영화 세계의 잠재력을 가장 적절하게 사용했다. 업소 내부에 있는 사회적 위상, 즉 여성이 보이는 것을 통해 형성된 위상은 남성을 주시의 위치로 옮겨놓는다. 그의 시선 앞에서 여성은 영화처럼 지나가고, 또한 대상으로 지목 및 노출된 여성 신체에 대한 약속을 이행할 준비가 되어 있는 여성은 자기 몸을 화장품과 가발을 통해 약속된 전형적 여성상으로 만들어낸다. 또한 이런 그림 공간은 쇼윈도 시스템을 통해 재구성된다. 여성들은 방종한 여성이라는 그림과 신체의 현재에 대한 그림의 차이를 끊임없이 지워내는 방식으로 쇼윈도 속에 자리 잡는다. 여성은 그림이 된다. 여성을 유리창 안에 두기를 포기한 요정들이 그들의 자리에 기꺼이 그림을 두는 것은 전형적인 것이다. 빈에서 전면의 형태가 신기할 정도의 단순함으로, 즉 샴페인 잔과 하이힐만으로 매춘의 상징으로 재생산된다는 것은 전형적이다. 하이힐이 페티시(fetish)로 해석되는 반면, 샴페인 잔은 음란한 시선을 남성의 오르가슴으로 돌린다. 남성들은 뻥 소리를 내며 터지는 샴페인의 코르크 마개, 분출하는 샴페인을 정액과 오르가슴에 대한 상징으로 해석한다.[3] 삼각형 모양의 잔은 사정액과 결합된 샴페인을 담는다. 그래서 불쾌감을 유발하지 않는 샴페인 잔과 함께 곧바로 약속된 격렬한 역사가 전개된다.

예를 들어 이것을 프랑크푸르트암마인과 비교하면 프랑크푸르트에서 이러한 무대 연출은—이러한 전형적인 시그널에 덧붙여—사창가를 두고 하는 말임이 한층 명백해진다. 구분은 조형의 원칙이다. 먼저 전면 조형이 있다. 이곳의 구성은 꽃바구니와 침엽수를 통해, 그리고 또한 침엽수에 둘러쳐진 붉은 나비넥타이를 통해 크리스마스의 가족 풍경을 회상하게 하면서 또한 붉은 램프를 통해 그 집의 안에 대한 추론을 명백히 가능케 한다. 매춘 장소로 개방된 집의 내부는 문지방의 분명한 무대 연출을 통해서 지원된다. 속옷만 가볍게 걸친 과도하게 긴 여성의 두 다리는 자의적인 그리고 성 개방적인 매춘 세계의 출입구를 묘사한다. 다른 업소들은 지극히 예술적인 무대 연출을 통해 작업한다. 쇼윈도의 인형들은 밤낮으로 발코니에 서 있고, 다양한 자세로 바깥을 향해 내부 공간의 사건을 드러낸다. 이 형태들은 영화 장면과 결합되어 있고 전면 조형으로써 개방적인 공간의 문화가 된다. 각각의 업소로부터 각기 다른 음악이 흘러나온다. 한 매춘 업소는 그뢰네마이어(H. Grönemeyer: 독일의 가수—옮긴이)의 '매너(Männer)'를 가지고 자신의 행위를 비유적으로 개작했고, 또 다른 사람들은 '12월의 피아노 소나타'를 다른 유명한 '10월의 페스티벌'을 위한 선율로 개작하기를 원한다.

지역의 차별성, 도시 문화 그리고 국가적 입법

'행실이 바르지 않은 여성들'로서 매춘부에 대한 근본적인 도덕적 경시와 배타에도 불구하고 독일에서 자유 의지로 실행하는 매춘은 1960년대 이래로 법적으로 허용된 행위다. 물론 매춘부 단체들은 성적인 용역에 대해서 2001년 말까지 독일연방법 138조에 근거해 대부분의 판결뿐만 아니라 문헌적으로도 역시 풍속에 위배되는 것으로 평가받았다. 이것은 예를 들어 성적 용역을 수행하는 단체나 계약은 어떤 시민권적 작용도 갖지 못하고 구현되지도 않는다는 것을 의미한다(예를 들어 www.eu-puffs.de/rechtsstellungs.html 참조). 2002년 들어 힘을 갖기 시작한 '매춘부들의 법적 행위의 규정에 대한 법률'〔매춘법-ProstG(Prostitutions gesetz)〕을 통해 매춘부들의 법적 지위가 확연하게 변화했다. 이에 앞서 'Café Pssst!'를 위한 법적 투쟁이 있었다. 이 카페의 여주인은 폐쇄적 숙박업을 다른 선술집의 이름으로 신고했다는 것을 알리지 않았다. 재판관 페르치 마클레안(Percy MacLean)은 50개 사회단체와 사람 그리고 교회의 대표자, 학자, 연맹, 노조에 성적 거래에 대한 견해를 물었다. 이 질문에 대답한 대다수 사람은 "동반된 범죄 없이 자유로운 책임 아래 이뤄진 매춘은 형법이나 청소년보호법에 어긋나지 않는 한 풍속에 위배되지 않고 자유 의지로 실행된 성적 용역이라고 판단했으며, 사회적 사실이라는 것을 냉정하게 판단했다"(Domentat 2003: 30f.). 오늘날 매춘은 더 이상 풍속에 위배되지 않는 것으로 간주한다.

이와 같은 독일 성산업법의 변화를 선도하고 동시에 더 많은 사회적 변화를 유발시키는 성에 대한 새로운 이해는 대중적 공간의 형성으로 드러났다. 뛰어난 시설, 전면 조형 그리고 장식이 클럽—사교 단체—에 전해졌고, 이러한 클럽은 기존의 클럽들과 차별되었다. 빈에서는 많은 작은 클럽들이 각자 한 개 또는 두어 개의 유곽을 운영하는 반면, 프랑크푸르트에서는 클럽 연합과 거대 유곽을 통해 빈보다 더 강하게 루프트한자와 결탁하고 직업으로서 매춘을 명백하게 드러냈다.

이러한 변화를 통해서 프랑크푸르트에서 유곽 단지는 좀더 많은 공간으로 넓혀졌고 기업으로서 특징을 확장하는 것이 가능해진 반면, 빈에서는 유곽이 상징을 통해서 매춘 업소로 확증 및 환원되었다. 빈에서는 대부분의 유곽이 유곽 형태의 동일화와 공간의 소형화로 인해 대중적 공간의 구성 요소를 갖추지 못한다. 유곽이 네온사인을 통해 인지되기는 하지만 매춘 공간으로 특정되지는 않는다. 국가 차원의 적절한 법적 토대만이 매춘을 공간-사회적 관점에서 각인시키는 것은 아니다. 오히려 도시 특유의 경제적 네트워크와 도시 문화적 특성이 유곽을 매춘의 공간으로 각인시킨다.

그렇다면 이러한 '주목하지 않고 보기'의 활동력이 빈에서 특별한 디자인적 요소가 된 것은 우연인가? 그것도 유곽의 외형뿐 아니라 아돌프 로스(Adolf Loos)의 아방가르드 예술에서 빛나는 백색의 벽들을 통해 유명해진 도시, 그리고 사람들이 자신을 볼 수도 있기 때문에 지하층에서 살기를 원하지 않는 이 도시에서? 분명히 아니다! 빈은 모든 눈에 보이는, 그리고 모든 아이에게 익숙한 '특별 장소'를 갖고 있지 않다. 빈은 흩어져 있는 많은 특별 장소를 갖고 있다. 이런 장소는 공동으로 하나의 고유한 공간을 형성하고, 서로 침묵하고, 보완한다. 빈에는 요제프(Joseph) 2세와 관련한 일화가 있다. 그는 유곽을 다시 허락하라는 요구에 "뭐? 유곽? 그렇다면 나는 빈 전체를 덮을 수 있는 거대한 지붕을 만들 테야 〔……〕"라고 답했다(Anwander/Neudecker 1999: 67).

이런 방법으로 영업의 구조가 도시 수준을 따라 재생산된다. 현대 사회의 은닉과 폭로 게임, 즉 술래잡기는 성 노동 사업에서 완성된다. 직업여성과 고객은 언제나 '다른 세계'에 대해 보고한다. 이는 그들이 업소에서 만나는 세계다. 이러한 다른 세계를 묘사하는 것은 상당히 어렵다. 그들은 '비밀스럽고' 혹은 '이런 분위기를 형성하는 것은 비밀'이라고 말한다. 비밀이 살아남기 위해서는 공개하지 말아야 한다. 매춘의 영역에서 남자 고객과 직업여성, 즉 '비밀 매춘부'는 공동으로 비밀 유지를 위해 노력한다. 그 반면 대가를 받는 성매매 여성은 공개적이지만 방해를 받는 상태에 있다. 매춘은 여성을 사적으로 결합시키는 부르주아 논리의 반전으로 작용하며 개방적인 여성 신체(매춘부)의 '하위 문화-배제된 문화' 영역을 개방시키고 부르주아 여성을 개방적으로 만든다.

그러나 유지해야 할 비밀로 연출되는 것은 무엇인가? 남성의 성적 능력? 일반적인 성적 능력? 남성의 불확실성? 여자를 찾는 남자에 대한 연구는 거의 없다. 아주 소수만이 매춘부에 대한 지식과 결합시키고 남자에 대한 지식과는 연관시키지 않는다(Girteler 1990: 143ff.; Bilitewski u. a. 1994/1991). 남성이 유곽에 들어와서 주인공 역할을 하고자 하는 다양한 영화에서조차 이를 파헤치지 않는다. 익명의 섹스 세계에서조차도 (신기하게) 에로 영화의 많은 요소가 갑작스럽게 나타나는 특징을 갖고 있다. "종을 울리고 행복 속으로 들어오세요." 빈의 유곽에 있는 한 간판이 호객 행위를 한다. 다른 유곽은 화살 맞은 심장을 눈에 아주 잘 띄는 입구나 램프에 걸어둔다. 이는 "나를 사랑하세요"라는 뜻이다.

자비네 그렌츠(Sabine Grenz 2004)는 곧 출판할 인터뷰 연구에서 많은 남성이 '그걸' 단지 돈 때문인 것으로 감지하지 않는 게 얼마나 중요한지를 보여준다. 그리고 그렇게 느끼는 순간 그들은 충분히 지불하지 않았다고 생각한다. '비쌀수록 진지하게'라는 명백한 논리에도 불구하고 많은 남성은 그들이 아끼는 창녀가 진정으로 그들을 한 인격으로 간주하는 것을 즐거워한다고 믿고, 수녀복을 입은 여성이 기꺼이 성행위를 하는 여성이라고 믿으며, 혹은 '잘 알려진 반응'을 인지하거나 가장하지 않는 '무엇인가'가 있다고 믿는다(Grenz 2004: 7에서 인용). 이상적인 사적 관계, 즉 경계는 순수한 형태, 즉 주고받기(give and take)의 관계에 있는 매춘에서 나타난다. 매춘부 중 어떤 이들은 "독일에서 매일 100만 명 넘는 사람이 봉사를 필요로 한다"(Deutscher Bundestag 2001: 4; 혹은 Laskowski 1997: 80)고 말한다. 베를린의 매춘부 프로젝트 히드라(Hydra)는 약 150만 명의 남성이 매일 매춘부의 봉사를 필요로 한다(Mitrovic 2002: 70 참조)고 평가한다. 빈에서는 밤마다 거의 1만 5000명의 남성이 직업여성을 찾는다.

매춘에 대한 일상적인 사회학적 개념은 여기서 "다양한 변형을 가진 '돈에 대한 성'으로 요약"(Laskowski 1997: 46)된다. "성적 서비스에 대해 금전적으로 혹은 다른 것으로 대가를 받는 개인"(Hubbard 1998: 269)이나 그에 상응하는 사람들은 매춘부로 규정된다. 이런 개념이 매춘의 영역에서 명확히 일치하는지는 견고한 소비자 연구만이 대답해줄 수 있다. 그러나 어떤 비밀도 드러나지 않고 내부로 들어갈 수 없다. 결국에는 단지 비밀스러운 연출을 통해서 내부로 향하는 문지방을 넘어설 수 있다. 한 측면이 전혀 감추지 않는 것을 다른 측면에서 감출 수는 없기 때문이다. 그러나 '다른 측면'으로서 비밀스러운 연출은 환상의 공간, 연출의 전환 그리고 욕구의 실현을 가능하게 해준다. 더 나아가—일상에서 부서지기 쉽게 유지되어온—남성적 시선과 여성적 주시의 연출 속에서 깨지기 쉬운 일상의 경험에도 불구하고 이른바 권력 관계를 안정시키는 사회적 기본 구조가 학습된다.

지역 탐방 3: 구획별로

빈과 프랑크푸르트 사이의 아주 두드러진 차이는 빈의 거리 구획의 확장과 의미다. 유곽 금지 때문에 빈에서는 도시 구획선이 영업의 주요 무대가 된다. 대법원과 박람회 지역 같은 이면 도로를 가진 마리아힐퍼(Mariahilfer) 도로는 가장 중요한 구역이다. 게오르크 지멜(Georg Simmel 1995: 780ff.)은 한 집으로 들어가는 것과 그 집에 속하는 것은 하나의 공동체에 결합하는 것이고 이미지의 통일성을 구성하는 것이라고 말한다. 이에 반해 그 길 위에서 있는 것은 개체로서 제한을 받는다. 유곽 지역 앞에 서 있는 여성은 그들이 일하는 유곽의 벽면에 몸을 기대고 있다. 마리아힐퍼 거리 주변에 있는 여성들은 보도 가장자리 앞에 서 있다. 등 뒤로 건물의 외벽을 갖지 못하는 것이 그들을 불확실하게 만든다. 전후방으로 나타나는 행위는 여성을 모든 방향에서 보호받지 못하는 방치의 불확실한 공간으로 밀어 넣는 것이다. 동시에 그 여성들은 개방적 출현을 의미하는 행동을 강요당한다. 안테 랑거(Antje Langer 2003)는 《은밀한 세계: 고프먼의 마약 구역》에서 공연장으로의 등장에 대해 말한다. "그녀는 자신의 그룹과 '은닉'을 통해 등장하고 스스로 모든 것에 대해 확실하게 거리 외곽에 자리 잡음으로써 무대의 전면에 등장한다. 차를 타고 돌아다니거나 어슬렁거리는 남자들은 이제 그녀를 매춘부로 인지하고 자신의 거래에 포함시킨다"(Langer 2003: 83).

앞으로 나오는 행위와 스스로 드러내는 행위의 결과, 여성으로서 한 개인은 그 자신을 위해 장면 전환을 만들어낼 뿐만 아니라 개방적인 공간에서도 매춘하는 여성과 그렇지 않은 여성의 차이를 만들어낸다. 마지막으로 다양한 장소에서 직업 매춘이 직접적이지 않을 때도 역시 작업복을 통해 인지된다. 가죽과 라텍스를 입고, 하이힐을 신고, 금발과 흑발의 가발을 씀으로써 개성은 사라진다. 마리아힐퍼 거리를 따라 서 있는 많은 여성이 이러한 표현 방식을 이용한다. 그러나 대부분은 청바지 차림에 운동화를 신고 보도에 나와 있다. 편한 옷을 입고 손지갑을 들고 길모퉁이에 서 있는 여성은 모두가 피부색이 검다. 빈에 있는 흑인이라는 걸 공공연하게 드러내기에 충분하다.

나는 마리아힐퍼 거리를 탐방할 때 항상 눈에 띄지 않는 옷을 입었다. 그곳은 춥기 때문에 긴 외투에 단화를 신었다. 목표를 향해 움직이며 자동차에는 눈길도 주지 않았다. 그럼에도 불구하고 수많은 차량이 내 곁을 지나갔고, 다양한 연령대의 운전자가 교차로마다 새롭게 나타났다. 내가 교차로로 접근하면 그들은 곧바로 창유리를 작동시켰다(혹은 창유리를 내렸다).

위치 정하기, 신체 연출 그리고 시선 맞추기에 대해 아주 정확하게 규정된 상호 작용의 질서를 갖춘 지역에서 그럼에도 불구하고 '오해'가 구조적으로, 그리고 수없이 생성되는 것은 어떻게 가능할까? 거리 매춘에 대한 남성과 여성들의 항의는 대부분 자동차 교통에 의한 소음 공해와 그곳에서 살아가는 여성들의 영구적 공급에만 집중된다. 안톄 랑거에 의하면 상당히 많은 남성이 실질적 고객이 되기 위해 건물 주변을 돌아다니는 게 아니라 엿보기 방식을 택하기 때문이다.

"엿보는 사람들은 매춘부의 표식에 전혀 의지하지 않는다. 왜냐하면 그들은 여성과의 대화나 성적 접촉과는 다른 동기를 갖고 있기 때문이다. 원칙을 지키지 않는다는 의미에서 거리 두기는 이런 남성들에게 있어 아무런 논쟁거리가 되지 못한다. 그들은 매춘부 집단에 속하지 않는 여성의 명백한 표현으로 이해할 수 있는 구획 설정 노력을 무시한다. 그와 같은 표시는 예를 들어 다른 여성에 비해 두드러져 보이는 옷이나 타고 온 자전거 같은 외형적인 것들일 수 있다. (……)

또한 남성적인 복장, 즉 아주 공개적이고 뻔뻔스러운 시선과 농담으로부터 많은 다른 개방된 장소에 있는 여성을 보호하기 위한 복장도 거리를 헤매는 수많은 성 매입자들에 대해서는 어떤 기능도 하지 못한다."(Langer 2003: 85)

구획 정리에 대해서 자유로웠거나 자유롭게 사용되었던 주택가와 주거지에서 이러한 거리 여성들의 특수한 장소가 생겨났다. 성 특유의 접근과 차별의 방식, 인사하기 그리고 말 걸기와 같은 근본적인 사회적 상호 작용의 형태가 상징의 점거를 통해서 부분적으로 힘을 잃었다. 상징에 의해 점거당한 장소와 그곳에서 형성되는 공간은 일반적으로 인식된 사회적 인간관계에 의해 규정되는 공간에 비해 우월한 것으로 간주되었다. 주거 공간의 규정과 매춘 공간의 규정을 사회 구조적으로 파악하는 선택이 주어졌을 때(공간 개념에 대해서는 Löw 2001 참조), 대부분의 성 매입자들은 본질적으로 다른 사람의 공간을 매춘 공간의 증명 수단으로 삼는다. 규제 권력은 거주자들의 저항에 반드시 답하지만 공간과 연관된 전략, 예를 들어 빈의 슈투베르피르텔(Stuwerviertel)에서와 같은 공간 체제의 무질서에 대해서는 끊임없이 변화하는 선로 시스템으로 대답한다.

결론

매춘 영역에서 여성성은 한편으로는 이상적인 방법으로 드러나고, 또 다른 한편으로는 거래하는 성관계가 다양한 형태로(차단되지 않은 채), 예를 들어 성 노동과 성관계를 위한 여성의 임금을 통해서뿐만 아니라 발기 불능의 당위성을 포함하는 남성의 불확실성을 위해 그 영역에서 만들어진 준비된 공간을 통해서 변형되거나 '깨지거나' 혹은 바뀐다. 유곽 문화에 축적되는 것은 남성들의 구조적 은닉이다. 이는 여성의 자기 과시에 의해 구성된다. 남성의 시선과 여성의 주시에 의한 이성 간 매트릭스는 여자와 이미지가 겹쳐 있는 매춘이라는 특정 부분에서 완성되고, 이를 통해 남성들의 거리를 둔 관망적 위치가 증명된다.

'사적 영역'과 '공적 영역'의 긴장은 관계의 역사적 발전 속에서 서구의 양성 체계와 밀접하게 연관되어 있으며, 성 노동의 영역에서 특수한 방법으로 (재)생산된다. 오늘날 여성이 원칙적으로 전혀 매춘의 장소로 의심되지 않는 개방된 공간에 있음에도 불구하고 매춘이 이뤄지는 특정한 장소가 있다. 이런 장소의 상징적인 초과—경계를 넘어섬—는 사회적으로 합의된 상호 작용의 질서보다 더 강하다. 동시에 여성을 개인적으로 묶어내는 자본의 논리는 매춘 자체로 환원되고 매춘하지 않는 모든 여성을 배척하는 형태로 개방적 여성 신체(매춘)와 소외된 개방성의 하위 문화 영역을 열어둔다.

성 노동은 자유 의지적인 성적 봉사로서 근본적으로 합법적일 수 있지만, 동시에 특별히 공간적으로 차별화된 복잡한 형태로서 법적으로 규정되고 '비도덕성'과 '비윤리성'의 오점이며, 또한 공간의 성적 하부 질서 속에서 사회적 구분의 근거로 지금까지 작용하고 있다. 간격 두기에 대해, 즉 대상과 사람의 배치에 대해 (그래서 몸에 대해), 또한 이미지로 구성되어 있는 특수한 관련 요인들로 인식되는 공간에 근거한 합성 능력에 대해 성적 관계의 영역이 구성된다.

마지막으로 빈과 프랑크푸르트의 비교는 이미 도시 문화의 분석적 의미를 제공한다. 도시와 시골의 차이와 함께, 그리고 동일한 상품의 세계적 흐름과 함께 상징 및 이미지는 사라졌다. 특히 독일어권의 도시 연구에서 도시와 그 생활 조건의 이질성에 대한 연구 분야는 없어졌다. 이는 특히 국지적 배경 조건과 무관하게 민족 국가 차원에서, 그리고 세계 사회 차원에서 동시에 진행된다. 차이는 기껏해야 도시의 크기와 재정적 의미에서 형성된다(Global-City 연구). 비록 개별 도시의 수많은 '역사'를 포함하고, 따라서 도시의 형성에 대한 지식을 풍부하게 갖고 있지만 역으로 비교적 아주 드물게 구조적 맥락을 조명하는 역사학이 하나의 예외를 만든다. 한 도시에서의 과정을 두 가지 경우로 조사하고, 분석의 결과를 사회 전반적인 의미에서 일반화한다. 먼저 모순처럼 보이는 방식으로, 그리고 논리적 연구 방식으로 '도시'라는 단위의 구획 설정 가능성을 새롭게 도입하고, 도시 수준에 대한 세계적 기준의 동일성 가정을 재생산한다. 동질화에 대해 잘 정리한 연구에서 성 노동의 관찰은 동일하거나 혹은 유사하게 범세계적인 형태의, 그리고 국가적으로 정당하게 규정된 영역의 로컬 특징적 배치를 보여준다. 만약 도시를 단지 특수한 연구를 위한 (우연한) 설정으로 이해하거나 도시의 구조를 아무런 문제 제기도 없이 현대의 사회 구조와 동일한 것으로 간주한다면, 국지적으로 차별화된 실질적 구조와 동질화된 도시적 작용의 생활 방식과 담론을 시선에서 놓치게 된다.

주

1. 나는 연구직을 통해 빈의 홍등가 매춘에 대해 광범위하게 연구할 수 있도록 해준 빈의 국제문화연구센터에 감사한다.
2. 예를 들어 과거 영역 탐색의 목적은 묘사를 위한 것이었다. 한 국지적 영역은 외부 지역에 대해 상반되는 감정의 양립과 무방비 전략으로 아주 명백하게 드러났다. 한 고위 경찰 간부의 요청을 받고 빈의 매춘 연구자 롤란트 기르틀러(Roland Girtler)

와 함께 수행한 밤거리 탐색은 고객의 자기 은닉에 반응하는 매춘 여성의 표식 문화(예를 들어 쿠션을 붙인 의자)를 명확하게 증명했다.

3. 동성연애자 문화에서 샴페인 병으로부터 뿜어져 나오는 하얀색 거품 이미지 참조.

참고문헌

Anwander, B./Neudecker, S. (1999), *Sex in Wien*, Wien.

Bilitewsky, H./Czajka, M./Fischer, C./Klee, S./Repetto, C. (1994, orig. 1991), *Freier: Das heimliche Treiben der Männer*, 〔Hg.: Prostituiertenprojekt Hydra〕 München.

Colomina, B. (1997), "Die gespaltene Wand: häuslicher Voyeurismus," in: C. Kravagna (Hg.), *Privileg Blick. Kritik, der visuellen Kultur,* Berlin, S. 201-222.

Deutscher Bundestag-14. Wahlperiode 2001: *Begründung des Gesetzes zur Regelung der Rechtsverhältnisse der Prostituierten,* Drucksache 14/5958: S. 4-6.

Domentat, T. (2003), *Laß dich verwöhnen". Prostitution in Deutschland*, Berlin.

Feldman, A. (1997), "Violence and Vision: the prosthetics, aesthetics of terror in Northern Ireland," in: *Public Culture,* Vol. 10, Nr. 1.

Foucault, M. (1977), *Überwachen und Strafen. Die Geburt des Gefängnisses,* Frankfurt/M. (고광식 옮김, 《감시와 처벌》, 다락원, 2009).

Girtler, R. (1990), *Der Strich. Sexualität als Geschäft,* München.

Grenz, S. (2004), *Sind es nur die hässlichen Männer, die Sex von schönen Frauen kaufen?—Die Beziehungen von Geld, Macht und Potenz in der Prostitution*, Unveröffentlichtes Manuskript.

Hentschel, L. (2001), "Die Ordnung von Raum und Geschlecht in der visuellen Kultur des 19. und 20. Jahrhunderts," in: M. Krüger/B. Wallisch-Prinz, *Erkenntnisprojekt Feminismus,* Bremen, S. 150-164.

http://www.eu-puffs.de/rechtsstellung.shtml

Hubbard, P. (1998), "Sexuality, Immorality and the City. Red-light districts and the marginalisation of female prostitutes," in: *Gender, Place and Culture*, Nr. 1,

S. 55-76.

Kublitz-Kramer, M. (1995), *Frauen auf Straßen. Topographien des Begehrens in Erzähltexten von Gegenwartsautorinnen,* München.

Langer, A. (2003), *Klandestine Welten. Mit Goffman auf dem Drogenstrich,* Frankfurt/M.

Laskowski, R. S. (1997), *Die Ausübung der Prostituion. Ein verfassungsrechtlich geschützter Beruf im Sinne von Art. 12 Abs.1 GG,* Frankfurt/M. u. a.

Löw, M. (2001), *Raumsoziologie,* Frankfurt/M.

Mathes, B. (2001), *Verhandlungen mit Faust. Geschlechterverhältnisse in der Kultur der Frühen Neuzeit*, Königstein.

Mitrovic, E. (2002), "Frauenarbeitsplatz Prostitution. Arbeitsbedingungen in einem bedeutenden Wirtschaftsfaktor," in: *Forum Wissenschaft,* 1/02, S. 70-73.

Molloy, C. (1992), *Hurenalltag. Sperrgebiet-Stigma-Selbsthilfe.* Materialien zur Sozialarbeit und Sozialpolitik; Band 34: Fachhochschule Frankfurt/M.

Rodenstein, M. (2000), *Hochhäuser in Deutschland: Zukunft oder Ruin der Städte?*, Stuttgart.

Simmel, G. (1995), *Soziologie. Untersuchungen über die Formen der Vergesellschaftung,* Gesamtausgabe Band II, Frankfurt/M.

Weigel, S. (1990), *Topographien der Geschlechter. Kulturgeschichtliche Studien zur Literature,* Reinbek.

Yiftachel, O. (1998), "Planning and social control: Exploring the 'dark side'," in: *Journal of Planning Literature*, Vol. 12, Nr. 2: S. 395-406.

3부 **공간 질서**

'도시'의 개념과 의미

글로벌화에 대한 논쟁에서 로컬과 글로벌은 서로 대립하며, '도시'는 로컬을 대변한다. 그렇지만 이론과 실천에서 구상화는 구별된다. 이론적 논쟁이 집중적이고 포괄적으로 행해진 반면 사람들은 실천에서, 로컬 영역과 민족 영역의 정치적 투쟁과 '도시적' 투쟁의 일상에서 '도시' 개념의 활용에 지금까지 약간의 관심만 가졌을 뿐이다. 따라서 앞으로 이 도시 개념의 활용을 중점적으로 다룰 것이다.

실천에 집중한 관점이 당연히 이론적 논쟁은 실천적 의미를 갖지 않는다는 것을 포함하는 것은 아니다. 우파와 마찬가지로 좌파에서 이론의 영향은 간과할 수 없다. 좌파는 앙리 르페브르에 의지해 1960년대 후반과 1970년대의 담론을 주조했다. 이라 카츠넬슨(Ira Katznelson)은 1992년 《마르크스주의와 도시(Marxism and the City)》[1]에서 데이비드 하비와 마누엘 카스텔의 중요한 성과에 대해 확실한 요약을 제공했다. 이 같은 저널[2] 및 이 주제와 관련한 새롭고 중요한 작업이 변함없이 그리고 규칙적으로 출판되며 논쟁을 계승하고 있다〔메리필드(Merrifield), 레이니(Raney)〕.

만약 단지 경제적인 것이 실재적이고, 문화적·도덕적·공동체와 관련한 비판적 논쟁을 '순수 이론'으로 선언하는 사고에 대한 용인이 이미 있지 않다면, 이 텍스트는 '실재적 세계'와 연관성 속에서 진행해야만 한다. 이 실재적 세계에서 '도시'는 그 사이에 주류의 대중적 및 정치적 담론에 다시 등장하고, 또한 견해 차이와 이해 갈등을 은폐하며 상이한 정치적 결정으로 인한 승자와 패자를 은폐하기 위한 방법으로 의식적으로 사용된다. 이 텍스트는 개념의 수많은 의미로 인한 혼란을 해결하는 데 기여할 것이며, 그때그때의 정치적 함의를 찾아내 발전시킬 것이다.

'도시'라는 단어는 정치적 토론, 직업적 실천, 그리고 학문적 연구에서와 마찬가지로 일상적 담화에서도 자주 사용하는 말이다. 그러나 이 개념은 믿을 수 없는데, 대개는 함축적으로 많은 정치적·이념적 메시지를 전달하고 있기 때문이다. 그래서 우리의 관심사는 단순한 개념 정의의 문제를 넘어 도시가 인구 밀도, 공식적 경계, 인구, 사회인구통계학적 특징 혹은 경제에서 도시의 역할에 의해 규정될 수 있는지 없는지를 파악하는 것이다. 왜냐하면 어떤 양적 혹은 질적 기준이 놓여 있는지와 상관없기 때문이다. 아울러 전통적으로 사람들은 규정된 공간적 복합체 그리고/또는 법적 가설에 관계하기 때문이다.[3] 그래서 '도시 그 자체' 혹은 자세한 해명이 붙지 않은 '도시'는 다음을 의미한다. "공간적으로 경계가 정해진 장소로서 도시는 실태적 인구 통계 혹은 기능 혹은 합법적 상태에 의해 규정된다."[4]

그렇지만 '도시'는 수많은 다른 관계와 더불어 완전히 다른 의미로 다시 나타난다. 동시에 도시는 다수의 상이한 계획을 대변하고,[5] 다양한 내용을 수사적으로 표현하고 또 포함한다. 그리고 도시 개념은 사정에 따라서 철저히 대립적인 전제에서 사용된다. 자주 이 개념은 정치적 함축성을 갖고,[6]

특히 아래에서 나열하는 네 가지 변형을 먼저 보여준다. 그에 반해 이어서 토의하는 형태는 '도시' 개념을 불명확하게 다루는 사례다. 결론적으로 도시를 말할 때, 이를 사용함에 있어 명확성과 정치적 함의에 관한 의식은 필수적이다.

명확한 정치적 함의를 갖는 네 가지 사용 변형

도시=서로 경쟁하고, 승리하거나 혹은 패배하고, 정치적 목적을 추구하고, 성과가 있거나 혹은 실패하는 행위자, 행동하는 단위

여기서 도시는 공간 혹은 법적 단위가 아니고, 오히려 도시 내의 개별적 집단, 대체로 경제의 대표자 혹은 정치적 지도(指導)로 여겨진다. 이들 집단은 자유 시장 정치를 요구하고, 기업을 유혹하거나 매력적인 조세 정책을 실시하려 하고, 성장 지향적 동맹을 형성한다.[7] 그러나 올림픽 경기를 위해 경쟁하는 도시는 없다. 이를 옹호하는 소수 집단이 있는 반면, 다른 집단은 그런 종류의 기획에 반대해 강력한 저항을 펼친다. 행위자로서 도시의 이념은 근본적으로 모든 의미 변수에서 가장 정치적인 것이다. 왜냐하면 이 이념은 도시 내에 조화로운 이익 평균을 포함하기 때문이다. 요컨대 어떤 사람(대부분 경제)에게 유익한 것은 모든 사람에게 유익하다. 대부분의 도시 공동체는 갈등, 충돌하는 이해관계, 서로 다른 여러 집단 및 견해로 특징지을 수 있는데, 이것들은 눈에 보이지 않는다.

이런 경향은 무엇보다 글로벌화에 관한 논쟁과 도시에 관한 담론이 합류하는 곳에서 두드러진다. 도시는 "새로운 글로벌 경제에서 주요한 행위자"(Jensen-Butler 1999: 885)이다. 아주 명백하게 특정한 행위자가 행동하고 특정한 결과가 생겨나는 대부분의 도시를 '장소'로서 기술하는 사스키아 사센(Saskia Sassen)조차도 때때로 행위자로서 도시의 담론에 열중한다. "토론토, 금융가를 확립한 도시"(Sassen 1994: 77). 물론 토론토의 금융가를 만든 개인들이 있다. 요컨대 몇몇 자본가들이 거기에 참여했고, 많은 것과 더불어 정부가 이 과정에서 하나의 행위자로 행동했다. 다른 곳에서 사센은 한층 다의적이다. "세계 경제의 구조와 경영에서 주요 도시들의 역할은 무엇인가?"(Sassen 1991: 14). 대부분의 대도시 거주자는 당연히 세계 경제의 조직과 행정에서 어떤 역할도 하지 않는다. 그럼에도 왜 여기서 '도시'가 고유한 통일체로서 역할을 할 수 있다고 생각되는가? 혹은 이것은 사센의 대부분의 작업의 결과로 대도시의 공간에서 수행되는 역할의 문제가 세계 경제의 구조와 행정 속에 놓여 있다는 것을 분명히 의미하는가? 이런 개념을 사용하는 것은 우리를 애매하고 잘못된 해석으로 인도한다. 다음의 표현에 대해서도 똑같은 얘기를 할 수 있다. "〔글로벌화는〕 주요 도시를 위해 새로운 전략적 역할을 창조했다"(Sassen 1991: 3). 도시는 전략적 장소를 대표하고, 또한 도시에서 인간은 전략적 역할을 한다.

이언 고든(Ian Gorden)은 최근 발표한 논문에서 "도시는 다양한 방법으로 경쟁한다"고 썼다. 아울러 결론에서 저자는 "집합적인 도시의 경제적 이익이라는 개념은 얼마나 의미 있는가"(Gordon 1999: 1002)라는 질문을 던진다. 마크 고트디너(Mark Gottdiener 2000: 117)는 "도시 발전 기계: 20년 후의 비판적 관점(The Urban Growth Machine: Critical Perspectives Two Decades Later)"이라는 논문에서 "도시를 구체화하는 〔것〕"의 위험을 지적한다. 또한 다른 저자들은 다음과 같은 사례로 위태롭게 나아간다. "새로운 경쟁적 환경에서 더 기업가적인 〔……〕 역할 〔……〕 도시의 성공을 향해 많은 도시의 정치적 조직으로 변화"(Jensen-Butler 1999: 865). 비록 이 테마의 가장 중요한 텍스트에서—데이비드 하비를 예로 들면—기업가가 도시 행정의 정치적 조치의 한 진영 그리고 도시 행정의 협력 동반자(도시의 시정부)로서 매우 명백히 이해될지라도, 아울러 실제적 행위자로서 명백히 명명될지라도 '기업가적 도시'의 수많은 토론에서 '도시'가 행위자로 있는 것처럼 보인다(Jessop/Sum 2000 참조).[8]

도시의 요소와 병행해 분리된 통일체로서 도시의 관찰 그리고 사회적 행위자로서 '도시'의 의식적인 구조에 더 큰 문제점이 있다. "도시가 로컬 정부를 포함하더라도 사회적 행위자로서 도시를 로컬 정부와 혼동하지 말아야 한다. 도시가 공적 행정(로컬과 그 밖에 다른 것), 공적 및 사적 경제 기관, 사회적 및 시민적 조직, 전문적 및 지적 분야 그리고 사회적 커뮤니케이션 매체를 연결하는 한 도시는 사회적 행위자로서 자신을 더 잘 드러낸다" (Borja/Castells 1996: 139). 혹은 "〔……〕 도시는 새로운 유럽 사회의 구성을 추동하는 힘으로서 나타나고"(Castells 1994: 25), 명시적으로 일어나지 않는 도시의 다양한 이해와 갈등에 대한 참고를 위한 명백한 예로서 나타난다. 몇몇 도시는 원동력이 되려 하고, 다른 도시는 그 뒤를 따른다. 다른 곳에서는 이렇게 언급한다. "도시 내에서 정치적 기관이 〔……〕 반응해야만 하는 게" 명백함에도 불구하고, "정치적 기관으로서 도시는 새로운 경제적 기반에 대해 반응해야만 한다"(Watson: 232).[9] 제임스 드필리피스(James DeFillipis)는 탁월한 방식으로 이를 다음과 같이 부각시킨다.

> "공동체는 어떤 것도 소유할 수 없다. 조직과 개인은 어떤 것을 소유할 수 있다. 그러나 공동체는 소유할 수 없다. 그 대신 공동체는 〔……〕 사회적, 정치적, 문화적, 그리고 경제적 관계의 복잡한 집합의 생산물이다. 공동체는 행위자가 아니고 결과물이다. 어째든 공동체는 미래의 가능성에 영향을 미치고 강제하는 결

과물이다. 공동체는 의심할 여지없이 중요하지만, 기관의 어떤 형태를 나타내는 행위자는 아니다."(DeFilippis 2002: 789)[10]

도시=글로벌화의 요소

문헌에 따르면 오늘날의 도시는 분명 글로벌 경제의 창조적,[11] 우월적, 문화적 중심으로 보인다. 확실히 도시는 창조성, 우월성 그리고 문화의 장소다. 이는 저 도시에 대해서보다 이 도시(아마도 글로벌 관계에 더 강하게 편입된)에 대해 유효할 것이다. 그럼에도 불구하고 문제는 도시에 관한 적절하지 않고 잠재적으로 속임수에 불과한 서술(敍述)에 있다. 사실상 도시는 여기서 행위자로서 이해되지 않는다. 하지만 도시는 한 관점이 전체를 대변하는 표면상 통일적 체계를 보여준다. 애시 에이민(Ash Amin)과 스티븐 그레이엄(Stephen Graham)은 매우 정확하게 그들이 서술한 "도시의 재발견"을 분석한다. 그들은 특히 "글로벌 경제의 발전소로서 도시"(Amin/Graham 1997: 411)를 관찰하고 새로운 구상화에서 세 가지 노선을 그린다. 요컨대 중심성의 재발견, 국가 발전의 경제적 원동력으로서 도시, 그리고 "창조 도시"의 의미가 바로 그것이다(Amin/Graham 1997: 413).

저자들은 특성화가 그때마다 단지 도시의 한 부분에 대해 유효하고, 모든 도시에는 전달되지 않는다고 강조한다. 이와 같이 묘사된 도시는 철저히 '글로벌리스트(globalist) 도시'로서 표시된다. 왜냐하면 이 도시는 단지 글로벌화와 관계에서만 존재하기 때문이다. 사실 이런 관점에서 도시는 구별되고, '글로벌 도시'와 '비글로벌 도시'[12] 사이의 차이는 존재해야 한다. 그러나 도시를 단지 글로벌화의 과정과 관계의 시선으로 보는 것은 순수 서술적인 영역에서 잘못이다. 그 자체로서 모든 도시 중 가장 세계적인 도시, 곧 뉴욕시티, 런던, 도쿄는 단지 '글로벌 도시' 그 이상이다. 그 도시에 거주하는 사람 가운데 소수만이 글로벌 네트워크와 결합되어 있고, 이 소수가 글로벌 기업을 위해, 근대적인 지식에 기초한 회사를 위해 경제적 논쟁에서 비롯된 고유한 의미에서 활동적으로 혹은 '창조적'으로 일한다. 그것을 넘어서 이 '글로벌 도시'의 대부분 남녀 시민에게는 로컬 경제가 민족경제보다 더 밀접하다. 사실 모든 사람은 다양한 방식으로 글로벌화의 영향 아래 놓여 있다. 그 때문에 글로벌화한 세계에서 "글로벌화하는 도시들"(Marcuse/van Kempen 1999) 혹은 "보통의 도시들"(Amin/Graham 1997)에 관해 언급한다. 그러나 도시를 단지 글로벌화하는 것으로 지각하는 것은 잘못이다. 에이민과 그레이엄은 이를 적절하게 '제유(提喩)'로서 설명한다. 요컨대 부분이 전체를 대변한다(Amin/Graham 1997: 416).

정보 중심으로서 '도시'의 지각을 통해 인식 가능한 결과는 편협하다. 요컨대 정보 도시, '글로벌 도시', 유연한 도시, 포스트포드주의적 도시, 창조 도시는 많은 도시의 부분에 대한 적합한 속성일지도 모른다. 그러나 이는 결코 전체로서 도시를 가리키지 않는다. 여기서는 또한 한 부분에 좋은 것은 모두에게 유용하다는 것을 암시한다. 그래서 이는 함축적이다. 글로벌 상업 혹은 정보 기술은 공개적으로 촉진해야 한다. 왜냐하면 그것에 의해 도시의 모든 사람이 이익을 얻기 때문이다. (아마 그럴 것이다.) 그러나 예를 들어 글로벌 금융 활동의 촉진을 통해 뉴욕시티에서는 경제와 정치의 의존이 경기 불안정에 대한 도시의 허약성을 엄청나게 높였다. 그 결과 극단적으로 퇴보적인 분배 정치가 생겨난다.

도시 간 그리고 국가 간 글로벌 교차점으로서 도시에 대해 논의할 때, 동일한 위험이 있다. 도시의 자연적·법적 공간에서 대부분의 사건은 염두에 두지 않는다. 다만 경제, 특히 도시의 특정한 지점에 집중된 글로벌 경향의 금융 활동이 중요할 뿐이다. 이 특정한 지점은 상업 및 은행 구역, 관습적으로 규정된 도심, 넓은 공간, 도시 배후지, 구역(Region)이다. 도시를 비교하는 양적인 기준은 이러한 접근법에 근거한다. 요컨대 자본의 흐름, 은행 소재지, 스마트 빌딩(최첨단 인공 지능 시스템을 갖춘 빌딩—옮긴이)처럼 말이다. 도시는 공간 내에서 이런 흐름이 실재적 토대에 접촉하는 곳에 존재한다. 이 교차점들이 도시의 참다운 본질을 서술하는 것처럼 보이고, 거기에 가장 중요하고 가장 인상적인 특징이 있는 듯싶다. 그것 저편에 있거나 혹은 소용되지 않는 모든 다른 부분 그리고 다른 집단은 그것과 비교해서 중요하지 않다. 그러나 도시는 글로벌화의 교차점이 아니다. 사실은 도시 내에 이 기능을 채우는 교차점이 있다. 하지만 그것으로 도시를 규정하지는 않는다.

도시=빈곤, 소수자 그리고 타국에서 온 이주민

2000년 컬럼비아 대학의 선거 운동 토론회에서 클린턴 대통령의 상임 정치 고문 딕 모리스(Dick Morris)는 "민주주의 정당은 도시에 무엇을 제공해야 하는가"라는 물음에 사회 개혁, 실업 감소, 직업 훈련 촉진책, 소수자 권리라고 대답했다. 그에게 도시가 의미하는 것은 분명하다. 요컨대 '도시'에 대한 그의 관심은 도시 내의 빈곤한 사람들에 대한 관심이다. 누구나 미국의 정치 논쟁에서 도시 빈민이라는 완곡한 표현의 의미를 알고 있다. 그것이 왜 오늘날 국민적 선거 운동에서 도시를 언급하지 않는지를 설명해준다. 요컨대 도시의 촉진은 재분배를 포함한다—신도시의 중산층부터 도시의 빈민, 백인부터 흑인, 취업자부터 생계 보조금 수혜자를 포함한다. 아무도 빈곤, 인종차별, 소외가 명백한 도시 문제라는 것을 의심하지 않을 것이다.[13] 그러나 도시 자체는 이런 문제가 드러나는 장소 그 이상이다.

도시=도시에서 집단들의 전체

'도시의' 주민은 사실상 다양한 집단으로 구성되어 있다. 그러나 이런 구성은 오랫동안 어떤 통일성 있는 '도시'를 형성하지 않았다. 동일한 내용이 그 구성원들(경우에 따라서는 일부)이 한 도시에 살고 있는 이익 집단 전체에 대해 유효하다. 사람들은 이익 집단의 체계와 구성에 관해 말할 수 있다. 그러나 대부분 이 집단은 특정한 도시에 단지 우연히 존재한다. 많은 사람이 도시 내에 체류하고, 다른 사람들은 도시 밖에 체류한다. 아울러 많은 사람이 지역적으로(regional) 이주하고, 다른 사람들은 민족적으로 이주한다. 그럼에도 불구하고 '분열된 도시', '이분 도시' 혹은 '사분 도시'의 개념은 처음 존재했던 통일성이라는 전제에 기초한다. 이 통일성은 차츰 '분열'해 '이분' 혹은 '사분'된다. 이런 은유는 도시의 자연적 공간과 관련해 도움을 준다. 그러나 예를 들어, 루이스 멈포드(Lewis Mumford)의 몇몇 텍스트에서처럼 암시적으로 이미 존재하는 통일된, 유기적인 도시의 이미지를 되살리는 경우 이 은유는 도움이 되지 않는다(Amin/Graham 1997: 418 참조).

만약 사람들이 도시에서 집단의 다원성을 간과하고, 모두가 똑같이 도시에서 삶의 비용과 편익에 참여한다는 것을 수용한다면 더 큰 문제가 일어난다. 빌렘 반 플리트(Willem van Vliet)는 이와 관련해 다음과 같이 강조한다.

> "우리는 마치 도시가 응집력 있는 독립체이고, 한결같이 행동하는 것처럼 말하는 경향이 있다. 많은 국민 정부의 정책, 세계은행 그리고 그 밖의 다른 국제 개발 기구는 도시 사이에 경쟁을 조장하고, 시장의 힘의 상호 작용을 방해하는 규제력을 지닌 장애물을 제거함으로써 〔도시들 사이에〕 '공평한 경쟁의 장'을 만드는 것에 맞춰져 있다. 〔……〕 그렇지만 실제로 도시는 다양한 이익 단체로 구성

> 되어 있다. 도시는 이익을 극대화하는 구조적 상품으로서 도시를 이용하는 글로벌 자본의 대표자를 포함하고, 또한 살아가는 장소로서 도시를 필요로 하는 빈곤한 로컬 주민 집단을 포함한다. 글로벌화에 의해 유발된 경쟁이 다국적기업과 관련한 사업에 혜택을 줄 수 있지만, 로컬 주민에게는 해를 끼칠 수도 있다. 어떤 주어진 상황에서도 결과는 이익 다툼의 균형을 반영한다. 시장은 결코 자유롭지 않다. 경쟁은 이익을 지배하는 사람들에 의해 형성된 게임 규칙에 따라 통제된다."(van Vliet 2001: 6)

이 네 가지 설명은 편파적이고, 철저히 보수적으로 각인된다. 노동에 대해 자본을 이롭게 하는 정치, 남녀 시민들의 이익보다 경제적 이익을 우위에 두는 정치, 권력 관계를 의심하는 배제된 사람들의 입장보다 확립된 권력 관계를 더 중요하게 고려하는 정치, 반동적인 정치적 조치가 강화된다. 반동적인 정치적 조치는 일차원적인, 동질적인, 유기적인 통일성으로서 도시의 표상에 근거하고, 이러한 조치는 갈등의 정당성을 논박한다. 도시의 한 부분에 유익한 것이 도시의 모두를 위해 좋은 것이라고 강변한다. 그와 동시에 글로벌적으로 포함된 혹은 경제적으로 부유한 부분이 실제로 항상 이익을 얻는다. 그러나 도시는 단일한 행위자가 아니다. 오히려 도시에 사는 행위자들은 특정한 사람보다 상당수 사람들에게 더 많은 이익을 제공하는 도시의 진로를 결정한다. 한 편의 특권은 동시에 때때로 다른 편의 손실이다. 글로벌 회사들이 첨단 기술의 사무실을 짓기 위해 투자하고 토지를 개발한다. 그것은 한쪽 사람들을 위한 부와 이익을 창조하는 반면 다른 사람들은 배제하고 추방한다. 수익과 부의 양극화가 늘어난다. 그러한 정치가 도시의 모든 주민의 처지의 평균적 개선에 기여하거나 도시 회계의 소득을 오르게 할지도 모른다. 그러나 만약 사람들이 전체로서 도시를 '하나의'

행위자로 본다면, 이 결과의 실제적 불일치는 드러나지 않는다. 만약 이것이 원래 글로벌 수준에서 행동하는 것으로 여겨진다면 더 큰 문제가 있다. 엄청나게 큰 이해관계의 갈등이 일어나지 않을 수 없다. 도시가 적어도 단순한 활동에 더 낮은 임금을 제공할 수 있다면, 하나의 '도시'는 자체의 글로벌 경쟁 능력을 높인다. 약한 노동조합이 '유리한 기업 풍토'가 된다. 고용의 유연성은 고용주의 경쟁력을 촉진한다. 물론 고용자의 비용 측면에서 그러하다.

유기적 통일성으로서 도시든, 행위자로서 도시든, 통일적인 전체로서—이 통일적인 전체 속에 많은 사람에게 유용한 것이 모두를 위해 좋고, 이 통일적인 전체 속에 도시의 한 부분이 도시 부분의 전체를 대변하고, 이 도시 부분의 전체 속에 전체의 모든 동등한 요소인 수많은 다양한 집단이 존재한다—도시든 '도시' 개념의 이 네 가지 형태 각각은 합의의 정책에 이른다.

합의의 정책에서 소수자, 권력이 없는 사람들, 권리를 박탈당한 사람들 혹은 주류를 대표하지 못하는 집단의 요구는 '전체'의 복지를 위한 정책 추구를 방해하는 요소다. '공적 이해관계'의 추구는 (무엇보다도) 모두의 편익을 위한 이해관계의 존재를 요구한다.[14] 이에 반해 사회적 정당성에 의해 주조된 정치는 이해관계 갈등, 모순, 정당한 분배, 다양한 권력적 및 경제적 지위 그리고 도시의 자연적·법적 공간에 위치한 수많은 요소를 충분히 검토해야 한다.

그러나 우리의 관심사는 '도시' 개념의 내용에 관한 언급에 있어 부족한 분석적 예리함 혹은 불충분한 서술의 문제가 아니라, 오히려 평등의 관점과 사회적 정당성의 관점에서 직접적으로 도시의 매우 부정적인 정치적 결과를 파악하는 것이다.

설명적 가치를 갖는 일곱 가지 변형

'도시' 개념에 대한 다음의 변형은 (바르게 사용한다면) 좀더 적게 정치적으로 부과되고, 이해(理解)를 촉진할수 있고, 정당한 정치에 기여할 수 있다. 그러나 또한 이런 사례에서 결핍된 정확성이 오류를 범하게 만들기도 한다. 다음의 예가 가리키듯 닐 브레너(Neil Brenner)는 이런 점에서 매우 분명하다. 이는 마누엘 카스텔에게 한층 덜 적합하다.

도시=공간적으로 연결된 행위의 장소

예를 들면 장소의 공간과 흐름의 공간의 대립과 관련해 카스텔 같은 글로벌화 담론에서 도시 개념은 공간적으로 연결된 행위의 장소를 가리킨다. 만약 이러한 특성 표시를 직업 활동, 계급 그리고 경제적 활동의 종류와 함께 생각한다면, 공간적으로 연결된 것들은 보통 하층 구성원과 기술적으로 뒤진 사람들을 의미한다. 개념의 이러한 표현법에서 특수한 공간적 형태 또는 법적 구조는 어떤 역할도 하지 못한다. '도시'는 여기서 신도시, 주변 지역, 교외 지역 혹은 구역일 수 있다. 세금에 대한 협상 등과 관련해 이주로 위협하는 회사들에 대한 정치적 반작용을 위해 이 개념을 사용하는 것이 중요하다. 그러나 도시를 정치적-법적 구조와 혼동하는 것은 잘못이다. 보통은 이것이 대체로 도시 자체가 문제되지 않는 '글로벌 도시'에 관한 토론의 핵심이다. 정보화 시대에 카스텔은 일반적으로 이 개념을 이러한 형식에서 사용한다.

이런 종류의 모순이 표현되는 도시가 유일한 장소라고 주장하는 대신 닐 브레너는 "자본주의 발전의 모순이 지속적으로 생산되고, 투쟁하는 사회 공간적 무대로서 도시"(Neil Brenner 2000: 361)를 관련짓는다.

도시=로컬 행위의 공간

국가나 주(州)가 아니라, 오히려 '도시'에서 글로벌적으로 사고하고 로컬적으로 행동한다. 주택가든 중심지든 이것은 토대와 가장 가까이 있는 정치적·경제적 행위의 영역이다. 이 개념의 이러한 사용은 직접적인 정치적 간섭 가능성과 그것의 합법적인 테두리에서 주목된다. 사실 기초 활동을 조직할 수 있는 무대로서 도시의 이해는 행위가 향하는 형식적 법 구조와 일치하지 않지만, 많은 논의에서 도시와 형식적 법 구조는 동의어다. '도시'는 여기서 실제로 모든 것을—주택가, 도시 자체, 주 혹은 국가—의미할 수 있다. 임의의 권력 중심이 도시의 영역에 있든 아니든 상관없이 수취인이 행정의 모든 영역 혹은 임의의 권력 중심일 수 있다. 이 변형은 행위 토대의 소재지와 관련한 물음을 명백하게 밝히지 못하고, 또한 이 목적에 대한 해명을 매개하지 못한다.

도시=도시적 활동 범위, 밀접하게 정주된 지역, 농업적으로 이용하지 않는 지역

사람들이 어떤 기준을 놓든 상관없이 성장하는 도시의 개념 그리고 민족적 현상으로서 완전히 상이한 대도시(관습적으로 정의한)와 관련 있는 도시화의 개념은 뒤죽박죽이 된다. '도시'의 도시적 정의는 도시 지역으로의 집중에 관해 아무것도 진술하지 않는다. 분석적으로 도시화 과정과 도시의 성장은 서로 결합된다. 그러나 이 둘은 일치하지 않는다. '스마트 성장', 녹지 혹은 도시 계획 프로젝트를 지지하는, 그리고 단지 도시 내에서 스스로 발생하는 것을 고려하는 운동 단체는 방치된 교외 지역에 대한 도시화의 결과를 무시한다. 이런 사례는 슬럼이 대부분 도시 경계 외부에 있는 라틴아메리카 혹은 아프리카에서 흔히 발견할 수 있다. 따라서 욘 프리드만(John

Friedmann)의 '도시 영역'은 '도시'보다 본질적으로 더 나은 분석 기준 혹은 행위 기준이고, 이 양자를 서로 혼동하지 말아야 한다. 도시화 문제를 극복하기 위한 성공적인 수단으로서 쿠리치바(Curitiba: 브라질 남부에 있는 도시—옮긴이) 혹은 바르셀로나의 도시 계획에 대한 호평은 부적절하다.

도시=사회

'글로벌 도시', '성별 특징을 반영한 도시', 분리된 도시, 포스트모던 도시, 인종 도시—이 모든 표현은 사회적 및 공간적 선례를 구별하지 못하고, 이러한 표현이 서로 어떻게 연결되어 있는지를 설명하지 못한다. 관습적인 도시의 한정된 물리적 공간에 들어 있는 사회적 표시의 의미는 왜곡되고 완전히 재현되지 못한다. 로컬 영역에 관한 특징으로서 문제의 서술은 그곳에 또한 답이 있다는 것을 암시한다. 그것을 넘어서는 원인과 아울러 필수적인 사회적 해결은 시야에서 사라진다.

도시=광범위한 자족적인 공간적 집단(Cluster)

나는 이 개념을 고급 주택지화한 도시, 교외의 도시, 노동자 계급의 도시, 버려진 도시 등등의 서술에서 사용한다(Marcuse 1989; 1999a 참조). 동시에 이 서술은 '도시'가 관습적인 의미를 갖는 4등분된 도시와 같은 표현에서 이 개념의 사용과 의식적으로 구별된다. 이 사실로 주의를 유도하는 정치적 의도는 관습적으로 정의된 도시는 실제로 분리 또는 분할되어 있고, 개별적인 부분은 서로 연구가 필요한 긴장 관계에 있다는 것이다. 관습적으로 이해된 '도시'의 사실상 공간적인 경계는 사회적으로 정의된 공간으로 옮겨지지 않고, 혹은 이 공간들로 강요되지 않는다.

도시=도시성의 장소(혹은 비르트(Wirth)가 명명한 '사회적으로 이질적인 개인들'의 장소)

규범상 이것이 아마 가장 마음에 드는 표현이다. 왜냐하면 도시는 민주주의, 상호 작용, 자유, '도시성'이 실어 나르는 이 모든 것과 더불어 의미를 갖기 때문이다. 그러나 사회적 삶이 어디에서 행해지는지와 상관없이 사람들은 '도시성'을 사회적 삶의 하나의 관점으로 보려 하지 않는가? 그리고 도시 내에서 주거 형성은 상호 작용을 실제로 최소화하고, 도시성은 작은 집단의 몫으로 있다. 이 '도시적'도 아니고 민주주의적도 아닌 도시는 어떻게 되어가고 있는가? 관습적으로 정의한 모든 도시에로의 이러한 속성의 자동적인 이전은 명백히 현실성을 무시하는 것이다.[15]

도시=도시 행정

'도시'가 행위자로 될 때, 도시=도시 행정은 통례상 실제적인 것으로 여겨진다. 물론 이 변형의 배후에서 선출된 지도(指導)의 이해관계(아울러 지도의 직접적 책임)와 관련 있는 도시 거주자 및 이와 빈번하게 대립하는 가장 중요한 이해관계를 갖고 있는 도시 거주자 사이의 간극이 사라진다. 개념의 이 형태는 넓게 확산되고 모든 사람에 의해 이해된다. 그러나 사람들은 이 형태의 참된 의미에 대해 착각하지 않는다.

결론

'도시'라는 단어는 최대로 상이한 것을 의미할 수 있고, 이런저런 변형에 대한 결정이 중립적인 결과로 일어나지는 않는다. 많은 경우, 즉 다섯 번째부터 열한 번째까지의 형태에서 각각 어떤 의도를 추구하고 있는지는 분명하다. 그러나 의미하고 있는 것에 대한 해명 없이 무차별적으로 개념을 사용하는 것은 기껏해야 편향되고 최악의 경우 혼란을 초래한다. 그에 반해 첫 번째부터 네 번째까지 설명한 변형에서는 근본적으로 상세한 논의 그리고 정치적 조처의 대상이지 않으면 안 되는 분열, 파편화 혹은 양극화의 은폐가 문제다. 만약 사람들이 실제로 '이' 도시, 동질의 통일성, 통일된 행위자가 있는 것처럼 도시에 관해 말한다면, 그는 정치와 계획에 대한 진실한 물음에서 벗어나는 것이다. 그러한 종류의 개념과 주의 깊은 관계는 필수적이다. 왜냐하면 이런 개념은 분석과 행동에 영향을 미치지 않을 수 없기 때문이다. 만약 '글로벌'에 대립할 수 있는 '로컬'이 있다면, 그리고 만약 로컬이 '도시'를 의미한다면, 우리는 이것이 비로소 논쟁의 시작이지 끝이 아니라는 것을 알아야 한다.

릴리안아스트리트 게제가 영어를 독일어로 번역했다.

주

1. 이와 같은 논의와 관련해서는 키안 타지바크시(Kian Tajbakhsh 2001)가 다시 전문적으로 다루었다.
2. 좌파의 토론에 현저한 공간을 허용하는 다른 두 저널은 〈도시와 지역 연구에 대한 국제 저널(International Journal of Urban and Regional Research)〉 및 〈공간과 사회(Space and Society)〉다. 그 이외의 텍스트는 도시적 주제에 전념하는 수많은 현재의 학술적 저널에서 발견할 수 있다.
3. 예를 들면 비르트의 유명한 공식: "도시는 아마 상대적 및 사회적으로 혼종적 개인들

의 큰, 밀접한 그리고 오래 지속되는 거류지로 정의될지도 모른다"(Wirth 1964: 66).

4. 이와 같이 스콧과 모울래르트(A. J. Scott and F. Moulaert 1997: 267)를 비롯해 현대 도시를 구체화하는 원동력에 관해 언급하는 많은 다른 사람들은 관습적인 의미에서 '도시'를 말한다.

5. 여기서 '도시'를 의식적으로 사용하는 서로 다른 가능성보다 전체에 대해 부분으로 있는 제유가 나를 흥미롭게 한다. 이 제유는 다음과 같은 은행 및 상업 구역이다. "나는 내일 시내에 가야만 한다." 혹은 '런던 시내'는 런던의 금융 중심지를 의미한다.

6. 데이비드 하비는 예를 들어 "'도시'에 대상(object)과 같은 속성을 드러내는 (것)"에 관해 이렇게 쓴다. "이러한 속성은 일상의 실천을 지배할 수 있고, 일련의 부수적인 행위로 이끌 수 있다. 〔……〕 지배의 형식으로서 우리에게 돌아오게 하기 위해서뿐만 아니라 사회적 행동을 위해 그러한 대상에 그 능력을 할당하느라 우리가 창조해온 대상들의 능력, 즉 구체화의 역할과 힘을 부정하는 것은 어리석다"(Harvey 1966: 50).

7. 이러한 구상은 당연히 로건과 몰로치(J. Logan and H. Molotch 1987)에서 비롯되었다.

8. 이러한 조언을 해준 욘 프리드만에게 감사한다.

9. 보르자(J. Borja)와 카스텔이 의역한 것이다.

10. 앙리 르페브르는 '사회' 개념에 대해 똑같은 말을 한다. "사회는 주체로서가 아니라 사회적 주체들의 총체(주체들 각자는 차이를 가지고 있지만, 조화로운 전체를 형성함: 공백이 없는 것이 아니라)로서 그리고 사회학적 기관의 네트워크(시간적 흐름이 없는 것이 아니라)로서 정의할 수 있다"〔르페브르가 맥러드(M. McLeod 1997: 20)에서 인용〕.

11. 만약 창조적인 것이 여태껏 그렇게 어떤 것을 제공했다면, '창조적인 것'은 대부분의 사용 형식에서 잡종 개념이다. 예술가, 발미용사, 증권 브로커, 비행기 조종사 그리고 경찰도 여기에 해당한다(Florida 2001 참조. 마르쿠제의 저작은 곧 출판될 예정이다).

12. '글로벌 도시들'에 관한 문헌은 포괄적이다. 프리드만과 볼프(Friedmann and Wolff 1982) 그리고 사센(Sassen 1991)의 저작은 근본적인 작업들이다.

13. 비록 이 문제가 농촌 지역에 전적으로 유사하게 나타난다 할지라도 그렇다.

14. 노엄 촘스키(Noam Chomsky)는 '국익'의 개념으로 이것을 또한 다음과 같이 말한다. "당신은 미국 외교 정책이 항상 밀접하게 민족적 자기 이익을 수행한다고 생각

하는가? 아니, 나는 그것이 민족적 자기 이익이라고 생각하지 않는다. 그것은 선전을 위한 용어다. 그 용어는 민족의 이익이라는 것을 암시한다. 어떤 국가도 국민을 위해서 행동하지 않는다. 그들은 통상적으로 정치를 지배하는 강한 국내 집단의 이익에 따른다. 다시 말하면, 그것이 역사의 자명한 이치다. 나는 나치 독일이 독일 인민들을 위해서 행동했다고 생각하지 않는다. 미국의 경우, 우리는 누가 그 입안자들인지 그리고 그들이 어디 출신인지 안다. 그렇다. 나는 그들이 통상적으로 그들 자신의 이익에 따라 행동한다는 것을 안다. 이는 그렇게 놀라운 일이 아니다" (노암 촘스키와의 인터뷰에서. http://freedomofpress.tripod.com/salon3.html).

15. 실제로 비르트는 자신의 정의에 대한 한계를 알았으며 스스로 '대도시'는 통일성으로서가 아니라, 오히려 수많은 커뮤니티의 결합으로서 보여질 수 있을 것이라고 말했다.

참고문헌

Amin, A./Graham, S. (1997), "The Ordinary City," in: *Transactions of the Institute of British Geographers,* 22.

Borja, J./Castells, M. (1996), *The Local & the Global: Management of Cities in the Information Age,* London, S. 139.

Brenner, N. (2000), "The Urban Question: Reflections on Henri Lefebvre, Urban Theory and the Politics of scale," in: *International Journal of Urban and Regional Research*, 24-2.

Castells, M. (1994), "European cities, the informational society, and the global economy," in: *New Left Review,* 204, S. 18-32.

Chomsky, N., http://freedomofpress.tripod.com/salon3.html

DeFilippis, J. (2002), "The Myth of Social Capital in Community Development," *Housing Policy Debate,* Vol. 12, issue 4, S. 781-806.

Florida, R. (2001), *The Rise of the Creative Class,* New york.

Friedmann, J./Wolff, G. (1982), "World City Formation: An agenda for research and action," in: *International Journal of Urban and Regional Research,* 6, S. 309-344.

Gordon, I. R. (1999), "Internationalisation and urban competition," in: *Urban Studies,* 36, 5/6, S. 1001-1016.

Gottdiener, M. (2000), "The Urban Growth Machine: Critical Perspectives Two Decades Later. Review," in: *Journal of Planning Education and Research.*

Jensen-Butler, C. (1999), "Cities in Competition: Equity Issues," in: *Urban Studies*, Vol. 36, No. 5-6.

Jessop, B./Sum, N. (2000), "An Entrepreneurial City in Action: Hong Kong's Emerging Strategies in and for (Inter)Urban Competition," in: *Urban Studies*, Vol. 37 No. 12, S. 2287-2313.

Katzenelson, I. (1992), *Marxism and the City*, Oxford.

Logan, J./Molotch, H. (1987), *Urban Fortunes: The Political Economy of Place,* Berkeley.

Marcuse, P. (1989), "'Dual City': a muddy metaphor for a quartered city," in: *International Journal of Urban and Regional Research,* Vol. 13, No. 4, December, S. 697-708.

Marcuse, Peter/van Kempen, R. (Hg.) (1999), *Globalizing Cities: A New Spatial Order?,* Oxford.

____ (1999a), "Introduction to Globalizing Cities: A New Spatial Order?," in: P. Marcuse/R. van Kempen (Hg.), *Globalizing Cities: A New Spatial Order?,* Oxford.

Marcuse, P. (2006), *The Creative Class Swindle*, i. E.

McLeod, M. (1997), "Henri Lefebvre's Critique of Everyday Life," in: S. Harris/D. Berke (Hg.), *Architecture and the everyday*, Princeton.

Sassen, S. (1994), *Cities in a World Economy*, Thousand Oaks, CA. (홍인옥 외 옮김, 《경제의 세계화와 도시의 위기》, 푸른길, 1998).

____ (1991), *Global Cities*, Princeton.

Scott A. J./Moulaert F. (1997), *Cities, Enterprises and Society on the Eve of the 21st Century,* New York.

Tajbakhsh, K. (2001), *The promise of the city : space, identity, and politics in contemporary social thought,* Berkeley.

van Vliet, W. (2001), "Building Resilience in Vulnerable Cities," in: *habitat debate,*

December 2001, Vol. 7, No. 4.
Watson, S. (1998), "New Orders, disorders and Creative Chaos: the information age and the network society," in: *Policy and Politics*, Vol. 26, No. 2.

감정의 심도
감정의 공간 정치에 대하여

도시—감정의 소용돌이. 분노, 두려움, 만족 그리고 행복감으로 끊임없이 채워지는 이곳에서 감정은 어떤 거대한 폭발 속에서, 혹은 일상의 부분으로 일어난다.[1] 고상한 측면에서 이것은 레이디 디(Lady Di: 영국 다이애나 황태자비의 애칭—옮긴이)의 죽음으로 유발된 대중적 히스테리이거나 축구장에서 골이 들어갔을 때 귀를 먹먹하게 하는 엄청난 함성이다. 무미건조하게 표현하면, 이것은 직장에서의 세속적인 감정, 절망적인 울부짖음 또는 격분한 자동차 운전자의 몸짓, 놀이 공원에서 아이들의 행복한 웃음소리 또는 경찰 심문을 받는 혐의자의 눈물이다.[2]

살아 있는 도시의 표현으로서 세련된 공간의 모든 행동에 특별한 특징을 부여하는 감정이 항상 존재한다는 관점에서 감정의 변종이 도시 연구에서 포괄적으로 다루어졌다는 가설을 수긍할 수 있다.

그렇지만 이는 사실이 아니다.[3] 사실 감정은 언제나 다시 그리고 수없이 많은 보고서에 등장하지만, 일반적으로 중요하지 않다. 물론 예를 들어 발터 벤야민(Walter Benjamin)의 나치 행진의 감정적 직접성에 대한 역설이나 리처드 세넷(Richard Sennett)의 《살과 돌(Flesh and Stone)》에서 고통 받는 도시의 육체에 대한 비판 같은 몇 개의 약간은 중요한 예외도 있다. 이런 모든 것에도 불구하고 도시의 감정에 대해 알기 위해 산문과 서정시를 이용하는 것은 불가피하다.

왜 도시의 다양한 정서를 등한시하는가? 정서에 대한 연구가 없었던 것은 아니다. 반대로 수세기 동안 연구해왔다. 철학자들은 이미 오래전부터 감정의 구조적 의미에 대해 논의했다. 이전의 한 가지 사례를 들자면 예술가들의 역할에 대한 플라톤의 담론이다. 플라톤은 예술을 위험한 것으로 여겼다. 왜냐하면 예술을 통해 감정과 느낌을 서슴없이 표현할 수 있기 때문이다. 또한 희곡은 감정에 호소하기 때문에 이성을 위협한다.[4] 의심할 여지없이 이 역사는 마키아벨리, 루소, 칸트나 헤겔 같은 주요 인물들에 의해 계속해서 언급되어왔다. 그 과정에서 열정을 바람직한 것으로 여기는지 아니면 회의적인 것으로 다루는지에 따라 다양한 합리주의적이고 낭만주의적인 반응이 나타났다.[5]

자연과학 또한 인문학에 비해 많이 늦었지만 감정의 의미를 깨달았다. 찰스 다윈의 《인간과 동물의 정서 표현(The Expression of the Emotions in Man and Animals)》(1872)이 출판된 이래로, 이미 오래전부터 감정에 관한 체계적이고 학문적인 연구가 계속 이뤄져왔다는 게 알려졌다. 물론 우리는 우리가 오늘날 감정의 생리학에 관해 모든 것을 알고 있다고 결코 주장할 수 없다. 그럼에도 불구하고 우리가 아무것도 모를 것이라 주장해서도 안 된다.

정체성과 소속감 같은 감정적 에너지가 담겨 있는 개념을 다룸에도 불구하고 왜 실질적인 도시 연구에서 감정을 무시하는 것일까? 이를 설명한 몇몇 사례가 있다. 그중 하나가 (성 특유의 모든 가능한 함의를 가진) 문화적인 데

카르트주의적 정념(靜念)이다. 요컨대 감정은 도시를 지나가는 올바른 길에 대한 우리의 실질적 추구를 왜곡하거나 굴절시키는 근거 중 하나다. 감정이 이런 세계에 관한 인식의 한 부분일 수 없다. 오히려 문화의 분업에 기반을 둔 접근 방식이다. 요컨대 아름다운 예술이 존재한다면 그걸 모방할 필요는 없다. 세 번째 설명은 감정은 무엇보다 감각적 인지와 관련이 있다고 주장한다. 예를 들어 말로 표현하기 어려운 자기 인식과 관련이 있다. 이는 의심할 여지없이 계속적인 설명이 필요하다.

아마도 이런 주장은 예전에 증명했을 수도 있다. 그러나 시대가 변했다. 감정을 경시하는 것이 심각한 문제가 되었고, 현재도 그런 이유에는 다음 세 가지가 있다. 첫째, 감정의 형성과 활성화에 대한 학문적 체계가 일상의 도시 풍경 전체를 구성하는 중요한 요소가 되었다. 감정은 도시 생활의 다양한 구성 요소 중에서 한층 정교한 개입을 허락하는 성찰의 고리다. 둘째, 이러한 학문은 의도적으로 이용될 뿐만 아니라 (독점적이지는 않지만 대체로 부유층과 권력층에 의해) 정치적으로도 사용된다. 미학적 외형은 좀더 도구화한다. 셋째, 감정은 도시를 이해하는 요소다. 사람들은 도시가 좀더 '비판적'이거나 '창의적'이기를 더 많이 기대하고 발명 정신과 직관을 무기로써 효과적으로 투입하는 걸 지지하기 때문에, 도시의 감정 요소를 활성화시키는 기술은 변화 과정에서 긍정적인 힘으로 인식된다. 도시는 풍부한 표현력을 분명하게 보여주어야 한다. 이 세 가지 이유 모두는 감정이—명백하게—도시의 경험적 상수였지만 지금은 점점 더 중요해지고 있다는 것을 보여준다. 사람들은 도시적 일상의 토대가 되는 기계와 구조를 형성하는 출력과 전선의 시스템을 생각한다(Armstrong 1999). 요컨대 도시는 지속적으로 활성화하는 회로 연결과 정서의 역사 및 지형을 다양한 방식으로 형성하는 교차 지점의 원칙을 생각나게 한다.

무엇보다도 "정치적 결정은 그 자체로 일련의 비인간적이고 선(先)주관적인 '사람들'의 의견이 사람 수에 따라 제약된 힘과 강도에 의해 만들어진다"(Spinks 2001: 24)는 것을 받아들인다면, 나는 아래에서 도시의 감정과 감정적인 도시에 대해 논의하고, 특히 이 주제에 대한 명시적인 생각이 어떤 정치적 결과를 가져올 수 있는지에 관해 답하고 싶다. 따라서 나는 다음의 세 가지 목표—감정의 본질에 대한 해명, 도시와 감정의 변형된 상호 작용의 제시(상호 작용의 산물은 공동체의 자기반성 영역의 단순한 전위이기도 하고 개념적으로 잘 정리된 경제 이데올로기에 제약받지 않는 정치이기도 하다), 그리고 총괄적인 비평을 파악하는 주도권—를 추구한다. 이러한 목표에 의거해 나는 첫 번째 절에서 감정이라는 게 실제로 무엇인지에 대해 여러 가지 상이한 관점으로 질문을 던질 것이다. 이는 전혀 무의미한 반복이 아니라 스피노자, 다윈 그리고 프로이트 같은 대가들이 활약했던 길고 복잡한 역사로 되돌아가는 것이다. 이를 위해 포괄적 계획에 입각해 전체 개요를 예측하고 4개의 열쇠—해결 방안을 4단계로 제시하는—전통으로 제한할 필요가 있다.

개념 규정과 관련해 본문의 두 번째 절에서는 다양한 감정적 실행 방법의 사용과 오용이 '정치적인' 분야라고 간주되는 무엇인가를 바꾸는 몇 가지 방법을 서술한다. 여기서 나는 특히 네 가지 다양한 인과 관계 속에서 공존하는 방식을 주제로 삼고자 한다. 이러한 방식을 통해 감정의 조작이 정치적 목적으로 확대되었을 뿐만 아니라 실행 방법과 지식이 새로운 형태로 도시에서 되풀이된다. 특히 지식은 정치적 영역으로 간주되는 것을 새롭게 규정한다. 이러한 실행 방법, 새로운 지식과 개념 규정이 항상 아름다움과 안락함을 의미하는 것은 아니다. 심지어 그중 어떤 것은 불안감을 주기도 한다. 이것이 오늘날 격정에 대한 토론의 중요성을 뒷받침한다. 적어도 어떤 관점에서는 일상에 적용한 감정의 새로운 가능성을 발견하는 것이 강력한 권한을 통한 조작 가능성을 완전히 새롭게 폭로하는 것을 의미한다. 이어지는 다음 절에서 나는 이러한 폭로와 그 폭로가 정치를 그리고 '정치적인 것'이라고 하는 것을 어떻게 바꾸는지에 대해 다룰 것이다. 나는 감정을 향한 운동이 새로운 정치의 기록과 강도를 의미하고, 적어도 진보적인 잠재력을 제시하는 새로운 공동체를 형성하기 위한 노력을 가능케 한다는 것을 보여주기 위해 노력할 것이다. 마지막 절에서는 진보 정치적인 그리고 합법적인 감정 개입의 몇 가지 형태를 논한다. 이 논의와 더불어 나는 가능성 있는 예술 작업, 무엇보다 빌 비올라(Bill Viola: 미국의 비디오 아티스트—옮긴이)의 최근 작업으로부터 생각을 이끌어낸다. 그리고 끝으로 매우 짧은 결론 제시한다. 그 결론에서 나는 실천적 실험이 새로운 만남과 소통의 '사해동포 정책'에 감정을 포함시킬 것을 주장한다.

너무 길고 건조한 개요를 피하기 위해 무엇보다 나는 논의를 현대 유럽과 미국 사회로 국한하고자 한다. 따라서 수많은 (무엇보다 인류학적인) 문화를 비교하는 작업뿐만 아니라, 감정의 강도와 감정으로 드러나는 것의 강도에서 포괄적인 변화의 역사적 검증에 대한 다양한 문학 역시 여전히 고려하지 않는다.[6] 그렇기 때문에 간결하게 이해한다면, 이러한 텍스트는 감정적 공감이 존재하지만 그 배경은 존재하지 않는다는 전제에 기인한다. 감각은 문화적으로, 역사적으로 변화한다(Geurts 2002). 따라서 이 텍스트에서는 대부분의 다른 영역보다 차이점이 강한 것으로 아주 잘 알려져 있는 한 영역의 민족 중심적 관점을 조심스럽게 언급해보고자 한다.

전반부에서는 감정을 이론적으로 고찰한다. 다음과 같은 사유의 이론적 근거를 몇 가지 원칙에 의해 해석할 수 있다.

1. 생물학과의 차별은 더 이상 사회 이론과 문화 이론(Turner 2002)의 기본

지표로 간주되지 않는다. 존재의 생물학적 구조를 고려해야만 한다는 것이 좀더 분명해질 것이며, 따라서 실행의 힘과 특히 생성의 (그리고 창의력의) 역동성을 오히려 죽음의 동력으로 파악하려 할 것이다(Battersby 1999).

2. 따라서 자연주의와 과학주의는 더 이상 죄가 없다. 그 주된 이유는 시스템 이론, 복잡성 이론 그리고 비선형역학(nonlinear dynamics, 非線形力學) 같은 다양한 연구 기법이 오늘날까지 자연과학을 사회 이론과 문화 이론으로부터 배척하는 방식으로 발전해왔기 때문이다. 지금은 사회 이론과 문화 이론 그리고 학문의 역사는 공동의 뿌리를 갖고 있다는 인식이 점차 확대되고 있다. 시스템 이론은 1940년대 이래 두 영역에 상이한 방법으로 영향을 미쳤다. 따라서 우리는 구조주의를 통한 탈구조주의의 혁신을 예상할 수 있는 시대의 목전에 서 있다.
3. 더 이상 인간의 언어만이 소통의 유일한 의미를 갖는 모델로 여겨지지 않는다.
4. 사건은 적어도 여러 가지 차원에서 철저히 개방적으로 다루어야 한다. 그리고 다양한 사회 시스템의 엄청난 권력에도 불구하고 도처에서 "반란, 저항, 붕괴, 결탁 그리고 대안"(Latour 2002: 124)이 있다. 따라서 실험과 연금술로의 전환기가 조건부 형태로 존재한다(Garfinkel 2002).
5. 시간과 과정이 설명을 위해 더더욱 중요한 것으로 여겨진다(Abbott 2001). 왜냐하면 이 둘은 비록 그 기능을 상세하게 다루지 않을지라도 사회적 이론과 문화적 이론의 예전 단계에서 여전히 제기되었던 문제에 대한 해결의 범주를 제시하기 때문이다. 지식의 형태를 다양화하는 것과 지식의 교환은 진지하게 받아들여야 한다(Rabinow 2003).
6. 공간은 더 이상 '글로벌'에서 '로컬'로의 역동적 움직임의 통합적 위계질

서로 간주되지 않는다. 이러한 불리하고 척도 의존적인 사고는 결합성을 포함하는 인식, 즉 사회적인 것은 많은 다른 세트 중에서 "아주 제한적이고 규격화한 결합들의 작은 세트[……]"라는 인식을 통해 보충된다.

7. 다시 말해, 반성을 생각의 속성으로 간주할 뿐만 아니라 근본적으로 생각 속에만 존재하는 불균형적이고 물질적인 생각의 형태가 현실화함으로써 반성은 다양한 형태의 행위자에게로 확산되는 또 다른 생각의 모형을 제시한다.

감정이란 무엇인가

주로 우리는 감정을 정서와 감각 그리고 이런 단어들의 동사적 목록, 즉 증오, 부끄러움, 자랑, 사랑, 행운, 기쁨, 희망, 놀람 등과 같은 개념과 결합시킨다. 내가 조사하고 있는 여러 다양한 증거에 근거해 나는 이 단어들이 '감정'의 적절한 번역이라고 생각하지 않는다. 특히, 부끄러움 같은 일종의 기본 감정이 정치적 코드로서 작용할 수 있다고 생각하고 싶지 않다(Nussbaum 2002).

필수적인 내용을 요약 정리한 아래의 논의에서 나는 광범위한 아이디어 경향과 연결망을 갖고 기능하는 감정의 네 가지 항목을 다룰 것이다. 요컨대 언어적이면서 전달의 의미를 갖는 운동으로서 정서가 그것이다(Bruno 2002). 무엇보다 이러한 항목 중 한 가지도 개별적으로 구성된 공동체의 표상으로 묘사되지 않는다는 걸 알고 있어야 한다. 항목 각각은 일반적으로 개체의 (가장 넓은 의미에서) 신체 부위가 반응하고 참여하는 사건의 결과로 이해되는 '비인간적'이거나 '초인간적인' 틀을 지닌다. 이러한 각각의 항목은 (다소 차이는 있지만) 서로 연관되어 있다는 것 또한 언급해야 한다.[7] 끝으로 감정은 이런 다양한 방식을 통해 생각의 형태로 이해되며 종종 간접적이고 비(非)반성적이기는 하지만 전반적으로 이해해야 한다는 것을 언급하지 않을 수 없다. 이렇게 생겨난 모든 형태의 사유 공간은 생각과 사유의 수단으로서 행동할 때 여일하게 고려해야 한다. 감정은 지능의 또 다른 형태이지만 지능에 영향을 미친다.

감정에 대한 첫 번째 해석은 감정을 외적인 변화로서 가시화한 행동을 만들어내는 구체적인 실천 방안으로 이해한다. 이러한 해석은 주로 현상학적 전통에 근거를 두고 있지만 사회적 상호작용론과 해석학의 흔적도 찾아볼 수 있다(Reddy 1999 참조). 여기서 감정을 구성하는 요소로 여겨지는 신체적 상태와 일상에서 드러나는 과정에 근거하고 있는 '되어짐' 속에서 표현적/미학적으로 이해되는 강렬한 정서에 대한 표현을 지정하는 것은 본질적이다(감정+태도). 이러한 방법을 통해 감정의 사회학에서 이전에 제기되었던 탈문맥화와 묘사의 문제를 극복할 수 있을 것이다. 탈문맥화의 경우 문맥에 대한 배경은 외적으로는 감정 확립의 중요한 요소로 보인다. 정서의 근거는 배경 자체에도 있지만 종종 신체 외부에 있고 이런 배경은 수단—질문지와 다른 것들—을 통해 부정 또는 제거된다. 묘사의 경우 문제는 정서가 아주 추상적이라는 데 있다. 즉 정서는 타인과의 관계에서 언어가 규정지을 수 없는 것의 정형화한 증거다(Katz 1999: 323).

"연구는 거의 언제나 사람이 그들의 감정에 대해 어떻게 말하는지 분석한다. 만약 감정에 관한 어떤 독특한 것이 있다면, 비록 연설 중에 그들이 말하지 않고 표현의 형태를 사용하지 않을 때조차도, 감정은 말로는 설명할 수 없는 어떤 것을 표현하는 방법이다. 역사적·문화적 연구는 유사하게 그들이 감정의 표현으로서 본문, 상징, 물질 그리고 삶의 방식을 분석할 때 감정적 경험을 이해하려는 도전을 거부한다."(Katz 1999: 4)

표현적 존재에는 여유 시간이 없기 때문에 상황의 인지와 반응은 서로 연관되어 있고 '반응 능력', 즉 다른 것들의 행동에 종속되어 있는 포괄적인 신체 감각의 정교한 도입에 의존한다. 이러한 반응을 통해 우리가 무엇을 하는지 명확해진다.[8] 이 반응 능력은 거의 눈에 띄지 않지만, 이것이 눈에 띄는 순간 강도 높은 감정을 유발한다.

"부끄러움, 웃음, 눈물 그리고 분노는 주로 본능적인 속성을 감추려는 포장을 통해 얼굴에 나타난다. 정서의 행위는 신체의 경계를 깨뜨리는, 쏟아져 나오는 눈물의, 타오르는 분노의, 그리고 터져 나오는 웃음의 과정이고 개입의 설계된 자원으로서 명확한 내부 장기의 개입 과정이다."(Katz 1999: 322)

다른 말로 표현하면 감정은 비록 모든 것을 지정할 수는 없지만 세계를 생각하고 여러 가지 사건을 느낄 수 있는 폭넓은 도덕적 다양성을 제시한다.

"자기 자신과 세계 사이에는 새로운 항목이 하나 있는데, 이는 전인적으로 느껴지며 사회적 순간의 새로운 구조다. 이는 신생의 그리고 변형하는 경험을 통해 다른 것들과 연관되어 있다. 어떤 형태의 변형은 그 변형 상태로 새로운 운반 용기 속에 포함되거나 사회적 존재의 변형된 상태로의 이행을 위한 임시 형태를 취한다. 우리의 분석 대상은 무엇보다도 시적(poetic) 장치를 갖는 것이다."(Katz 1999: 343)

감정의 두 번째 의미는 우리에게 문화적으로 신뢰를 획득한, 특히 오늘날 유럽인과 미국인이 스스로에 대해 묘사하는 개념의 일부가 된 단어다. 감정은 통상적으로 정신분석학적 구조와 함께 결합되고 기제의 아이디어에 기초한다. 사람들은 정신분석학적 기제—성, 성적 충동, 욕망—를 인간의 행위 동기와 정체성으로 간주하는 프로이트의 이해를 활용한다. 정서는 그들의 저변에 깔려 있는 성적 충동의 기제, 즉 '리비도'라는 주제의 변형에 대한 주된 매체이거나 표현이다. 감정이 이러한 충동에 제한된다는 이런 식의 관점은 너무 융통성이 없다. 세즈윅(E. K. Sedgwick 2003: 18)은 "그런 식의 과정이 질적인 조건에서 지나치게 피폐해질 수 있는 사고에 대해 도식적 예리함을 허락하라"고 주장한다.

세즈윅은 실번 톰킨스(Silvan Tomkins)의 연구(Demos 1995; Sedwick/Frank 1995)를 다루면서 이 문제를 해결하려 노력한다. 톰킨스는 기제와 감정의 체계를 구별한다. 기제 체계는 비교적 폭 좁게 다뤄졌다. 요컨대 하나의 도구로서 특정한 목적(예를 들어 호흡, 식사, 마시기, 잠자기, 배설하기)에 대한 집중을 통해 시간적으로 제한되고(이러한 활동의 조절이 조금 후 더 많거나 적은 불리한 결과로 이어진다는 얘기다) 특정한 대상(예를 들어 호흡, 물 마시기)에 집중되었다. 그와 달리 분노, 기쁨, 자극 또는 슬픔, 수치 그리고 비애 같은 감정[9]은 다양한 목적과 연관되어 있다. (그중 어떤 것은 단순히 개별적인 자극일 수 있다. 여기서 톰킨스는 자기 목적적인 기능에 대해 이야기한다.) 각각의 목적은 계속해서 새롭게 규정될 수 있고[10] 시간적인 활동 공간은 본질적으로 기제의 경우보다 크며(분노 같은 감정은 몇 초 걸릴 수도 있고 수십 년 동안 유효성을 갖는 보복의 동기가 될 수도 있다) 너무나 상이한 대상을 향할 수 있다.

"감정은 다른 감정들을 포함하는 물건, 사람, 생각, 감각, 관계, 활동, 의욕, 제도 그리고 여러 다른 것들과 연관되어 있다. 그러므로 사람은 분노에 의해 흥분할 수 있고 수치심으로 인해 넌더리가 날 수도 있으며 또한 직업(job)으로 인해 깜짝 놀랄 수도 있다."(Sedgwick 1993: 19)

톰킨스에게 감정은 이른바 본질적 기제 체계의 하위에 따르지 않는다. 여러 경우 기제 체계의 피상적 절박함은 필수적인 증폭기로 작용하는 적절한 감정과 결합한 결과다. 감정은 행위 속에 있다.

"어떤 기제가 그럴 수 있는 것보다 오히려 훨씬 더 일상적이거나 훨씬 더 독점적일 수도 있다. [……] 프로이트가 무의식과 원본능(Id)의 결과로 간주했던 대부분의 특성은 사실 감정 체계의 핵심적 부분이다. [……] 감정은 불안정과 극단적 탐욕, 변덕과 결벽의 양면성을 가능케 한다."[톰킨스가 세즈윅(Sedgwick 2003: 21)에서 인용]

얼굴은 감정의 가장 중요한 측면이다. 이는 톰킨스에게 아주 중요하다. "나는 이제 피부, 특히 얼굴의 피부를 감정의 느낌을 만들어내는 가장 중요한 방법으로 여기고자 한다"[톰킨스가 데모스(Demos 1995: 89)에서 인용].[11] 톰킨스는 당연히 얼굴이 어떤 다른 것의 표현이 아니라 진행 중인 감정의 표현이라는 것을 아주 중시한다.

감정의 세 번째 의미는 어떤 세계에서 상호 작용의 영향을 받는 수용 능력의 자연스러운 확장이다. 이는 지속적인 '되어짐' 속에서 규정된다. 이러한 의미는 무엇보다도 스피노자와 연관되고, 또한 질 들뢰즈(Gilles Deleuze)의 스피노자에 대한 현대적인 행동학적 재해석과 결합한다.

스피노자는 육체에 대한 데카르트학파의, 즉 한 개체를 움직이는 정신이나 영혼 같은 비물질적인 것의 모델 배경에 대해 묻는다. 이러한 입장은 세상이 2개의 서로 다른 물질—(데카르트적 공간으로 잘 알려진 기하학적 공간에 정리된 대상의 육체적 영역에 있는) 확장과 ('사유하는 사물'로 알려진 존재를 물체와 구분하는 성질인) 생각—로 구성되어 있다는 데카르트의 사유를 반영한다.

일원론자(monist)는 스피노자의 의견에 반대한다. 그들은 우주에는 오로지 한 가지 물질만 있다고 믿는다. 모든 형태에서 '신 혹은 자연'만이 존재하고 인간과 모든 다른 물체는 오로지 이런 발달된 물질의 수단일 뿐이다. 각각의 형태는 공간적으로 각각의 개별적 방식으로 확장 및 의도되며 특정한 방법으로 전개된다. 그러므로 스피노자의 세계에서는 모든 부분이 동시적인 생각과 행동의 일부분이다. 즉 2개의 목록에 들어 있는 동일한 형태의 것이다.[12] 다시 말하면, 지식은 신체의 육체적 만남과 동시에 발생하고 상호 작용의 결과다. 스피노자는 이러한 만남의 능동적 결과를 정서 또는 감정이라는 육체인 동시에 생각인 개념으로 표현한다.

들뢰즈(Deleuze 1988; 2003)는 그것들이 생물학적 변화로 일컬을 수 있는 것들을 통해 전술한 두 가지가 세계와의 관계로부터 분리될 수 없다는 스피노자의 주장을 보충한다. 들뢰즈는 동물들의 인식 세계에 대한 우엑스퀼(von Uexküll)의 문헌과 또 다른 많은 텍스트를 참고하고 이러한 생각을 사람들에게 전달한다. 이를 위해 들뢰즈(Deleuze 1988)는 우엑스퀼의 문헌에서 제시된 가장 단순한 동물, 즉 포유류의 피를 빨아먹는 데 존재 이유가 있는 진드기에 대해 이야기한다. 진드기는 빛(진드기는 가지 꼭대기를 기어 다닌다), 냄새(진드기는 가지를 지나가는 포유류 위로 떨어진다), 온기(진드기는 포유류의 가장 따뜻한 지점을 찾아낸다)의 세 가지 욕정을 가진다. 들뢰즈는 이러한 관찰 결과를 사람들에게 정확하게 전달한다. 여기서 그는 사람들의 육체와 정신이 특정한 만남에서 어떤 감정에 휩싸이게 될지 우리가 알지 못한다는 사실을 명확하게 한정지어 말한다. 이것이 "인간의 인간 아닌 존재로 되어짐"(Deleuze/Guattari 1994: 169)의 감정이다. 우리는 상이한 속도와 강도의 언어/실행을 구사한다. 이러한 언어/실행은 사람들에게 가능한 모든 구성과 결합을 마치 자신이 한 것처럼 그대로 이해할 수 있도록 한다.

> "만약 우리가 스피노자의 범신론 철학을 옹호한다면, 우리는 하나의 사물을 그것의 형태나 기관 그리고 그것의 기능이나 물질 또는 주어로 정의하지 않고 기하학으로부터 그 용어를 빌려와 사물을 길이나 폭으로 정의할 것이다. 몸체는 어떤 것이든 될 수 있다. 그것은 동물이나 소리의 형태도 될 수 있고, 마음 또는 생각이 될 수도 있다. 그것은 언어의 형태(단어 나열, 문장, 텍스트), 사회적 신체, 집합체가 될 수도 있다. 우리는 이런 관점에서 신체의 경도를 구성 입자, 즉 형성되지 않은 요소의 빠름과 느림, 운동과 쉼의 일련의 관계라고 부른다. 우리는 위도를 매 순간마다 신체를 점령하는 일련의 감정, 즉 익명의 위력(존재의 위력, 마음이 움직이는 위력)의 집중 상태라고 부른다. 이러한 방법으로 우리는 인체의 지도를 만든다. 경도와 위도는 자연, 내재와 일관성의 세상을 구성한다. 이 세상은 항상 가변적이며 개인과 집단에 의해 지속적으로 바뀌고 구성 및 재구성된다."(Deleuze 1988: 127-128)

이러한 지속적인 생성으로서 스피노자-들뢰즈의 감정 개념을 매서미(B. Massumi)는 탁월하게 묘사한다(Massumi 2003: 35-36).

> "사실상 감정은 감정을 구현하는, 실제로 존재하는 특정한 것들에 정착되어 있는(그것들에 의해 기능적으로 제한되어 있는) 가상의 공감각적 관점이다. 감정의 자율성은 〔……〕 그것의 개방성이다. 감정은 특정한 신체(감정은 이것의 활력 혹은 상

호 작용의 잠재력이다)의 얽매임을 벗어날 정도로 자율적이다. 실질적인 연결 혹은 차단 기능을 하는 정형화된 권한을 가지고 자리를 잡고 있는 지각과 인지는 감정에 포획되고 막혀 있다. 정서는 그러한 포획의—무언가가 항상 포획되어 있고 또다시 탈출한다는 사실의—가장 극심한(가장 축소된) 표현이다. 동화되지 않은 관점에서부터 어느 특정한, 기능적으로 정착된 관점에 이르기까지 무엇인가가 실현되지 않은 채 남아 있다. 그것은 모든 정서가 일정 정도 왜곡되고 고전적으로 주체의 바깥에 있는 존재로 묘사되는 이유다. 바로 이런 점에서 개인은 직접적으로 자신과 자신의 활력을 분리할 수 없다. (……) 실제로 존재하고 조직되어 있는 것들은 그것을 탈피함으로써 살아간다. 그들의 자율성은 감정의 자율성이다."

감정의 또 다른 해석을 우리는 다윈의 진화론으로 표현할 수 있다. 다윈은 정서의 표현을 보편적인 것으로 보았고, 진화를 통해 만들어낸 것으로 여겼다. 표현 형식이나 정서는 사람만 보유한 것은 아니다. 다른 동물도 몇 가지 정서를 표현하며, 그 대부분의 표현 형식은 우리의 것과 비슷하다. 얼굴과 목소리처럼 오히려 덜 차별화된 자세와 움직임을 포함하는 표현 형식은 일련의 문화 지배적인 속성을 갖는다. 이와 달리 손동작을 포함하는 제스처는 보편적이지 않다. 요컨대 이는 문화마다 언어가 있는 것만큼이나 다양하다.

정서에 대한 수많은 학자의 연구에도 불구하고 다윈의 업적은 거의 100년간 무시되었다. 최근 그러한 업적이 특히 에크만(P. Ekman)의 연구와 관련해 재연되고 있다(Ekman 1992; 2003; Ekman/Rosenberg 1997).

다윈이 자신의 연구에서 등한시했던 것은 정서의 의사소통적 측면이었는데, 이는 오늘날 보완되었다. 신다윈주의자들은 완전한 문화상대주의에 반대하면서 우리가 모든 문화에는 분노, 공포, 슬픔, 혐오, 기쁨/즐거움 같은 최소 다섯 가지 정서를 찾을 수 있으며[13] 이런 정서 각각은 우리 모두의 공통된 얼굴의 표현 형식을 통해 분명해진다고 주장한다. 이는 가변적인 의사소통 레퍼토리의 일부일 뿐 아니라 내적 생리학상 변화에서의 예상치 못한 징후다. 이는 본능 같은 정서가 각각의 문화적 경험으로부터 아무런 영향도 받지 않고 작동한다는 얘기가 아니다. "사회적 경험은 정서에 관한 태도에 영향을 미치고 감정 표출의 규칙을 만들어내며 이주 빠르게 정서를 불러일으키는 특정한 상황을 개발하고 조절한다"(Ekman 1998: 387).[14]

이것은 감정의 네 가지 관념이다. 각각의 것들은 그때그때의 세계에 대한 압박에 달려 있지만 경우에 따라서는 어떤 섬세한 다른 것이다. 구체화한 학문에 의해 인간 신체 표현의 무기고가 작동한다. 감정 이론의 경우에는 프로이트 이론의 충동으로서 생물학적으로 차별화한 긍정적이고 부정적인 감정이다. 스피노자와 들뢰즈의 세계에서 감정은 상호 작용 능력인데, 이 상호 작용은 창발성의 자연적 힘과 유사하다. 신다윈주의의 세계에서 감정은 깊게 자리하고 있는, 얼굴에 꾸밈없이 드러나는 생리적 변화다. 감정의 정치학과 관련해서 다양한 개념이 존재론적 다양한 암시를 포괄한다는 것이 우리에게 실제로 무엇을 의미하는가? 우선 우리는 정치적 상황을 새롭게 규정하는 것에 집중하고 있는 유럽-아메리카 문화의 감정적 어조 속에서 일반적인 변화를 다루어야 한다. 이는 다음 절의 주제다.

감정의 정치

감정이란 의심할 여지없이 언제나 정치의 결정적 요소이며, 수많은 정치

권력 기술의 소재다. 이 말은 정치 기술과 감정이 서로 다양하고 강력하게 작용하는 콤비네이션으로 서로 결합해 있다는 것을 의미한다. 그 사례가 군사 훈련을 통한 공격성의 제어다. 17세기 이후 군인들의 교육은 군사적인 기술 '발전'과 일치한다. 군인들은 비록 어떤 개연성 없는 행동이나 아주 비정상적인 행동이라 하더라도 전쟁터에서는 죽이는 것에 최적화해 있다. 이러한 교육을 통해 군인들에게 육체적 두려움을 지배할 수 있는 능력을 전달한다. 분노와 또 다른 공격성은 특정 상황으로 연결된다. 감정적인 정치적 살인 행위는 억압되었다. 이렇게 특수한 결과는 이전에는 절대로 일어날 수 없었던 군사적 개입과 같은 결과를 초래했다(예를 들면 점점 높아지는 총격과 그로 인해 높아지는 사망률)(Grossman 1996; Bourke 2000; Keegan 1976 참조).

인간은 이러한 극단적인 예를 보여주는 것을 좋아한다. 그러나 이것은 특히 오랫동안 매장된, 하지만 이제는 베일을 벗은 정서의 역사에도 불구하고 점점 더 강해지는 감정의 제어(Berlant 2000)와 같은 어떤 트렌드를 나타낸다. 우리는 이것과 유사한 경우를 여러 가지 사회적 삶과 생활의 영역에서 그리고 문헌에서 관찰할 수 있으며, 우리가 정치적인 것이라고 인식하는 영역의 범주를 점차적으로 확장해야만 한다는 사실을 알게 된다. 따라서 "정치적 태도와 진술은 정치적 의도를 간단히 재현해낼 수도 없고, 진실의 이데올로기적 체제에서 온전하게 회복할 수도 없는 강열한 자율적인 신체적 반응에 의해 부분적으로 훈련되어지는 방법〔……〕"(Spinks 2001: 23)을 다루어야 한다. 이번 절에서는 정치의 범주가 어떻게 도시로 확대되는지에 대해 논의해보고자 하는데, 나는 이러한 목적을 위해 네 가지 트렌드를 제시한다. 그런 다음 오늘날 감정이 점점 더 뚜렷한 요소가 되고 있는 정치 형태의 일반적 변화를 설명한다. 여기서 나는 특히 좀더 넓은 삶의 영역을

'선택 가능성'이라는 이름으로 일련의 새로운 책임 아래 두려는 일반적 경향에 입각해 일명 '선택의 기관', '혼합된 행동의 레퍼토리' 등에 대해 논할 것이다. 노리스(Norris 2002: 222)는 다음과 같이 주장한다.

> "인적 자본과 사회 근대화의 수준 향상은 오늘날 더 많은 교육을 받은 시민이 〔……〕 충성의 조직에서 나와 선택의 조직으로 더 많이 옮겨간 것을 의미하며, 또한 특정한 선거 레퍼토리에서 벗어나 선거 활동과 시위 정치를 결합하는 복합적 레퍼토리로 옮겨간 것을 의미한다. 탈산업화 사회에서 젊은 세대는 그들의 부모나 조부모에 비해 자신의 정치적 에너지를 교회나 의회 같은 전통적인 곳에서 발휘하는 것을 기피했다. 그러나 오늘날의 젊은 층은 새로운 사회 활동, 인터넷 참여, 다국적인 정책 연결망을 통해 다양하고 특정화한 선택 활동을 확대하고 있다. 보수적 지도자들은 아마도 비판적 시민은 현 지배 정권에 대해 공손하지도, 충성스럽지도 않으며 〔……〕 동시에 그들은 다양한 표현 수단을 통해 활동적으로 정치에 참여하려 한다는 사실을 우리가 모르도록 만들고 싶을 것이다."

이러한 많은 새로운 정치 형태는 타협적이고 정치적인 세련된 공간의 확대에 근거한다. 오늘날 정치는 자연과 문화 사이의 관계(예를 들어 환경 정책, 동물 보호, 낙태 권리 등등)를 자신의 관점에서 파악한다. 정치의 새로운 목적은 좀더 큰 공간의 심하게 언론 의존적이고 명백히 감정적인 호소에 대해 감정의 작용을 줄이는 것이다(예를 들면 자연과학의 비판, 다양하게 존재하는 '사실성' 파괴의 가능성 등)(Boltanski 2002).

견고하고 정체해 있던 정치의 역사가 변하고 있다. 현대 사회는 미디어 매체의 요구에 부응하고 있다. 세속적인 장소에 있는 영상에서조차 어떤 탈출구도 없다. 미디어는 우리를 언제 어디서나 주시하고 있다. 요컨대 개개인의 집, 병원 대기실, 공항 라운지, 쇼핑 중심가, 바 그리고 다양한 작업 장소에서 말이다(McCarthy 2001; Knorr Cetina 2001). 이러한 화면 매체는 오늘날 이전의 부모님, 선생님, 배우자, 후견인이 하던 역할을 수행하고 '탈사회적인 관계'에 있다.[15] 탈사회적인 관계란 이전의 영화 이론(Balascz 1970; Kracauer 1960)에서 스크린의 힘의 전이와 인지 과정을 뉘앙스적으로 해석하는 인지적 영화 이론 사이 어딘가에서 다양한 관습과 스타일에 영향을 주고(Bordwell/Carroll 1996; Thrift 2004b) 입장을 정하는 것을 말한다. 이러한 중재는 뚜렷한 효과를 나타내고 있다. 매켄지(J. Mckenzie 2001)는 이러한 이행 원칙이 현대 미국과 유럽 사회 그리고 그들의 정치 형태의 중심에 정착한 것이 가장 중요하다고 주장한다. 물론 과정 자체는 다양한 방법을 통해 성공적으로 사회에 정착했다. 다음으로, 현대 미디어의 기술적 형태가 얼굴이나 목소리 같은 감정적으로 중요한 위치를 집중시킬 뿐만 아니라, 감정이 다양하게 드러나는 신체 일부를 확대하는 방식으로 감정을 전면에 내세우고 있다.[16] 오늘날 정치 담론은 종종 이러한 작은 차이에, 전체를 위해 존재하는 차이에 고착되어 있다. 이러한 운동 노선은 의미를 축적 및 실현할 수 있으며 국지적으로 시행할 수 있다. 매서미(Massumi 2002: 41, Hervorhebung N.T.)는 로널드 레이건을 통해 이러한 것들을 관찰한다.

> "이것이 레이건이 많은 사람에게 큰 존재가 될 수 있었던 이유다. 이것이 유권자 대다수가 주요 안건에 동의하지 않았음에도 불구하고 그에게 투표한 이유다. 그가 주변 사람들에 의해, 그들 선택의 운동과 수단으로서 실체화되었기 때문이다. 아니면 적어도 그들의 이익을 위해 선출되었기 때문이다. 그는 또한 자기 제어 능력이 뛰어났다. 그는 처음부터 신념의 분위기를 만들어내는 역할을 해냈다. 이것은 그가 가진 기능 장애에도 불구하고 그의 정치적 수단의 정서적 방법

이었다. 신념은 삶의 잠재성을 일깨울 수 있는 감정의 정서적 번역이다. 이는 특정한 정서의 표현이자 자신에게 내재된 활력을 의식하는 것이다. 레이건은 활력, 실재, 경향 등을 고통과 장애 속에서 실현시켰다."

정치적 담론은 계속해서 점진적으로 제시된 정서가 신빙성의 지수가 되는 미디어적 표현 방식에 적응해가고 있다. 이러한 '퍼포먼스'가 현 정치를 정당화하기 위한 기초 토대가 되는 경향이 점차 증가하고 있다(Thompson 2001). 물론 이러한 형태의 표현 방식은 자신의 치유 형태에 적합해진다. 이 흐름이 바로 오늘날의 유럽-미국 사회를 존재하게 한 이유라고 할 수 있다(Giddens 1991에서 인용; Rose 1996). 놀런(J. L. Nolan 1998)은 미국 사회 구조 속에 치유적인 그리고 '감정적인' 풍속이 깊이 자리 잡고 있다고 주장한다. 이 풍속은 점차 정권의 키워드가 되어가고 있으며, 주요 배경이 되고, 부분적으로는 예를 들어 현실적인 자격으로서 정서적 노동, 감정 경영 그리고 정서적 학습의 과정을 통해 오랜 관료주의적인 '기계적' 테크놀로지를 대체하는 역할을 하고 있다.

권력은 이러한 지식, 예를 들어 담화의 정열적인 전달(실제로 뉴스 보도에서 볼 수 있는 열정은 그 내용 자체보다 훨씬 더 중요하다) 위에 새롭고 사소한 조작의 배경 준비를 통해(Doane 2002) 혹은 어떤 신호를 제시하는 새로운 가능성을 통해, 그리고 일반적으로 사건에 대한 관심을 멀어지게 하는 새로운 문제의 첨삭을 통해 다양한 방식으로 형성된다. 하지만 여기서 가장 중요한 것은 '프랙탈(fractal: 작은 구조가 전체 구조와 비슷한 형태로 끝없이 되풀이되는 구조—옮긴이)' 개체의 형성에 대한 새로운 방식이 이 속에 있다는 것이다. 프랙탈이라는 것은 다양한 상황 속에서 움직여야만 하기 때문에 조절된 유동성보다 덜 개방적이어야 한다.[17] 이것에 관해 매켄지는 다음과 같이 말한다

(McKenzie 2001: 19).

> "행동하는 힘과 지식에 의해 생겨난 욕구는 뚜렷한 학문적 구조에 의해 생성되지 않는다. 이것은 억압적인 욕구가 아니다. 이것은 실제로 축차적이며 중첩되고 때때로 경쟁하는 시스템에 의해 다양한 한계의 문턱을 뛰어넘으면서 순식간에 생겨난다. 게다가 다양성은 간단히 통합되지 않는다. 통합하기 위해서는 그것 자체가 다양해져야 한다. 마찬가지로, 일탈은 간단히 표준이 되지 않는다. 왜냐하면 규범은 규범 그 자체의 넘침과 일탈을 통해 스스로를 통제하고 변형시키기 때문이다. 행동하는 힘의 메커니즘이 정착 및 경직되어 있는 것보다는 오히려 일정하지 않으며 유연하다는 것을 그리고 그 영역이 폐쇄적이고 물리적이기보다 오히려 디지털적이고 네트워크를 형성시키고 있다는 것을 또한 그것의 세속적 권력이 대조적이고 비선형적이며 단순히 순차적이거나 선형적이지 않다는 것을 인식할 때 우리는 이러한 변화 발전을 훨씬 더 잘 이해할 수 있다. 행동하는 계층과 관련해, 어떤 계층은 일탈하는 도전들 사이의 전후방을 연결하기 위해서 도전에 대해 상이한 평가를 내리는 구역들 사이를 빠르게 오고 간다."

세 번째 트렌드는 수행 능력의 증가하는 의미 및 중재와 밀접한 연관이 있다. 이것은 처음에는 '정치적인' 것으로 이해되지 않았던 감각적 레지스터의 새로운 형태의 계산된 도입이라고 볼 수 있다. 이 새로운 테크놀로지를 통해 감정이 작용하고 조장되는 작은 시공간이 가시화되었다. 이 시공간은 점차 확대되었고 실제로도 이용되고 있다(Thrift 2000). 점점 더 폭이 넓어진 학문적 도구를 통해 이러한 조그만 물리적 공간을 찾아내는 능력이 생긴다. 이런 과정을 통해 신체는 비로소 작은 단위의 지리학적 반응 체계로 인식된다. 결국 미미한 신체적 움직임의 의미를 이해할 수 있는 연관된 능력이 생겨난다. 마레이(E. J. Marey: 프랑스의 생리학자 겸 사진작가—옮긴이), 무이브리지(E. Muybridge: 미국의 사진작가—옮긴이) 그리고 다른 작가들의 사진 활동과 카메라가 시간과 공간을 그 자신만의 고유한 정치로 타인에게 강요할 수 있게 된 지금 이 시대의 시작과 함께 시간은 분 단위로 분할된 화면으로 여겨진다. 그와 더불어 촉진, 지연, 일시적 정체의 가능성이 생겨났다. 다음 단계에서 작은 공간과 시간 단면에 대한 지식과 이 지식을 지배하는 능력에 기초한 특히 '미발표된' 영화, 현대 무용 그리고 현대 음악의 고집스럽고 중요하게 체크하는 템포 등의 예에서 표현 예술과 관련한 수많은 신체 사용법이 생겨났다. 라반(Rudolf von Laban: 무용기록법 창안자이자 현대 무용의 아버지라 일컫는 인물—옮긴이)의 무용 교본 같은 특정한 기보법(記譜法)은 기록, 분석 그리고 이러한 분 단위 움직임의 새로운 합성을 가능케 했다. 이러한 흐름에 힘입어 결국 극소(極小)의 제스처와 신체적 표현에 대한 담론이 나타났으며, 대화 분석의 섬세한 변화에서 전달 공간론의 내밀한 영역에까지 그리고 행동 분석에서 신체 언어의 지도 제작술에 이르기까지 발전하게 되었다.

이로써 이전에는 보이지 않고 인지할 수 없었던 것들이 새로운 인지 구조를 통해서 점점 시각화하고 인지할 수 있는 것으로 구성되었다. 이 인지 구조는 작은 공간과 시간 단면에서 생겨나는, 말뿐인 신앙 고백보다는 점점 더 커지는 가능성을 가진 행동을 만든다. 이 행동은 예견, 임기응변 그리고 직관과 관련이 있고 찰나에서 신체의 창조성과 연관된다. 그래서 지극히 예술적인 행동이 되는 모든 것과도 연관이 있다. 따라서 "즉흥성, 현재성, 정확성의 조건 속에서"(Crary 1999: 4) 인지하는 것은 더 이상 불가능하다. 왜냐하면 그것들은 계속해서 성장하고 보강되며, 확장 및 응축되기 때문이다.

아이러니하게도, 우리는 이러한 새로운 인지 구조의 속도 증대를 통해 오늘날 "벌거벗은 삶(bare life)"(Thrift 2000)이라고 여겨지는 것을 훨씬 더 잘 이해하는 경험을 한다. 여태까지 발견되지 않았던 세계가 서서히 그 베일을 벗고 있으며, 그 세계는 '0.5초 지체된' 곳이다. 이것이 바로 빌헬름 분트(Wilhelm Wundt: 독일의 심리학자 · 철학자. 근대 심리학의 창시자—옮긴이)가 19세기 중반 발견한 육체적 예상의 순간이다. 분트는 의식이 형성되는 데 시간이 필요하다는 것을 증명했다. 요컨대 우리는 "지각보다 늦은 존재다"(Damasio 1999: 127). 벤저민 리벳(Benjamin Libet: 미국의 신경과학자—옮긴이)은 1960년대 신체에 대한 새로운 기록 기술을 이용해 이러한 통찰을 구체화했다. 리벳은 우리가 행동을 관철하기 전에 행동을 시작한다는 것을 명확히 증명했다. 평균 준비 능력은 약 0.8초 걸린다. 물론 그 지속 시간이 최대 1.5초까지 나타나는 경우도 있었다. 다르게 말하면 "인식이 생성되기까지는 상대적으로 긴 시간이 걸린다. 그리고 즉각적으로 형성된 어떤 인지적 경험은 소급된 환상임에 틀림없다"(McCrone 1999: 131). 또한 그레이(J. Gray)는 이러한 관찰을 체계화했다. "뇌는 우리가 행동할 준비를 할 수 있도록 돕는다. 그 뒤에 우리는 행동을 경험한다"[18](Gray 2002: 66).

요약하면 우리는 육화의 공간이 찰나의, 하지만 중요한 시점을 통해, 즉 끊임없이 움직이고 인식 앞에 있는 경계를 통해 확대되는 것을 본다고 말할 수 있다. 이러한 움직이는 시공간은 정말 정치적이다. 그사이 하이데거, 비트겐슈타인, 메를로퐁티, 부르디외 그리고 바렐라 같은 저자들의 수준 높은 작업은 복잡하고 명백히 정치적인 계보를 가진 신체 사용법을 통해 세계의 가망성에 대한 구성과 구조를 보여준다. 요컨대 가장 작은 제스처, 최소의 얼굴 표현은 가장 큰 정치적 나침반 역할을 할 수 있다(Ekman 1992; 2003). 최근의 이런 작업은 계속해서 새로운 것을 첨가하고 발전시켰다. 왜냐하면 이 작업은 세계를 구체적으로 이해하는 데 필수적인 요소로서 감정에 근거하고 있는 신체 사용법을 기준으로 강조하고 있기 때문이다. 요컨대 감정은 어떤 순간의 신체적 예상의 영역 속에 있는 필수적 요소다. 그래서 우리는 오늘날 감정을 육체의 사유 방식으로 이해한다(Le Coux 1997; Damasio 1999; 2003). "감정을 통해 우리는 감각적으로 우리 자신의 체화 토대를 장악하는 데 이를 수 있다"(Katz 1999: 7).[19]

그 결과는 점점 더 분명하게 인지되고 있는, 그리고 순간을 각인하는 작은 시공간이다. 당연히 시공간은 가장 먼저 열리는 그 공간에서부터 작동한다. 푸코와 아감벤(G. Agamben)은 오늘날 이러한 생물정치학이 권력 수단의 본질로 작용하고 있다고 강하게 주장한다. 하지만 미시생물정치학, 즉 0.5초 지연 이론으로부터 파생된 새로운 분야는 이제야 시작되었다. 이 분야는 이제야 가시화되었고, 따라서 일련의 새로운 부서와 기관을 검토할 수 있다. 이 분야는 중첩된 예상 능력의 일부인 다양한 신체 배열의 공학을 통해 이미 암묵적으로 정치화했다. 오늘날 이 공학은 특히 스스로를 목표로 하는 실제와 기술에 근거해 분명히 정치적이다.

네 번째 트렌드는 도시 공간의 주도면밀한 형성이다. 이것은 분명히 정치적으로 기능한다. 도시적 연관 관계에서 공간과 시간의 배열은 언제나 감정적인 반응을 지향한다. 이러한 목표를 갖는 실제적이고 이론적인 지식은 다양한 기원으로부터 유래했고, 다양한 기호 체계에 적용되고 있다. 그래서 이러한 현상은 투기장, 극장, 행진 퍼레이드 등에서 승리의 기념물로 언제나 주어져 있었다고 여겨진다. 그러나 이것은 20세기에 이르러 공간 형성에 대한 집중적인 논쟁을 통해서 생겨난 것 같다. 이 논쟁은 (위에서 언급한 미시생물정치학에서 보여준) 신체 유형 및 보디 디자인(Body Design)과 관련한 지식과 함께 진행된다. 이것은 정치적인 연관 관계 속에서 아주 불안한 분위기를 연출했다.[20] 차이는 어디서나 존재한다. 그래서 나는 감정적인 반응과 관련된 총체적인 지식의 무게 속에서 이 지식을 정신분석같이 형식-이론적이기도 하고 혹은 경제학이나 정보학같이 실제-이론적이기도 하다고 생각하며, 감정적 반응에 대한 실제적 지식의 거대한 몸체이기도 하다고 생각한다. 이 지식은 준(準)형식적인 것(디자인, 시, 이벤트 경영, 논리학, 음악, 연극 등등) 혹은 아주 다양한 문구로 나타난다. 이러한 문구는 그림이나 다른 기호의 확산, 즉 넓은 스펙트럼을 가진 사용 가능한 기술과 일반적인 사건 기록의 확산이 지각될 때 작용한다. 이 결과는 감정적 반응이 아주 작은 요소였던 것으로부터 공간 속으로 들어와 자리를 잡을 것이다. 비록 감정적 반응이 자연스럽게 보장된 것은 아니라 할지라도, 이러한 과정에서 결코 우연히 양도된 것은 아니라는 것 또한 사실이다. 이런 과정의 전개에서 새로운 형태의 권력이 생겨나는 배경이 형성되었다.

정치적 변화

앞에서 논의한 네 가지 트렌드는 정치적 실천과 정치적 정의 그 자체에서 어떤 의미를 갖는가? 나는 진행의 강도와 속도가 달라진 것이 의미하는, 그리고 지금까지 경시되지 않고 이론이든 실제든 각각의 상황에 확고하게 결합되어 있는 몇 가지 추이를 제시한다. 오늘날 그것에 반(反)해 사적 기업들은 마치 국가처럼 두 가지 영역에서 구조적이고 전용할 수 있는 지식 복합체의 구성을 위해 노력하고 있다(Thrift 2003). 그것은 지금 일어나고 있는 복잡한 감정적 상황의 지식에 대한 것, 그러니까 새로운 정치적 책략의 필수적 구성 요소인 '정서적 체계'에 대한 것이다. 따라서 이는 이러한 추세를 예의 주시하는 권력 집단에 헌신하고 있으며, 여기서 그들의 고유한 분석과 정치적 안건을 고안해내는 새로운 형태의 독재 체제가 생겨날 수 있다. 나는 민주주의의 표상에 따른 운동의 부분으로서 "통일 없는 공동체"(Castronovo/Nelson 2002)의 과정으로 이 주제를 다루고자 한다.

그렇다면 이 의제를 어떻게 구성해야 하는가? '정서적 자유'에 대해 논증하는 것은 매우 일반적이다. 하지만 이러한 목적은 플라톤 이래로 지금 우리 시대에 이르기까지 신뢰해온—감정의 거침없는 표현은 필연적으로나 전적으로나 좋지 않다는—인식에 의해 결정된다. 다른 말로 하면, 노력해야 할 것은 바로 감정과의 관계다. 이것은 미묘한 성질을 가진 개인적 감정 극대화의 낭만적 이상을 넘어서는 것이다. 여기에는 적어도 세 가지 동인이 있다. 첫째, 감정과의 관계는 일련의 엄격한 규율의 일부가 되어야 한다. 이 훈련은 푸코가 "자기에 대한 배려"라고 요약했던 불가지론적이고 윤리적인 반성의 다양한 형식, 즉 "경기 중인 선수들(einen Athleten des Geschehens)"(Rabinow 2003: 9에서 인용)을 만들어내야만 하는 반성의 형식을 승인한다. 사실상 이것은 다양한 형태의 소통과 '억압'을 포함한다. 둘째, 현존하는 국가 영역의 한층 포괄적이고 중점적인 관찰이 필요하다. 이 국가 영역에 대해 가타리(F. Guattari 1995)는 다음과 같이 인상적인 글을 썼다.

> "풍부한 가능성에 입각한 윤리적인 선택이, 즉 우리를 둘러싼 우연성, 직선적 인과성 그리고 상황과 의미의 압박을 탈물질화하고 탈영토화하는 가상현실의 윤리와 정치가 존재한다. 이것은 과정성, 비가역성 그리고 독창성의 환원을 위한 선택이다. 소규모로, 이러한 배치 전환은 함정 혹은 빈곤화의 형태로, 실제로는 노이로제의 재앙과 같은 형태로 변화할 수 있다. 이것은 종교적인 언급에 반응할 수도 있고 알코올, 마약, 텔레비전 그리고 끝없이 단조로운 일과에서 그 자체

를 소멸시킬 수도 있다. 물론 좀더 집단적이고 사회적이고 정치적인 또 다른 방법을 사용할 수도 있다."

셋째, 생산적이고 미래 지향적인 삶의 의미를 만들어나가는 시도로(Thrift 2001/2004; 2004a; 2004b), 불행한 개인적 행동으로부터 벗어나게 하는 세상과의 긍정적 관계, 즉 적어도 부분에 있어 블로흐(E. Bloch)가 "생산적 예감"(Bloch 1986, 1권: 143)이라고 언급한 필수적인 감정의 연습이어야만 하는 희망의 정치에 관한 것이다.

물론 우리에게는 감정적 자유의 정치나 창조적 희망이 부족하다.[21] 이는 유럽·아메리카의 개인주의와는 그다지 밀접한 관계가 없고, 그래서 스스로의 갈망 속에서 서양의 견해를 단순히 재생산한다. 이러한 정치나 희망이 갈망하는 것은 사람들이 하고자 하는 일종의 자유를 표현하는 것, 개인으로서(혹은 더 나은 표현일지도 모를 '개체로서') 인간이 현저히 더 크고 더 넓게 연관된 역동적 사회관계에서 미미한 존재로서 존재한다는 자명한 사실에 근본적으로 반대하는 일종의 이기심이다. 이에 대해 레디(W. Reddy)는 다음과 같이 말한다.

"감정이 학습된 반응이자 사회 구조의 결과물이라고 느끼는 사람은—정치적 관점에서—이러한 느낌에 의해 억압받는가? 서양에서 사용하는 감정의 개념은 개인이 가장 깊게 갖고 있는 목표와 밀접한 관련이 있다. 예를 들면 자신의 배우자를 사랑하는 것, 적대자를 두려워하는 것은 아마도 개인이 가장 진정으로 원하는 것들에 의해 달라질 것이다. 하지만 인간이 자신의 마음 깊숙이 진심으로 갖고 있는 목표에 의해 어떻게 억압받는지를 확인하는 것은 어렵다. 아무런 지식도 없이 특정한 사람이나 집단 혹은 공동체가 정치적으로 억압받는다고 주장하기 위해서는 사람들이 개인의 속성에 관해 무언가를 주장할 준비가 되어야 한다. 이러한 주장은 개념적으로 주어진 문화의 범주 밖에서 보편인 것으로 간주되는 개인에게 적용해야 할 것이다. 오늘날 어느 누가 정치적으로 뜨거운 이 주제에 긍정적 주장을 하는 만용을 보이겠는가?"(Reddy 2001: 114)

나는 다음의 네 가지 관점을 "넘어서고"("사유는 경계를 넘는다", Bloch 1986), 새로운 정치적 효과 및 그에 따른 규율과 표현적 잠재력을 살펴본 다음, 그와 관련한 희망을 구성하고자 한다. 각각의 구성은 이 논문 첫 절에서 언급한 감정 형태와 관련이 있다.

나는 우선 구체화한 실제를 바탕으로 감정을 연구한다. 여기서 정치적 목표란 감정적으로 격분되고 드러나는/개방된 새로운 공간에 있어 우리에게 열려 있는 '숙달된 태도'로 이해하는 것이 가장 적절할 것으로 판단된다. 수용된 활동에 대한 선호는 많은 관점에서 유럽·아메리카 문화와 대조적이다. "유럽·아메리카 문화는 변화하는 활동 스타일에 대해 수용적으로 구조화해 있기는 하지만 본질적으로 개방적인 선(善)을 통제된 유연성의 선으로 대체하는 것 같다"(Spinosa u. a. 1997: 180). 그 때문에 정치적 계획은 비록 분명한 원칙이 없다 하더라도 모든 경우에 있어 "가장 중요한 존재론적 선"(ibid. 1997)을 수용한다. 새로운 감정 형태의 이해에 대한 능력을 강조하는 바렐라(F. M. Varela)의 정치적 윤리에 대한 예에서 알 수 있듯 정치적 윤리는 청탁을 들어주는 어떤 암시적이거나 명시적인 확약에 좌우되지 않는 새로운 방식의 발전 과제로부터 생겨났다. 바렐라는 특정 시점을 올바로 판단하고 다루기 위해 '0.5초의 지연'을 이용함으로써 제도적 변화와 신체 단련의 결합을 통해 개방성을 배울 수 있다는 것을 증명했다.[22] 이러한 정치는 판단력을 강조하거나(Claxton 참조) 일상 분야에서 컴퓨터에 대한 새로운 감정적인 외적 조작을 입안하는 새로운 조직 규정을 시도하려 할지도 모른다. 이 외적 조작은 사람들이 불안해하는 것을 감추기 위해 세상을 인정할 뿐만 아니라 도전하기도 한다.

두 번째 변화는 톰킨스가 제시한 감정의 정신분석학 모형과 관련이 있으며 "가차 없이 자가 증식하는 억압적 가설의 적응 구조"라는 틀을 깨부수고자 시도한다. 이것은 말하자면 푸코의 계획을 추진해나감과 동시에 세즈윅(Sedgwick 2003)이 명명한 "국가의 중간 계층(middle ranges of agency)"이라는 평가를 통해 푸코의 계획을 넘어서려는 시도다.

> "〔푸코의〕 탄압과 해방 사이의 의사(疑似) 이분법적 분석은 많은 경우에 한층 개략적으로 구상한 패권과 파괴의 형태 속에서 개념적으로 재설정되었다. 이러한 관계의 외관상 윤리적 위기는 그들 본질의 점진적 소멸을 감추고 있다. 이러한 은닉은 그람시(A. Gramsci)-푸코적인 것의 확산은 '패권적인 것'을 현상(즉 모든 것 그 자체)에 대한 다른 명칭으로 대체하고 '파괴적인 것'(즉 푸코의 주장에서 애초 억압적인 가설로 정의했던 동일한 '부정적 관계'의 극단)에 대해 순수하게 부정적인 관계로 정의를 통해서 이루어진다. 〔……〕 현상을 구체화하는 것의 또 다른 문제는 구체화가 집단의 중간층에게 있어 어떤 의미를 갖느냐는 것이다. 연관된 것 중 하나는 반동적이고 분기할 수 있다는 것이다. 소비자의 경우 그들의 선택은 강요(충동)나 자발을 극단적으로 연기함으로써 이러저러한 조작을 받아들이거나 거절하는 것(구입하거나, 구입하지 않거나)으로 좁혀진다. 아직까지는 오직 조직의 중간 계층만이 효과적인 창조나 변화를 위한 공간을 제공한다."(Sedgwick 2003: 12-13)

다양한 감정과 공명심 그리고 위험에 대해 맞추어진 재생적 위치를 수용함으로써 여기서는 (예를 들면 피해망상 같은) 특히 부정적 감정이 발생한다. 이를 통해 긍정적 기운이 해체될 수 있다. 즐거움을 추구한다면 고통은 피할 수 없다! 여기서도 역시 우리는 윤리적인 기본 원칙을 발견한다.

그런 종류의 재생적 지식에 관한 프로젝트는 당연히 상투어에 대한 감정적 지향의 생산 수단이 되고, 그와 더불어 새로운 차원에 이른다는 것을 지식은 알려준다. 나는 행동주의자들의 연대가 결합된 감정적 반응을 사유하고, 그 반응을 넘어섬으로써 점차 인지 체계의 근본 요인을 변화시키는 방법을 배웠다는 것을 여기서 성 정체성이나 인종 정체성에 대한 논쟁 혹은 식민지 해방 운동에 관한 수많은 연구를 통해 고찰했다.

감정의 세 번째 형태는 스피노자와 들뢰즈의 전통 속에 있다. 여기서 나는 두 가지 정치적 가능성을 본다. 첫째는 생활의 모델이다. 이 모델에서 간단한 정치적 명령은 한 생물이 가질 수 있는 가능한 상호 작용의 수가 증가해야만 하고, 그래서 활동의 여지 혹은 게임의 공간이 더 넓어지고 하나의 지각 방식으로부터 다른 것으로 변화하는 작용의 수가 늘어나야만 한다고 말한다. 매서미는 문화 연구의 미래 과제에 관한 관점으로 "중개자"에 대해 다음과 같이 말한다.

> "만약 급진적 문화 연구가 예술적으로 그 자체를 일종의 모델로 설정하기를 거절하고 아직 감화력이 부족하다면, 어떻게 그것이 효과적일 수 있는가? 어떤 유효한 방식으로 이것이 효과를 얻을 수 있겠는가? 확대된 실증 분야가 집단적으로 남아 있는 연구의 지속적인 변형과 교차해 자기 이해(self-interest)를 개발하고 뚜렷이 드러내도록 자유롭게 고무되는 상호 조절과 경쟁 그리고 협상의 진행 과정으로 가득 차 있다고 생각해보라. 감정적으로 관계는 맺어져 있지만 아직 사욕이 전혀 없는 진행 과정 같은 특이한 것은 자신이 (마조히즘적인?) 자기 이해

의 제거를 전달할 수만 있다면 힘 있는 존재가 될 수 있다. 실증 분야의 방법론에서 늘 일어나는 상호 재조정은—그런 식으로 생각하든 안 하든—정치적 추구를 생태적인 것으로 만든다. (……) 이것이 정치생태학이다. 정치생태학의 '목적'은 과정에서 특유하고 서로 다른 삶의 형태를 하나로 합치고 하나에 속하게 하는 것이다. 그 목적은 충분한 자연-문화 연속체의 완전한 공생을 의미한다. 문화 연구의 자기 무욕(self-disinterest)은 그 목적을 특권의 위치에서 이른바 공생의 입장으로 옮겨버린다. 만약 문화 연구가 자신의 과정적 가능성의 표현 방식을 찾는다면, 문화 연구가 될 수 있는 것은 공생의 경향과 감정적으로 관계된 정치생태학이다."

이러한 주장은 어떤 사람들에게는 다소 과대 평가된 듯하고 인상적으로 여겨질 수도 있다. 우리는 이러한 일련의 새로운 정치 방향을 끝내기 위해 무언가 다른 것을 지향해야 한다.

그래서 나는 지금까지는 무시되어왔던 비판적 사상가들의 생각에—비록 이러한 생각들을 권력이 예전에 했던 것과 같이 확신과 조작의 새로운 생산 분야로서 사용하고 있음에도 불구하고—방향을 맞추고 있는 정치사상에 집중하고자 한다. 정치의 모토에 대해 니체(F. W. Nietzsche 1968: 263)는 다음과 같이 이야기하고 있다. "두 가지 사고 사이에서 모든 종류의 감정은 그들의 게임을 한다. 그러나 그들의 움직임은 너무 빨라서, 우리는 그것을 (……) 인지하지 못한다." 그러나 오늘날에는 "영화, TV, 철학, 신경생리학 그리고 일상생활 간의 복잡하고 밀도 높은 일련의 역순환(counterloop)"은 우리가 사고와 감정 사이의 영역을 인식하고, 그 영역 속에서 기능하는 "신경정치학"의 발전에 대해 연구한다는 것을 의미한다(Connolly 2002). 정치적 개념과 확신이 어떤 경우에도 "현실에서 유리된 주장"으로 축소될 수 없다는 것을 인지하는 정치다. "문화는 특유의 속도, 능력 그리고 언어의 복잡성 수준을 [……] 가진 다양한 층이 있다"(Connolly 2002: 45). 우리는 차이와 동일성을 사고지질학(Geologie des Denkens)의 예로 간주한다. 이 분야에서 정치적 문헌은 감정의 비용에 대한 의미를 우선시하는 경향이 있고, 그렇기 때문에 새로운 구상과 확신의 조성을 통해 변화될 수 있는 문화는 구상과 확신의 피상적인 세계 정도로 간주한다. 일상에서 기질의 구상에 대한 변덕적인 생각을 드러내는 것(그리고 길들이는 것)이 가능할 수는 있겠지만 그것이 전부일 것이다. 하지만 차이와 동일성은 그 이상이다. 차이와 동일성은 다양한 형태로 작용하며 몇몇 조직 형태와 복합체로 구성된다. 즉

> "첫 번째 형태로 다수의 관행에서 벗어난 것으로 정의할 수 있는 소수가 있다. 두 번째 형태는 정의 내린 어떤 다수도 없도록 짜여 있는, 또 다른 환경에서 빠져나온 소수가 있다. 세 번째 형태는 그 자신의 독재적 경향에 의해 모호해지거나 억압된 채로 남아 있는 동일성 속의 (주관적인 혹은 상호 주관적인) 소수가 있다—이는 독실한 기독교 신자가 일시적으로 태만한 삶을 살고 일상적 대화나 교회에서 신앙의 성장을 위한 의문을 제기하지 않는 것 혹은 공격적인 무신론자가 의식(consciousness)은 신체의 죽음과 함께 멈춘다는 믿음에 몰두하지 못할 때 죽음 이후의 삶을 무언(無言)으로 계획하는 것과 같은 방식이다. 다름의 세 번째 표현은 곧 바로 네 번째로 넘어가는데, 소속 기관의 신념 속에서 그 신념을 둘러싼 넘침·흔적·잡음 그리고 비난은 최초의 사고와 판단을 재발견의 형식으로 개념화하기에는 너무 미숙하지만, 판단을 내리고 허점 있는 논리를 수용하고 대안에 가중치를 주는 선택적 방식으로 차이를 만들기에는 아직 충분히 집중적이고 효과적이다. 그리고 다층적이고 조화로운 문화에서 문화적 주장은 언제나 허점투성이다. 이런 허점에서 몇 가지 구성 요소는 개념과 신념의 [……] 세계를 변

화시키는 데 정통하고, 변곡점이 되고 도움이 되는 형태로 존재하는 '말 더듬기, 제스처, 시선, 악센트, 감탄사, 트림, 래퍼의 폭소'와 같은 잡음과 행동 그리고 리드미컬하거나 그렇지 않은 움직임에 의해 나타날 수는 있지만 당연히 대표적이지는 않다."(Connolly 2002: 43-44)

따라서 우리는 잠재의식의 미시생물정치학을 필요로 하고, 그중 많은 것이 행동과 인지 사이의 0.5초의 지체에서 작용한다. 미시생물정치학은 이 분야에서 일어나고 있는 새로우면서도 때때로 위협적인 학문과 기술과학의 더 낮은 위치에 놓인 일종의 생물 문화적 훈련 과제로 이해해야 한다. 이 학문이 위협적인 이유는 비록 효과적인 결과에 대한 정확한 근거를 제시하지 못하더라도 미시생물정치학에 영향을 미치고 효과적인 성과를 나타내기 때문이다. 미시정치학은 한 주장이 그 주장의 유효성에 대해 아무런 의심도 없이 그것만으로는 정치적 생존을 위해 충분치 않다는 것을 파악하고 있다. 이러한 미시 정치는 서로 밀접하게 연관되어 있는 세 가지 주요 구성 요소의 결합으로 여겨진다. 첫 번째 요소는 준(準)푸코적인 것으로, 개요에 있어 주의력을 예술 그 자체에 맞춘다. 두 번째 요소는 '개화된 윤리, 즉 윤리-정치적 지각이다. 이 지각은 우리가 이미 몇 가지 목록에서 찾아본 기반 감각적인 지식을 사용해 세계에 대한 관용을 조장하는 것이다(Connolly 2002). 세 번째 요소는 시간과 공간에 대한 새로운 형태의 규칙에 대해 본질적으로 좀더 강화된 집중을 요구한다. 이 구성 요소는 시간과 공간의 새로운 형태(예를 들면 영화와 움직이는 그림에서, 단일 장소와 입장에서 시간을 기록하고 실감나게 체험하는 것)가 한층 더 많이 생겨난 오늘날 특별히 더 중요한 의미를 갖는다.

감정의 네 번째 형태는 신다윈주의적 개념과 관련이 있다. 이러한 주장은 정서의 표현으로서 얼굴과 표정에 초점을 둔다. 이런 관점에서 나는 다음 절에서 사례에 근거해 이를 연구하고자 한다. 우리 대부분에게 "삶은 우리가 다루기에 가장 중요하고 설명하기 힘든 면과 마주친다. 그것은 바로 우리 몸의 중심이다. 우리는 먹고, 마시고, 숨 쉬고, 대화한다. 그리고 이는 전통적인 다섯 가지 감각 중에서 네 가지를 차지한다"(McNeill 1998: 4). 따라서 우리는 화면상의 얼굴을 주시해야 한다. 이는 오늘날 서양 문화에서 의미 있는 연결 고리다.

I Do Not Know What It Is I Am Like[23]

지금까지의 담론은 몇 가지 측면에서 상당히 무모했다. 왜냐하면 명확하지 않았기 때문이다. 그래서 나는 이 마지막 절에서 내 주장 속에 나타난 몇 가지 요소를 어떤 분명한 예시와 결합하고자 한다. 예시는 앞에서 서술한 감정의 네 가지 유형이라는 관점(특히 얼굴과 관련한 신다윈주의적 강박관념)을 포착하고, 그러한 관점을 가상의 기술로 인지할 수 있는 정치로 이끈다. 나는 이런 정치의 최소 몇 가지 영역이라도 기술하고자 하며 이 영역을 영상 예술의 (그리고 화면에 대한 예술적인 묘사의) 영역으로 확장할 것이다(Rush 1999; Ascott 2003). 아울러 나는 네 가지를 근거로 이 영역을 선택한다. 첫째, 영사막과 스크린(영화와 비디오)은 감정을 우리의 문화 속으로 전달하는 데 너무나 중요한 매개체다. 영사막과 스크린은 100년 전부터 우리와 함께해온 역사적 레퍼토리를 시간과 공간의 조작에 이용한다(Doane 2002). 둘째, 영상 예술은 그동안 우리와 친숙해졌다. 요컨대 그 기술은 점점 더 표현에 적응하고[24] 점진적으로 다양한 공간적·시간적 차원에서 공동의 어휘로 발전한다. 이 어휘는 일련의 화면상 매체(영화, 영상, 웹, 가상현실)에 제약되며, 오늘날 전반적으로 상호 작용하고 있다. 셋째, 작품을 미술관에서만 전시하고 자칭 예술 엘리트들만 접할 수 있었던 예전과 달리, 웹과 영상 예술 같은 새로운 기술이 크고 다양한 계층의 대중에 대한 접근을 가능케 했다. 넷째, 이 연구는 분명 감정과 관련이 있다.

그렇지만 이것이 내가 영상 예술에 대해 언급하려는 유일한 이유는 아니다. 이러한 것은 움직임과 감정의 에너지역학에 대해, 즉 움직임과 감정의 관계가 도시에서 어떻게 생성 및 형성되는지 보여준다. 앞에서 언급한 것처럼 도시에서 모니터와 움직이는 불빛, 무엇보다 얼굴은 보편적으로 이용하는 아주 일상적인 표현 수단이며, 이런 표현이 도시의 공간에 점점 더 많이 자리 잡고 있고 실물보다 큰 얼굴들이 위압적으로 다가오는 탈사회적 세계를 만든다(Balazcs 1970).[25] 나는 세 가지 이유 때문에 비올라(Viola 1995; 2002)의 연구를 기억한다. 첫째, 비올라는 실제로 대중에게 반응하기 때문이다. 요컨대 자신의 연구를 손에 쥐라고 한다. 그의 작품에서 비자연적 자연주의와 마법적 현실주의의 혼합은 구경꾼을 여러 번 격렬하게 일깨운다. 그의 작품은 유명할 뿐만 아니라 대중에게서 치료나 구원을 전혀 상기시키지 않는 감정적 반응을 불러일으킨다(Gibbons 2003 참조).

둘째, 그는 감정의 무의식적 역사를 의식적으로 묘사하는, 즉 수백 년 넘게 발달해온 느낌을 다루는 설명에 종사해왔다. 비올라는 초선험적이고 치유 능력이 있으며 또한 어떤 의미로는 구원적인, 현존하는 과거의 고고학을 만들어낸다(Buchli/Lucas 2001). 이러한 고고학은 고통의 그리스도를 묘사하는 역사와 중세 및 르네상스 시대에 제작된 다른 기독교적 그림을 연상케 한다. 이것은 "누군가의 신상에 생기는 모든 것"이라고 번역하는 파토스의 오래된 그리스적 사상과 이를 고통과 십자가의 예수에 대한 개념으로써 기독교적 고통 개념으로 환원하고 감정을 고조시키는 전통적 묘사다(Meyer 2003). 고고학은 고대의 관상학 이래로 인상적인 얼굴의 정확하고 학문적인 묘사의 역사를 상기시킨다. 관상학은 인간의 인지에 대한 학문적 실험에서, 예를 들면 19세기 독일 정신물리학에서의 갑작스러운 지연을 떠올리게 한다. 이러한 계통학은 최소한의 시장에서 발견할 수 있는 자본주의적 삶의 기본 형성에 대한 발견의 역사와 인공 지능적 순환 고리에 대해 아주 생생한 체험을 제공한다. 이는 상호 결합해 있으며 빠르게 지나가 버리는 무성 영화를 통해 실제를 기술적으로 재생산하고 이를 통해 이미지를 심각하게 침해한다. 무성 영화는 특히 클로즈업을 통해 강렬한 표정을 예술적으로 파악하는 방식으로 잘 알려져 있다(Moore 2000). 클로즈업은 벤저민(Benjamin)과 엡스타인(Epstein)이 아주 좋아했던 고조되는 접근을 통해 정확히 미간과 만나는 강요적인 "생생한 상상"이다(Crary 1999). 이는 현대의 인쇄 영역과 사진에서 스테레오판을 상기시킨다. 이 판은 일종의 가시적 분류를 제공한다. 이를 통해 우리는 물질적 존재 속에서 물질적인 세계를 보고 느낀다. 클로즈업은 현대의 얼굴 인지의 건조한 도식화에 대한 다양한 관점을 떠오르게 한다. 이런 인지는 그 계통학을 인상학으로 소급한다 하더라도 언제나 감시 시스템 속에 들어 있다(Elkins 1999).

비올라는 이러한 다양하게 범주화한 유산을, 예를 들어 최근의 LCD 평판을 통한 근접 촬영과 슬로모션 촬영[26]을 통해 실현하고자 한다. 이는 여러 겹으로 겹쳐진 중세의 사이콘(psychon: 심령적 메시지를 가진 것으로 여겨지는 이론상의 입자—옮긴이)을 상기시킨다. 상연은 우리 삶의 어디에서도 쉽사리 발견되지 않는 감각의 뉘앙스를 관찰할 수 있도록 시간을 연장시킨다. 이러한 상연은 아주 빠른 속도로 일하는, 1분도 지체하지 않는 영화 잡지에 의해 제약된 환경 속에서 녹화를 위해 수많은 연기자, 스턴트맨과 수백 명의 보조역 그리고 무대 화가, 무대 장치, 의상실 그리고 가면과 조명 등의 거대한 팀을 통해 면밀하게 꾸며지고 구성된다(Wolff 2002). 시사하는 바가 많은 얼굴 표정이나 또 다른 신체 움직임(가장 개방적으로 손의 움직임), 조명 그리고 다른 공간적 구성의 상호 작용이 분명히 생겨난다. 따라서 '불안정한 피상'이 생긴다. 여기서 정서적 형태와 육체적 형태가 동일한 강도로 나타난다. 동시에 이미지는 상연의 통합된 부분으로서 병렬적 요소(공간 및 시간)와 결합하고, 잘 알려진 것처럼 상연의 고유한 기능을 두드러지게 한다.

셋째, 비올라는 상대적으로 적게 관찰된 도시의 양태와 현재의 감정 그리고 생산자의 가장 중요한 조합으로서 얼굴에 대해 연구한다(Taussig 1999). 비올라에게 얼굴은 정서의 외교 장치다. 정서는 정서의 전위된 스펙트럼을 나타내는 순서대로 영속적으로 결합한다. 따라서 도시는 얼굴의 바다로, 손의 숲으로 불평의 대양이 된다. 요컨대 이는 벽돌과 돌처럼 현대 도시화의 구성 요소다. 다른 표현으로 비올라는 얼굴, 손 그리고 눈물의 연대기로 이해되는 도시의 정서적 역사를 말한다. 이는 친숙한 지리학이다. 이것을 통해 정서는 자신의 방법, 즉 일련의 표현 방식의 역사를 찾아낸다. 여기서 정서는 종종 무시되었던 정서적 행위의 집합에 집중함으로써 토대를 마련한다. 이미지는—자신의 고유한 문화 역사를 지닌—기도와 울음을 본다. 하지만 비올라는 전반적으로 이러한 자기 정화적 행위가 일반적으로 일상적인 일들의 부분이라는 것을 알고 있다. 이 일상은 다시 주시의 중점이 될 수 있다. 요컨대 자체로 어떤 영적 행위가 되는 일상적 과제의 연결 고리는 영원히 앞으로 밀어내는 여백이다. 이 여백은 과정 속에서 언제나 다시 새롭게 형태를 갖춘다.

하지만 비올라가 말하는 "서서히 전환하는 화술들"의 정치적 의미는 무엇일까? 이런 화술은 내가 생각하기에 세 가지 방식으로 작용한다. 여기서 그 요소는 수직적 가치 체계를 가진다. 한 요소는 흉내 내기의 복잡한 과정을 보여준다. 이러한 과정을 통해 우리는 정서를 누그러뜨리는 방법을 배운다. 비올라는 사물의 지체를 통해 모든 신체의 부분이 자신의 고유한 문화 역사를 가진 정서를 전달하는 방식을 보여주는 방법을 찾아냈다. 이러한 문화 역사는 여전히 논란의 여지가 있다. 그는 우리의 몸이 흉내 내기를 통해 어떻게 사회화하는지 보여주는[27] 표현의 신체 요인, 즉 신체 지도라는 정서 역사의 지리학을 보여준다. 이러한 지도는 또한 다른 과정이 지난 수백 년 동안 어떻게 해서 생겨났으며, 가장 진정한 언어를 통해 과거의 의미를 드러내는 것이 어떻게 처음부터 기능하는지 보여준다.

둘째, 비올라는 감정에 시간과 공간을 제공한다. 풍부한 아이콘을 가진 인간의 얼굴, 시골에서의 산책 혹은 밀집한 주택과 같은 그의 조합은 아주 조심스러운 시공간의 변형이다. 이러한 변형은 읽기-쓰기-문장-언어에 저항함에도 불구하고 비판적이고 세심한 대중으로부터 정서적이고 움직이는 형태의 변화로 이해된다. 그들의 눈에 보이는 '단어'는 우리에게 신뢰할 만한 시공간의 지평을 열어주고, 다른 곳이 어디에 있을 수 있는지 그리고 이러한 새로운 형태를 어떻게 새로운 감정적 공명과 정서적 자원으로 이끌 수 있는지 보여준다. 공간과 시간의 작용(확장, 변형, 소형화 등)을 통해 단어는 새롭고 직관적인 교환이 생겨나는 일종의 정서의 탈곡장(脫穀場)이 된다. 지그프리트 크라카우어(Siegfried Kracauer: 독일의 사회학자—옮긴이)는 무엇보다도 영화는 소외된 채 사라지고 있는 반면, 우리에게 새로운 실제와의 만남을 가져다주는 문화일 수 있다고 주장한다(Carter 2002).[28] 의심의 여지 없이 올바른 말이다. 하지만 비올라와 그의 야망의 경우에 꼭 맞는 말이다(Viola 2003 참조).

세 번째로 비올라는 모니터상에서 특히 도시의 몸체에서 생겨나고 다른 형태로 전이되는 아주 작고 무의식적인 시공간의 순간 속에 존재하는 현대 세계의 감정적 요인 형태의 몇 가지 양태를 전달하는 데 성공했다. 마커스(G. Marcus 2002)는 올바른 구성법을 발견했다. "영화가 국가민속학의 일부가 되었을 때, 영화와 국가 사이의 구분은 존재하기를 멈춘다. 영화는 우화가 된다. 그래서 은유가 된다. 영화는 하나의 캐치프레이즈, 농담, 단막이 된다." 비올라는 우리에게 이러한 모든 감정적 문구, 농담 그리고 단막을 보여준다. 이는 슬로모션과 클로즈업을 통해 서구 문화를 상징하는 것들이다. 따라서 그는 근원적으로, 단계적으로 진행되는 과정을 복원한다. 그래서 우리는 서구 문화의 상징이 어떻게 기능하는지 인식할 수 있다.

당연히 비올라는 올바른 정치가 아니라 인간에게 중요한 대단히 정치적인 과정과 연관되어 있다. 이러한 감정의 정치 없이는 정치에 의해 단지 남성적인 것으로 각인된 프로그램만이 남는다. 이 프로그램은 모든 남성적인 것이 정치가 확실하면 정치는 이미 무엇이 존재하고 존재할 것인지를 알기 때문에 정치에서 취하는 것들이다.

결론

세계는 정치에 관한 수많은 텍스트 속에서 일상적으로 인정된 것보다 훨씬 많은 것을 내포하고 있으며, 이것은 결코 우연이 아니다. 이것은 사회과학과 정신과학의 연구가 적었음을 의미한다. 이러한 연구는 정치에 동반되는 것으로서뿐 아니라 정치의 부분으로서 작은 것과 무질서한 것으로 간주할 수 있다. 이는 또한 연구가 사물을 명백한 정치로서 서로 결합시킨다는 것을 고찰하기 위해 지식과 열정(자연과 문화, 인간과 생각, 진실과 힘)의 오래된 분리를 포기하고자 한다는 것을 의미한다(Stengers 1997). 나는 우리가 흥미진진한 시대에 살고 있다고 생각한다. 왜냐하면 이러한 두 가지 '전통'이 오늘날 뒤섞여 흔들리고 있기 때문이다. 특히 우리가 이제야 비로소 윤곽을 잡고 자리를 갖추기 시작한 도시 공간 및 정치의 만남과 관련한 생각의 실험에서 흔들리고 있다.

나는 사회과학자와 예술가들의 연합의 결과로 실제 생겨나는 연구에 대해 언급하는 것으로 끝맺음을 하고 싶다. 예술과 자연과학의 결합에 있어 종종 '공학(engineering)'에 대해 이야기하는데, 이것이 오늘날 이론적이고 실질적인 학문의 방식으로 올바른 개념인 듯하다. 이 학문은 세상과 우리의 관계를 변화시킬 수 있는 충동적인 것에 대한 특별한 학문[29]이다. 이 논문에서 논의한 주제는 정치적 실천의 새로운 형태인, 새로운 문화적 공학의 원칙을 의미한다. 혹자는 이러한 방식의 실험은 근본적으로 사소하다고 말하며, 우리가 '진정한 질문'으로 되돌아와야 한다고 말한다. 이러한 주장은 나에게 전혀 설득력이 없다. 나는 우리가 결정해야만 한다고 생각하지 않는다. 우리는 수많은 오래된 정치 및 정치적인 형태와 지금까지 해온 것처럼 계속해서 함께 해나가야 한다. 그와 동시에 우리는 우리에게 정치적인 것을 계속해서 생각할 수 있도록 하는 '연구와 발전'을 필요로 한다. 연구와 발전을 통해 우리는 인간에 의해 파괴되었던 윤리적이고 정치적인 성찰의 공간과 새로운 정치적 형태를 만들 수 있다. 우리가 하지 않는다면 다른 누군가가 할 것이다.

감사의 글

이 논문에 많은 도움을 준 야코프 아르놀디(Jakob Arnoldi), 다크 페테르손(Dag Petersson), 폴 라비노(Paul Rabinow), 리처드 세넷, 키르스텐 시몬센(Kirsten Simonnsen)에게 진심으로 감사드린다.

릴리안아스트리트 게제가 영어를 독일어로 번역했다.

주

1. 도린 매시는 감정의 정치를 집중으로 다룰 것을 호소했다. 나도 역시 이 텍스트에서 그렇게 할 것이다.
2. 이러한 감정적인 일은 예상치 못한 장소, 이를테면 대형 은행의 아주 높은 층에서도 일어날 수 있다. “교역업자들은 종종 그리고 지속적으로 감정 경영의 필요성에 대해 말한다. 그들은 이러한 감정을 다루기 위한 순서를 개발하고 전문적인 교환 기술과 분별의 감정 경영 부분을 고려한다”(Knorr Cetina/Bruegger 2002: 400)
3. 예를 들어 왜 이러한 눈물의 도시 혹은 복수의 도시에 관한 주제를 뭔가 다른 것으로 간주하지 않는 연구는 없는가?
4. 덕, 예를 들어 용기, 인내 그리고 담대함 등은 직접적인 욕구에 대한 통제의 결과다. 좋은 사례 중 하나는 소포클레스의 《안티고네》다. 이 작품에서는 유사한 동기가 비판적으로, 이를테면 플라톤에게는 아주 유감스러운 형태로 전개된다(Butler 2002). 신뢰하는 오빠를 매장하려는 안티고네의 권리에 대한, 즉 반역에 대한 청원은 국가를 내부에서부터 훼손시킨다. 이러한 소란은 공적 판단을 잃게 한다.
5. 정치의 덕을 다루는 철학의 역사에는 정서가 당연히 존재한다. 지혜에 대한 사랑은 플라톤이 《향연(Symposium)》에서 사랑의 위험한 광기 혹은 그런 유사한 것들과 구분하고자 한 감정이었다. 헤겔은 사랑과 위대한 용기를 추구할 만한 가치 있는 감정이라고 명명했다.

6. 두 사회에 대한 적절한 개관은 레디(Reddy 2001)에서 찾을 수 있다. 아마도 우리가 모든 사회에서 모든 시기에 찾아볼 수 있는 정서적인 도시가 존재하는 것 같다. 그럼에도 불구하고 차이는 엄청나다.
7. 에크먼은 얼굴에 대한 톰킨스의 작업에 강하게 영향을 받았다. 들뢰즈도 마찬가지였다. 그레고리 베이트슨(Gregory Bateson)과 찰스 다윈의 정신이 그 배경에 깔려 있다.
8. 이러한 신체의 구성 요소는 아주 다양하고 스스로에 대해 헌신적이다. 가장 잠재력이 큰 신체적 소통 수단 중 하나는 접촉이다. 모든 만남의 방식은 어떤 호의와 즐거움 혹은 불확실성과 억압을 만들어낸다(Montagu 1986; Field 2001). 접촉은 다시 손이 그 가장 중요한 유기체로서 좀더 큰 생태문화적 복잡성의 주된 확장으로 인지된다는 것을 의미한다. (감사하기 위해 손을 흔들거나 박수갈채 그리고 다양한 글쓰기 방식, 사랑하는 사람과의 접촉 및 그와 유사한 것들에 대해서 생각해보자)(Tallis 2003 참조). 이러한 손의 발전은 다시 우리 뇌의 발전에서 좀더 중요한 요소인 듯하다. 유사한 감정-/지성-/발전의 고리는 예를 들어 냄새와 평형 감각에서도 발견된다(Thrift 2003 참조).
9. 그래서 톰킨스에게 있어 감정은 특유한 개별적 자극의 수준 혹은 정체성과 유사한 어떤 특정한 상황에 대한 유기체의 연관 반응이다.
10. 세즈윅(Sedgwick 2003)은 사람들이 즐겨 듣고, 그래서 언제나 다시 듣기를 원하며 또 다른 음악을 이끌어내거나 음악가가 되길 바라도록 사람들을 일깨우는 음악 작품을 예로 들었다.
11. 톰킨스는 목소리와 호흡 또한 중요한 것으로 간주한다.
12. 스피노자는 "생각과 행동은 하나이고 동일한 것이다. 이것은 현재의 사고 노력과 현재의 확장 노력으로 상상할 수 있다. 사물의 연속 배열이 하나로 이어질 때 자연은 이러한 것 아래에서 지금 우리 몸의 열정과 행동이 자연스럽게 우리 마음의 행동과 열정의 배열과 더불어 동시에 생겨나는 것이 가능해진다"(Ethics III, prop. 2, note)는 아주 유명한 도덕 문구를 남겼다.
13. 부끄러움이나 당황 같은 다른 감정은 어떤 공통된 얼굴 표정도 갖지 않는 것 같다.
14. 에크먼(Ekman 1998: 387)은 다음과 같이 덧붙인다. "나는 정서적 표현의 수천만 분의 1초에 나타나는 원초적 정서의 특수한 생리적 활동 대부분은 사회적 경험에 의해서 쉽게 정해지는 것이 아니라고 생각한다. 〔……〕" 나는 이러한 표현을 이 논문의 결론에서 명확하게 제시하겠지만 잘못된 것이라고 생각한다. 따라서 나는 어

떤 경우에도 생물학의 영향을 부정하지 않는다.

15. 우리가 지금 탈사회적 세계에서 살아가고 있다는 주제와 연관된 개념, 그리고 사회적 원칙과 관계가 계속해서 사라지고 다른 문화적 요인과 관계 및 특별한 목적에 의해 대체되고 있다는 개념.
16. 이런 형태의 작은 부위를 통해, 예를 들어 분노 같은 감정을 흔드는 것은 상대적으로 가볍다(Altheide 2002 참조).
17. 그래서 현대의 교육과 재교육 시스템은 적응과 창조의 필요성을 점점 더 강조한다. 비록 내적으로 밀접하게 결합된 변수라 하더라도 그렇다. 종종 이러한 가치들이 깊게 각인되기 때문에 지식은 제공받은 것들로부터 사용된다(Thrift 2002 참조).
18. 당연히 이른바 '0.5초의 지연'에 대한 이러한 짧은 설명은 인식된 인지가 덧붙여서 생겨난다는 것을 의미하지는 않는다. 우리는 오히려 선험적 인식에 훨씬 높은 가치를 부여하고, 동시에 행동의 집중과 인가를 통해 새롭게 위치를 설정하는 데서 시작해야 한다.
19. 나는 빌 비올라의 작업을 살펴봄으로써 이러한 문장으로 되돌아왔다.
20. 여기서 나는 비그만(Wigman)과 라반의 무용 교본을 생각하고 이것이 독일의 나치 체제에서 어떻게 정치적인 대중 행사로 봉사하게 되었는지에 대해 생각한다.
21. 예를 들어, 감정 노동의 해방을 옹호한다는 것은 무엇을 의미하는가?(Simith 2002)
22. 불교의 수많은 저자들이 영감을 가졌다는 것은 우연이 아니다(Varela 1999; Sedgwick 2003 참조).
23. 1986년 이래로 빌 비올라가 만든 비디오 작품의 부제(Viola 1995 참조).
24. 좋은 예는 국소피부군음증이다. 이 분야에서 일하는 대부분의 사람들이 얼굴에 집중한다(Sobchack 2000).
25. 소브체이크(V. Sobchack)는 이것을 다음과 같이 구성한다. "인간의 얼굴은 〔……〕 명료함과 '평범한' 매개체가 없는 살아 있는 육체의, 일견 불가능한 영역을 가진 것처럼 보여질 수 있다. 만약 내가 너무나 육체적으로 폐쇄되어서 다른 것을 얻을 수 없다면, 다른 사람의 얼굴은 내 시각의 영역에 있는 어떤 형태로서 비록 그것이 자신의 촉각에 의한 존재를 증대시킨다 할지라도 그것의 명료한 가시적인 존재를 상실한다. 특별히 보여지는 얼굴은 그것이 내 가시적 영역을 충족시키는 것과 비례해, 따라서 부분적으로 얼굴의 원형이 되면서 흐릿해진다. 실제로 얼굴의 어떤 부분은 내 지각 행위의 시야에 기록되는 불확실성과 최종적인 불명료성 속으로 들어

간다. 나를 위해서 보호자에 의해 중재된 인간의 극단적 조명은 〔……〕 변형된 경험으로 주어진다. 이것이 내 가시적 영역의 중심에 있다. 〔……〕 이 전체는 내 지각의 형태이지 그 원형이 아니다. 따라서 내 시각에서 불확실성 속으로 흘러들어 간다"(Sobchack 1992: 185).

26. 아주 극단적인 슬로모션에서 초당 300개의 사진을 찍는다면 초당 30개의 필름을 상연할 수 있다.

27. 흉내 내기는 그리스적 기원에서 (이미테이션이 아니라) 상연을 의미한다는 것을 기억해야만 한다. 흉내 내기는 아주 가끔 어떤 정확한 복제의 생산이다(Rush 2002).

28. "영화는 정신물리학적으로 일치하는 물질세계를 발견하도록 효과적으로 돕는다. 우리는 카메라를 통해 현실을 경험하려고 노력함으로써 사실상 영화의 우위 상태, 즉 영화의 시각적 비존재 상태로부터 이 세계를 회복한다. 그리고 우리는 파편화해 있기 때문에 자유롭게 그것을 경험할 수 있다"(Kracauer 1960: 300).

29. 이러한 개념을 사용하는 데 있어 공학은 세계가 반응할 수 있는 견고한 만남으로부터 언제나 생겨나는 방식을 의미한다. 즉 공학이 순간의 산물이라는 것은 분명하지 않다.

참고문헌

Abbott, A. (2001), *Time Matters,* Chicago.

Abu-Lughod, L. (1999), *Veiled Sentiments. Honor and Poetry in a Bedouin Society,* Berkeley.

Altheide, D. L. (2002), *Creating Fear. News and the Construction of Crisis,* New York.

Ascott, R. (2003), *Telematic Embrace. Visionary Theories of Art Technology, and Consciousness,* Berkeley.

Balazs, B. (1970), *Theory of the Film. Character and Growth of a New Art*, New York/Dover (이형식, 《영화의 이론》, 동문선, 2003).

Balibar, E. (2002), *Politics and the Other Scene*, London.

Battersby, C. (1999), *The Phenomenal Woman,* Cambridge.

Bergson, H. (2001), *Time and Free Will,* New York (정해석 옮김, 《시간과 자유 의지》, 삼성출판사, 1997).

Berlant, L. (Hg.) (2000), *Intimacy,* Chicago.

Blackman, L./Walkerdine, V. (2001), *Mass Hysteria. Critical Psychology and Media Studies,* London.

Bloch, E. (1986), *The Principle of Hope, Three volumes*, Oxford (박설호 옮김, 《희망의 원리》, 열린책들, 2004).

Boltanski, L. (2002), "The fetus and the image war,", in: B. Latour/P. Weibel (Hg.), *Iconoclash. Beyond the Image Wars,* Cambridge, Mass, S. 78-81.

Bordweil, D./Carroll, D. (Hg.) (1996), *Post-Theory. Reconstructing Film Studies,* Madison.

Bourke, J. (2002), *An Intimate History of Killing*, London.

Bruno, G. (2002), *Atlas of Emotion. Journeys in Art, Architecture and Film*, New York.

Butler, J. (2002), *Antigone's Claim. Kinship Between Life and Death,* New York (조현순 옮김, 《안티고네의 주장》, 동문선, 2005).

Carter, P. (2002), *Atlas of Emotion. Journeys in Art, Architecture and Film*, London.

Castronovo, R./Nelson, D. D. (Hg.) (2003), *Materializing Democracy. Towards a Revitalised Cultural Politics,* Durham, NC.

Connolly, W. E. (2002), *Neuropolitics. Thinking, Culture, Speed,* Minneapolis.

Crary, J. (1999), *Suspensions of Perception. Attention, Spectacle and Modern Culture, Cambridge,* Mass.

Damasio, A. (1999), *The Feeling of What Happens,* London.

____ (2003), *Looking for Spinoza. Joy, Sorrow and the Feeling Brain,* London.

Darwin, C. (1998, orig. 1872), *The Expression of the Emotions in Man and Animals*, London (최원재 옮김, 《인간과 동물의 감정의 표현에 대하여》, 서해문집, 1999).

Dawkins, R. (2002), "Thoughts of Deleuze, Spinoza and the cinema," in: *Contretemps*, 3, S. 66-74.

Deleuze, G. (1988), *Spinoza. Practical Philosophy,* San Francisco (박기순 옮김,

《스피노자의 철학》, 민음사, 2006).

____ (2003), *Les Cours de Gilles Deleuze. Deleuze/Spinoza. Cours Vincennes 1981*, http://www.webdeleuze.com/php/texte.php?cle34&groupe,lastaccessed 2nd December, 2003.

Deleuze, G./Guattari, F. (1994), *What is Philosophy?,* London (이정임·윤정임 옮김, 《철학이란 무엇인가》, 현대미학사, 1999).

Demos, E. V. (Hg.) (1995), *Exploring Affect. The Selected Writings of Silvan S. Tomkins,* Cambridge.

Doane, M. A. (2002), *The Emergence of Cinematic Time. Modernity, Contingency, The Archive*, New York.

Ekman, P. (1995), *Telling Lies. Clues to Deceit in the Marketplace, Marriage and Politics,* Cambridge (윤영이 옮김, 《거짓말 잡아내기》, 동인, 1997).

____ (2003), *Emotions Revealed. Understanding Faces and Feelings*, London.

Ekman, P./Rosenberg, E. (Hg.) (1997), *What the Face Reveals,* New York.

Elkins, J. (1999), *Pictures of the Body. Pain and Metamorphosis*, Stanford.

Field, T. (2001), *Touch*, Cambridge, Mass.

Fisher, M. (2002), *The Vehement Passions*, Princeton.

Geurts, K. L. (2002), *Culture and the Senses. Bodily Ways of Knowing in an African Community*, Berkeley.

Gibbons, F. (2003), "Display of passion which will end in tears," in: *The Guardian,* July 5th, S. 11.

Ginsburg, F. D./Abu-Lughod, L./Larkin, B. (Hg.) (2002), *Media Worlds. Anthropology on New Terrain,* Berkeley.

Gray, J. (2002), *Straw Dogs. Thoughts on Humans and Animals,* London.

Grossman, D. (1996), *On Killing. The Psychological Cost of Learning to Kill in War and Society,* Boston.

Katz, J. (1999), *How Emotions Work,* Chicago.

Knorr Cetina, K. (2001), "Postsocial relations: Theorizing sociality in a postsocial environment," in: G. Ritzer/B. Smart (Hg.), *Handbook of Social Theory,* London, S. 520-537.

Knorr Cetina, K./Bruegger, U. (2002), "Inhabiting technology: the global lifeform of financial markets," in: *Current Sociology*. 50, S. 389-405.

Kracauer, S. (1960), *Theory of Film. The Redemption of Physical Reality,* New York.

Latour, B./Weibel, P. (Hg.) (2002), *Iconoclash. Beyond the Image Wars,* Cambridge, Mass.

Latour, B. (2002), "Gabriel Trade and the question of the social," in: P. Joyce (Hg.), *The Social in Question. New Bearings in History and the Social Sciences,* London, S. 117-132.

McCarthy, A. (2001), *Ambient Television*, Durham, NC.

McNeill, D. (1998), *The Face. A Guided Tour,* London.

McCrone, J. (1999), *Going Inside. A Tour Round a Single Moment of Consciousness,* London.

Massummi, B. (2002), *Parables for the Virtual. Movement, Affect, Sensation*, Durham, NC.

McKenzie, J. (2001), *Preform or Else. From Discipline to Performance,* New York.

Marcus, G. (2002), *The Manchurian Candidate,* London.

Meyer, R. (2003), *Representing the Passions. Histories, Bodies, Visions,* Los Angeles.

Montagu, A. (1986), *Touching. The Human Significance of the Skin,* New York.

Moore, R. O. (2000), *Savage Theory. Cinema as Modern Magic,* Durham, NC.

Nietzsche, F. (1968), *The Will to Power,* New York (강수남 옮김, 《권력에의 의지》, 청하, 1997).

Nolan, J. L. (1998), *The Therapeutic State. Justifying Government at Century's End,* Albany.

Norris, P. (2002), *Democratic Phoenix. Reinventing Political Activism,* Cambridge.

Nussbaum, M. (2002), *Upheavals of Thought. The Intelligence of Emotions*, Cambridge.

Osborne, T. (2003), "Creativity. A philistine rant," in: *Economy and Society* (forthcoming).

Potter, R. (2003), *Flesh in the Age of Reason,* London.

Rabinow, P. (2003), *Anthropos Today. Reflections on Modern Equipment*, Princeton.
Redding, P. (1999), *The Logic of Affect,* Ithaca.
Reddy, W. (2001), *The Navigation of Feeling. A Framework for the History of the Emotions,* Cambridge.
Rehm, R. (2002), *The Play of Space. Spatial Transformation in Greek Tragedy,* Princeton.
Rush, M. (1999), *New Media in Late Twentieth Century Art,* London.
Sennett, R. (1993), *The Hidden Injuries of Class*, New York.
____ (1994), *Flesh and Stone. The Body and the City in Western Civilization*, London.
____ (2003), *Respect in an Age of Inequality,* New York (유강은 옮김, 《불평등 사회의 인간 존중》, 문예출판사, 2004).
Schechner, R. (2002), *Performance Studies. An Introduction,* London (이기우 외 옮김, 《퍼포먼스 이론》 1, 현대미학사, 2002).
Sedgwick, E. K. (2003), *Touching Feeling. Affect, Pedagogy*, Performativity, Durham, NC.
Sedgwick, E. K./Frank, A. (Hg.) (1995), *Shame and its Sisters. A Silvan Tomkins Reader*, Durham, NC.
Smith, P. (Hg.) (2002), "Regimes of emotion," in: *Special Issue of Soundings*, No. 20, S. 98-217
Sobchack, V. (Hg.) (2000), *Metamorphing. Visual Transformation and the Culture of Quick Change,* Minneapolis.
Spinks, T. (2001) "Thinking the posthuman: Literature, affect and the politics of style," in: *Textual Practice,* 15, S. 23-46.
Spinosa, C./Flores, F./Dreyfus, H. (1997), *Disclosing New Worlds: Entrepreneurship, Democratic Action, and the Cultivation of Solidarity*, Cambridge.
Spivey, N. (2001), *Enduring Creation. Art, Pain and Fortitude*, London.
Stengers, I. (1997), *Power and Invention. Situating Science*, Minneapolis.
Taussig, M. (1999), *Defacement. Public Secrecy and the Labor of the Negative,* Stanford.
Thrift, N. J. (2000), "Still life in nearly present time: the object of nature," in:

Body and Society, 6, S. 34-57.

____ (2003), "Bare life," in, H. Thomas/J. Ahmed (Hg.), *Cultural Bodies*, Oxford.

____ (2001/2004), "Summoning life," in: P. Cloke/P. Crang/P. B. Goodwin (Hg.), *Envisioning Geography*, London.

____ (2004a), "A geography of unknown lands," in: J. S. Duncan/N. Johnson (Hg.), *The Companion to Cultural Geography*, Oxford.

____ (2004b), "Beyond mediation," in: D. Miller (Hg.), *Materialities*, Durham, NC.

Tulloch, J. (1999), *Performing Culture*, London.

Turner, S. P. (2002), *Brains/Practices/Relativism. Social Theory after Cognitive Science*, Chicago.

Viola, B. (1995), *Reasons for Knocking at a Empty House. Writings 1973-1994*, London.

____ (2003), *The Passions*, Los Angeles.

____ (2003), http://billviola.com/, last accessed August 18th, 2003.

White, S. K. (2000), *Sustaining Affirmation, The Strengths of Weak Ontology in Political Theory*, Princeton.

Wolff, E. (2002), "Digital cathedral," in: *Millimeter*, February 1st.

Wollheim, R. (1999), *On the Emotions*, New Haven.

세계 시민 정치 없는 세계시민주의화
철학과 사회과학에서 세계시민주의의 차이에 관한 10가지 테제

왜 우리는 사회과학에서 '세계시민주의'의 새로운 규정과 새로운 고안을 필요로 하는가? 다시 한 번 의식적으로 도발적인 세계시민주의라는 '단어'를 선택하기 위해 무엇이 '세계시민주의적' 사회과학이고, 무엇이 내가 편을 드는 '세계시민주의적' 사회과학으로 인식론적 전환을 일으키는가? 왜 우리는 '글로벌화' 혹은 '글로벌화하는 세계' 개념으로 서술적, 경험-분석적 목적을 위해 작업하지 못하는가? 세계시민주의의 사회과학에서 '세계시민주의' 모델은 규범적 혹은 서술적인 모델인가?

빨리 본론으로 들어가자! 나의 테제는 다음과 같다. 즉 현실이 '세계시민주의화'하고 있다. 우리는 순수한 세계시민주의는 없다는 것을 이해해야만 한다. 단지 기형적 세계시민주의화만 있을 뿐이다. 그래서 우리는 세계시민주의적 사회과학이 필요하다.

세계시민주의는 좀더 이른 시기에 수많은 사회과학자와 정치학자들이 재활성화시켰던 오래된 구상이다. 세계시민주의는 다음과 같은 물음에서 반어적으로 드러난다. 그들은, 아니 우리는 뒤늦게 중년의 위기를 겪고, 소외된 사람들을 무시하고, '세계를 자유롭게 여행하는 세계시민주의'를 일반화하고, 그리고 이를 21세기 초의 인간 조건으로 간주하는, 자신만을 생각하고 은어(Jargon, 隱語)에 사로잡힌, 동시에 이론에 열중한 백인 남자들인가?

결코 아니다. 나는 여기서 다음과 같이 간단히 논증한다. 사회과학은 주류에서 미미한 성과를 수행한다. 사회과학의 발생, 역사, 근본적인 틀, 구상 그리고 방법은 사회과학을 언제나 민족 국가에 머물게 한다. 사회과학은 글로벌화하는 세계의 현실성과 역동성을 이해하지 못한다. 그러한 과제를 성취하기 위해 사회과학은 그 방법론적 민족주의를 극복해야 하고, 방법론적 세계시민주의에 도달해야 한다.

결정적 조치를 취해야 한다. 세계시민주의는 오늘날 대개 규범적 제안 혹은 정치적 입장으로 드러난다. 동시에 사람들은 세계시민주의적 민주주의, 세계 시민 그리고 세계적 시민 사회의 전망과 관계한다. 나는 칸트, 하버마스 그리고 또 다른 철학자들과 밀접하게 연관된 이런 단서가 매우 중요하다고 생각한다. 그러나 나는 우리가 더욱 근본적으로 대응해야 한다고 생각한다. 19세기에서 현재에 이르기까지 철학적 세계시민주의에 대한 전형적 공격은 다음과 같다. "멋지다. 그러나 이상주의적이다!" 세계시민주의는 이상주의와 연관된다. 그러나 현실의 세계, 즉 민족주의는 현실주의의 언어를 말한다. 이는 21세기 초에 역전된다. 민족주의는 비현실적·이상주의적이 되고, 세계시민주의는 본질적 측면에서 세계시민주의적이 되는 세계 속에서 현실주의를 대변한다. 나는 이를 '세계시민주의적 현실주의'라고 부른다(Beck 2002; 2004; Grande 2004 참조).

이러한 논증은 일상적인 예를 통해 밝혀내야 한다. 얼마 전부터 미국 사람들은 외국으로의 일자리 이전에 관한 문제를 갖고 열정적으로 논쟁하고 있다. 서구 사람들이 뉴욕에 있는 카페 혹은 바이에른에 있는 전원 마을에서 일할 수 있게끔 하는 정보 기술은 동시에 그들을 캘커타 혹은 마닐라에 사는 영리한 슬럼 거주민과 경쟁하게끔 한다. 슬럼 거주민의 일급(日給)은 서구인의 시급(時給)에 지나지 않는다. 극도로 상이한 서비스가 마우스 클릭으로 전 세계에 제공된다. 오프쇼링(off-shoring: IT 서비스 등의 기능을 국외에 아웃 소싱하는 것으로, 광통신망 등 정보통신 기술의 발달, 선진국과 개도국 간 임금 격차 및 IT 기술의 전 세계적 확산에 힘입어 발생하고 있다—옮긴이)이 70퍼센트인 미국에서 이러한 과정은 전방위적이다. 소프트웨어 발전, 기술적 고객 봉사, 프로그래밍, 연구 개발 업종이 이전한다. 미국은 압도적으로 국가주의와 보호무역주의로 대응한다. 정치가들은 미국의 일자리를 훔치는 인도를 비난한다. 그와 동시에 드러내놓고 이렇게 말한다. "나는 보호무역주의자가 아니다." 그러는 동안 우리는 유럽에서 똑같은 토론을 한다.

그러나 오프쇼링은 실제로 고용 문제가 아니다. 이는 권력의 문제다. 권력 대 권력의 문제다. 세계에서 가장 강력한 민주주의 국가인 미국의 글로벌주의자는 실로(사소할 정도로) 무력하다는 느낌을 받는데, 이는 이른바 제3세계 사람의 지배적 감정이다. 동시에 대립하는 권력의 문제는 실존하는 세계시민주의화의 문제, 세계시민주의적 사회과학의 대상이 되어야 하는 세계시민주의적 현실주의의 문제다. 우리는 체계적으로 '글로벌화'의 블랙박스가 포함 및 은닉하고 있는 것을 폭로해야 한다. 나는 이어서 사회과학에서 규범적 세계시민주적, 경험적-분석적 세계시민주의의 구별에 관한 10가지 테제를 명확히 보여주고자 한다.

첫 번째 테제

민족적 관점은 좀비-범주들(Zombie-Kategorien)로 활동하고, 이 범주를 통해 현실을 이해할 수는 없다. 일자리 없는 경기 회복과 마찬가지로 오프쇼링도 여기에 속한다. 양자는 민족적 틀의 존재에 근거를 두고 있으며, 초국적 공간을 파악하기에 충분하지 않은 불완전한 구상이다. 이 초국적 공간은 민족적 경계 저편에서 그리고 민족적 고려와 관계없이 일자리의 이동과 관련해 기업들의 처분에 놓여 있다. 최고의 애국적인 미국 경영인은 하찮은 일자리라도 미국 밖으로 결코 방출시키지 말아야 하지만, 오히려 인도에서 인도인을 위해 일자리를 창조한다. 이는 미국의 경영자가 세계를 개선하길 원하기 때문이 아니라, 오히려 세계 시장 경제의 기회와 도전에 저항할 수 없기 때문이다. 동일한 근거에서 그 결과 단지 민족적으로 보면 더 많은 실업자 발생하고, 초국적으로 보면 동시에 다른 곳에서 일자리가 생겨나는 것이다.

배제된 비서구의 다른 사람은 갑자기 어디에나 있고, 서구의 민족적 이해관계의 중심에 이르기까지 존재한다. 서구 국가들이 외국인으로부터 자신을 보호하기 위해 더 높은 장벽을 세우고, 서구의 무기가 외국인을 겨눈다고 할지라도 비서구의 그/그녀는 더 이상 배제되지 않는다.

내가 이것을 믿는다고 말할 때, 현실은 세계시민주의적이 된다. 이는 흥미롭게도 세계시민주의적 철학자들이 생각했던 것과 완전히 다르게 비(非)세계시민주의적인—세계시민주의의 공공성을 포함하지 않은, 목적 없는, 직관적 의사 결정을 통한, 우연적인, 이전에 못 본, 아마 게다가 필연적인—방식으로 일어난다. 이것은 확실히 엘리트들의 선택이 아니고, 서구의 부유한 나라들 그리고 그 나라의 거주자들에 한정되지 않고, '세계 시민'으로서 세계 일주 여행자의 재산, 값비싼 취향 그리고 생활양식 때문에 나타날 수 있는 그러한 사람들을 향하지 않는다. 여기서 왜 우리가 철학적 이념으로서 '세계시민주의'와 현실로서 '세계시민주의화'를 명확하고 분명하게 구별해야 하는지가 드러난다. 이것은 사회과학적 연구 대상이어야 한다. 우리가 밝히고 또 파악해야 하는 것은 세계 시민 없는 세계시민주의화의 역설이다.

무엇 때문에 나는 '글로벌화' 아닌 '세계시민주의화'에 관해 말하는가? 왜냐하면 현실적으로 존재하는 세계시민주의화는 세계시민주의적 꿈의 부분이 실현되도록 하기 때문이다. 그러나 이는 우연적인, 이전에 못 본, 자주 비(非)반성적인, 반대 감정이 병존하는, 모순되는 현실을 창조하는 예기치 못한 기형적 방식으로 실현된다. 예를 하나 들어보자. 세계시민주의적 이상주의자들은 배제된 다른 사람의 포함을 희망했고, 이는 (특수한 관점에서) 실현되었다. 사람은 외국인, 다른 나라의 시민으로서 다른 장소에서 생활할 수 있고 동시에 이웃 및 경쟁자가 될 수 있다. 안과 밖의 구별, 시민과 외국인의 민족 국가적 구분, 회원과 비회원, 인정해야 하는 사람과 권리 없는 사람의 구별은 더 이상 작동하지 않는다.

보편주의, 상대주의, 민족주의의 결합에 기초한 근대의 첫 번째 질서는 허물어졌다. 각 민족에서 평등의 보편주의가 내부 관계를 조정하고, 반면 상대주의와 다름의 서열이 외부 관계를 규정한다. 그러나 세계시민주의적 현실은 우리가 이미 다른 사람과 더불어, 그리고 다른 사람과 마주하며 섞여 있다는 것을 우리에게 가르친다. 우리는 비혼합 혹은 순수에 찬성과 반대가 아니라, 오히려 어떻게 혼합이 일어나는지, 어떻게 다른 사람과 우리 자신의 간섭이 이뤄지는지 결정한다. 우리는 미국에서 오프쇼링 혹은 보수가 좋은 일 사이의 선택이 아니라, 오히려 일자리의 이동과 타국에서의 이주(혹은 타국으로의 이주) 사이에서 선택을 한다.

세계시민주의화는 세계시민주의적 이념, 정당, 국가, 조직 혹은 운동의 승리를 의미하지 않는다. 현실의 세계시민주의는 다른 목적에 봉사하는 조치들이 부수적으로 결합한 비의도적 결과다. 우리는 이 비세계시민주의적 세계시민주의화를 이해하고 능통하게 배워야 한다. 미국과 유럽의 오프쇼링에 관한 논쟁에서 갑자기 유럽 외부의 세계가 유럽 내부에 현존하는 것이 보일 수 있다. 이는 반작용이 신민족주의적이라 할지라도 유효하다. 보호무역주의와 외국인 증오가 실제로 경험한 그리고 납득되지 않는 세계시민주의화에 대한 지배적 반작용일 수 있다.

두 번째 테제

세계시민주의화는 세계시민주의자를 창조하지 않는다. 그러나 세계시민주의화는 아주 적대적인 운동과 정치가 대담하게 증대하는 장소로서 오늘날 미국과 좀더 명백하게는 유럽에서 관찰할 수 있는 것처럼 세계시민주의화와 반(反)세계시민주의화 사이의 새로운 변증법으로 향하고 있다.

세계무역센터와 펜타곤에 대한 9·11 공격은 또한 세계시민주의화 그리고 반세계시민주의화의 이 상보적 상태를 분명히 보여주는가? 그렇다. 글로벌 테러 네트워크를 통한 엄청난 파괴는 새로운 행위자들과 관계의 증대하는 중요성을 확인시켜주었다. 민족 주권, 국가 영토 그리고 군사력 등 우리 시대에 가장 강력한 나라의 전통적 설비는 정말 형편없는 수단으로서 전 세계적인, 그리고 무장한 주권 국가를 상대로 작전을 수행하는 비국가적 행위자들의 놀라운 공격에 굴복했다. 그렇지만 알카에다는 또한 세계시민주의화를 강요하고/관철시키는 반세계시민주의적 공격의 변증법을 지시한다. 매우 다양한 국가 동맹이 대테러 전쟁을 위해 미국의 호소에 합류했다. 도처에서 정부는 현실적 혹은 가상적 테러의 위협에 대해 그들의 권력을 방어 혹은 견고히 하고자 노력한다.

그러나 세계시민주의적 관점은 세계의 서로 다른 지역에서 반세계시민주의화와 세계시민주의화 사이의 변증법을 다르게 이해하고 있다는 것을 우리에게 가르쳐준다. 워싱턴으로서는 공격으로 말미암아 미국에 대한 '전쟁'이 문제되었고, 군사적 대응을 정당화했다. 무엇보다 유럽의 정부들은 이런 견해에 따랐고, 곧이어 유럽의 시각에서도 9·11은 경찰의 끈질긴 공동 작업, 조사 결과의 교환 그리고 아마도 국제적 소송 절차가 필요한 '범죄'였다는 게 명백해졌다. 아시아의 정부들은 마침내 9·11을 그들이 위기의 시간에 있어서 미국에 특별한 주의를 기울이게 했던 '거대한 사건'으로 간주했다.

세 번째 테제

나는 한 번 더 묻는다. 왜 '세계시민주의'에 대한 개념이 사회과학에 중요한가? 대답은 이렇다. 이 개념은 잡다함을 다루기 위한 특수한 모델을 포함한다. 이것은 양자택일(이것 또는 저것)의 원칙이 아니라, 오히려 양자 모두(이것과 저것)의 현실에 일치하는 다양함과 교류를 위한 모델-논리다. '세계-도시 국가'는 모든 인간은 '세계'의 부분일 뿐 아니라 특수한 정치—도시, 민족, 인종, 종교—의 부분이기도 하다는 것을 보여준다. 이 모델은 역사를 통해 내내 살아 있고, 정치적으로 조직될 수 있는 구체적인 모습을 보존하고 있다.

덧붙여 세계-도시 국가의 논리와 관계는 지적인 술수뿐만은 아니다. 지금까지 양자택일의 원칙은 근대 민족 국가에서 사회적 세계의 양자택일-현실에 근거를 두었다. 사람은 이 민족 아니면 저 민족의 구성원이었다. 사람은 동시에 두 장소에 있을 수 없었다.

과거 외견상으로 아주 분명했던 이러한 규칙은 더 이상 통용되지 않는다. 세계시민주의적 세계에서 사람들은 동시에 인도와 미국의 부분일 수 있고, 모든 사회적으로 중요한 방식을 통해 동시에 인도'에서', 시카고'에서' 있을 수 있다. 모든 차원에서—일상에서, 가족·친구·동료·뉴스·지역적 사건 그리고 자신의 미래와 실시간 연결에서—두 장소에 동시성을 생각할 수 있을 뿐만 아니라 실행할 수도 있다. 양자택일의 현실적 기초는 즉시 대부분의 사람이 자주 자기 이웃보다 더 밀접하게 연결되어 있는 다른 나라의 몇몇 사람과 관계를 맺는 양자 모두의 현실에 의해 대체된다.

본질적인 설명에서 벗어나지 않고 이 방식의 현실을 파악하기 위해 사람들은 유사한 양자 모두라는 논리에서 생각해야 한다. 약간의 구상만이 이 발단의 실현을 실제로 시도한다. 요컨대 '네트워크(Networks)', '흐름(Flows)', '양상(Scapes)'이 그것이다. 그러나 어떤 것도 특별히 양자 모두라는 논리를 지시하지 않는다. '혼종성' 혹은 '혼혈화' 같은 다른 구상은 여전히 다른 구상이 동시에 극복하고자 하는 양자택일 논리와 연관되거나 여기에 의존하고 있다. 그 밖에 다른 구상은 단어 괴물(Wortmonster)이고, 괴물 세계(Monsterwelten)를 지시한다. '세계시민주의적'은 양자 모두라는 관계, 양자 모두라는 정체성을 위해 생산과 소비 및 책임의 분배 그리고 연결을 위해 역사적으로 부정적일 뿐만 아니라 또한 긍정적으로 명명되고 평가된 서술 모델이다.

네 번째 테제

사회과학적 개념으로 오프쇼링(혹은 일반적으로 말해서 '세계시민주의화')을 파악하기 위해 우리는 "세계시민주의의 시선"을 필요로 한다(Beck 2004). 그래서 우리는 민족적 경계 저 너머로 규범적인 '세계시민주의적 의도'를 갖지 않은 행위의 의도하지 않은, 그리고 예기치 않은 부작용으로서 사회적 행위자의 증대하는 상호 의존을 인식한다. 세계시민주의적 관점은 공허한 정복자의 시선이 아니고, 권력을 관찰하길 그리고 권력이 관찰되길 요구하는 시선이 아니고, 대표하려 하거나 대표를 회피하려는 시선이 아니다. 그것은 영미와 유럽의 사회과학 및 정신과학의 비현세적 보편주의에 대한 새로운 이름이 아니다. 만약 사람들이 예를 들어 오프쇼링을 분석하고자 한다면(아직 나는 이 '좀비-범주'로 작업한다), 사람들은 인도에 사는 잡다한 행위자들의 '외부적으로' 제외된 관점을 포함해야 한다. 사람들은 '그 행위자를 따라야' 하고 그들의 시선을 체계적으로 사회학의 방법으로 통합해야 한다. 이 세계시민주의적 관점에서 방법적 민족주의는 해체·비판될 수 있어야 한다. 왜냐하면 방법적 민족주의는 불완전할 뿐 아니라 틀리게 보편화하는, 유럽중심주의적 현실의 오해이기 때문이다. 이 관찰자의 관점은 '글로벌'이 아니고, 오히려 '세계시민주의적'이다. 왜냐하면 글로벌은 로컬을 배제하는 반면 세계시민주의는 로컬, 주위와의 연관 관계를 포함하기 때문이다. 그것은 다시 사회과학이 전념해야 하는 '글로컬적(glokalen)' 양자 모두의 현실이다. 이런 이유에서 나는 다음과 같은 메타포를 이용한다. 즉 사람들은 날 수 있어야 하고, 뿌리박고 있어야 한다.

여기에서 짧은 요약을 해야 할 것 같다. 사회과학과 정치학의 세계시민주의적 현실주의는 규범적 세계시민주의와 실제로 존속하는 세계시민주의화 사이의 차이와 결합해 있다. 여기서 출발점은 세계시민주의가 의식적인 혹은 의도적인 혹은 엘리트적인 결정이라는 주장을 하는 것이다. '현실의 세계시민주의화' 개념은 좀더 정확히 말하면 우선 강제적 결정 혹은 무의식적 결정의 부작용에 관해 말하는 것을 가리킨다. 일반적으로 사람들은 '외국인'이 되는 것을 자유롭게 결정하지 못한다. 그것은 오히려 가난과 폭력의 결과, 박해에 대한 도피의 결과 혹은 굶주림을 모면하려는 시도다. 그러나 이 강요된 세계시민주의화는 아직 의식된 자기 규정의 단계를 획득하지 못한 것처럼 보이고, 아직 자기 정당화 혹은 자기 방어의 가능성이 아니다. 보수주의자들은 사실 신속하게 다국적 합병을 지지하는, 증대하는 민감성을 비판했다. 그러나 사람들은 보수주의자들에게 '세계시민주의적' 개념을 차지하는 권리 또한 허락했다. 그런 이유로 세계시민주의는 단지 엘리트의—필요한 자원을 처리하고, 여행하고, 다른 언어를 배우고, 마찬가지로 다른 문화를 흡수할 수 있는 사람들의—뜻대로 된다는 비판이 현실의 이해를 봉쇄한다.

세계시민주의화는 게양하는 가장 중요한 깃발이 장래에도 민족의 심성, 정체성 그리고 의식 형태를 선언하는 민족의 공간 그리고 주권의 견고한 정면 뒤에서, 표면 아래에서 행해진다. 이 잠복 단계는 세계시민주의화를—윤리적·학문적 도덕의 높은 표준에서 평가하면—'통속적인', 너무 태만한, 게다가 의심스러운 어떤 것으로 만든다.

이는 사회과학에서 세계시민주의적 현실주의의 중요한 통찰이다. 세계시민주의를 원하지 않고, 인간이 당하고 견디는 세계시민주의는 확실히 왜곡된 세계시민주의다. 세계시민주의화의 존속하는 형식은 사람들이 그것을 위해 투쟁했고, 계몽의 눈부신 도덕적 권위와 더불어 획득했던 고귀한

성과로서 세계를 성취하지 못했고, 오히려 애매모호한 그리고 익명의 부작용을 가진 범속한 기형으로서 세계를 성취했다.

다섯 번째 테제

현실은 그 핵심에서 세계시민주의적이 되는데, 이론적 학설과 연구의 유사 고속도로와 똑같이 우리의 사고 및 의식 형태는 민족 국가 세계의 증대하는 비현실성을 은폐한다. 보편적이라고 자처하면서, 비판의 원천을 부정할 수 없고 또한 민족적 경험의 빛에서 비판의 원천을 극복할 수 없는 민족적인 것의 비현실적 연구에 관한 비판은 세계시민주의적 관점과 그 방법적 발전을 전제한다. 그러나 (잠재하는) 현실성의 세계시민주의화를 어떻게 성찰적 세계시민주의 관점과 구별할 수 있는가? 후기 식민주의 이론 및 연구가 우리에게 알려준 것처럼 문화의 (강요된) 혼합은 세계사에서 새롭지 않다. 반대로 이런 혼합은 모든 약탈과 정복, 이주, 노예 무역과 식민화, 인종청소, 이주와 추방을 관통하는 규칙이었다. 처음부터 세계 시장은 글로벌 혼합을 요구했고, 이를—19세기 일본과 중국의 개방이 보여주는 것처럼—비상시에는 폭력으로 관철시켰다. 자본은 민족의 경계를 허물고 '자기 것'과 '낯선 것'을 뒤섞어놓는다. 강제적 혼합 자체는 새롭지 않고, 오히려 이 혼합을 인지하고 자기 의식적 및 정치적으로 제시한다는 사실이 새롭다. 이런 혼합이 매스미디어와 국제적 뉴스의 글로벌 공공 스타디움에서, 흑인과 여성 그리고 소수의 글로벌 사회 운동에서, 문화 이론에서, 디아스포라 같은 오래된 구상의 대중성에서, 그리고 또한 앞으로 달성될 기획에서 좀 더 많은 독자적 발의에 의해 공개적으로 성찰 및 인정된다는 사실이 새롭다. 이 사회적 그리고 사회과학적 성찰성이 '세계시민주의의 관점'을 성찰적인 제2근대의 핵심적 구상과 주제로 만든다.

이 선상에서 세계시민주의화는 사회적 세계에서 이 세계의 역사적 '본질'과 개개 나라들의 지위를 최종적으로 변화시키는 다차원적 과정으로서 이해해야 한다. 세계시민주의화는 복합적 충성의 형성, 다양한 초국적 생활 스타일의 확산, 비국가적 정치 행위자의 부상(국제사면위원회부터 WTO까지), 인권, 노동권, 세계적 환경 보호, 빈곤 퇴치 등등의 세계적 인정을 함께 고려해 (신자유주의의) 글로벌리즘에 반대하는 그리고 다른 (세계시민주의의) 글로벌화에 찬성하는 세계적 저항 운동의 발전을 포함한다. 이 모든 추세는 비록 기형적이지만—글로벌화 반대자, 국제 형사 법원 혹은 국제연합의 형태에서 역설적으로—제도상 세계시민주의의 시작으로 알려질 수 있다. 유엔 안전보장이사회의 결정은 전 인류의 이름으로 가결된 것으로 여겨진다. 따라서 다음과 같은 것은 올바르다. 즉 세계시민주의적 사회과학은 사회적·정치적 성찰의 부분이 될 것이고, 또한 제도화한 세계시민주의의 구조가 될 것이다.

만약 사람들이 이 민족적 사회의 내적인 세계시민주의화를 일찍이 생각했던 대가들의 이름을 묻는다면, 애덤 스미스, 알렉시스 드 토크빌 그리고 존 듀이를 들 수 있다. 독일의 대가들—칸트, 괴테, 헤르더, 훔볼트, 니체, 마르크스 그리고 짐멜—또한 여기에 속한다. 그들 모두는 근대를 상대적으로 닫힌 공동사회(Gemeinschaft)의 초기 조건에서 멀리 떨어져, 세계를 향해 세계에 개방적인 그물 구조로 결합된 사회(Gesellschaft)의 운동으로 보았다. 그들은 무엇보다 근대를 상업과 공화주의 원칙의 보급을 통해 마땅히 고취되고 또한 촉진해야 하는 과도기로 보았다.

여섯 번째 테제

세계시민주의적 관점은 오늘날의 사회 그리고 정치와 관련해 가장 중요한 신념 중 하나, 즉 '근대 사회'와 '근대 정치'는 다만 민족 국가적으로만 조직될 수 있다는 것에 관한 배후를 묻는다. 사회는 민족의 영토에 국가적으로 조직된 공동체를 의미한다. 사회의 행위자들이 이 신념을 공유하고 있는 곳에서 나는 '민족적 관점'에 관해 말하고, (학문적 관찰자의 시각이 문제되면) '방법론적 민족주의'에 관해 말한다. 사회적 행위자와 사회과학자의 관점을 구별해서 관찰하는 것이 중요하다. 왜냐하면 양자 사이의 결합은 논리적이 아니라, 오히려 단지 역사적이기 때문이다. 사회학의 부상은 민족 국가, 민족주의 그리고 국제정치 체계의 부상과 나란히 진행되었다. 이 역사적 결합만이 존재했고, 이 역사적 결합이 방법론적 민족주의 원리를 성사시켰다. 방법론적 민족주의의 원리에 따라 민족, 국가, 사회는 근대 세계의 '자연적', 사회적, 정치적 형태다.

또한 전체로서 세계의 토대에서 흔들리는 이 세계는 (사회적 행위자의) 민족적 관점 혹은 (학문적 관찰자 관점의) 방법적 민족주의의 틀에서 파악, 탐구 혹은 설명하지 못한다.

세계시민주의적 사회과학은 '방법적 민족주의' 그리고 현실의 실제적 세계시민주의화 사이에서 항상 좀더 강하게 각인된 모순에 집중한다. 세계시민주의적 사회과학은 일련의 방법적 민족주의의 전제와 오류를 보여준다. 이를테면 사회를 민족 국가 아래로 포함시키는 것, 모든 다른 것에 대한 추론에서 사회의 일반화, 영토적 문화 구상, '국제적인 것'과 '세계시민주의적인 것'의 잘못된 동일시 등이 그것이다.

일곱 번째 테제

세계시민주의적인 사회과학적 연구 프로그램의 서술에서 우리는 방법적 민족주의의 관점이 '방법적 세계시민주의'로 이동해야 하는 서로 다른 영역을 동일시해야 한다. 여기서 세계적 위기 사회는 좋은 사례다. 글로벌 공공 공간에서 현장과 갈등은 급진적 근대화의 의도하지 않은 부작용에 대한 반작용의 결과다. 더 자세히 말하면 근대적 사회의 위기(테러 행위, 환경 오염 등등)는 그 내적인 논리에서 초국적이고 글로벌하며, 위기를 지배하려는 모든 시도는 결코 필연적으로 글로벌 해결에 이르지 못하는 글로벌 토론 및 갈등의 장을 연다.

내 논증은 세계시민주의화는 일반적으로 강요된, 그리고 의도하지 않은 부작용이라는 것이었다. 이 부작용을 의식하고 세계시민주의적 관점으로 귀결되거나 글로벌 공공 공간을 창조하는 것은 다른 문제다. 세계적 위기 사회 이론은 상호 의존적 위기의 모델을 제공한다. 이 모델을 통해 잠재적으로 강요된 세계시민주의화와 그 때문에 이어지는 스캔들을 통해서 의식된 세계 공공성의 관계를 이론적, 경험적으로 연구할 수 있다.

이것은 가장 중요한 과거 20년의 위험으로 인한 갈등, 예를 들면 체르노빌의 핵 대참사, 에이즈, 광우병, 유전자를 조작한 '프랑켄슈타인' 식료품, 2001년 9월 11일 이후의 글로벌 테러 위험 등을 통해 명백해진다. 여기서 '이중의 부작용 법칙'이 연구 대상으로 떠오른다. 다음의 것이 항상 문제다. 요컨대 근대의 과격화를 통해 스스로 위태롭게 되는 근대 사회는 일급의 부작용, 즉 오히려 드물게 계산 가능한 위험과 불확실의 부작용을 생산한다. 이는 또다시 이급의 부차적 결과로서 국경을 넘나드는 공공성과 여기에 동반된 생산물의 평가 절하, 일상적 취급 방법, 관료적인 루틴(틀에 박힌 일), 새로운 시장의 성과, 책임의 분배와 아울러 이와 결합된 비용, 갈등, 결속, 행위 압박으로 이어진다. 일급 그리고 이급의 부작용은 상호 의존과 성찰적 글로벌성을 통해서 세계시민주의화를 일으키고 촉진한다. 양자의 상호 관계는 실제로 어떻게 잠재적으로 강요된 세계시민주의화가 글로벌적으로 공유된 공통의 미래에 대해 마치 강요된 의식이 될 수 있는가에 대한 척도다.

이런 관점의 해명은 초점의 위치 이동을 초래한다. 관습적인 정치 이론에서와 달리 자체적으로 결정되지 않고 오히려 여기에서 공적인 것과 정치적인 것의 원천이 되는 결정의 예측할 수 없는 결과와 위험이 있다. 위험 의식의 글로벌 공공성에서 권력 문제는 특히 표상할 수 없는, 그리고 생각할 수 없는 것으로 체험되는 결과의 조망과 더불어 일어난다. 그것으로부터 결과하는 공통의 위험에 대해 국경을 넘나드는 책임은 두 가지 관점에서 부정적으로 정의된다. 한편으로, 그러한 책임은 어떤 경우에도 존재하지 않아야 하는 일들에 집중하고, 다른 한편으로 그러한 책임은 (방법적 민족주의에 의해 요청되는 것과 같이) 가치의 통합을 포함하지 않고 오히려 위험과 그 위험에 대한 방어의 통합을 포함한다. 이 통합의 결합하는 힘은 지각되는 위험의 크기와 더불어 증대한다. 세계 공공성에서 성찰할 수 있는 것과 같이 가치의 민족적·보편적 통합 대신 위험의 글로벌 특성은 민족의 경계 너머로 갈등과 협력의 새로운 변증법을 필연적으로 초래한다. 단지 그와 같이 세계 공공으로 성찰된 대재난의 불행에서 필연적인 규정과 형식이 나타나게 하고, 국제적 행위와 기관들에 대한 일치를 합의할 수 있다. 그것이 구체적인 경우 실제로 일어날지 아닐지 문제는 당연히 완전히 열려 있다.

여덟 번째 테제

여덟 번째 테제는 탈국제정치를 다룬다. 세계시민주의적 관점은 또한 '국제적 관계'의 비전을 넘어서는 시선을 허락하고, 국가에 관해서뿐만 아니라 오히려 집합체의 서로 다른 분야의 상이한 행위자 사이에서 상호 의존의 복합적 형태의 분석을 허락한다. 여기서 이행의 과정이 일어난다. 민족국가 중심적 정치와 국제적 안보 정치로부터 사람들은 탈국제적인 위험 정치와 더 이상 민족 국가 중심적이 아닌 위험 정치로 넘어간다. 이 패러다임 변화는 제1근대 그리고 제2근대 사이의 구별에 일치한다. 근대의 전성기에 고전적인 민족 국가 시대는 냉전 종말 이후 비로소 명백하게 인식될 수 있었던 구조적·정치적 논리를 고유의 장점으로 보여주었다. 이 논리는 서로 다른 민족과 국가 사이뿐만 아니라, 또한 더 일반적으로 인간, 사물, 기능적·실천적 행위의 장들 사이에서도 엄격하게 표시된 경계를 포함한다. 그것과 함께 이 논리는—최소한 기대라는 측면에서—책임과 능력의 명백한 귀속을 생산한다. 오늘날 그것과 반대로 과격화한 근대화의 부작용은 세계공공성의 영역에서 성찰되는 것과 같이 새로운 글로벌 위험에 대한 의식을 생겨나게 한다. 이 글로벌성과 사람들이 문명적 위험은 계산할 수 없다는 것을 알고 있다는 사실이 제1근대의 근본적인 차별과 기관을 잠식했다.

제1근대의 위험은 제한적이고 쉽게 동일시될 수 있었는데(재군비, 군비 경쟁, 상응하는 반대 전략 그리고 예측 가능한 외교에 의해 형성된 상태에서 강력한 민족 국가의 제국주의적, 지리 전략적, 이데올로기적, 군사적, 경제적 이해), 우리는 오늘날 본질적으로 더 힘들게 동일시될 수 있는 탈경계적인 위험 및 불확실성과 관계해야 한다(초국적인 테러 행위, 기후 재난, 수자원을 둘러싼 분쟁, 이주 물결, 에이즈, 유전자 조작 식료품, 광우병, 민간과 군사적 커뮤니케이션을 방해하는 컴퓨터 바이러스 등등).

당시에는 국가 주권이 전제했던 의식적인 지식과 예측 가능성이 있었다면 오늘날에는 국가적 통치권을 무력화하는 의식적인 혹은 무의식적인 지식 결핍과 예측 불가능성이 있다. 당시에는 제지의 논리 속에 예방이 있었고, 오늘날에는 간(間)국가적인 그리고 탈국가적인 협력의 논리에 상응하는 예방이 있다. 그러나 이것은 글로벌 및 로컬 공간(시민 사회적인 집단과 네트워크, 기업, 국제기구, 유엔, 교회 등등)에서 국가적·탈국가적 행위자들의 견고한 협력이라는 의미에서 제도화한 세계시민주의적 형식과 내용에 대해 시작하는 논쟁을 포함한다.

아홉 번째 테제

'탈민족화한' 사회과학은 그 시선이 민족적 불평등성과 그 합법화에 근거하는 것을 통해 지금까지 숨겨져 있던 글로벌 불평등성에 더 멀리 빛을 던질 수 있다. 우리는 글로벌 불평등이 사실 엄청나게 증대하지만, 만약 일반적으로 방법론적 민족주의에서라면 글로벌 불평등에 대한 관심은 단지 부차적이 되는 역설과 마주친다. 이를 어떻게 이해해야 하는가?

민족 국가적으로 정향된 사회학에서 사회적 불평등에 대한 표준적 정당성은 실적주의에 있다. 이것은 개별적인 나라 내부의 불평등에 적합하다. 그러나 세계시민주의적 관점은 한 걸음 더 멀리 나아가며, 어떻게 민족 국가의 원칙이 글로벌 불평등의 합법화로서 기능하는지 보여준다. 동시에 본질적 측면은 다음과 같다. 즉 민족적 관점의 내향적 특징의 유지는 민족 국가의 원칙이 글로벌 불평등을 시야로부터 배제하는 것으로 이어진다. 방법론적인 민족주의가 국가 내부의 불평등에 집중하기 때문에 이 민족주의는 글로벌 불평등과 사회적 불평등의 초민족주의화(Transnationalisierung)의 합법화라는 물음에 적합하게 전념할 수 없고, 또한 그 물음에 대한 답을 발견할 수 없다.

민족 국가적 원칙은 글로벌 불평등의 '부정적' 합법화에 기인하는데, 실적주의는 민족 내부 불평등의 '긍정적' 합법화를 가능케 한다. '긍정적' 합법화는 실적주의가 체험된 불평등의 상호적·성찰적 합법화로 기능한다는 것을 의미한다. 성과(이를 어떻게 처리하는지 상관없이)는 최소한 원칙적으로 스스로 합법적·비합법적 부의 분배를 구별하는 것을 당사자들에게 허락하는 측량대다. 민족 국가의 원칙은 다른 한편으로 '부정적' 합법의 형태로 보일 것이다. 왜냐하면 글로벌 불평등은 고려되지 않기 때문이다. 내부에서 성과 비교는 밖으로 제도상의 맹목성을 동반한다. 이는 가난으로 배척된 사람들의 수락 용의를 배제한다. 더 자세한 관찰에서 민족 국가의 원칙은 글로벌 불평등을 합법화하지 못한다. 오히려 글로벌 불평등은 그렇게 결핍된 합법성을 고정시키는 민족적 관점의 내향적 특성을 통해 눈에 보이지 않게 된다.

어떻게 글로벌 불평등의 이 제도상 불가시성이 발생하는가? 어떤 사회적·사회학적 구성 원리가 그것의 기초를 이루는가? 민족적 관점에서 세계 사회는 개별적 영토로 확정되고 국가적으로 조직된 사회들로 세분화한 사회와 똑같다. 이 사회는 내부에 관심을 두고 대외적으로는 차단되어 있다. 또한 민족적 사회학의 지평에서 결코 더 이상 출현하지 않는 글로벌 불평등의 현실, 갈등 그리고 활기는 민족적 불평등으로 쪼개진다. 민족적 관점에서 사회적 불평등은 사회 체계와 개인 사이의 관계에 위치한다. 즉 불평등에 대해 일부는 국가에, 일부는 개인에 책임이 있다. 그에 따라서 정의(正義)를 정의하고, 그에 따라서 국가의 분배 정치에 사회적 요구가 표현 및 추구된다. 그것은 사회적 운동에 동기를 부여하고 사회적 운동을 활발하게 한다. 예를 들면 노동자와 여성의 상대적 불이익에 항의하고, 국가에 그것에 대한 균등한 셈을 요구하는 노동 운동과 여성 운동이 있다.

민족적 불평등은 민족적이 아니고 오히려 글로벌적으로 결정된다는 것, 글로벌 자본 흐름이 위기와 그 위기에 대한 반발의 원인이 된다는 게 일반적 추측이다. 동시에 이런 관념은 거의 숙고되지 않고, 되풀이해서 면밀히 검토되지 않는다. 단지 세계시민주의의 관점에서—국가적, 글로벌 그리고 초국적 불평등의 세계시민주의의 관찰에서—이 교착 상태의 사유와 편협함이 드러날 수 있고 극복될 수 있다. 우선 여기서 배타적으로 관심의 중심에 있는 개인적 사회의 안전의 유일한 보증인으로 민족적 복지 국가는 끝난다. 예를 들면 보충적인 질문은 어떻게 그리고 어느 정도로 민족적 복지 국가가 빈곤 위험을 다른 국가로 전가하는 가이다. 여기에 대해 2003년 여름의 세계 회의는 최근의 교과서 같은 사례를 제공한다. 이 세계 회의에서 드물게(유럽 쪽에서 보면) 대서양 저쪽의 만장일치로 미국과 유럽의 '마지못한 연립'은 자유 시장 경제의 서구 원칙에 상응하는 시장 개방에 따른 아프리카 및 남미 국가의 요구에 대응해 서구의 농업보호무역주의를 지지한다.

열 번째(그리고 마지막) 테제

나는 처음의 물음으로 되돌아간다. 왜 우리는 세계시민주의적 사회과학을 필요로 하고, 그것은 무엇을 의미하는가? 우리는 단순히 '글로벌화' 혹은 '글로벌화하는 세계' 개념을 사용할 수 없다. 우리는 이 개념을 그 요소들로 분해해야 한다. 사회과학에서 우리는 글로벌화에 대한 세 가지 반작용,

즉 거부, 구상적 해명 및 경험적·조작적 정의(Definition), 인식론적 전환을 인식한다. 첫 번째 반작용에서 주류는 (경제적) 글로벌화의 현실과 의미를 부정하고 역사적으로 볼 때 이 개념으로 표현된 현상에서 어떠한 새로운 것도 문제되지 않는다고 주장했다. 그러나 이 거부는 모든 사회과학 분과의 연구자가 글로벌화의 여러 가지 양상을 구상적으로 파악하기 시작했던 것보다도, 이런 양상을 이론적·경험적으로 연구하는 것을 시도했던 것보다도 항상 한층 적은 신뢰감을 주었다(Beck 1998; Held u. a. 1999; Beisheim u. a. 1999; Sassen 2003 참조).

이것이 효과적이기 때문에 인식론적 전환이 일어나야 한다. 사람들은 내부적과 외부적, 민족적과 국제적, 로컬과 글로벌, 우리와 다른 사람들 사이에서 구별과 경계의 지양으로 인해 개별적인 사회과학에 단위, 주제 그리고 근본적인 구상이 할당되는 것을 더 포괄적으로 파악하기 시작했다. 규정된 연구 단위를 분석하고 비교하기 위해 특히 사회학과 정치학에서, 또한 다른 방법으로 인류학·인간학·지리학 그리고 역사학에서 규정한 연구-'단위'가 이론과 연구의 실천에서 주어진 것으로 전제된다. 만약 현실에서 이 단위를 규정하는 전제와 경계를 지양하거나 혹은 막연해지면, 무엇이 일어나는가? 이것이 인식론적 전환의 핵심 질문이다. 여기서 할 수 있는 답변은 해체(Dekonstruktion), 즉 존재론의 해체화(Deontologisierung), 역사화 그리고 '민족적 관점'과 연결된 구상들의 전체 원칙에 대한 비판이 일어난다는 것이다. 확실히 그것은 방법론이 존재론을 대체하는 해석의 틀에서만 발생하고, 그래서 사고와 행위를 규정하는 민족 중심적 존재론과 민족 중심적 환상의 자리에 '방법적 세계시민주의'가 등장한다.

따라서 사회과학의 이러한 개혁을 위한 '세계시민주의' 개념 사용에는 어떤 장점과 단점이 있는가? 왜 우리는 '탈민족적' 혹은 '초국적'과 유사한 개념 혹은 '네트워크', '흐름' '양상', '유동성', '잡종성(Hybridität)', '혼성화(Kreolisierung)', '글로벌 혼합(globale Melange)' 같은 새로운 은유로 작업하지 않는가?

우리는 명칭과 관련해 이와 동일한 문제를 안고 있다. 아울러 우리 모두는 이런 문제를 해결할 수 없을 뿐만 아니라 이것이 자의적이라는 것을 안다. 동시에 우리 모두는 마찬가지로 바빌로니아의 언어 혼란이 인식론적 전환을 수행하는 데 효과적이지 않다는 것을 안다. 만약 모든 사람이 자신의 고유한 언어로 말하지 않는다면 나쁘지 않을 것이다. 최소한 거의 용어상의 일치를 이루려는 시도는 실제로 방법적 세계시민주의를 위한 선례가 될 수 있을 것이다. 어느 지점에 이르기까지 우리는 사회과학에서 다른 정의(Definitionen)의 타자 존재(혹은 타자 존재의 정의)를 인정하는가? 어디가 허용할 수 있는 의견 불일치의 경계인가? 누가 그것을 결정하는가?

나는 또 한 번 묻는다. 무엇이 세계시민주의라는 '단어'를 새로운 방법론을 위해 값진, 유용한, 매력적인, 실제적인, 풍부한, 개방적 것으로 만드는가? 그것은 '잡종성' 혹은 '혼성화' 같은 무서운 말 또는 기괴한 말이 아니다. 그러나 이는 철학, 정치학 그리고 종교의 현실적이고 긴 역사를 뒤돌아본다. 그리고 연구는 이 역사가 유럽의 역사이고, 또한 문화적으로 고대 이슬람교의 혼합으로까지 거슬러 올라간다는 것을 보여준다. 그것과 함께 '세계시민주의' 개념은 스스로 뿌리와 날개를 가진다.

세계시민주의들(복수로!)의 이 뿌리 그리고 세계시민주의의 관점은 교제, 삶 그리고 문화적 다양성의 서술을 위한 '양자 모두(이것과 저것)—다른 것으로 또한 동일한 것으로 타자의 인정—의 논리적 모델'의 보물을 포함하고, 보존하고, 보호한다. 양자택일, 위계적 차이 그리고 보편적 동일성 사이에서의 결정은 거부된다. 또한 다른 양자택일, 서로 다른 영토적으로 묶인 민족적·인종적 동일성 사이의 결정은—그것과 결합한 역사적 이야기를 부정하는 일 없이—거부된다.

물론 방법적 세계시민주의는 '탈민족화', '초국화', '네트워크', '양상', '상호 유대감' 등등과 같은 구상으로부터 출발한다. 그러나 방법적 세계시민주의는 확실히 그 이상의 장점을 제공한다. 즉 이 모든 구상은 확장된 충성·동일성·공간을 포괄하는, 그러나 시간과 역사를 포괄하지 않는 책임의 조건과 연결되어 있다. 이런 구상은 공간적 편견을 포함한다. 동시에 이런 구상은 추상적인 글로벌의 현재에서 글로벌 사회적인 관계를 문서로 확정할 수 있다. 역사적 차원, 어쨌든 세계시민적 시선이 보증하는, 그리고 열리는 역사적 의식은 가능한 한 무시되고 잊힌다. 세계시민주의적 사회과학은 몇 세기 동안의 세계시민주의화 과정의 과거를 극복해야 한다. 이 사회과학은 이미 일부는 현재의 행동을 통해서 규정된 미래에 전념해야 한다. 이 사회과학은 살아 있는 사람의 행복을 다룰 뿐만 아니라 과거와 미래의 세대에 대한 책임도 의식해야 하고, 그 세대들이 세계시민주의적 이념과 관례에 영향을 미치고, 그 세대에 의해 영향을 받는 것을 인식해야 한다. 세계시민주의적 관점과 방법론은 이 과거와 미래의 정치적 공동체의 좀더 깊은 이해를 보증한다. 이는 과거의 복구뿐만 아니라 현재와 미래에로 작용하는 과거에 저질러진 범행, 즉 식민주의, 노예 제도, 홀로코스트의 결과에 대한 보상도 포함한다.

그러나 여기에서 잘못된 결론에 대해 경고해야 한다. 인간의 체험 공간이 그것의 준거 틀에서 세계시민주의화를 향한 창구를 통해 섬세하게 변화한다. 이러한 근본적 사실이 우리로 하여금 우리 모두가 세계 시민이 되는 것을 전제하도록 오도해서는 안 된다. 오히려 초기에 이미 세계시민주의의 신화에 대해 어떤 대책을 취해야 하고, 그 후에 경계들 사이에서 혹은 디아스포라에 살면서 자동적으로 더 많은 세계 개방이 이루어진다. 세계시민주의의 현실주의는 세계시민주의화와 반세계시민주의화는 서로 밀접하게 연관되어 있다고 말한다.

그러나 민족적으로 사유 및 조직화한 사회들의 내적인 세계시민주의화는 역시 사실과 자료에 대해 민족적인 잘못된 생산(Fehlproduktion)의 개연성을 촉진한다. 문화적인 다른 것의 편재는 대다수 양적인 연구 방법이 근거하고 있는 보편적 의미의 확신을 무효화한다. 어떻게 동시에 포함 및 배제된 다른 것에 대한 연구를 촉진할 수 있는가? 이 물음은 세계시민주의의 사회과학에서 미해결의 문제이고, 방법론적 세계시민주의의 필연성에 대한 명백한 암시이며 정당화다. 민족적 동질의 '잘못된 사실'의 생산에 관한 비판은 특히 주류에서 민족적으로 정향된 경제학과 사회과학에 의해 만들어지고 해석된 수많은 통계에 해당한다(Beck-Gernsheim 2004).

물론 단점도 있고, 이에 대해 나는 이미 몇 가지를 언급했다. 예를 들면 세계시민주의가 탈식민주의에 일깨우는 '세계시민주의'의 엘리트적 함의와 제국주의적 경종이 그것이다. 세계시민주의적 이상주의 및 현실주의 사이에서 차별의 하나는 후자가 자신의 원치 않는 부작용과 어두운 측면에 관한 질문을 직접 관심의 중심으로 옮겨야 한다는 데 있다. 비록 그것을 의도하지 않았다 해도, '세계시민주의' 개념은 "새로운 전쟁"(Kaldor 1999)의 정당화에 이데올로기적으로 이용될 수 있고, 이용될 것이다. 예를 들면 군비 증대를 위해서 말이다. 다채로움의 세계시민주의적 인정은 항상 세계시장의 피상적 차이에 빠질 수 있다. 나는 이것이 우리가 차후에 다뤄야 할 질문의 첫 번째 전조라는 것을 안다.

릴리안아스트리트 게제가 영어를 독일어로 번역했다.

참고문헌

Beck, U. (1997), *Was ist Globalisierung?,* Frankfurt/M. (조만영 옮김, 《지구화의 길》, 거름, 2000).

____ (2002), *Macht und Gegenmacht im globalen Zeitalter,* Frankfurt/M.

____ (2004), *Der kosmopolitische Blick,* Frankfurt/M.

Beck, U./Grande, E. (2004), *Das kosmopolitische Europa*, Frankfurt/M.

Beck-Gernsheim, E. (2004), *Wir und die Anderen*, Frankfurt/M.

Beisheim, M./Dreher, S./Walter, G./Zangl, B./Zürn, M. (1999), *Im Zeitalter der Globalisierung? Thesen und Daten zur gesellschaftlichen und politischen Denationalisierung*, Baden-Baden.

Held, D./McGrew, A./Goldblatt, D./Perraton, J. (1999), *Global Transformations: Politics, Economics and Culture*, Cambridge (조효제 옮김, 《전 지구적 변환》, 창작과비평사, 2002).

Kaldor, M. (1999), *Neue und alte Kriege,* Frankfurt/M.

Sassen, S. (2003), "Globalization or Denationalization," in: *Review of International Political Economy,* 10/1, S. 1-22.

옮긴이의 글

마이크 크랭과 나이절 스리프트의 "공간이란 오늘날의 사고가 있는 모든 곳이다. (……) 뭔가 불명확할 때마다 적용할 수 있는 만능의 묘책이다"는 말로 이 책은 시작한다. 확실히 공간은 거의 모든 사람에게 삶의 기반이며, 연구자에게는 매력적인 연구 대상이다. 이런 이유에서 공간의 압축을 의미하는 세계화는 30여 년 이상 우리 시대의 유행어였으며, 여러 학자는 이에 대해 다양하고 많은 성과물을 내놓았다. 세계화에 대한 이런 연구 성과들은 글로벌, 로컬 그리고 지방이 상호 작용하면서 다차원적인 현상을 만들어내는 모습을 보여주었다. 사람들은 바로 이 지점에서 세방화(Glocalization)라는 용어와 개념에 주목하게 되었으며, 이것의 잠재성과 힘 그리고 한계에 관해 이야기하기 시작했다. 이 책은 명시적으로 세방화라는 용어를 사용하고 있지는 않지만 각자의 연구 분야에서 다루고 있다.

세방화는 협의로 국제적 상품이 판매될 지역의 개별적 문화 맥락에 적응하는 현상을 일컫는 말이었다. 이 용어가 처음 등장한 것은 1980년대 경영학 잡지 〈하버드 비즈니스 리뷰(Harvard Business Review)〉였다. 이후 사회학자 롤런드 로버트슨이 1997년 '세계화와 원주민 문화(Globalization and Indigenous Culture)' 학술 회의에서 "세방화는 보편과 특수 경향이 동시에 존재하는 동시성을 의미한다"는 말로 이 개념을 확장했다. 맥도널드는 이에 대한 사례로 자주 언급된다. 맥도널드의 분점이 단기간에 전 세계적으로 많은 국가에서 개장했는데, 선풍적인 인기를 끌었다. 맥도널드는 미국식 햄버거를 현지인에게 일방적으로 강요하는 대신, 적지 않은 메뉴를 나라별 또는 문화별로 현지화했다. 여러 연구자는 이런 문화적 전유 또는 적응 현상이 보고되기 전까지 다국적 기업은 지역의 수요나 취향과는 다른 상품이나 콘텐츠를 일방적으로 지역민에게 제공함으로써 지역 문화를 억압하는 경향이 있다고 주장했다. 하지만 이런 또 다른 결의 문화 현상 덕분에 세방화로 인한 동질화 또는 미국화가 제한적인 영역이나 차원에서만 벌어진다고 생각할 수 있게 되었다.

로버트슨이 제시한 세방화 개념은 현재 세계화 속에서 살아가는 우리 삶을 이해하는 데도 중요한 구실을 한다. 하지만 이에 대한 연구는 아직도 파편적이며, 이론적·방법론적 체계가 제대로 정립되어 있지 않다. 연구자들 역시 현상은 존재하는데 이를 어떻게 바라봐야 하는지 갈피를 못 잡고 있다. 이런 문제의식에서 《국경 없는 세계에서 지역의 힘》을 번역하게 되었다. 공간 연구와 관련해 국제적으로 저명한 학자들이 이 책 저술에 참여했는데, 이들이 어떤 시각과 방법으로 세방화 문제에 접근하고 이에 대해 어떻게 평가하고 있는지가 흥미로운 지점이다. 그 누구도 현재 지구상에서 매우 다양한 방식으로 전개되고 있는 세계화와 지역의 문제를 종합적으로 분석하고, 이를 토대로 모범적인 설명 모델을 제시할 수는 없다. 다만 각자 자신이 제한적으로 경험하고 이해한 단편적 내용을 용기 있고 솔직하게 드러냄으로써 우리는 세방화 시대에 지역이 어떤 역할 또는 기능을 수행하고 있는지 좀더 잘 이해할 수 있을 뿐이다.

번역은 2008년을 전후로 시작했는데, 우여곡절 끝에 이제야 책으로 펴

내게 되었다. 책은 총 3부로 나뉘어 있으며, 각 부에는 3~4편의 글이 실려 있다. 엄밀히 말하면, 이 책에 수록된 12편의 글들 사이에는 긴밀한 상관관계가 존재하지 않는다. 이는 다양한 개별 분과학문과 관심사를 가진 학자들이 참여하고 있기 때문으로 보인다. 비록 이 책이 주제와 내용 면에서 산만함을 보이지만, 아직 정립되지 않은 글로벌과 로컬 또는 지방의 문제를 이해하는 데 중요한 실마리를 제공하는 것은 분명하다.

각계의 학자들이 이 책 저술에 참여했고, 번역자들 역시 마찬가지여서 번역에 적지 않은 어려움이 있었다. 개별 저자들이 전공 지식을 기반으로 용어나 개념을 사용했기 때문에 저자의 의도와 맥락에 맞도록 옮기는 것이 필요했다. 그래서 이 책을 읽을 때 약간의 혼란을 겪을 수 있지만, 실재하는 다양하고 복잡한 현상을 이해하는 데는 더 도움이 될 것이다. 아울러 다양한 전공자들의 지식의 향연이 글로벌과 로컬 그리고 지방의 상관관계를 좀더 깊이 이해하고 재사유할 수 있도록 도와줄 수 있다면 이 책은 그 자체로 의미를 가질 것이다.

2017년 4월

조관연

로컬리티 번역총서를 펴내며

로컬리티의인문학 연구단에서 번역총서를 내놓는다. 〈로컬리티 번역총서〉는 고전적·인문학적 사유를 비롯해서, 탈근대와 전지구화의 관점에서 해석되는 로컬리티에 대한 동서양의 다양한 논의를 담고 있다. 로컬리티 연구는 동서양을 막론하고 학문적 교차점, 접점, 소통성을 확보하는 것이 중요한 과제다. 이러한 의미에서 본 연구단에서는 장기적인 계획 아래, 로컬리티 연구와 관련한 중요 저작과 최근의 논의를 담은 동서양의 관련 서적 번역을 기획했다. 이를 통하여 로컬리티와 인문학 연구를 심화하고 동시에 이를 외부에 확산시킴으로써 로컬리티 연구의 저변을 확대하고자 한다.

우리가 로컬리티에 천착하게 된 것은 그동안 국가 중심의 사고 속에 로컬을 주변부로 규정하며 소홀히 여긴 데 대한 반성적 성찰의 요구 때문이기도 하다. 오늘날 로컬은 초국적 자본과 전 지구적 문화의 위세에 짓눌려 제1세계라는 중심에 의해 또다시 소외당하거나 배제됨으로써 고유의 정체성을 잃어가고 있다. 반면에, 전 지구화 시대를 맞아 국가성이 약화되면서 로컬은 또 새롭게 거듭나고 있다. 그동안 국가 중심주의의 그늘에 가려졌던 로컬 고유의 특성을 재발견하고 전 지구화에 능동적으로 대처하는, 이른바 로컬 주체의 형성과 로컬 이니셔티브(local initiative)의 실현을 위해 부단한 노력을 기울이는 모습들이 속속 드러나고 있다.

이제 로컬의 현상들을 파악하기 위해 기존의 지역 논의와 다른 새로운 사고가 절실히 필요하다. 지금까지 지역과 지역성 논의는 장소가 지닌 다양성과 고유성을 기존의 개념적 범주에 맞춤으로써 로컬의 본질을 왜곡하거나 내재된 복합성을 단순화하는 오류를 범했다. 이에 우리는 로컬을 새로운 인식과 공간의 단위로서 재정립해야 할 필요성을 다시 확인하며, 로컬의 역동성과 고유성을 드러내줄 로컬리티 연구를 희망한다.

〈로컬리티 번역총서〉는 현재 공간, 장소, 인간, 로컬 지식, 글로벌, 로컬, 경계, 혼종성, 이동성 등 아젠다와 관련한 주제를 일차적으로 포함했다. 향후 로컬리티 연구가 진행되면서 번역총서의 폭과 깊이는 더욱 넓어지고 깊어질 것이다. 번역이 태생적으로 안고 있는 잡종성이야말로 로컬의 속성과 닮아 있다. 이 잡종성은 이곳과 저곳, 그때와 이때, 나와 너의 목소리가 소통하는 가운데 새로운 생성의 지대를 탄생시킬 것이다.

우리가 번역총서를 기획하면서 염두에 둔 것이 바로 소통과 창생의 지대이다. 우리는 〈로컬리티 번역총서〉가 연구자들에게 로컬리티 연구에 대한 기반을 제공해줌으로써 학제간의 경계를 넘나드는 심화된 통섭적 연구가 이루어지고, 나아가 '로컬리티의인문학(locality and humanities)'의 이념이 널리 확산되기를 바란다.

부산대학교 한국민족문화연구소

(HK)로컬리티의인문학 연구단